Homöopathie und Praxis

Dr. med. Jacob Voorhoeve (1865-1937) studierte Medizin an niederländischen und amerikanischen Universitäten. Nach seiner Assistenzzeit ließ er sich als homöopathischer Arzt im deutschen Dillenburg nieder. Neben der Heilkunst war eines seiner Hauptanliegen die gemeinverständliche Darstellung und Verbreitung homöopathischer Lehren und deren Anwendung. Seine Bücher erreichten große Auflagen.

Der Naturwissenschaftler Dipl.-Math. Klaus-Dieter Sedlacek, Jahrgang 1948, studierte in Stuttgart neben Mathematik und Informatik auch Physik. Nach fünfundzwanzig Jahren Berufspraxis in der eigenen Firma widmet er sich nun seinen privaten Forschungsvorhaben und veröffentlicht die Ergebnisse in allgemein verständlicher Form. Darüber hinaus ist er der Herausgeber mehrerer Buchreihen unter anderem der Reihen Wissenschaftliche Bibliothek und Wissenschaft gemeinverständlich.

Dr. med. J. Voorhoeve

Homöopathie und Praxis

Naturheilkundliche alternative Medizin für den mündigen Patienten

Neu herausgegeben von
Klaus-Dieter Sedlacek

Ratgeber Natur und Wissenschaft Bd. 3

Bibliografische Information Der Deutschen Bibliothek:
Die Deutsche Bibliothek verzeichnet diese Publikation in der
Deutschen Nationalbibliografie; detaillierte
bibliografische Daten sind im Internet über
http://dnb.ddb.de
abrufbar.

Neubearbeitung

Herstellung und Verlag: BoD – Books on Demand, Norderstedt.
ISBN: 9783744817325

Inhaltsverzeichnis

1. Warum es unlogisch ist, dass ….

… ein Mittel nur in der Schulmedizin wirken soll, nicht aber in der Homöopathie

1.1 Glaubenskrieg um die Homöopathie

Um die Anwendung der Homöopathie bei der Behandlung von Krankheiten tobt ein wahrer Glaubenskrieg. Die eine Seite wertet alternative Behandlungsmethoden außerhalb der Schulmedizin gleichsam reflexartig ab und argumentiert, dass es für solche Methoden keinerlei Wirksamkeitsnachweise gäbe. Bei manchen Fachautoren genügt offenbar schon ein einziges Wort wie „homöopathisch" um auf weitere Recherchen zu verzichten und den so attribuierten Arzneimitteln jegliche Daseinsberechtigung abzusprechen.

In dem 2015 vom Bremer Gesundheitswissenschaftler und Facharzt für innere Medizin Norbert Schmacke herausgegebenen Band „Der Glaube an die Globuli – die Verheißung der Homöopathie" wird radikal mit der Homöopathie abgerechnet. Seiner Meinung nach ist Homöopathie gefährlich, weil sie von einer w i r k l i c h medizinischen Behandlung abhalten könne.[1]

Wenn allerdings eine Buch-Veröffentlichung zu weit vom Pfad der Objektivität abweicht, dann kommt es schon mal vor, dass ein Gericht dem Einhalt gebietet. So geschehen im Jahr 2005, als die Stiftung Warentest eine von der Deutschen Homöopathieunion beantragten einstweiligen Verfügung des Landgerichts Hamburg anerkannte und den Vertrieb des Buches „Die andere Medizin" einstellte.[2] Es ist somit nicht mehr im regulären Handel. In diesem Buch wurden von der Stiftung Warentest „Alternative" Heilmethoden, nach evidenzbasierten Kriterien beurteilt, wie sie auf ihrer Homepage versprach.[3] Unter anderem schrieb sie: *„Die Hinweise zur Wirksamkeit des sicherlich bekanntesten und am meisten genutzten Verfahrens, der Homöopathie, sind so schwach, dass sie sich von Plazeboeffekten nicht abgrenzen lassen."*

---

1   https://www.welt.de/gesundheit/article155795545/Homoeopathie-Irrsinn-oder-einfach-nur-ueberflu-essig.html

2   https://www.uni-due.de/de/presse/meldung.php?id=6564

3   https://www.test.de/presse/pressemitteilungen/test-Ratgeber-Die-Andere-Medizin-Nur-jedes-dritte-alternative-Heilverfahren-ist-wirksam-1299753-0/

Andererseits gehören in Deutschland dem Zentralverein homöopathischer Ärzte (DZVhÄ) mehr als 7000 Medizinerinnen und Mediziner an, die die Homöopathie zumindest bei manchen Beschwerden sehr erfolgreich anwenden. 60 Prozent der Deutschen haben schon Globuli geschluckt, sagt eine Allensbach-Studie aus dem Jahr 2014. Im Jahr 2015 wurden in Deutschland Homöopathika für 595 Mio. Euro umgesetzt, das war ein Wachstum von den 12,8 Prozenten gegenüber dem Vorjahr. Können sich Tausende Mediziner und Millionen Patienten irren?

Als Nichtmediziner kann ich über diese kontroverse Situation nur ungläubig den Kopf schütteln. Es ist auch nicht meine Absicht in diesem Glaubenskrieg mitzumischen. Mein Motiv ist vielmehr naturwissenschaftlich begründet. Wie muss ich als Naturwissenschaftler die angeführten Argumente der einen oder andere Seite bewerten? Was ist plausibel? Inwieweit kann für mich als mündiger oder skeptischer Patient die Homöopathie hilfreich sein? Wer nichts weiß, muss alles glauben, deshalb ist eine sorgsame und faire Information wichtig.

Dieses Buch soll informieren und eine unparteiische Entscheidungshilfe sein, ob und inwieweit und bei welchen Beschwerden eine homöopathische Behandlung in Frage kommen kann. Es soll dabei helfen, sich situationsgerecht für die eine oder die andere Seite der Hippokrates-Jünger zu entscheiden, nämlich ob man den homöopathisch ausgebildeten Arzt aufsucht oder lieber den, der alternativmedizinische Methoden ablehnt.

Eines scheint klar zu sein, die eine Seite wird an der anderen Seite kein gutes Haar lassen und so muss ich mich als Patient entscheiden, welchen Rat ich einhole, um nicht zwischen den Fronten zerrieben zu werden.

Fangen wir deshalb an, mit einer ersten einführenden Information über die alternative Behandlungsmethode, um die es hier geht. Im späteren Hauptteil des Werkes, der von dem naturwissenschaftlich orientierten Homöopathen Dr. med. J. Voorhoeve geschrieben wurde, wird dann das Thema noch im Einzelnen ausgeführt werden.

Die Homöopathie ist eine alternative medizinische Behandlungsmethode, die auf den im Jahre 1796 veröffentlichten Ideen des deutschen Arztes Samuel Hahnemann basiert. Ihre wichtigste Grundannahme ist das von Hahnemann formulierte Ähnlichkeitsprinzip: „Ähnliches möge durch Ähnliches geheilt werden" (*similia similibus curentur*). Danach solle ein homöopathisches Mittel so ausgewählt werden, dass die Bestandteile der Grundsubstanz im unverdünnten Zustand bei Gesunden Symptome hervorbringen können, die denen ähnlich sind, wie die, an denen der Patient leidet.

„Jedes wirksame Arzneimittel erregt im menschlichen Körper eine Art von eigner Krankheit, eine desto eigenthümlichere, ausgezeichnetere und heftigere Krankheit, je wirksamer die Arznei ist. Man ahme der Natur nach, welche zuweilen eine chronische Krankheit durch eine andre hinzukommende heilt und wende in der zu heilenden (vorzüglich chronischen) Krankheit dasjenige Arzneimittel an, welches eine andre, möglichst ähnliche, künstliche Krankheit zu erregen im Stande ist und jene wird geheilet werden; Similia similibus. "

– Samuel Hahnemann, 1796

Zur Herstellung der homöopathischen Arzneimittel werden die Grundsubstanzen einer sogenannten Potenzierung (Verdünnung) unterzogen, das heißt, sie werden wiederholt (meist im Verhältnis 1:10 oder 1:100) mit Wasser oder Ethanol verschüttelt oder mit Milchzucker verrieben. Die Verdünnung wurde zunächst wegen der Giftigkeit vieler der verwendeten Stoffe durchgeführt. Erst in einer späteren Phase verordnete Hahnemann „Hochpotenzen". Hahnemann nahm an, dass durch das besondere Verfahren der Potenzierung oder „Dynamisierung" eine „im inneren Wesen der Arzneien verborgene, geistartige Kraft" wirksam werde. Zur Begründung der Hochpotenzen ging er davon aus, dass sich hier „die Materie [...] roher Arznei-Substanzen [...] zuletzt gänzlich in ihr individuelles geistartiges Wesen auflöse".[4]

Arzneimittelprüfungen werden in der Homöopathie nach Hahnemanns Vorgaben durchgeführt: Homöopathische Prüfer, die gesund sein müssen, nehmen ein Mittel ein und notieren anschließend alle Veränderungen und Reaktionen, die sie an sich feststellen.

Die aufgezeichneten Symptome mehrerer solcher Prüfungen werden zu einem homöopathischen Arzneimittelbild zusammengefasst und in Verzeichnissen nach Mitteln oder nach Symptomen (Repertorien) angeordnet.

---

4   Seite „Homöopathie". In: Wikipedia, die freie Enzyklopädie. Bearbeitungsstand: 16. April 2017, 11:18 UTC. URL: https://de.wikipedia.org/w/index.php?title=Hom %C3%B6opathie&oldid=164613160 (Abgerufen: 17. April 2017, 11:03 UTC)

Die Homöopathie ist keine einheitliche Lehre. Es gibt verschiedene Richtungen, die sich teilweise gegenseitig bekämpfen. Der Begriff „Klassische Homöopathie" entstand aus dem Bemühen, sich vom großen Spektrum der als „homöopathisch" bezeichneten Heilmethoden abzugrenzen. Grundlagen der Klassischen Homöopathie sind die Lehre Hahnemanns und die sich daran orientierenden Weiterentwicklungen der Heilmethode. Im Gegensatz zu vielen anderen Richtungen der Homöopathie wird in der Klassischen Homöopathie immer *nur ein Mittel* auf einmal verabreicht, meistens in einer mittleren oder hohen Potenz.

Die naturwissenschaftlich-kritische Homöopathie ist eine Richtung der Homöopathie, die homöopathische Arzneimittel als Ergänzung zu schulmedizinischen Therapieformen einsetzt. Häufig werden niedrige Verdünnungen verwendet, in denen ein chemisch nachweisbarer Anteil der Arzneisubstanz vorhanden ist. Die Behandlung mit hohen Verdünnungen (Hochpotenzen) wird abgelehnt. Arzneimittel werden zudem nach Pathologie (Krankheit) verordnet. Das erleichtert besonders die Findung des passenden Arzneimittels, weil zum Beispiel für eine Erkältungskrankheit nur noch aus einer Liste von wenigen Mitteln ausgewählt werden muss.

Als relative Kontraindikation der naturwissenschaftlichen Homöopathie gelten Erkrankungen, die eine Substitutionstherapie erfordern, wie Diabetes mellitus Typ 1, akute Erkrankungen, die aus vitaler Indikation oder zur Vermeidung von Spätfolgen eine rasche schnell wirksame Behandlung erfordern und für die es bewährte Therapien gibt, wie beim akuten Herzinfarkt, bei allergischem Asthma oder allergischem Schock. Ferner zählen jene organischen Erkrankungen zur Kontraindikation, bei denen eine lebensbedrohliche Verschlechterung vorprogrammiert ist, wie etwa bei einer Krebserkrankung.

Bei zu niedrigen Verdünnungen kann eine reguläre unerwünschte Arzneimittelwirkung auftreten, wenn noch nennenswerte giftige Stoffmengen enthalten sind. So können z. B. durch die Anwendung von zu niedrig verdünnten Mercurius (Quecksilber), Arsenicum (Arsen) oder Nux vomica (Brechnuss), einer Pflanze, die Strychnin-Alkaloide enthält, Vergiftungen hervorgerufen werden.

Der spektakuläre Fall einer Vergiftung ging Anfang 2017 durch die Presse. *„Zehn Kinder starben nach Einnahme von Globuli"* titelte die ZEIT ONLINE.[5] Ursächlich sollen Rückstände der giftigen Tollkirsche

---

5   http://www.zeit.de/wissen/gesundheit/2017-02/homoeopathie-usa-arzneimittel-fda-warnung-todes-faelle

(Atropa Belladonna) sein. Eines der wirksamsten Bestandteile der Tollkirsche ist *Atropinum*, welches in der Augenheilkunde zur Erweiterung der Pupillen verwendet wird. Die Tollkirsche oder Belladonna gilt als ein vorzügliches homöopathisches Mittel, das beruhigend auf das zentrale Nervensystem wirkt und krampflösend ist. Unter anderem kann es bei Zahnbeschwerden eingesetzt werden, wie wohl in dem Fall geschehen ist, die zum Tod der Kinder geführt hat. Bis zu einer dreifachen Dezimalverdünnung D3 unterliegt es der Verschreibungspflicht. Ab der Verdünnung D4 kann es ohne die Gefahr einer Vergiftung für den Patienten von homöopathisch arbeitenden Heilpraktikern oder Ärzten verordnet werden.[6]

Das aus der Schwarzen Tollkirsche gewonnene Atropin wird auch in der Schulmedizin genutzt:

Die enthaltenen Alkaloide besitzen eine anticholinerge Wirkung. Die Droge findet bei kolikartigen Schmerzen des Gastrointestinaltraktes und der Gallenwege Anwendung. Die Reinalkaloide und ihre chemisch abgewandelten Derivate werden bei spastischer Obstipation, Koliken des Magen-, Darmtrakts der Galle und ableitenden Harnwege eingesetzt.[7]

1.2 Wie mit Argumenten Schindluder getrieben wird

Eines der Hauptargumente von Kritikern gegen die Anwendung von Homöopathie ist aber nicht die Möglichkeit einer Vergiftung, sondern ist ihre angebliche Wirkungslosigkeit. Außer einem Placeboeffekt sei keinerlei Wirkung festzustellen. Der Bericht der britischen Regierung zur Homöopathie stellte im Jahr 2010 fest, dass es keine glaubwürdigen Beweise zur Wirksamkeit der Homöopathie gebe.[8] Eine im Jahr 2015 veröffentlichte Metaanalyse im Auftrag der australischen Regierung, für die 176 Einzelstudien bei mehr als 68 Erkrankungen ausgewertet worden waren, kam zum gleichen Ergebnis.[9]

---

6   https://www.globuliwelt.de/belladonna-tollkirsche/

7   Seite „Schwarze Tollkirsche". In: Wikipedia, Die freie Enzyklopädie. Bearbeitungsstand: 12. Februar 2017, 12:41 UTC. URL: https://de.wikipedia.org/w/index.php?title=Schwarze_Tollkirsche&oldid=162564601 (Abgerufen: 18. April 2017, 09:14 UTC)

8   House of Commons Science, Technology Committee: Evidence Check 2: Homeopathy Fourth Report of Session 2009–2010.

9   National Health, Medical Research Council: Evidence on the effectiveness of homeopathy for treating health conditions

Kritiker weisen zudem darauf hin, dass das hahnemannsche Ähnlichkeitsprinzip wissenschaftlich nicht haltbar sei. Klinische Studien nach wissenschaftlichen Standards mit klassischer Homöopathie konnten bei der Verwendung von zu hohen Verdünnungen (Hochpotenzen) keine über den Placebo-Effekt hinausgehende Wirksamkeit homöopathischer Arzneimittel nachweisen. Wahrgenommene Erfolge einer Behandlung werden dem Behandlungsumfeld, nicht dem Mittel selbst zugeschrieben, etwa dem Glauben des Patienten an die Wirksamkeit der Behandlung (Autosuggestion) oder der Qualität der Beziehung zwischen Therapeuten und Patienten.

Sollte es etwa so sein, dass beispielsweise ein Wirkstoff wie Atropin, nur dann seine Wirkung entfaltet, wenn er von einem Schulmediziner verschrieben wird, seine Wirkung aber auf wundersame Weise verliert, wenn ihn ein Homöopath verordnet? Als Naturwissenschaftler glaube ich nicht an solche Wunder. Ich vermute eher, dass die angeführten Studien gegen wissenschaftliche Grundsätze verstoßen haben, etwa indem man bildlich gesprochen Äpfel mit Birnen verglichen hat. Schon eine so einfache Aussage wie „außer einem Placeboeffekt ist keine Wirkung festzustellen" entpuppt sich als unwahr, wenn es bei ungenügender Verdünnung Vergiftungseffekte geben kann. Ist etwa ein Vergiftungseffekt keine Wirkung?

Auch eine generalisierende Aussage wie „Homöopathie ist unwirksam" muss als unwissenschaftlich oder als Vorurteil gewertet werden. Ein Beispiel für so ein Vorurteil ist die generalisierende Aussage: „Arbeitslose sind faul". Es gibt keine homogene Masse Arbeitsloser mit dem einheitlichen Merkmal Faulheit, auch wenn die Aussage in Einzelfällen stimmen mag. Genauso wenig gibt es eine homogene Homöopathie. Vielmehr gibt es verschiedenen Strömungen in der Homöopathie, in denen auf unterschiedlichste Weise homöopathische Mittel verordnet werden. Schon allein zwischen der klassischen Homöopathie und der naturwissenschaftlichen Homöopathie gibt es gewaltige Unterschiede (siehe oben). Sicher gibt es Krankheiten, bei denen eine homöopathische Behandlung unwirksam ist, das Gleiche gilt aber auch für die schulmedizinische Behandlung. Deshalb wäre umgekehrt eine Aussage wie „Schulmedizin ist unwirksam" genauso unwissenschaftlich oder ein Vorurteil wie das, dass Arbeitslose faul seien. Eine Aussage ob etwas wirksam ist oder nicht, kann sich immer nur auf eine bestimmte Behandlung für eine bestimmte Krankheit beziehen. Alles andere ist unwissenschaftlich.

1.3 Wie mit Statistik Schindluder getrieben wird

Der Homöopathiekritiker wird hier einwenden, dass es die Meta-analysen gibt, wie die von der australischen Regierung 2015 veröffentlichte (siehe oben). Und diese hätten doch keinerlei Belege für die Wirksamkeit von Homöopathie ergeben.

Bei diesen Metaanalysen handelt es sich meiner Meinung nach um unzulässige Generalisierungen und unzulässige Bezüge auf Grundgesamtheiten. Um das zu erläutern und zu begründen, möchte ich auf das Wesen von Statistik eingehen, welche das wichtigste Werkzeug der Metaanalyse ist:

Eine **Metaanalyse** ist eine Zusammenfassung von Primär-Untersuchungen zu Metadaten, die mit quantitativen und statistischen Mitteln arbeitet. Sie versucht, frühere Forschungsarbeiten quantitativ bzw. statistisch zusammenzufassen und zu präsentieren.[10]

Der Begriff „statistisch zusammenfassen" zeigt, dass es sich bei der Metaanalyse um eine Generalisierung handelt. Ist diese Generalisierung im Fall der Homöopathie genauso unzulässig, so wie sie es bei einem Vorurteil ist? Ein Argument habe ich bereits angeführt, nämlich dass man nicht Äpfel mit Birnen vergleichen darf, d. h. man darf nicht alle Strömungen und Verordnungen der Homöopathie in einen Topf werfen, dazu sind diese zu unterschiedlich. Der zweite Grund liegt aber im Wesen der Statistik begründet.

Während meines Mathematikstudiums ging unter uns Studenten ein Spruch herum: „Lüge, Betrug, Statistik". Die Statistik galt als die höchste Steigerungsform der Lüge. Das Problem ist nicht die Mathematik oder deren Berechnungsregeln. Die Mathematik der Statistik ist in Ordnung. Was nicht in Ordnung ist, ist die falsche oder manipulative Anwendung der Statistik, sei es aus Unwissenheit oder Absicht.

Eine mögliche falsche Anwendung ist die Unterstellung einer kausalen Beziehung, die angeblich durch die Statistik bewiesen wird. Beispielsweise treten in Sommern mit hohem Speiseeisumsatz besonders viele Sonnenbrände auf. Der Speiseeisumsatz ist aber nicht ursächlich für die Sonnenbrände. Hier gibt es also keine kausale Beziehung. Genauso wenig sagt meiner Meinung nach das in den Metaanalysen ein-

---

10 Seite „Metaanalyse". In: Wikipedia, die freie Enzyklopädie. Bearbeitungsstand: 16. Februar 2017, 16:58 UTC. URL: https://de.wikipedia.org/w/index.php?title=Metaanalyse&oldid=162709058 (Abgerufen: 18. April 2017, 11:29 UTC)

geflossene statistische Material etwas über die „Wirksamkeit der Homöopathie" (welcher Homöopathie?) aus.

Interessant für Demagogen und Manipulateure ist aber auch die Möglichkeit mithilfe der Statistik einen Zusammenhang wegzudiskutieren. Dazu muss man nur das Faktum in die Umgebung einer riesigen Grundgesamtheit stellen, in der es praktisch verschwindet. Das Faktum 500 Euro kann viel oder wenig sein. Für den Bezieher sozialer Leistungen übersteigt fünfhundert Euro sein monatlich frei verfügbares Geld und ist somit ein kleines Vermögen. Für den Bezieher eines Millioneneinkommens wäre dagegen eine Gehaltserhöhung von so geringer Höhe nicht einmal eines müden Lächelns wert. Statisch gesehen, sind 500 Euro bezogen auf eine Million Euro 0,05 % also weit unterhalb dessen, was man statistisch als „signifikant" bezeichnet. Für den Bezieher sozialer Leistungen kann dieser Betrag aber leicht 100 % seiner Einkünfte ausmachen und wäre statistisch gesehen hochsignifikant. Die Berechnung der Statistik kann nichts dafür, dass das gleiche Faktum einmal signifikant ist, ein andermal nicht, je nachdem zu welcher Grundgesamtheit es in Beziehung gesetzt wird.

Die Arzneimittelforschung, die nach einem neuen Antibiotikum sucht, muss tausende mögliche Substanzen auf ihre mögliche Wirksamkeit hin prüfen. Wenn sie unter tausenden zehn aussichtsreiche Kandidaten für eine neue Arznei gefunden hat, kann sie sich glücklich schätzen. Vielleicht findet sie aber auch nur eine einzige Substanz, die dann nach einem langwierigen Verfahren zu einem neuen Antibiotikum wird.

Es gibt nun verschiedene „statische" Argumente, die ich jedoch nicht alle aufführen möchte, wie der Erfolg entweder bejubelt oder kaputt geredet werden kann. Nur so viel: statistisch gesehen ist ein einziges wirksames Antibiotikum bezogen auf tausende untersuchte Substanzen ein zufälliges Ergebnis, das weit unterhalb des Signifikanzniveaus liegt, das man üblicherweise in der Forschung ansetzt. Man könnte also sagen:

Für die Wirksamkeit von Antibiotika gibt es keine Belege, wie jene Metaanalyse zeigt, mit der tausende von Untersuchungen statistisch zusammengefasst wurden.

Bevor Sie, lieber Leser, dieses Buch wütend in die Ecke schleudern, will ich mich gleich für die Aussage entschuldigen. Natürlich ist das völliger Quatsch. Aber sie belegt, warum ich die Metaanalysen und die dazugehören Aussagen über die angebliche Unwirksamkeit von Homöopathie, auch nicht für richtig halte. Erstens ist der Bezug auf die

Grundgesamtheit „Antibiotika" eine unzulässige Generalisierung, also das was wir im täglichen Leben als Vorurteil bezeichnen. Und zweitens sagt die Metaanalyse nichts über die Wirksamkeit des einzelnen Antibiotikums aus. Die Aussage „Es gibt Antibiotika die wirken" ist dagegen wahr, wenn die Wirksamkeit bereits für einzelne Substanzen dieser Gattung nachgewiesen ist. Für homöopathische Mittel gilt eine analoge Aussage „Es gibt homöopathische Mittel in geeigneter Verdünnung, die wirken". Mit Belladonna in der Dezimalverdünnung D3 oder D4 haben wir beispielsweise so ein Mittel gefunden (siehe oben).

1.4 Plädoyer für einen fairen Umgang

Ich denke, wir sollten es mit Professor Dr. med. Gustav Dobos vom Essener Universitätsklinikum halten, der alle Parteien in der Kontroverse um alternative Therapien zu einer fairen und sorgsamen Diskussion aufgerufen hat.

Professor Gustav Dobos behandelt Patienten in seiner Essener Klinik am Knappschafts-Krankenhaus mit einer Kombination aus schulmedizinischen und naturheilkundlichen Verfahren. Aufgabe seines Lehrstuhls ist es nicht zuletzt, die Wirksamkeit von nicht-schulmedizinischen Therapien wissenschaftlich zu untersuchen. "Es gibt eindeutig erhebliche Defizite in diesem Forschungsfeld. Das erlaubt aber nicht den Schluss, dass naturheilkundliche Verfahren grundsätzlich unwirksam sind", erläutert Dobos.

In Essen werden beispielsweise Patienten mit internistischen Erkrankungen wie chronischen Lungenerkrankungen, chronischen Darmerkrankungen, Herz-Kreislauf-Erkrankungen sowie Patienten mit chronischen Schmerzen erfolgreich behandelt, indem die Schulmedizin gezielt um Methoden der Naturheilkunde ergänzt wird. Zugleich werden Behandlungsverläufe und -ergebnisse nach strengen Kriterien dokumentiert und evaluiert. "Mittlerweile gibt es zahlreiche Belege dafür, dass diese Kombination aus Patientensicht, aber auch objektiv bisweilen bessere Ergebnisse erzielt, als eine eindimensionale Therapie", betont Dobos.[11]

Unter diesem Blickwinkel sollten wir nun das betrachten, was Dr. med. J. Voorhoeve in den nächsten Kapiteln über die Homöopathie in der Praxis zu sagen hat.

Klaus-Dieter Sedlacek

---

11   https://idw-online.de/de/news141742

2. Das Wesen der Homöopathie

2.1 Entdeckung der Homöopathie

Bis in die weit zurückliegenden Jahrhunderte des grauen Altertums lassen sich die Spuren der Heilkunst verfolgen. Der edle Drang, dem Mitmenschen bei Unfällen und Krankheiten Hilfe zu verleihen, war bei den ältesten Völkern so mächtig, dass schon sehr bald einzelne dem Aufsuchen von Mitteln und Wegen, um Schmerzen zu lindern und Krankheiten zu heilen, ihr ganzes Leben, weihten. So geschah es, dass lange bevor der Grund zu anderen Künsten und Wissenschaften gelegt war, die Heilkunst, wenn auch auf primitive Weise, ausgeübt und auch gelehrt wurde.

Der Papyrus Ebers, die älteste schriftliche Überlieferung aus Ägypten, gibt uns ein Bild von dem Stande der Heilkunde um das Jahr 1600 v. Chr. Bei den ältesten Völkern stand die Heilkunde mit dem Gottesdienst in enger Beziehung; sie wurde hauptsächlich von den Priestern ausgeübt, als eine ihnen durch göttliche Offenbarung geschenkte und durch Tradition überkommene Kunst.

Bei den Griechen wurde Asclepius (Äskulap), ein Sohn des Apollo, als der Gott der Heilkunde verehrt, und lange Zeit hindurch waren die ihm geweihten Tempel die einzigen Orte, welche die Kranken zur Heilung ihrer Leiden aufsuchten. Die Heilmittel wurden den Kranken mittels Träume geoffenbart, welche von den Priestern gedeutet wurden.

Von einer wissenschaftlichen Ausübung der Heilkunde kann erst mit dem Auftreten des griechischen Arztes Hippokrates (400 v. Chr.) die Rede sein. Er wird mit Recht „der Vater der Heilkunde" genannt. Sich auf die genaue Beobachtung des menschlichen Körpers in gesundem und krankem Zustande stützend, schuf sein gewaltiger Geist die Grundlagen der Heilkunde, welche allen Stürmen der Jahrhunderte getrotzt haben und auch heutzutage noch als unumstößliche Wahrheiten gelten können. Er entdeckte die dem lebenden Organismus innewohnende Kraft, welche er „Vis medicatrix naturae" nannte, wodurch der Organismus imstande ist, Krankheiten aus eigener Kraft zu überstehen, und betrachtete es als die erhabenste Aufgabe des Arztes, die Natur in ihrem Streben kennen und unterstützen zu lernen: „Medicus interpres et minister naturae"; d. h. „der Arzt soll der Ausleger und Gehilfe der Natur sein!" Er soll die Krankheit in allen ihren Erscheinungen und Eigentümlichkeiten genau studieren, ihre Ursachen aufspüren und ihren Verlauf beobachten, um dadurch imstande zu sein, in Übereinstimmung mit der Natur das Heilmittel zu finden.

Durch Erfahrungen, am Krankenbett gesammelt, wusste H i p p o - k r a t e s , dass gewisse Krankheiten durch ein diesen Krankheiten ä h n l i c h e s Mittel geheilt werden können, wie er auch sagt: „Husten

Abb. 1. CHRISTIAN FRIEDRICH SAMUEL HAHNEMANN. 10. April 1755 — 2. Juli 1843.

wird geheilt durch ein Mittel, welches Husten verursacht." Die volle Kraft dieses Grundsatzes der Homöopathie, ausgedrückt in der Formel: „*Similia similibus curentur*" (d. h. die Krankheit werde durch das ihr ähnliche Mittel geheilt), hat er jedoch nicht gekannt, da er die Wirkungen der Arzneimittel auf den gesunden menschlichen Körper nicht untersucht hat. Die Kenntnis dieses Prinzips ist dann auch im Laufe der Jahrhunderte verloren gegangen. Ebenso wurde der Grundsatz von der

Heilkraft der Natur von den auf ihn folgenden Geschlechtern vernachlässigt, ja, von G a l e n u s in der Praxis gänzlich beiseite gesetzt.

G a l e n u s , welcher nächst H i p p o k r a t e s eine der am meisten bekannten Persönlichkeiten in der Geschichte der älteren Medizin ist, hatte eine für seine Zeit bewunderungswürdige Kenntnis auf anatomischem und physiologischem Gebiete, ein großes Organisationstalent, zugleich aber auch einen unverträglichen und herrschsüchtigen Charakter. Er wurde das Haupt einer medizinischen Schule, welche ihren Einfluß während des ganzen Mittelalters, bis gegen Ende des 18. Jahrhunderts, geltend machte. Obwohl er die Grundsätze des H i p p o k r a t e s in der Theorie guthieß und sie auch in seinen Werken bespricht, wandte er in der Praxis die Arzneimittel doch fast ausschließlich nach der Regel: „Contraria contrariis curentur" (d. h. die Krankheit werde durch das ihr entgegengesetzte Mittel geheilt) an und wurde dadurch der Begründer der sog. a l l o p a t h i s c h e n H e i l w e i s e . Der Arzt, welcher nach der Methode des G a l e n u s behandeln will, muss die Krankheit bekämpfen und vernichten und die Natur bezwingen, anstatt sie zu unterstützen. „Die Heilkunde", sagt er, „setzt den Arzt instand, die Krankheit zu bezwingen." Die Erfahrung und Beobachtung werden von ihm diesem Dogma untergeordnet. „Die rationelle Beurteilung einer Arznei", sagt er, „macht deren praktische Untersuchung überflüssig." Der Verstand will bei ihm die Tatsachen beherrschen. Bis in die neuere Zeit erinnern die Versuche mit dem Einnehmen antiseptischer Mittel bei Typhus, Lungenentzündung u. a., welche die Bazillen vernichten sollen, an diese allopathische Richtung der Medizin.

Die Schriften des G a l e n u s wurden von den arabischen Ärzten übersetzt und verbreitet und von den Heilkundigen des Mittelalters mit großer Begeisterung aufgenommen, da sie mit der Philosophie des A r i s t o t e l e s , welche zu jener Zeit hohes Ansehen genoss, Berührungspunkte aufwies. Mit beinahe abgöttischer Verehrung wurde an den Aussprüchen des G a l e n u s festgehalten und helle Köpfe, Reformatoren der Medizin, welche die Irrtümer des herrschenden Systems erkannten, wie z. B. P a r a c e l s u s (16.Jahrhundert) und H a r v e y , der Entdecker des Blutkreislaufes (1578 bis 1657), wurden verachtet, verfolgt, ja, sogar für irrsinnig erklärt! Zwar wurden im Laufe der Zeit und besonders im 17. Jahrhundert wichtige wissenschaftliche Entdeckungen gemacht, wie z. B. von M a l p i g h i und L e e u w e n h o e k , aber sie beschränkten sich in der Hauptsache doch auf das Gebiet der medizinischen Hilfswissenschaften, wie Anatomie und Physiologie.

Das ureigenste Gebiet der Heilkunde, **die Therapie,** die Kunst, nicht Krankheiten zu erkennen, *sondern zu heilen,* war und blieb ein trauriges Bild der widerstreitendsten Verordnungen und phantastischsten Methoden, von Aderlass, Abführen, Brennen und Schneiden, so dass der berühmte B o e r h a v e (1668 bis 1738) ausrief, dass es für das menschliche Geschlecht weit besser gewesen wäre, wenn es **nie** Ärzte gegeben hätte!

Abb. 2: Hahnemanns Geburtshaus in Meißen.

In jene Zeit, als der trostlose Zustand der Medizin einzelnen klarblickenden Männern deutlich zu werden begann, fällt die **Entdeckung der Homöopathie** durch den deutschen Arzt Dr. C h r i s t i a n F r i e d r i c h S a m u e l H a h n e m a n n, geboren am 10.April 1755 zu Meißen in Sachsen, gestorben am 2. Juli 1843 zu Paris im Alter von 88 Jahren.

Dieser geniale Mann, welcher mit Recht ein R e f o r m a t o r d e r M e d i z i n genannt werden kann, war der Sohn eines armen Porzellanmalers; schon früh zog er die Aufmerksamkeit seiner Lehrer durch seinen Fleiß und sein schnelles Auffassungsvermögen auf sich und brachte es trotz widriger Familienverhältnisse so weit, dass er seinen Lieblingsplan, Medizin zu studieren, zur Ausführung bringen konnte. Während seiner Studienzeit, die er in Leipzig, Wien und Erlangen verbrachte, hatte er mit vielen Entbehrungen zu kämpfen und musste sich seinen Unterhalt erwerben, indem er in seiner freien Zeit Privatstunden gab. Hierbei kamen ihm seine gründlichen Kenntnisse der englischen, französischen, italienischen, griechischen, lateinischen und arabischen Sprache gut zustatten.

Abb. 3: Hahnemanns erste Frau

In seiner eigenen Praxis als Arzt, welche H a h n e m a n n nach Erlangung des Doktortitels im Jahre 1779 an der Universität zu Erlangen und nachdem er sich mit der Stieftochter des Apothekers Häseler in Dessau verheiratet hatte, auszuüben begann, war er von den Resultaten der damaligen Medizin durchaus unbefriedigt. Sehr bald erkannte er die Gefahren der übertriebenen Aderlass- und Abführmethode und da er nichts Besseres an deren Stelle zu setzen wusste, gab er als ehrlicher Mann seine Praxis alsbald auf und fing an, sich mit chemischen Untersuchungen zu beschäftigen, während er das tägliche Brot für die Seinen notdürftig mit dem Übersetzen von Werken über Chemie verdiente. Dass dieser entscheidende Schritt, *den wir nicht hoch genug an ihm. schätzen können,* da er uns einen Blick in seinen edlen, uneigennützigen Charakter tun lässt, ihn in große Schwierigkeiten brachte, ist aus einem Briefe einer seiner Töchter ersichtlich, woraus wir erfahren, dass er in jener Zeit große Not litt, als das geringe Vermögen, welches er sich erworben hatte, bis auf den letzten Heller aufgebraucht war, so dass er Schmucksachen und Tafelgerät, ja sogar Leinwand und Kleider verkaufen musste, um seine Familie vor Hunger zu schützen.

In jene Zeit des Missgeschicks fällt nun seine E n t d e c k u n g   d e s   h o m ö o p a t h i s c h e n   G r u n d s a t z e s . Wie es bei großen

Entdeckungen von weittragender Bedeutung so oft der Fall ist, bewahrheitete sich auch hier der Spruch: „Kleine Ursachen, große Folgen!" Eine scheinbar unbedeutende Tatsache wurde der Ausgangspunkt zu einer Reformation der Medizin. Bei der Übersetzung von Cullens Arzneimittellehre wurde Hahnemann durch dessen gezwungene Erklärung über die fiebervertreibende Kraft der Chinarinde veranlasst, die Wirkungen dieser Substanz an seinem eigenen Körper zu versuchen. Er nahm dabei Empfindungen und Erscheinungen wahr, wie solche beim Wechselfieber aufzutreten pflegen. Er entdeckte die zwischen Krankheit und Arzneimittel bestehende spezifische Beziehung, welche in dem Satz: „Similia similibus" ausgedrückt wird.

Diese Wahrnehmung Hahnemanns, welche lange Zeit von den Vertretern der Wissenschaft geleugnet und vielfach ins Lächerliche gezogen wurde, ist in letzter Zeit durch namhafte Gelehrte für richtig erklärt worden. So schreibt u. a. Prof. Lewin in seinem epochemachenden Werke: „Die Nebenwirkungen der Arzneimittel": „Es ist bekannt, dass Arbeiter, welche in Chininfabriken sich mit dem Pulverisieren von Chinarinde beschäftigen, von eigentümlichen Fieberanfällen befallen werden. Obwohl diese Anfälle nicht bei allen auftreten, sind sie doch bei den meisten wahrzunehmen. Der Fieberanfall ähnelt in manchen Fällen einem Wechselfieberanfall. Frost, dann trockene Hitze mit Kopfschmerzen und endlich zum Schluss, unter Sinken des Fiebers, Schweiß. Das viel besprochene und umstrittene und vereinzelt sogar aus Unwissenheit geleugnete Chininfieber kommt ziemlich häufig allein oder in Verbindung mit anderen Nebenwirkungen des Chinins vor. *Die vielfach angezweifelte Selbstbeobachtung Hahnemanns ist deshalb als* **richtig** *anzusehen."* Die Chinarinde kann also Krankheitserscheinungen hervorrufen, die jenen *ähnlich* sind, bei welchen sie allgemein als *Heilmittel* gilt.

Dieses scheinbar unbedeutende Experiment mit der Chinarinde wurde nun für Hahnemann der Ausgangspunkt für weitere ausgedehnte Versuche, die er mit vielen anderen heilkräftigen Substanzen an sich selbst und anderen machte, wodurch es ihm je länger je deutlicher wurde, dass jede wahre Arznei in einer spezifischen Beziehung steht zu der durch sie zu heilenden Krankheit. Ermutigt durch die Heilungen, welche er nach seiner neuen Methode erzielte, nahm er seine Praxis wieder auf und veröffentlichte im Jahre 1796 in Hufelands „Journal der praktischen Heilkunde" seinen „Versuch über ein neues Prinzip zur Auffindung der Heilkräfte in Arzneisubstanzen". In diesem berühmt gewordenen Artikel beschreibt er seine Methode der Untersuchung der Arzneimittel auf den gesunden menschlichen Körper und stellt als Regel für die Heilung von Krankheiten das Prinzip: *„Similia similibus curentur"* auf. Dieses Jahr ist also das eigentliche Geburtsjahr der **Homöopathie**. (Das Wort stammt aus dem Griechischen: homoios (ähnlich) und pathos (Leiden)[12]. In einem sehr lesenswerten Buche: „Äskulap auf der Waage" brachte er alle Nachteile der traditionellen Medizin zur Sprache, während er die G r u n d s ä t z e , A n w e n d u n g u n d R e s u l t a t e d e r h o m ö o p a t h i s c h e n H e i l w e i s e in seinem, im Jahre 1810 erschienenen, berühmten Werke **„Organon der Heilkunst"** darlegte.

Dass H a h n e m a n n bei der Verkündigung seiner neuen Lehre viel Widerstand erfuhr, ja sogar persönlich verdächtigt und verfolgt wurde, braucht uns nicht zu wundern, da alles, was gegen herrschende Vorurteile angeht, mit heftiger Anfeindung zu kämpfen hat. Wozu kam, dass die Apotheker sich in ihrem Handel mit großen Quantitäten Arznei bedroht sahen, da H a h n e m a n n als Konsequenz seines neuen Heilprinzips die Anwendung nur eines einzigen Arzneimittels und dieses dazu noch in sehr kleiner Dosis empfahl. Da er jedoch völlig überzeugt war von der Wahrheit seiner Entdeckung, ließ er sich durch *nichts und niemanden* entmutigen und so treffen wir ihn im Jahre 1812 in Leipzig an, wo er einen Lehrstuhl für seine Heilweise errichten wollte, um seinen Ideen bei der jüngeren ärztlichen Generation Eingang zu verschaffen. Man stellte ihm dort für die Ausübung seiner Lehrtätigkeit zur Bedingung, dass er eine These aufstellen und dieselbe vor der medizinischen Fakultät öffentlich verteidigen solle. Dieses tat er und setzte seine gelehrten Zuhörer durch seine umfassenden Kenntnisse und völlige Beherrschung des Gegenstandes derart in Erstaunen, dass die Fakultät ihn öffentlich beglückwünschte und ihm die Freiheit, zu dozieren, verlieh.

Die Studenten besuchten seine Vorlesungen eifrig, jedoch mehr um sich zu amüsieren und ihn zu verspotten, als um zu lernen.

Wenn Hahnemann den Hörsaal betrat, ging er mit dem ihm eigenen, gemessenen Gang nach dem Katheder, setzte sich auf seinen Stuhl, legte seine Uhr vor sich hin auf das Pult, öffnete sein Buch, las das Kapitel vor, welches er erklären wollte und fing dann seinen Vortrag an. Wenn er in seiner eigentümlichen Art auf die Missbräuche und den

---

12 Eigentlich wäre das Wort Homöotherapie ein besserer Ausdruck für diese Behandlungsweise; aber der Name Homöopathie ist nun einmal von Hahnemann selbst eingeführt und hat im Laufe der Jahre Bürgerrecht erlangt, so dass er jetzt als der Ausdruck für die Grundsätze derjenigen Heilweise gilt, welche die Krankheiten nach dem Simile- oder Ähnlichkeitsprinzip behandelt.

Schlendrian der zeitgenössischen Medizin zu sprechen kam, geriet er stets in Feuer, sein Antlitz rötete sich und seine Augen funkelten vor Empörung. Dabei ließ er sich nicht im Mindesten durch das Gelächter oder Zischen seiner Zuhörer stören, sondern wartete ruhig, bis sie ausgetobt hatten und setzte dann seine Rede fort. Er hielt hier während elf Jahren zweimal wöchentlich eine Vorlesung. Durch seinen unermüdlichen Eifer, seine gründlichen Kenntnisse und seinen Scharfsinn wusste er schließlich doch eine nicht geringe Anzahl Studenten an sich zu fesseln, welche mit ihm eine Reihe Versuche mit Arzneimitteln an sich selbst unternahmen und deren Namen in der homöopathischen Arzneimittellehre verewigt sind.

So gewann seine Lehre trotz aller Anfeindung doch zahlreiche Anhänger unter den Ärzten jener Zeit; in Leipzig wurde ein homöopathisches Krankenhaus errichtet; H a h n e m a n n s Praxis dehnte sich immer mehr aus; sein Name wurde in weiten Kreisen bekannt, so dass er auch die Aufmerksamkeit des Herzogs von Anhalt auf sich zog, welcher ihn einlud, sein Leibarzt zu werden und nach seiner Residenz Cöthen überzusiedeln, welcher Aufforderung H a h n e m a n n im Jahre 1821 denn auch nachkam. Hier in Cöthen stand er auf der Höhe seines Ruhmes. Ununterbrochen arbeitete er an dem Ausbau seiner Heilmethode und wurde von zahllosen Kranken von nah und fern aufgesucht. Hier schrieb er sein großes Werk über die „Chronischen Krankheiten". Von hier aus entstand aber auch eine Trennung zwischen ihm und verschiedenen seiner Anhänger, welche nicht einverstanden waren mit der ausschließlichen Benutzung der Hochpotenzen, welche H a h n e m a n n in diesem Lebensabschnitt *mit der Hartnäckigkeit eines Greises verteidigte, während er sich früher hauptsächlich der niederen Verdünnungen bedient hatte.*

Im Jahre 1835 ging der beinahe 80jährige Gelehrte eine neue Ehe ein, und zwar mit einer Französin, Fräulein Melanie d'Hervilly-Gohier, und siedelte bald darauf nach Paris über. Hier wurde der alte H a h n e m a n n wieder jung, nahm teil am großstädtischen Leben und kam in den wenigen Jahren, welche ihm noch übrig blieben, zu einem früher ungeahnten Wohlstand. Von allen Seiten strömten ihm die vornehmen und reichen Patienten zu. Acht Jahre lebte er, wie er selbst bezeugte, in durchaus glücklicher Ehe; seine Frau, welche ihm bis an sein Lebensende treu ergeben war, stand ihm in jeder Hinsicht helfend zur Seite; und als sein Tod, den er vorhergesagt hatte, am 2. Juli 1843 eintrat, war sie so verwirrt, dass sie sogar vergaß, seinen Tod den Freunden und näheren Bekannten anzuzeigen, weshalb nur wenige der sterblichen Hülle des bedeutenden Mannes das letzte Geleit geben konnten.

Der bekannte Homöopath J a h r schrieb 2 Tage nach H a h n e - m a n n s Tod folgendes über dessen letzte Augenblicke: „Ja, lieben Freunde, unser ehrwürdiger alter Vater Hahnemann hat seinen Lauf vollendet! Er starb an Lungenlähmung. Gleich im Anfang seiner Krankheit hat er seiner Umgebung gesagt, dass diese seine letzte sein werde, indem seine Hülle verbraucht sei. Bis zuletzt zeugten seine Worte von der fortwährenden Klarheit seines Geistes und der Ruhe, mit der er sein Ende herannahen sah. Auf eine Klage seiner Frau, welche meinte, dass die Vorsehung ihm eigentlich einen Erlass aller Leiden schuldig wäre, weil er so viel Leid bei anderen gelindert habe, antwortete er: ‚Mir? warum denn mir? Jeder auf dieser Welt wirkt nach den Gaben und Kräften, die Gott ihm geschenkt hat, und es kann von einem mehr oder weniger nur vor dem Richterstuhl der Menschen, nicht aber bei Gott die Rede sein: die Vorsehung ist mir n i c h t s , ich aber bin ihr v i e l , j a a l l e s schuldig.' Der Verlust unseres großen Meisters wird hier von allen seinen Schülern ohne Unterschied ihrer Privatmeinungen gleich tief und stark empfunden."

Die Freunde und Schüler H a h n e m a n n s vergaßen ihre Uneinigkeit und die Schwachheiten, welche ihrem Lehrer, wie jedem Sterblichen, angeklebt hatten; sie vereinigten sich in der Erinnerung an die Lichtseiten seines Charakters und die Größe seines genialen Geistes und ehrten ihn im Jahre 1851 durch die Errichtung eines Denkmals in Leipzig als **den Begründer der Homöopathie.**

Wer noch Zweifel hegt an der Bedeutung H a h n e m a n n s u n d s e i n e r E n t d e c k u n g , richte seine Blicke auf zwei wichtige Ereignisse, welche 50 Jahre später mit goldenen Buchstaben in die Annalen der Homöopathie eingetragen wurden. Im Jahre 1900 wurde in der H a u p t s t a d t F r a n k r e i c h s unter offizieller Beteiligung der Behörden und der Direktion der Weltausstellung ein **Internationaler Kongress für Homöopathie** abgehalten, bei welcher Gelegenheit auf dem berühmten Friedhofe Père-Lachaise ein *Denkmal* auf dem bis dahin vernachlässigten Grab H a h n e m a n n s errichtet wurde; und in demselben Jahre wurde in der H a u p t s t a d t d e r V e r e i n i g t e n S t a a t e n v o n N o r d - A m e r i k a **in** Gegenwart des Präsidenten der Republik und der höchsten Würdenträger des Staates **ein Denkmal zur Ehre des Begründers der Homöopathie** enthüllt, welches alle bestehenden an Größe und Schönheit übertrifft. In seiner Eröffnungsansprache sagte der Finanzminister Griggs, dass dieses Denkmal, welches an einem der schönsten Punkte der Bundeshauptstadt mit Zustimmung der amerikanischen Regierung errichtet wurde, ein offenbarer Beweis dafür sei, *„dass Hahnemann und seine Entdeckung nicht nur Deutschland, sondern der ganzen Welt angehören!"*

2.2 Ausbreitung der Homöopathie

Werfen wir nun einen Rückblick auf die Geschichte der Homöopathie von ihrer Begründung bis auf den heutigen Tag, so finden wir sie reich an inneren Kämpfen, um Begriffe und Lehren festzustellen, um sie zu läutern von mannigfachen Irrtümern und Übertreibungen, aber auch reich an äußeren Kämpfen, um Angriffe abzuwehren und ihre Existenz zu sichern. Die Geschichte der Menschheit zeigt uns, dass jede Wahrheit, die mit der herrschenden Meinung nicht im Einklang steht, auf heftigen Widerstand stößt, ehe sie zur allgemeinen Anerkennung gelangt. Die Medizin macht in dieser Hinsicht keine Ausnahme. Was der vorherrschenden Richtung der Wissenschaft nicht entspricht, wird bekämpft, lächerlich gemacht oder totgeschwiegen. Ähnlich ist auch das Los der Homöopathie gewesen. Trotzdem hat sie ihr Daseinsrecht und ihre Lebensfähigkeit glänzend bewiesen. Während eines Zeitraumes von über 100 Jahren, in welchem die medizinischen Heilsysteme einem fortwährenden Wechsel unterworfen waren, hat die Homöopathie ihren Platz in der Heilkunde nicht nur behauptet und demgemäß auch alle Prophezeiungen über ihr nahes Ende zuschanden gemacht, sondern auch eine Ausbreitung erlangt, welche die kühnsten Erwartungen ihrer Anhänger weit übertroffen hat und ganz gewiss auch dem erbitterten Gegner Achtung abnötigen muss. Wir erlauben uns nun im Folgenden dem Leser hierüber eine kurze Übersicht zu geben.

Wir gehen hierbei aus von dem letzten in London abgehaltenen **Weltkongress** für **Homöopathie,** welcher von zahlreichen Ärzten aus allen Kulturländern besucht war und den stetigen Fortschritt der homöopathisch-medizinischen Wissenschaft aufs deutlichste bewies. Alle irgendwie wichtigen Fragen sowohl auf speziell homöopathischem als allgemein medizinischem und chirurgischem Gebiet wurden auf diesem Kongress zur Sprache gebracht, die bekanntesten Vertreter der homöopathischen Schule kamen zu Wort und wichtige Beschlüsse wurden gefasst, um der Homöopathie den Platz in der wissenschaftlichen Welt zu sichern, welcher ihr von Rechts wegen zukommt. Von letzteren war der wichtigste die Bildung des **Internationalen Homöopathischen Rates,** dessen Zweck es ist, die Entwicklung und Ausbreitung der Homöopathie in der ganzen Welt zu fördern und die Hindernisse, welche dem noch entgegenstehen, zu beseitigen. Dieser Internationale Rat, zu dem jedes Land das Recht hat, seine Vertreter zu stellen, versammelt sich alljährlich einmal bald in diesem, bald in jenem Lande und erstattet alle 5 Jahre auf dem Weltkongress einen ausführlichen Bericht über seine Arbeit und deren Ergebnisse. Zur Erreichung dieses Zieles haben sich als am meisten erfolgreich erwiesen:

a) Die Bearbeitung der öffentlichen Meinung durch Vorträge, populäre Literatur, Gründung von Laienvereinen.

b) Die Förderung der Arzneimittelprüfungen.

c) Die Gewinnung junger Ärzte für die homöopathische Therapie.

d) Die Errichtung homöopathischer Krankenhäuser.

e) Die Gründung von Lehrstühlen für Homöopathie.

Die Bildung des Internationalen Rates ist in der Tat für alle Anhänger der Homöopathie von größter Wichtigkeit, denn ist einerseits der Weltkongress als der Brennpunkt der homöopathischen Wissenschaft zu betrachten, so kann andererseits der Internationale Rat als die beste Instanz zur Lösung aller praktischen Fragen angesehen werden.

Dem Bericht (Stand 1924) dieses Rates, der sich auf alle Länder bezieht, in denen die Homöopathie festen Fuß gefasst hat, entnehmen wir folgende wissenswerte Angaben über die gegenwärtige Ausdehnung der Homöopathie.

Den größten Fortschritt haben die **Vereinigten Staaten von Nordamerika** aufzuweisen. Im Jahr 1924 praktizieren dort **16.000** homöopathische Ärzte, die ihre Ausbildung an **4 Staatsuniversitäten** (Boston, Michigan, Kansas und Denver) und **8 Medical Colleges** erlangt haben. Das Hahnemann Medical College in Philadelphia ist die größte und älteste Lehranstalt, dieselbe bekommt vom Staate eine jährliche Subvention und verfügt für den klinischen Unterricht über mehrere Krankenhäuser mit insgesamt 300 Betten. Dann folgt das New York Medical College, welches im Jahre 1860 errichtet wurde, verbunden mit einem Krankenhaus, dessen Erbauung 1 Million Dollar gekostet hat. Ferner existieren in diesem Land der Freiheit und Gleichheit mehr als **200** allgemeine und spezielle **Krankenhäuser, Sanatorien und Kliniken,** in denen die ganze Behandlung in den Händen homöopathischer Ärzte liegt, endlich noch ungefähr **70 Krankenhäuser und Kliniken,** an denen Vertreter beider (homöopathischer und allopathischer) Schulen tätig sind.

Das **größte homöopathische Krankenhaus der Welt** ist das Metropolitan Hospital in New York, das 4890 Betten enthält und vollständig von der Stadt unterhalten wird, ein durchschlagender Beweis für das Vertrauen der Bevölkerung New Yorks auf die homöopa-

31

thische Behandlung. Endlich gibt es in den Vereinigten Staaten noch **2 Tuberkulose-Sanatorien** und **10 Irrenanstalten,** die unter homöopathischer Behandlung stehen und teils Subvention vom Staate erhalten, teils vollständig vom Staat unterhalten werden.

Auch in anderen Ländern Amerikas, wie **Kanada, Argentinien, Brasilien,** bestehen homöopathische Krankenhäuser, in **Mexiko** ist die Homöopathie offiziell anerkannt durch die Errichtung einer homöopathischen Lehranstalt, welche die staatliche Erlaubnis erhielt, Diplome nach 5-jährigem Studium auszustellen mit denselben Rechten wie die Diplome der Staatsuniversitäten.

In **Australien** praktizieren 40 homöopathische Ärzte, es bestehen dort 4 Krankenhäuser und 4 Vereine. In **Englisch-Indien, China, Niederländisch-Indien, Kapland** sind nur noch wenige homöopathische Ärzte zu finden, aber Tausende von Missionaren sind dank der verhältnismäßigen Einfachheit und leicht fasslichen Anwendung der Homöopathie imstande, sich selbst und den Eingeborenen die Vorteile der homöopathischen Heilweise zukommen zu lassen, wenn ärztliche Hilfe nicht zu erlangen ist. Ein Missionar z. B. errichtete in Mangalore in Indien ein Ambulatorium für Unbemittelte, ein Asyl für Aussätzige, ein Pestspital und eine Baracke für Cholerakranke.

In den meisten großen **europäischen Staaten** befinden sich homöopathische Krankenhäuser und zahlreiche Ärzte, die nach der Methode Hahnemanns behandeln. In **England** wurden 204, in **Frankreich** 149, in **Italien** 49, in **Spanien** 138 homöopathische Ärzte gezählt. In L o n d o n befindet sich das älteste der jetzt bestehenden europäischen Krankenhäuser. Es enthält 164 Betten, darunter 140 für Unbemittelte, deren Kosten durch freiwillige Beiträge von Anhängern der Homöopathie bestritten werden.

In Deutschland praktizieren 350 homöopathische Ärzte (Anm. des Hrsg.: Heute gehören in Deutschland dem Z e n t r a l v e r e i n homöopathischer Ärzte mehr als 7000 Medizinerinnen und Mediziner an), es existieren verschiedene homöopathische Sanatorien und Kliniken, an denen auch Kurse für Studenten und Ärzte eingerichtet sind. L e i p z i g , der Sitz der bekannten homöopathischen Zentralapotheke von Dr. Willmar Schwabe[13], ist ein Zentrum für die homöopathische Propa-

---

13 Anm. d. Hrsg.: Heute ist die Dr. Willmar Schwabe GmbH & Co. KG (kurz Schwabe) das Mutterunternehmen der Schwabe-Gruppe, auch als Unternehmensgruppe Schwabe oder Schwabe-Konzern bekannt, der aus weltweit 93 Gesellschaften mit insgesamt 3.500 Mitarbeitern besteht, davon 1.400 in Deutschland, darunter 700 beim Hauptunternehmen (Stand: 31. Dezember 2015)

ganda, die ihre Wirkung über ganz Deutschland und darüber hinaus bis in die fernsten Länder ausübt. Zu erwähnen ist noch die „Homöopathische Liga", eine große Vereinigung von Ärzten und Laien, die den Zweck hat, die Anhänger der Homöopathie zu sammeln und Einfluss auszuüben auf Regierung und Gesetzgebung zugunsten der homöopathischen Heilweise.

Doch auch in den kleineren Ländern Europas hat die Homöopathie in letzter Zeit größere Ausbreitung erlangt. In **Belgien** praktizieren 32, in **Portugal** 22, in der **Schweiz** 25 homöopathische Ärzte. **Dänemark** hat sein erstes homöopathisches Krankenhaus im Jahre 1913, **Holland** im Jahre 1914 erhalten. In letzterem Land praktizieren 35 homöopathische Ärzte und in einer großen Anzahl Städte und Dörfer wird die Niederlassung weiterer homöopathischer Ärzte dringend gewünscht.

So sehen wir, dass die **Ausbreitung der Homöopathie** über die ganze Welt zu einer unumstößlichen Tatsache geworden ist. Das Samenkorn, welches D r. H a h n e m a n n gepflanzt hat, ist zu einem großen Baum geworden! Nunquam retrorsum! Nie rückwärts, sondern vorwärts! das sei die Losung aller überzeugten Anhänger der Homöopathie!

2.3 Grundsätze der Homöopathie

Das Wesen der Homöopathie beruht auf der s p e z i f i s c h e n Beziehung zwischen Arzneimittel und Krankheit, ausgedrückt in dem bereits mehrfach erwähnten Ä h n l i c h k e i t s p r i n z i p . Die Arzneimittel, welche nach diesem Prinzip gewählt werden, dürfen nun aber nicht in den gebräuchlichen *großen* Dosen verabreicht werden, da diese die Krankheit verschlimmern würden, sondern müssen in *kleinen* (sog. homöopathischen) Dosen gegeben werden, welche jedoch noch groß genug sein müssen, um auf die Gewebe und Organe des erkrankten Organismus eine heilende Wirkung ausüben zu können.

Folgende drei Hauptgrundsätze charakterisieren demnach die homöopathische Heillehre:

1. *Prüfung der Wirkung der Arzneimittel am gesunden menschlichen Körper.*

2. *Anwendung des Heilprinzips: „Similia similibus curentur" (Ähnliches werde durch Ähnliches geheilt) auf diejenigen Krankheiten, welche durch innerliche Arzneimittel wirklich geheilt werden können.*

3. *Darreichung des Heilmittels in einer solch kleinen Dosis, dass dadurch eine schädliche Wirkung nicht mehr ausgeübt werden kann.*

Noch verschiedene andere, mehr oder weniger wichtige Regeln kommen bei der Ausübung der homöopathischen Heilweise in der Praxis in Betracht, sie lassen sich aber meistens auf einen der genannten Grundsätze zurückführen.

I.   Wenn H a h n e m a n n n u r diese eine Bedingung aufgestellt hätte, dass alle Arzneimittel, ehe sie bei Kranken zur Anwendung kommen, am Gesunden erprobt werden müssen, könnte er bereits als der *größte Reformator der Heilkunde seiner Zeit* angesehen werden. Denn es ist in der Tat ein genialer Gedanke, die Kraft der Arzneien nicht nur von zufälligen Vergiftungen oder von Versuchen an Tieren, welche ihren Gefühlen keinen Ausdruck geben können, abhängig machen zu wollen, sondern *auch den Menschen selbst,* welcher der Gegenstand der Krankenbehandlung ist, zum Prüfstein hinsichtlich der Wirkung der Arzneimittel zu wählen. Obwohl die Schulmedizin diese Untersuchungsmethode nicht gänzlich verwirft, ja sogar durch ihre Vertreter vor und n a c h H a h n e m a n n auf deren Nutzen hingewiesen hat, hat sie dieselbe doch nicht praktisch verwendet. Sie hat im Gegenteil ihre Kenntnis der Wirkung der Arzneien hauptsächlich auf empirische Weise und durch die Tierversuche erlangt, und obwohl diese Versuche keineswegs zu verwerfen sind, haben sie doch dazu geführt, dass viele s c h e i n b a r unwirksame, aber dennoch wertvolle Mittel, welche früher mit gutem Erfolge bei manchen Krankheiten in Gebrauch waren, von der Liste der Heilmittel gestrichen wurden, während die neueren Produkte der chemischen Großindustrie mit fremdartigen und gelehrt klingenden Namen bei der Krankenbehandlung den Vorzug erhielten. In vielen Fällen können die bei Tieren erlangten Resultate sogar durchaus nicht ohne weiteres auf den Menschen übertragen werden. So hat z. B. A t r o p i n beim Tier eine ganz andere Wirkung als beim Menschen. Über feinere Wirkungen einer Arznei kann der Tierversuch überhaupt keine Auskunft geben. Dass auch die Beobachtung am Krankenbette allein nicht genügend ist, um über die Wirkung einer Arznei völligen Aufschluss zu erhalten, beweist das Auftauchen so vieler neuen Arzneimittel in gegenwärtiger Zeit, welche alle zuerst eine „vorzügliche Wirkung" haben sollen, bald jedoch mehr oder weniger „schädliche Nebenwirkungen" offenbaren, so dass nicht wenige dieser Mittel schließlich ruhmlos „von der Bildfläche verschwinden". Auch werden sich beim Versuch am Kranken die Symptome der K r a n k h e i t mit den durch das M i t t e l hervorgebrachten Symptomen vermischen, wodurch oft kein klares Bild der Arzneiwirkung gewonnen werden kann.

Demgegenüber zeigt die Prüfung am gesunden Menschen, welche besondere Organe jedes einzelne Arzneimittel beeinflusst, welche feinere Wirkungen es auf die Nerven, das Gemüt usw. ausübt, wodurch der Arzt in den Stand gesetzt wird, in Krankheitsfällen das jeweilig angezeigte Mittel mit größerer Sicherheit auswählen zu können. H a h n e m a n n und nach ihm alle homöopathischen Ärzte und Untersucher haben an diesem Grundsatz der Homöopathie festgehalten, ohne welchen sie nie zur Annahme des Ähnlichkeitsprinzips gekommen wären. In der letzten Zeit hat nun auch einer der berufensten Vertreter der Pharmakologie, P r o f . S c h u l z in Greifswald, erklärt, dass wenn man wissen will, welche Kraft eine bestimmte Arznei zur Heilung von Krankheiten beim Menschen entfalten kann, man notwendigerweise die Wirkung derselben auch am gesunden Menschen studieren muss. Er erkennt an, dass die Forderung H a h n e m a n n s durchaus der modernen Wissenschaft entspricht und sagt, dass es ein unsterbliches Verdienst H a h n e m a n n s ist, die methodische Prüfung der Arzneimittel am gesunden menschlichen Körper empfohlen zu haben. Als Beispiel führt P r o f . S c h u l z das *Arsenicum* an. Dass dieses ein Gift ist, können wir aus Versuchen an allen möglichen Tieren ersehen, dass es jedoch auch imstande ist, u. a. eigentümliche chronische Neuralgien zum Vorschein zu bringen, lernen wir hieraus nie. Zur Lösung der Frage: „*Welche Wirkung hat eine bestimmte Arznei bei dem Menschen und welche Folgen gehen daraus für die Therapie hervor?*" ist das Tierexperiment deshalb *nicht* genügend. P r o f . S c h u l z und seine Studenten haben dann auch zahlreiche Mittel, unter denen sich viele befinden, die, wie z. B. Schwefel, Kochsalz usw., für unwirksam gehalten werden, an sich selbst versucht und Krankheitsbilder erhalten, welche auf überraschende Weise mit den von H a h n e m a n n vor mehr als 100 Jahren beschriebenen übereinstimmen. Der genannte Gelehrte sagt dazu noch, dass es für den jungen angehenden Arzt von nicht zu unterschätzendem Wert ist, die Wirkung eines Arzneimittels auch einmal *an sich selbst* probiert zu haben. „Er bekommt dadurch einen ganz anderen Blick in Bezug auf die Kraft und Bedeutung des Mittels für die Therapie, als wenn er nur auswendig lernt, dass es imstande ist, das Froschherz zu lähmen, oder beim Meerschweinchen Krämpfe zu verursachen!"

Diesen ersten Grundsatz der Homöopathie haben sowohl H a h n e m a n n als auch seine Schüler und Nachfolger praktisch betätigt. H a h n e m a n n selbst hat ungefähr 60 Arzneimittel nach seiner Methode am gesunden Menschen untersucht und über die Resultate ausführliche Protokolle aufgenommen. Sein Werk wurde mit den modernen Hilfsmitteln der Mikroskopie und Chemie fortgesetzt und ergänzt, so dass auch die feineren Änderungen in den Organen des menschlichen Körpers unter dem Einfluss einer bestimmten Substanz festgestellt werden konnten. Wir besitzen jetzt sehr genaue und ausführliche homöopathische Arzneimittellehrbücher, welche die Wirkungen der bekanntesten und gebräuchlichsten Arzneien beschreiben, wobei jedoch nicht nur auf die *pathologisch-anatomischen* Veränderungen, sondern mit Recht auch auf die *subjektiven* Symptome als Grundlage für die Wahl des richtigen Arzneimittels großes Gewicht gelegt wird. Ein klassisches Werk ist in dieser Hinsicht die bekannte Arzneimittellehre des amerikanischen Professors F a r r i n g t o n ; und täglich werden die Untersuchungen auf diesem Gebiete von der homöopathischen Wissenschaft fortgesetzt.

II.   Die vornehmste Tat H a h n e m a n n s war die Verkündigung des Ähnlichkeitsprinzips. Durch die Vergleichung der Erscheinungen, welche durch bestimmte Arzneien beim Gesunden hervorgerufen werden mit ähnlichen Erscheinungen in den verschiedensten Krankheitszuständen und durch die praktische Anwendung an sich selbst und anderen kam H a h n e m a n n je länger je mehr zu der festen Überzeugung, dass die goldene Regel, *welche die Natur uns zum schnellen, sicheren und angenehmen Heilen der meisten Krankheiten mittels Arzneien* an die Hand gibt, in dem therapeutischen Prinzip: **„Similia similibus curentur"** *(Ähnliches werde durch Ähnliches geheilt")* ausgedrückt wird. Diese bahnbrechende Entdeckung H a h n e m a n n s ist der Grundpfeiler des homöopathischen Gebäudes. Unbewusst wurde sie von zahlreichen Ärzten vor ihm in Anwendung gebracht, denn sie liegt den meisten wirklichen Heilungen von Krankheiten mittels Arzneien zugrunde. Dass es auch bei diesem biologischen Gesetze Ausnahmen gibt, braucht uns nicht zu wundern, da die Naturgesetze der Wärme, der Elektrizität, ja sogar der Schwere bestimmte Grenzen haben.

Die Wahrheit dieses therapeutischen Prinzips ist durch Tausende von Heilungen von zahlreichen Ärzten unwiderleglich bewiesen; in der täglichen Praxis sind Beweise genug dafür zu finden und in allen Ländern der Welt wird es in zunehmendem Maße von vielen Ärzten als Leitfaden bei der Krankenbehandlung benutzt, was unmöglich der Fall sein könnte, wenn es eine Illusion wäre. Obwohl es nicht zu leugnen ist, dass die t h e o r e t i s c h e Erklärung, welche H a h n e m a n n über die Wirksamkeit dieses Prinzips gibt, mit unserer heutigen Kenntnis von Krankheiten und Arzneimitteln nicht mehr in Einklang zu bringen ist, so bleibt die Tatsache, dass das *Prinzip selbst richtig ist,* dennoch bestehen. Sein Wert beruht nicht auf *theoretischen* Erklärungen, sondern auf *praktischen* Resultaten bei der Krankenbehandlung. Einige Beispiele mögen dieses erläutern.

Es ist bekannt, dass die Erscheinungen, welche bei einer akuten Arsenicum-Vergiftung auftreten, mit den Cholera-Symptomen große Ähnlichkeit haben; bei beiden treffen wir den großen Kräfteverfall, die heftigen Schmerzen, den wässerigen Durchfall und den unerträglichen Durst an, während auch die krankhaften Veränderungen in den Geweben des Darmkanals sehr ähnlich sind. Nun, es hat sich bei der letzten Hamburger Choleraepidemie von neuem gezeigt, dass Arsenicum in homöopathischer Verdünnung eines der besten Heilmittel dieser mörderischen Krankheit ist. Es ist bekannt, dass Sublimat, in großer Dosis eingenommen, Krankheitserscheinungen hervorruft, welche denen der Ruhr sehr ähnlich sind. Nun ist aber durch hundertfache Erfahrung bestätigt, dass Sublimat in homöopathischer Verdünnung die Ruhr heilen kann. **Schwefel** verursacht und heilt bestimmte Hautausschläge; **Phos-**

phor verursacht und heilt gewisse Knochenerkrankungen; **Ipecacuanha** verursacht und heilt Übelkeit und Erbrechen; **Kupfer** verursacht krampfartiges Atmen und Erstickungsanfälle und ist daher ein von den Homöopathen sehr geschätztes Heilmittel bei Keuchhusten; die **Röntgenstrahlen** rufen Entzündungserscheinungen der Haut hervor, wenn sie zu stark angewendet werden, während sie andererseits ähnliche entzündliche Prozesse der Haut zur Heilung bringen können; und so könnten wir noch manche Beispiele für die Wahrheit des homöopathischen Grundgedankens anführen.

III. Die Erklärung dieser wunderbaren doppelten Wirkung der Arzneimittel liegt in der *Anwendung der Arzneigabe,* und hiermit sind wir beim dritten Grundsatz der homöopathischen Heilweise angelangt. Wir begegnen fast überall auf dem Gebiete der Arzneiwirkungen auf den gesunden und kranken menschlichen Körper der eigentümlichen Erscheinung, dass große Gaben einer Arznei das Gegenteil kleiner Gaben bewirken. **Alkohol** lähmt, in großen Mengen genossen, die Gehirntätigkeit; in kleinen Mengen dargereicht, regt es dieselbe an. **Sublimat** verursacht in großer Dosis den Tod aller lebenden Zellen; in starker Verdünnung (1 zu 8.000.000) verursacht es Leben und starke Vermehrung der Hefezellen in einer Traubenzuckerlösung. **Rhabarber** ist in großer Dosis ein bekanntes Abführmittel, während er in homöopathischer Potenz bei einer bestimmten Art von Durchfall ein probates Heilmittel ist; **Opium** lähmt oder reizt je nach der Dosis, in welcher es angewendet wird. Wir sehen hieraus, dass die beliebte Regel: „Viel hilft viel" auf arzneilichem Gebiet durchaus keine allgemeine Gültigkeit hat; im Gegenteil, wir finden nicht selten, dass große Gaben einer Arznei schädlich wirken, wo kleine Gaben dem Heilzwecke weit besser entsprechen. Das von P r o f . A r n d t aufgestellte biologische Grundgesetz, welches lautet: *„Kleine Reize fachen die Lebenstätigkeit an, mittelstarke fördern sie, starke hemmen sie und stärkste heben sie auf",* zeigt uns den Weg zur Erklärung der Wirkungsweise der nach dem homöopathischen Prinzip gewählten Arzneimittel.

Hat das genannte Gesetz Gültigkeit für die Wirkung der Arzneien auf den **gesunden** Körper, dann ist es ohne weiteres deutlich, dass es für den **kranken** Körper und dessen Organe von noch viel größerer Bedeutung ist. Ein entzündetes Auge wird schon von einem Lichtstrahle schmerzhaft berührt, welchen das gesunde Auge mit Freuden begrüßt! Wie empfindlich ist ein Kranker, welcher an Nervenkopfschmerz leidet, für das geringste Geräusch und ein Kehlkopfleidender für Tabakrauch! K r a n k e Organe, k r a n k e Organismen reagieren demnach noch auf Reize, welche bei Gesunden keinerlei Wirkung ausüben. Wir verstehen es jetzt, dass es möglich, ja notwendig ist, dass Arzneimittel, welche in großen Dosen auf gesunde Organe eine bestimmte Wirkung ausüben, auf kranke Organe *noch* eine Wirkung zeigen können in Dosen, welche auf den Gesunden *keinerlei* Wirkung mehr ausüben. Dies ist ganz in Übereinstimmung mit der homöopathischen Praxis, welche die Arzneimittel in solch kleinen Mengen verabreicht, dass sie zwar auf gesunde Organe keine sichtbare Wirkung, auf den kranken Körper aber diejenige Wirkung ausüben, welche nötig ist, um die Naturheilkraft des Organismus zu unterstützen und die Heilung zu fördern. Je mehr hierbei Arznei- und Krankheitsbild miteinander übereinstimmen, mit anderen Worten, je mehr nach dem Grundsatz: „Similia similibus" verfahren wird, desto eher wird in den meisten Fällen das Arzneimittel dem beabsichtigten Zwecke entsprechen.

Diese drei wissenschaftlichen Grundsätze werden von allen homöopathischen Ärzten anerkannt; sie sind der Ausdruck des gegenwärtigen Standpunktes der Homöopathie. Die homöopathischen Ärzte halten sich selbst durchaus nicht für unfehlbar; sie begrüßen jeden wirklichen Fortschritt auf medizinischem Gebiete mit Freuden; sie sind davon überzeugt, dass die homöopathische Arzneimittellehre ebenso wie deren Anwendung in der Praxis verbesserungsfähig ist, aber sie halten fest an diesen drei Grundsätzen der Homöopathie, welche weder in theoretischer noch in praktischer Hinsicht die Kritik zu fürchten haben.

* * *

Wenn wir nun fragen, wie es kommt, dass trotzdem die homöopathische .Heilweise noch so viele Gegner unter den Vertretern der Schulmedizin hat und vielfach noch so geringschätzend behandelt wird, dann müssen wir die Ursache nicht allein in H a h n e m a n n s Empfehlung eines neuen therapeutischen Prinzips und der Prüfung der Arzneimittel am Gesunden, zwei Forderungen, die gegen die herrschenden Anschauungen verstießen, suchen, sondern hauptsächlich in seiner L e h r e v o n d e r A r z n e i v e r d ü n n u n g. Obwohl es von Vertretern der homöopathischen Schule schon wiederholt ausgesprochen ist, dass nach unseren modernen Anschauungen von einer steten Erhöhung der Wirkung eines Arzneimittels bei zunehmender Verdünnung keine Rede sein kann, wird noch immer die I n f i n i t e s i m a l t h e o r i e H a h n e m a n n s m i t d e r L e h r e v o n d e r W i r k u n g s e h r k l e i n e r A r z n e i m e n g e n verwechselt und sind es hauptsächlich die kleinen Dosen, die „Nichtse" der Homöopathie, welche für die Mehrzahl der Ärzte den Stein des Anstoßes bilden.

Wir machen von dieser Gelegenheit Gebrauch, um nochmals öffentlich festzustellen, dass die Arzneigaben der Homöopathie z w a r k l e i n, und gewiss v i e l k l e i n e r a l s d i e g e b r ä u c h l i c h e n a l l o p a t h i s c h e n G a b e n, aber doch wiederum *nicht so klein sind, dass von der Anwesenheit eines wirksamen Stoffes keine Rede mehr sein kann.* Die überwiegende Mehrheit aller homöopathischen Ärzte der ganzen Welt bedient sich in den meisten Krankheitsfällen **der 3. bis zur 6. Dezimalpotenz,** d. h. einer Arzneibereitung, welche ein Tausendstel bis ein Millionstel des ursprünglichen heilkräftigen Stoffes enthält. Auch höhere Verdünnungen werden verwendet und müssen in bestimmten Fällen verwendet werden, da es sich gezeigt hat, dass gewisse in unverteiltem Zustand gänzlich unwirksame Stoffe, wie z. B. *Kalk, Holzkohle, Kieselsäure* usw. erst durch oft wiederholte Verreibung mit Milchzucker h e i l k r ä f t i g w e r d e n. Bis zu einem gewissen Grad werden diese Stoffe durch wiederholte Verdünnung deshalb wirksamer, weil sie dadurch wesentlich an w i r k s a m e r O b e r f l ä c h e gewinnen und auch l e i c h t e r r e s o r b i e r t werden. Wie weit man nun gehen s o l l oder gehen d a r f in der Verdünnung und Verreibung der einzelnen Arzneistoffe, kann lediglich durch die Erfahrung am Krankenbett entschieden werden, und darin sind sich die Homöopathen im allgemeinen einig, dass der ausschließliche Gebrauch der 30. Potenz, welche von H a h n e m a n n in *seinen letzten Lebensjahren* eingeführt wurde, während er *in jüngeren Jahren die niedrigeren Potenzen benutzte,* **nicht zu empfehlen ist.** Die einzige Bedingung, welche gestellt werden d a r f u n d s o l l, ist diese: dass diejenige Verdünnung oder Verreibung verwendet werde, welche, ohne zu schaden, noch eine deutlich wahrzunehmende Wirkung auf den kranken Körper auszuüben imstande ist.

Dass solches durch sehr kleine Arzneimengen geschehen kann, steht außer Frage. Die Mitteilungen aus allen homöopathischen Kliniken und Krankenhäusern verbürgen es uns.

Dass auch die alte Schule, durch traurige, am Krankenbett gemachte Erfahrungen gezwungen, bei bestimmten Fällen die Dosis des anzuwendenden Heilmittels stets kleiner bemisst, ersehen wir an der neuesten Methode der E i n s p r i t z u n g e n, wobei (z. B. bei den Tuberkulin-Einspritzungen) Gaben von $1/_{1.000.000}$ bis $1/_{100.000.000}$ Gramm (also von Mengen Arznei, die mit der 6. bis 8. homöopathischen Dezimalverdünnung Übereinkommen) gegenwärtig nicht mehr zu den Seltenheiten gehören.

Auch auf dem Gebiet der Physik, Chemie, Zoologie und Botanik finden wir zahllose Beweise für die Wirksamkeit kleiner Mengen Stoff. So kann z. B. ein Teil *Jodium,* in 480.000 Teilen Wasser aufgelöst, noch durch Stärke nachgewiesen werden. Der französische Botaniker Coupin fand, dass *Kupfersalze* eine äußerst schädliche Wirkung auf das Wachstum gewisser Pflanzenwurzeln ausüben, und dies nicht nur in starken Lösungen, sondern auch noch in einer Verdünnung von 1 auf 700.000.000, also in einer Lösung, welche ungefähr der *9.* homöopathischen Dezimalverdünnung gleich kommt. Löw fand, dass *Uransalze* in einer 0,05%igen Lösung auf junge Erbsenpflanzen vergiftend wirken, aber in einer Verdünnung von 1 auf 10.000, also gleich einer 4. Dezimalverdünnung, das Wachstum der Pflanzen fördern. Dieselbe wunderbare Tatsache, dass große Mengen einer Substanz gerade das Umgekehrte von sehr kleinen Mengen bewirken, wurde bestätigt durch Untersuchungen von Prof. Schulz über die Wirkung des *Sublimats* auf Hefezellen; in einer Verdünnung von 1 auf 20.000 *vernichtet* Sublimat das Wachstum dieser Zellen, in höherer Verdünnung übt es *keinen Einfluss* aus auf das Wachstum und in noch höherer Verdünnung, 1 auf 500.000, *fördert* Sublimat das Wachstum der Hefezellen.

Sehr wichtig sind auch die in letzter Zeit gemachten Untersuchungen über die *katalytischen* Wirkungen bestimmter Substanzen. Unter „Katalyse" versteht man eine Wirkung bestimmter Stoffe auf andere, wodurch letztere zerlegt werden oder chemische Verbindungen eingehen, *ohne dass jene selbst daran teilnehmen.* Auf diese Weise erlangen z. B. viele Substanzen ein erhöhtes Oxydationsvermögen. Ein einfaches Experiment, das jedermann vornehmen kann, möge dies erläutern. Hält man ein Stück Würfelzucker in eine Spiritusflamme, dann schmilzt der Zucker alsbald und fängt an zu tropfen, aber nie wird er Feuer fangen. Taucht man dagegen das Stück in etwas Zigarrenasche und hält es dann in die Flamme, so wird der Zucker lebhaft verbrennen. Auf dieselbe Weise wirken Kakao, Pfeffer, Tee und viele andere vegetabilische Stoffe, werden dieselben fein pulverisiert auf den Zucker gebracht, dann verbrennt dieser lebhaft. Ein einziger Tropfen Menschenblut, auf ein Stück Zucker geträufelt, genügt, um dieses, mit großer Intensität verbrennen zu lassen, wenn man es in eine Spiritusflamme hält. Durch ausgedehnte Untersuchungen hat nun der Chemiker Schade bewiesen, dass die Katalysatoren (d. h. die Stoffe, welche auf andere Stoffe eine katalytische Wirkung ausüben), diese Wirkung noch in kolossalen Verdünnungen offenbaren. So wird z. B. die katalytische Erhöhung des Oxydationsvermögens der Schwefelsäure durch Kupfersulfat sogar noch in einer Verdünnung von 1 auf 1.000.000.000 bewirkt. Interessant ist außerdem noch bei diesen neuen Entdeckungen, welche gegen alle bekannten Gesetze der Chemie angehen, dass diese Katalysatoren auch nach der Verbrennung noch wirksam bleiben, so dass ihre Wirkung wieder anders als diejenige der organischen Fermente sein muss. Der Raum verbietet uns, auf dieses höchst interessante Gebiet weiter einzugehen, jedoch schon das Angeführte gibt von neuem einen klaren Beweis für die M a c h t d e s K l e i n e n in der Natur, es ist deshalb durchaus n i c h t u n g e - r e i m t , die Möglichkeit von der heilkräftigen Wirkung sehr kleiner Mengen Arznei, ganz abgesehen von der P r a x i s , welche zu deren Gunsten entschieden hat, auch t h e o r e t i s c h anzunehmen.

Wir haben also in diesem Abschnitt gesehen, dass die Homöopathie eine auf w i s s e n s c h a f t l i c h e n Grundlagen beruhende Methode ist. Sie vergegenwärtigt eine W a h r h e i t auf medizinischem Gebiet, welche durch die neuesten Untersuchungen und Entdeckungen in mancher Hinsicht bestätigt wird. Sie ist aber auch, wie wir im nächsten Abschnitt näher ausführen werden, eine p r a k t i s c h e Heilweise, welcher Millionen Kranke ihre Wiederherstellung verdanken.

2.4 Wert der Homöopathie

Das intensive und extensive Wachstum, die zunehmende Ausbreitung der Homöopathie, ungeachtet aller Hindernisse, welche ihr in den Weg gelegt werden, die stets größer werdende Zahl ihrer Anhänger könnte wohl der beste Beweis für ihren Wert bei der Krankenbehandlung genannt werden. Angesichts der vielen Gegner aber, welche noch stets die Lehre H a h n e m a n n s bekämpfen, ist es doch am Platze, auf die **praktischen Resultate der Homöopathie,** wie solche in der **Statistik** zum Ausdruck kommen, öffentlich hinzuweisen. Wohl kann jeder homöopathische Arzt aus seiner Privatpraxis zahlreiche Krankheitsfälle anführen, wo die Homöopathie ihre Überlegenheit über andere Heilmethoden bewiesen hat, und derartige Fälle sind es ja auch, die sein auf diese Heilweise gesetztes Vertrauen immer wieder befestigen, aber bei der *öffentlichen* Erörterung des Wertes einer Heilmethode müssen die praktischen Resultate, welche in *Kliniken* und *Krankenhäusern* erzielt werden, doch die *Hauptrolle* spielen. In dieser Hinsicht sind wir nun imstande, dem Leser eine durchaus befriedigende Übersicht über die Resultate der homöopathischen Heilweise zu geben. Wir gehen hierbei aus von einer sehr großen Anzahl Krankheitsfälle, welche in verschiedenen Ländern sowohl in früherer wie in neuerer Zeit nach den Grundsätzen der **beiden Hauptrichtungen** in der Medizin (A l l o p a t h i e u n d H o m ö o p a t h i e) in ö f f e n t l i c h e n K r a n k e n h ä u s e r n behandelt wurden. Aus diesen vergleichenden Statistiken geht hervor, dass im allgemeinen bei h o m ö o p a t h i s c h e r Behandlung nur **halb so viel Sterbefälle** als bei a l l o p a t h i s c h e r Behandlung Vorkommen und dass die **Aussicht auf Heilung** bei h o m ö o p a t h i s c h e r Behandlung in der Regel größer ist als bei a l l o p a t h i s c h e r Behandlung. Zum Beweis geben wir hier in erster Linie die **Sterblichkeitsverhältnisse** bei der Behandlung beider Richtungen wieder.

Aus der ä l t e r e n Statistik nennen wir die Zusammenstellung des Dr. R o u t h , eines allopathischen Arztes (auf den also kein Verdacht der Parteilichkeit zugunsten der Homöopathie fallen kann), welcher die Resultate der Krankenbehandlung in sämtlichen homöopathischen Spitälern **Englands, Deutschlands** und **Österreichs** mit derjenigen der anderen Krankenhäuser verglichen hat und dabei zu folgendem Ergebnis gekommen ist:

	Behandelte Kranke	Gestorben	Sterblichkeit
Allopathische Krankenhäuser	119630	11.721	**10,5%**
Homöopathische Krankenhäuser	32.655	1.365	**4,4 %**

Aus n e u e r e r Zeit verdient die nach a m t l i c h e n Q u e l l e n d e r **Vereinigten Staaten von Nordamerika** v o n D r. W. S. M i l l s sehr sorgfältig bearbeitete Statistik hervorgehoben zu werden. Seine Tabellen umfassen die Resultate der Krankenbehandlung in den Krankenhäusern von sechs der größten Städte Nordamerikas im Jahre 1895. Die allopathische und homöopathische Behandlung wird dort vielfach in getrennten Abteilungen d e s s e l b e n Krankenhauses ausgeübt; die Verteilung der Kranken über beide Abteilungen findet durch die städtische Behörde statt, entsprechend der Anzahl Betten, welche in jeder Abteilung frei sind ohne Rücksicht auf die Art des vorliegenden Krankheitsfalles. Da also das sog. Krankenmaterial und auch die hygienischen Einrichtungen beider Abteilungen die g l e i c h e n sind und die Zahl der behandelten Fälle s e h r g r o ß ist, hat diese Statistik für die Beurteilung der verschiedenartigen arzneilichen Behandlung auch für den Gegner Anspruch auf besondere Beachtung. Wegen ihrer Wichtigkeit lassen wir sie hier unverkürzt folgen:

1895. Allopathische Abteilungen. 1895

Name der Stadt	Behandelte Kranke	Gestorben	Sterblichkeit
1. New York	8.430	621	7,35%
2. Brooklyn	1.373	118	8,60%
3. Philadelphia	2.553	268	10,49%
4. Pittsburgh	2.305	207	8,98%
5. Boston	4.605	453	9,83%
6. Chicago (in 5 Jahren)	28.121	3.340	11,87%
Summa	**47.387**	**5.007**	**10,56%**

Demgegenüber stehen:

1895. Homöopathische Abteilungen. 1895

Name der Stadt	Behandelte Kranke	Gestorben	Sterblichkeit
1. New York	5.060	271	5,36%
2. Brooklyn	1.170	76	6,44 %
3. Philadelphia	1.871	98	5,29%
4. Pittsburgh	1.412	90	6,37%
5. Boston	1.911	50	4,19%
6. Chicago (in 5 Jahren)	8.509	766	9,00%
Summa	**19.123**	**1.351**	**7,03 %**

Aus den Jahren danach nennen wir dann noch die in den Mitteilungen des „Internationalen Homöopathischen Rates" erwähnte

Allgemeine Krankenhaus-Statistik
von New-England über das Jahr 1910, nach amtlichen Quellen
zusammengestellt

	Behandelte Kranke	Gestorben	Sterblichkeit
Allopathische Krankenhäuser. . .	17.414	1.498	**8,62 %**
Homöopathische Krankenhäuser. .	4.925	178	**3,01 %**

Gegenüber einer mittleren Sterblichkeit von 9,89% bei a l l o p a - t h i s c h e r Behandlung steht also eine mittlere Sterblichkeit von 5,01 % bei homöopathischer Behandlung.

Betrachtet man einzelne Krankheitsgruppen für sich, dann fallen die für die Homöopathie günstigen Resultate noch mehr ins Auge, so z. B. bei:

	Sterblichkeit
Lungenentzündung	
Allopathische Behandlung während der letzten 32 Jahre (bis 1924)	**29,5 %**
Homöopathische Behandlung während der letzten 32 Jahre (bis 1924)	**3,9 %**
Diphtherie	
Behandlung mit Heilserum	**16,1 %**
Homöopathische Behandlung ohne Heilserum	**4,5 %**
Cholera	
Allopathische Behandlung während 100 Jahren (bis 1924)	**49,57 %**
Homöopathische Behandlung während 100 Jahren (bis 1924)	**16,33 %**

Die praktischen Amerikaner haben denn auch schon lange aus derartigen Resultaten die richtige Folgerung gezogen; es bestehen nämlich dort (ebenso auch vereinzelt in England) seit geraumer Zeit Lebensversicherungsgesellschaften, welche denjenigen Personen, welche sich bei ihnen versichern und im Erkrankungsfalle h o m ö o p a t h i s c h behandeln lassen, e i n e n R a b a t t v o n 10% auf die J a h r e s p r ä m i e e i n r ä u m e n!

Auf einige **weitere Vorteile der Homöopathie** wollen wir nun noch kurz hinweisen.

I. Ein weiterer Vorteil ist, dass das sog. **Vertreiben** von Krankheiten, wie z. B. mit Gewalt Unterdrücken von Hautausschlag, Durchfall, Tripper usw., das häufig genug die nachteiligsten Folgen für den Kranken hat, bei homöopathischer Behandlung nicht vorkommt. Eine derartige symptomatisch-palliative Behandlung mit starken Arzneien vermag zwar eine *zeitliche* Erleichterung zu bewirken und ist dann auch, z. B. bei unheilbaren Krankheiten, gewiss berechtigt, aber in den meisten Fällen werden, besonders bei längerer Anwendung, die Kräfte des Kranken dadurch geschwächt und nicht selten nimmt dadurch die Krankheit einen *schleppenden* (chronischen) Verlauf, umso mehr als die Arzneien, um ihre momentan erleichternde Wirkung auszuüben, in immer stärkeren Gaben gereicht werden müssen. P r o f. G. J ä g e r sagt hierüber: „Die p a l l i a t i v e Behandlung mit großen Dosen von

Arzneistoffen, welche die Lebenstätigkeit herabmindern, sollte bei der Krankenbehandlung die A u s n a h m e , und nicht, wie es gemeinhin geschieht, die Regel sein; und zwar nicht bloß deshalb, weil die volle Gesundheit durch eine solche Behandlung nicht hergestellt werden kann, sondern auch deshalb, weil der Verfall des Lebens dadurch nicht aufgehalten, vielmehr sehr häufig noch durch Hinzufügung von Arzneivergiftungen beschleunigt wird."

II.   Ein zweiter Vorteil ist, dass die Homöopathie s o f o r t angewandt werden kann bei u n b e k a n n t e n K r a n k h e i t e n und in Fällen, wo e i n e D i a g n o s e n i c h t m i t v o l l e r S i c h e r - h e i t g e s t e l l t w e r d e n k a n n . Dieser Vorzug der Homöopathie ist begründet in der Arzneimittelwahl nach dem Ähnlichkeitsprinzip. Hat der homöopathische Arzt ein so genau wie mögliches Bild der vorliegenden Krankheitserscheinungen aufgenommen, dann kann er auf Grund seiner Kenntnisse von der Wirkung der Arznei auf den gesunden menschlichen Körper sofort das geeignete Mittel anwenden, ohne abwarten zu müssen, bis die Diagnose feststeht. Der homöopathische Arzt schätzt die Diagnose nicht gering, vernachlässigt sie auch nicht, aber es gibt genug Fälle, besonders im Anfang einer Krankheit, wo es selbst mit allen Hilfsmitteln der Wissenschaft nicht möglich ist, eine exakte Diagnose zu stellen. Es ist k e i n g e r i n g e r V o r t e i l d e r H o m ö o p a t h i e , dass auch in solchen Fällen ihre Mittel mit großer Sicherheit gewählt werden können. Denn nicht selten gelingt es so, die Krankheit in ihrer Entwicklung zu hemmen oder wenigstens einen milderen Verlauf derselben zu bewirken und die Heilung zu beschleunigen.

Ein sprechendes Beispiel hierfür, zugleich ein Beweis für die Genialität des Begründers der Homöopathie ist die Behandlung der C h o - l e r a m i t h o m ö o p a t h i s c h e n Mitteln. H a h n e m a n n , welcher selbst nie einen Fall von Cholera gesehen hatte, richtete sofort, nachdem er von seinen Wiener Freunden einen klaren Bericht über die Erscheinungen dieser epidemisch auftretenden Krankheit erhalten hatte, die Aufmerksamkeit seiner Anhänger auf die geeignetsten homöopathischen Mittel und die E r f a h r u n g h a t i h m r e c h t g e g e - b e n . Bis auf den heutigen Tag sind die von ihm empfohlenen Mittel die Hauptmittel bei der homöopathischen Behandlung der Cholera geblieben. Welch günstige Resultate damit erlangt werden können, haben wir auf Seite 13 bis 14 gesehen. Kein Wunder, dass Dr. Mc. L a u g h - l i n , Regierungsinspektor der britischen Choleraspitäler auf Grund derselben erklärte, „dass er, wenn er an Cholera erkranken sollte, homöopathisch behandelt zu werden wünscht."

III.   Sodann fällt zugunsten der Homöopathie noch in die Waagschale, dass durch diese Heilweise K r a n k h e i t s z u s t ä n d e   b e h a n d e l t   u n d   g e h e i l t   w e r d e n   k ö n n e n ,   d i e   v o n   d e r   S c h u l m e d i z i n   g e w ö h n l i c h   a n   d e n   C h i r u r g e n   v e r w i e s e n   w e r d e n .   Wunder im gewöhnlichen Sinne des Wortes verlange man nicht von der Homöopathie, Tuberkulose- und Krebskranke im letzten Stadium der Krankheit kann sie nicht vom Tode retten und neue Organe kann sie nicht beschaffen, aber u. a. bei Blinddarmentzündung und bei sog. c h i r u r g i s c h e n   Krankheiten, wie z. B. Hüftgelenkentzündung, Kniegeschwulst, Polypen, Fisteln, Hämorrhoiden, adenoiden Vegetationen usw., ferner bei einer Anzahl sog. F r a u e n k r a n k h e i t e n ,   wo meistens zuerst zu chirurgischen Maßnahmen gegriffen wird, können durch die Anwendung i n n e r l i c h e r   homöopathischer Mittel oft sehr befriedigende Resultate erzielt und zuweilen tief eingreifende Operationen vermieden werden. Die Homöopathie nimmt, obwohl sie die Vorteile der wissenschaftlich chirurgischen Behandlung sehr gut zu schätzen weiß, einen *konservativen* Standpunkt ein gegenüber der modernen Medizin, da sie glaubt, dass in der gegenwärtigen Zeit noch stets zu v i e l   u n d   z u   o f t   o p e r i e r t   w i r d .   Die verhältnismäßig geringe Gefahr, die gegenwärtig mit mancher, früher für gefährlich gehaltenen Operation verbunden ist, verleitet so leicht den Chirurgen, mehr zu operieren, als unbedingt notwendig ist. Dies ist auch das Urteil einer unparteiischen Autorität auf chirurgischem Gebiet, P r o f .   D r .   L .   K l e i n w ä c h t e r   in Ulm, welcher es vor langer Zeit öffentlich ausgesprochen hat, „dass nach seiner Überzeugung die Grenzen der Gynäkologie (Frauenkrankheiten betreffend) nicht bewahrt geblieben sind und dass viele der operierten Fälle auf anderem, wenn auch etwas längerem Wege hätten geheilt werden können." Die guten Resultate, welche in letzterer Zeit mit der *Stauungsmethode* des P r o f .   B i e r ,   durch Anwendung von *Röntgen- und Radiumbestrahlungen,* ferner mit der *Licht- und Sonnentherapie* ohne Operationen erlangt werden, haben denn auch schon eine Wandlung auf chirurgischem Gebiet zuwege gebracht, worüber die Vertreter der homöopathischen Richtung sich nicht am wenigsten freuen. Dass der homöopathische Arzt den richtigen Augenblick für eine *wirklich notwendige* Operation nicht vorübergehen lassen wird, versteht sich von selbst; aber stets wird er im Interesse des Kranken zuerst alle anderen Hilfsmittel anwenden, um der Krankheit auf *unblutigem* Wege Herr zu werden.

IV.   Ein großer Vorteil ist ferner die **Einfachheit** der homöopathischen Behandlung. Damit soll nicht gesagt sein, dass die Wahl der Mittel leicht oder dass man mit einem Buch in der Hand vor Fehlern geschützt sei, im Gegenteil, es gehört viel Übung, Studium und praktische Erfahrung dazu, um alle Krankheitserscheinungen nach ihrem richtigen Wert zu schätzen und dementsprechend das passendste Mittel zu wählen; aber die Behandlung der Homöopathen ist e i n f a c h , ihre Arzneiverordnung ist ü b e r e i n s t i m m e n d , im Gegensatz zu den oft komplizierten und dem Wechsel der Systeme unterworfenen Arzneiverordnungen der Schulmedizin! Auch bei der V e r a b r e i c h u n g der Arzneien tritt dieser Unterschied zwischen der alten und der neuen Schule klar zutage. Dort große Flaschen mit Gemengen von verschiedenen Arzneien, deren unangenehmer Geschmack durch Zusätze mehr oder weniger verdeckt wird, Pillen und Pulver, die von den Kranken oft nur widerwillig genommen werden, hier kleine Fläschchen mit einfachen Arzneipotenzen und angenehm schmeckenden Verreibungen und Streukügelchenpräparaten, die selbst von Kindern gern genommen werden. Mit Leichtigkeit kann der homöopathische Arzt eine Anzahl seiner Mittel mitnehmen und davon in dringenden Fällen verabreichen. Dies ist von größter Wichtigkeit bei plötzlich eintretenden Krankheitsfällen, besonders in der Nacht oder wenn der Kranke weit entfernt von einer Apotheke wohnt. Wieviel Zeitverlust kann dadurch vermieden werden, oft durch nichts zu ersetzen bei sehr heftig auftretenden und schnell verlaufenden Krankheiten, wie z. B. beim Krupp der Kinder!

V.   Und endlich erweist die Homöopathie oft u n s c h ä t z b a r e Dienste an Orten, wo keine ärztliche Hilfe zu erlangen ist oder in der Hand von Missionaren, die notgedrungen in Hunderten von Fällen bei Krankheiten der Eingeborenen Hilfe leisten müssen, In allen solchen Fällen kann auch der gebildete Laie, wenn er von den Anweisungen, welche ihm von homöopathischen Ärzten an die Hand gegeben werden, v o r s i c h t i g Gebrauch macht, in seinem beschränkten Kreise o h n e   Z w e i f e l   S e g e n   s t i f t e n   u n d   s e i n e n   M i t -
m e n s c h e n   v o n   g r o ß e m   N u t z e n   s e i n .

* * *

Ehe wir diesen Abschnitt, der, wie wir hoffen, dem Leser ein klares Bild von dem **Wert der Homöopathie** gegeben hat, beschließen, wollen wir noch mit einigen Worten den Standpunkt der Homöopathie zur **Naturheilkunde**[14] darlegen.

Der Anhang, welchen die Naturheilmethode nicht nur in Deutschland, sondern auch in anderen Kulturländern, besonders im Laienpublikum, jedoch auch unter den Ärzten gefunden hat, ist der Beweis einer g e s u n d e n   R e a k t i o n *gegen den übermäßigen Gebrauch stark wirkender Arzneimittel* einerseits und *die Auswüchse des Spezialistentums mit seiner oft einseitigen operativen Behandlung* andererseits. Die Naturheilkunde verwirft den Gebrauch fast aller Arzneien und ebenso die meisten Operationen. Sie legt den Nachdruck auf die Naturheilkraft des Körpers und betrachtet die Krankheit als einen Selbstheilungsversuch des Körpers. Die Homöopathie legt nun, wie wir gesehen haben, keinen großen Wert auf g e w a l t s a m e s   U n t e r d r ü c k e n einzelner unangenehmer Krankheitserscheinungen durch s t a r k e Arzneigaben, sondern sucht gerade durch k l e i n e r e Gaben solcher Arzneien, welche in einer der Krankheit ä h n l i c h e n Weise wirken, die N a t u r h e i l k r a f t   d e s   O r g a n i s m u s anzuregen und zu unterstützen. Sie hat daher mit der Naturheilmethode manche Berührungspunkte aufzuweisen. In ihrem blinden Eifer gegen j e d e s Arzneimittel haben nun aber viele Vertreter der Naturheilmethode übersehen, dass auch eine A r z n e i   e i n   H i l f s m i t t e l   d e r   N a t u r sein kann, wenn sie in der richtigen Weise angewendet wird. Wenn schon das kranke Tier instinktiv gewisse heilkräftige Kräuter frisst, um seine Krankheit zu heben, soll dann der mit Vernunft begabte Mensch sich nicht die Heilkräfte der Natur zunutze machen, die in Pflanzen und anderen Stoffen enthalten sind? Selbst Dr. L a h m a n n , einer der Hauptvertreter der Naturheilkunde, gibt zu, „d a s s   a u c h   e i n   c h e m i s c h e s   M i t t e l   d u r c h   W a c h r u f u n g   d e r   R e a k t i o n s k r a f t   d e s   O r g a n i s m u s   h e i l e n d   w i r k e n   k ö n n e."

Ferner ist es sicher, dass manche naturärztliche Verordnungen bei den nun einmal bestehenden sozialen Verhältnissen vieler Leute, besonders auf dem Lande, nur selten genau zu befolgen sind, während andere nur in eigens dazu bestimmten Sanatorien zur Ausführung kommen können. Schließlich ist die Tatsache nicht zu übersehen, dass durch Ü b e r t r e i b u n g solcher Maßnahmen oft m e h r   g e s c h a -

---

14 Interessant ist es, dass H a h n e m a n n schon im Jahre 1813 in der 2. Auflage seines „Organon" die Homöopathie eine n a t ü r l i c h e   H e i l w e i s e nannte, was sie tatsächlich auch ist.

det als genützt wird. *Zu kalte oder zu warme Bäder, zu lange fortgesetzte Sonnenbäder, übertriebene Abhärtungsmaßregeln,* können ebenso schädlich wirken wie zu starke Arzneigaben und die Krankheit verschlimmern statt zu bessern. Besonders blutarme, tuberkulöse und ältere Leute können nicht dringend genug gewarnt werden vor a l l e r Ü b e r t r e i b u n g auf diesem Gebiete, wie auch vor einseitiger Ernährung mit Nüssen, Äpfeln und Gemüsen, wie solche von fanatischen Naturheilvertretern vielfach empfohlen wird.

Die Homöopathie steht also der Naturheilkunde nicht feindselig gegenüber, macht von den milden physikalisch-diätetischen Anwendungen Gebrauch, wo diese zweckmäßig sind und ohne zu viel Mühe und Zeitverlust angewendet werden können, sie geht jedoch mit dem Verwerfen fast sämtlicher Arzneien nicht mit, da tausendfache Erfahrung am Krankenbett bewiesen hat, dass die nach dem homöopathischen Grundsatz gewählten und dosierten Arzneimittel nicht nur imstande sind, in den meisten Krankheitsfällen schnelle und sichere Heilung zu bewirken, sondern sich auch oft noch hilfreich erwiesen haben in Fällen, wo mit wochen- und monatelangen Waschungen, Güssen u. dgl. nichts zu erreichen war. Der reiche Schatz der homöopathischen Mittel gestattet es, dem Leidenden in den meisten Fällen Hilfe zu bringen. Dass auch die H o m ö o p a t h i e ihre G r e n z e n hat, wird nicht geleugnet. Dass es Fälle gibt, in denen der homöopathische Arzt zur Anwendung einer palliativen Arznei, zur Ausführung einer Operation oder zum Aufenthalt in einem Sanatorium rät, wird nicht bestritten, aber dies wirft die Tatsache nicht um, dass in den a l l e r m e i s t e n a k u t e n u n d c h r o n i s c h e n K r a n k h e i t s f ä l l e n d i e h o m ö o p a t h i s c h e n H e i l m i t t e l d i e b e s t e n B u n d e s g e n o s s e n d e r d e m O r g a n i s m u s i n n e w o h n e n d e n N a t u r h e i l k r a f t s i n d.

2.5 Homöopathische Arzneimittel

Nicht nur besteht in der A n w e n d u n g der Arzneien nach allopathischer und homöopathischer Methode, wie wir gesehen haben, ein großer Unterschied, sondern es weicht auch die Z u b e r e i t u n g der homöopathischen Arzneimittel in mancher Hinsicht von der offiziellen Arzneibereitung ab.

H a h n e m a n n war vor allem darauf bedacht, die Arzneimittel in einer Form anzuwenden, die neben der größten Einfachheit und Gleichmäßigkeit alle Arzneikräfte der ursprünglichen Substanz ungeschwächt enthält. Nach mancherlei Versuchen und Erfahrungen fand er, dass die Form der w e i n g e i s t i g e n E s s e n z e n u n d T i n k - t u r e n f ü r die meisten pflanzlichen Stoffe die zweckmäßigste ist, während für solche Stoffe, welche weder in Wasser, noch in Weingeist löslich sind und deren wirksame Bestandteile sich auch nicht durch jene beiden Medien ausziehen lassen, die P u l v e r i s i e r u n g und äußerst subtile V e r r e i b u n g m i t c h e m i s c h - r e i n e m M i l c h - z u c k e r am meisten zu empfehlen ist. Gewisse Stoffe, z. B. *Kalk, Schwefel, Kieselerde,* üben nämlich in u n p r ä p a r i e r t e m Zustand k e i n e r l e i arzneiliche Wirkung auf den Körper aus, so dass sie von der Schulmedizin als „indifferent", d. h. unwirksam, betrachtet werden, während dieselben Stoffe durch Verkleinerung ihrer Teilchen mittels stundenlangem Verreiben mit Milchzucker in äußerst wirksame A r z - n e i e n verwandelt werden können. Diese Entdeckung H a h n e - m a n n s , welche von allen homöopathischen Ärzten bestätigt worden ist, ist bis jetzt alleiniges Eigentum der homöopathischen Heilmethode geblieben. Ein weiterer V o r z u g mancher homöopathischer Arzneipräparate ist die Benutzung des frischen, aus der P f l a n z e g e - p r e s s t e n S a f t e s , weil durch das Trocknen der Pflanzen deren heilkräftige Stoffe gewisse Veränderungen erleiden, welche oft genug die Wirkung abschwächen. Dieser Vorzug wird sogar von Autoritäten der Schulmedizin anerkannt, u. a. von P r o f . W o o d , Verfasser eines englischen Werkes über Pharmakologie, und von P r o f . K o b e r t , welcher in seinem „Lehrbuch der Pharmakotherapie" hierüber sagt:

„Um in der Apotheke jahrelang stets vorrätig sein zu können, sind alle offizinellen Pflanzenteile natürlich nicht in lebensfrischer, sondern in abgestorbener, trockener Form gewählt, wie denn auch das Wort 'Droge' Getrocknetes bedeutet. Infolgedessen muss die Arzneimitteltherapie der Ärzte, wie ich schon oft bedauernd ausgesprochen habe, auf die große Zahl der *nur im frischen Zustande wirksamen Pflanzen*, wie Pulsatilla, Bryonia usw. verzichten, während die diese Pflanzen in frischer Form verwendende Volkstherapie — gemeint ist die Homöopathie — davon mit dem *besten Erfolge* den *ausgedehntesten Gebrauch* macht."

Es ist ein Beweis für das Genie und die großen Kenntnisse des Begründers der Homöopathie, dass, obwohl bereits mehr als hundert Jahre seit dem Entstehen dieser Heilweise verflossen sind, jetzt in der Hauptsache noch *dieselben Grundsätze bei der Bereitung der homöopathischen Arzneien Gültigkeit haben,* die seinerzeit von H a h n e - m a n n aufgestellt und empfohlen worden sind. Zwar sind im Laufe der Jahre von einzelnen homöopathischen Apothekern Änderungen in der H a h n e m a n n s c h e n Arzneibereitungsweise angebracht worden, von denen einzelne, z. B. die Einführung der nach der Dezimalskala zubereiteten Verdünnungen, auch wirkliche Verbesserungen genannt werden können, aber im allgemeinen hat es sich betreffs der sog. „reineren" Herstellung der Mittel gezeigt, dass die ursprünglichen Vorschriften H a h n e m a n n s doch immer noch die besten sind. Die homöopathischen Pharmakopoen der verschiedenen Länder, deren bekanntesten die deutsche v o n D r. W i l l m a r S c h w a b e , die englische d e r B r i t i s h h o m o e o p a t h i c S o c i e t y und die amerikanische des A m e r i c a n I n s t i t u t e o f H o m o e o p a t h y sind, tragen diesem Umstand denn auch Rechnung, und zwar mit Recht, denn der homöopathische Arzt muss darauf rechnen können, stets und überall solche gleichmäßig und exakt zubereitete Arzneipräparate zu seiner Verfügung zu haben, mit denen die klassischen Arzneiprüfungen an Gesunden von H a h n e m a n n und seinen Nachfolgern gemacht worden sind.

W e l c h e r A r t s i n d n u n d i e h o m ö o p a t h i s c h e n A r z n e i m i t - t e l ? W i e s e h e n s i e a u s ? W i e w e r d e n s i e z u b e r e i t e t ?

S i e s i n d d e m P f l a n z e n - , T i e r - u n d M i n e r a l r e i c h e entnommen. Zu dem ersten gehört z. B. **Aconitum,** zu dem zweiten **Apis,** während **Sulfur** ein Vertreter des Mineralreiches ist. Ferner werden noch einzelne Stoffe als Heilmittel verwendet, welche, wie z. B. **Tuberculinum,** das fein zerteilte Produkt des einen oder anderen Krankheitsstoffes sind.

Die pflanzlichen und gewisse tierische Stoffe werden nun so weit wie möglich in frischem Zustand nach besonderen Vorschriften mit Weingeist zu den sog. **Essenzen** und **Urtinkturen** verarbeitet, während die mineralischen und einzelne andere Stoffe durch **wiederholte Ver-**

reibung mit **Milchzucker** in großen Porzellanmörsern präpariert werden. Aus diesen Stammpräparaten werden nun die flüssigen Verdünnungen oder Potenzen mit verdünntem oder starkem Alkohol, die festen Verreibungen mit Milchzucker im Verhältnis von 1 auf 100 oder von 1 auf 10, je nachdem die Zentesimal- oder die Dezimalskala benutzt wird, angefertigt. Gegenwärtig wird die **Dezimalskala,** welche viele Vorzüge aufzuweisen hat, immer mehr in Gebrauch genommen, sie ist auch *den Angaben der Arzneipotenzen in diesem. Werk* zugrunde gelegt[15]. Nach dieser sehr exakten Zubereitungsweise hat also die

1. **Dezimalverdünnung oder -Verreibung** $1/10$ **Arzneigehalt,**
2.   „   „   „ $1/100$ „
3.   „   „   „ $1/1\,000$ „
4.   „   „   „ $1/10\,000$ „
5.   „   „   „ $1/100\,000$ „
6.   „   „   „ $1/1\,000\,000$ „

usw.

Die bekannten homöopathischen S t r e u k ü g e l c h e n stellen mit flüssigen Potenzen getränkte und wieder getrocknete Zuckerkörnchen dar. Da nur wenige Tropfen nötig sind, um eine große Anzahl Streukügelchen mit Arznei zu versehen, haben diese Präparate einen viel geringeren Arzneigehalt als die entsprechenden Verdünnungen. Sie werden bei Säuglingen und kleinen Kindern häufig benutzt, während bei Erwachsenen die Verdünnungen und Verreibungen vielfach vorgezogen werden. Unter der 3. Dezimalpotenz können diese Streukügelchen aus technischen Gründen nicht haltbar hergestellt werden. Sehr bequem für den Gebrauch sind die k o m p r i m i e r t e n A r z n e i t a b l e t t e n, welche eine genau bestimmte Quantität ($1/4$ Gramm) der verlangten Verreibung enthalten.

Die Arzneipräparate, welche in der Homöopathie am meisten gebraucht werden, sind demnach:

1. **Essenzen** aus frischen Pflanzen;

2. **Tinkturen** aus getrockneten Pflanzen;

3. **Flüssige Verdünnungen,** auch Dilutionen, Verschüttelungen oder Potenzen genannt;

4. **Verreibungen** oder Triturationen;

5. **Streukügelchen** oder Globuli;

---

15 Die Dezimalskala wird durch den Buchstaben „D" vor der Zahl der Potenz, die Zentesimalskala durch den Buchstaben „C" bezeichnet, so bedeutet z. B. Aconitum D 3 Aconitum in der 3. Dezimalverdünnung, Sulfur C 6 Sulfur in der 6. Zentesimalverdünnung.

6. Komprimierte Tabletten, …

wozu dann noch Tinkturen und Salben für den äußerlichen Gebrauch kommen, auf die wir bei der Besprechung der verschiedenen Krankheiten in den nachfolgenden Abschnitten noch näher hinweisen werden.

Der Vollständigkeit halber erwähnen wir noch die sog. **biochemischen Heilmittel,** welche von dem homöopathischen Arzt Dr. S c h ü ß l e r in die Praxis eingeführt worden sind. Streng genommen gehören dieselben nicht zur Homöopathie, aber sie haben mit den homöopathischen Mitteln dies gemeinsam, dass sie in sehr kleinen Gaben verabreicht werden. Zudem sind verschiedene S c h ü ß l e r s c h e Mittel von alters her bekannte und viel benutzte h o m ö o p a t h i s c h e P o l y c h r e s t e , für welche die Biochemie einige n e u e Indikationen geliefert hat, welche bei der Krankenbehandlung gute Resultate aufzuweisen haben. Die 11 Mittel, welche dieser Methode angehören, sind folgende: Ferrum phosphoricum, Magnesium phosphoricum, Natrium muriaticum, Natrium phosphoricum, Natrium sulfuricum, Calcium phosphoricum, Calcium fluoratum, Kalium phosphoricum, Kalium chloratum, Calcium sulfuricum und Silicea. Es sind sämtlich anorganische Salze, welche bei der Zusammensetzung der Gewebe des menschlichen Körpers eine gewisse Rolle spielen. Einzelne dieser Mittel leisten ausgezeichnete Dienste bei verschiedenen Krankheitszuständen, z. B. **Calcium phosphoricum** bei gewissen Fällen von Bleichsucht, **Kalium phosphoricum** bei Erschöpfungszuständen des Nervensystems usw. Sie werden gewöhnlich in der 5. Dezimalverreibung verwendet.

Bezug der homöopathischen Arzneimittel

Von großer Wichtigkeit ist es, die homöopathischen Arzneimittel aus einer anerkannt z u v e r l ä s s i g e n Apotheke zu beziehen. Traurige Erfahrungen haben leider den Beweis geliefert, dass es gewissenlose Apotheker gibt, welche sich nichts daraus machen, reinen Spiritus oder Milchzucker an Stelle der verlangten oder verschriebenen Mittel abzuliefern in der Meinung, dass bei homöopathischen Arzneien eine Kontrolle nicht möglich sei. Bei den höheren Verdünnungen ist es allerdings für den Laien schwierig, einen derartigen Betrug nachzuweisen, bei den niedrigen Verdünnungen und Verreibungen dagegen gibt es verschiedene Kennzeichen, welche auch für den Nicht-Chemiker eine Beurteilung der Echtheit des verlangten Mittels erleichtern. So können z. B. viele Tinkturen und Verdünnungen an der F a r b e , d e m G e r u c h u n d d e m G e s c h m a c k erkannt werden. **Aloe** z. B. ist noch in der **4.** Dezimalpotenz gelblich braun gefärbt, **Hepar sulfuris** hat noch in der 3. und 4. Dezimalverreibung einen eigentümlichen Geschmack nach Schwefelwasserstoff, **Mercurius solubilis** muss in der 3. Dezimal verreibung eine graue, **Antimonium sulfuratum aurantiacum** in derselben Verreibung eine schöne gelb-rötliche Farbe aufweisen. So können die *mineralischen* Arzneimittel unter der 8. Dezimalpotenz nicht flüssig zubereitet werden; wenn daher ein Apotheker z. B. **Aurum** 3. Potenz in Tropfen abliefert, liegt offenbarer Irrtum oder Betrug vor. Es ist deshalb ratsam, bei der Bestellung eines Mittels in einer homöopathischen Apotheke stets zu verlangen, dass *die Nummer der Potenz hinter dem Namen des Mittels auf der Etikette notiert wird,* Durch m i k r o s k o p i s c h e und c h e m i s c h e Untersuchung können jedoch noch v i e l höhere Verdünnungen und Verreibungen als die obengenannten auf ihren Arzneigehalt geprüft werden.

Besteht am Ort, wo man wohnt, eine zuverlässige homöopathische Apotheke, dann ist es empfehlenswert, die Mittel, welche vom Arzt verschrieben werden oder welche man selbst kaufen will, aus dieser Apotheke zu beziehen, da man dann den Vorteil hat, die M i t t e l s t e t s f r i s c h z u b e k o m m e n, was f ü r die gute Wirkung ä u - ß e r s t w i c h t i g ist. Befindet sich jedoch keine derartige Apotheke in der Nähe, dann ist es am besten, die verlangten Mittel in Originalpackungen aus einer der großen homöopathischen Zentralapotheken (oder deren Niederlagen) zu beziehen.

Aufbewahrung der homöopathischen Arzneimittel.

Was die A u f b e w a h r u n g der homöopathischen Arzneimittel betrifft, ist es nötig, dafür zu sorgen, dass die Fläschchen nach jedesmaligem Gebrauch s o r g f ä l t i g v e r s c h l o s s e n werden, weil sonst die sehr flüchtigen Verdünnungen in kurzer Zeit vollständig verdunsten. Auch müssen die Fläschchen a u f g e s t e l l t, nicht gelegt werden, damit die Korkstöpsel nicht fortwährend von der Flüssigkeit bespült und ausgezogen werden. Die Mittel müssen ferner an einem t r o - c k e n e n, k ü h l e n, d e r Sonne nicht ausgesetzten Orte aufbewahrt werden, wo weder starke Ausdünstungen noch Gerüche hindringen. Werden die homöopathischen Mittel auf diese Weise richtig aufbewahrt, dann bleiben sie sehr lange gut und wirksam. Eine Ausnahme machen gewisse niedrige, mit destilliertem Wasser zubereitete Verdünnungen, welche öfters erneuert werden müssen. Die meisten Verdünnungen, Verreibungen und Streukugelpotenzen sind sehr dauerhaft. *Tinkturen oder Verdünnungen, welche trübe geworden sind oder einen Satz aufweisen, Verreibungen mit muffigem Geruch, und gelb und brö-*

ckelig gewordene Streukügelchen sind **verdorben** *und müssen daher durch frische Präparate ersetzt werden.*

2.6   Anwendung und Einnahme der homöopathischen Arzneimittel

Ist man nun im Besitz gut zubereiteter und wirksamer homöopathischer Arzneimittel, dann ist die Hauptbedingung für das Erzielen eines guten Erfolges bei der

Anwendung in Krankheitsfällen:

Die Wahl des Mittels nach dem Ähnlichkeitsprinzip.

Die Wirkungen des zu wählenden Arzneimittels, wie sie aus den Prüfungen an gesunden Personen bekannt geworden sind, müssen den Erscheinungen des zu heilenden Krankheitsfalles möglichst ähnlich sein. Diese Ähnlichkeit muss sich sowohl auf die objektiven wie auf die subjektiven Symptome, sowohl auf die Ursache der Krankheit als auf Nebenumstände erstrecken. Man muss z. B. achtgeben auf den Verlauf und die Dauer (Anfang, Höhepunkt oder Nachlassen) der Krankheit, die nächstliegen- den oder die weiterabliegenden Ursachen (Ansteckung, Gemütsbewegung, Verletzung, Erkältung), die Art der Symptome (Schmerzen, Herzklopfen, Husten), den Sitz der Krankheitserscheinungen (Magen, Brust, Kopf), den Charakter der Schmerzen (dumpf, stechend, bohrend), die Bedingungen der Verschlimmerung oder Besserung, die besonderen Eigentümlichkeiten, wie Alter, Geschlecht, Konstitution und die äußeren Umstände, die, wie Bewegung, Ruhe, Aufenthalt im Zimmer oder im Freien, die Krankheit irgendwie beeinflussen. Man prägt sich zu diesem Zwecke zunächst die Arzneimittelbilder einer *kleineren Anzahl* Mittel ein und benutze dazu die im nächsten Abschnitt beschriebene Charakteristik von fünfzig der wichtigsten homöopathischen Arzneimittel.

Ärzte und Studenten, die sich für die homöopathische Heilweise interessieren und über diesen Gegenstand mehr erfahren wollen, als hier gegeben werden kann, weisen wir auf das vortreffliche *„Handbuch der homöopathischen Arzneiwirkungslehre"* von Dr. Carl Heinigke, ferner auf die *„Arzneiwirkungslehre neuerer homöopathischer Heilmittel"* vom Verfasser vorliegenden Werkes hin, welche bei dem Herausgeber Dr. Willmar Schwabe in Leipzig erschienen sind und eine ausführliche Beschreibung einer großen Anzahl homöopathischer

Arzneimittel, sowohl was deren Wirkung auf Gesunde als ihre Anwendung bei Kranken betrifft, enthalten.

Was die ...

Arzneidosis

der homöopathischen Arzneimittel betrifft, ist es wohl kaum nötig zu sagen, dass es eine N o r m a l d o s i s , d. h. eine für alle Fälle passende Arzneigabe in der Homöopathie ebenso wenig wie in jeder anderen Heilweise gibt. Die g r ö ß e r e oder g e r i n g e r e E m p f ä n g - l i c h k e i t oder R e i z b a r k e i t , d i e K o n s t i t u t i o n , d a s A l t e r , d a s G e s c h l e c h t , d i e L e b e n s w e i s e d e s K r a n k e n , d i e A r t , d e r V e r l a u f u n d d e r S i t z d e r K r a n k h e i t und nicht zum mindesten die v e r s c h i e d e n a r t i g e K r a f t d e r A r z n e i m i t t e l , diese sind alle ebenso viele wichtige Punkte, die bei der Wahl der Arzneidosis in jedem einzelnen Fall in Betracht gezogen werden müssen. Der ausschließliche Gebrauch der einen oder anderen Potenz ist deshalb nicht gut zu heißen — sowohl die niedrigen wie die hohen Potenzen sind je nach Umständen am Platze.

Im allgemeinen kann gesagt werden, dass *bei Kindern und empfindlichen Personen, besonders weiblichen Geschlechts,* h ö h e r e *Potenzen, bei Erwachsenen und weniger empfindlichen Personen* n i e d - r i g e *Potenzen* angezeigt sind; ebenso verlangen *schnell verlaufende* und *gefährliche Krankheiten oder Kranke, deren Reaktionskraft geschwächt ist,* n i e d r i g e *Potenzen, während bei langsam verlaufenden Krankheiten und Kranken mit erhöhter Empfindlichkeit für Arzneireize* h ö h e r e *Potenzen* angezeigt sind; dies sind jedoch nur allgemeine Regeln, von denen es auch wieder Ausnahmen gibt. Die persönliche Erfahrung des homöopathischen Arztes wird hierbei in den meisten Fällen den Ausschlag geben. Dieselbe Erfahrung zeigt auch, dass der a b w e c h s e l n d e G e b r a u c h zweier oder mehrerer Mittel in bestimmten Fällen nützlich sein und die Heilung beschleunigen kann.

Über das ...

Einnehmen

der homöopathischen Mittel gelten folgende Vorschriften:

I. **Flüssige Potenzen.** Die bestimmte Anzahl (gewöhnlich 2 bis 5) Tropfen wird in einem Tee- oder Esslöffel frischen, reinen Wassers geschüttelt und sofort eingenommen.

II.   Feste Verreibungen. Von dem betreffenden Pulver wird jedes Mal eine gute Messerspitze voll (zirka $^1/_4$ Gramm) t r o c k e n auf die Zunge gelegt und so lange im Munde behalten, bis es aufgelöst ist. Dann kann etwas Wasser nachgetrunken werden. Die Arznei wirkt auf diese Weise oft schon von der Mundschleimhaut aus auf die Nerven.

III.   Streukügelchen und **Tabletten.** Diese nimmt man einfach in der verordneten Zahl (gewöhnlich 5 Streukügelchen oder 1 Tablette) ein und lässt sie im Munde zergehen.

Sämtliche Arzneien wirken am besten, wenn sie bei leerem Magen, also vor den Mahlzeiten eingenommen werden.

Die Wiederholung

… der Dosis der angezeigten Mittel muss sich nach dem Verlauf der Krankheit richten. Bei allen a k u t e n , d. h. s c h n e l l v e r - l a u f e n d e n oder mit F i e b e r e i n h e r g e h e n d e n K r a n k - h e i t e n wird das Mittel 1- bis 2stündlich wiederholt, bis Besserung eintritt, wonach das Mittel seltener gegeben wird. Bei lebensgefährlichen Zuständen, z. B. bei Krupp oder Cholera, muss das Mittel sogar alle 5 bis 10 Minuten eingenommen werden. Der homöopathische Arzt verschreibt in solchen Fällen öfters eine geeignete Mischung des Mittels oder lässt die nötige Anzahl Tropfen in einer bestimmten Quantität Wasser auflösen, so dass sich in jedem Tee- oder Kaffeelöffel, welche dem Kranken verabreicht wird, die vorgeschriebene Dosis befindet.

Bei c h r o n i s c h e n , d. h. langsam verlaufenden Krankheiten und in der R e k o n v a l e s z e n z n a c h a k u t e n K r a n k h e i t e n gibt man gewöhnlich Erwachsenen 2 bis 3 Gaben des Mittels, Kindern dagegen nur 1 bis 2 Gaben in 24 Stunden, jedoch kann auch dies noch zu viel sein, denn die Erfahrung lehrt, dass besonders bei Anwendung der höheren Potenzen und bei empfindlichen und reizbaren Kranken das richtig gewählte Arzneimittel nicht zu oft wiederholt werden darf. Sogar gänzliches W e g l a s s e n jeglicher Arznei während 3, 4, ja 8 Tage und noch länger ist bei eingewurzelten Leiden zuweilen nützlich, sowohl um das Heilmittel ungestört auswirken zu lassen als den Organismus nicht gegen den Arzneireiz abzustumpfen. Deshalb darf auch bei *chronischen* Krankheiten die Anwendung einer n e u e n Arznei nicht zu voreilig geschehen; dieselbe ist im allgemeinen nur dann statthaft, wenn die verabreichten Gaben des zuerst gewählten Arzneimittels nach Verlauf einiger Zeit keine oder nur geringe *Besserung* oder keine deutlich wahrnehmbare *Änderung* der Krankheitserscheinungen bewirkt haben. In *akuten, lebensgefährlichen* Fällen darf dagegen n i c h t z u l a n g e gewartet werden; in solchen Fällen muss, wenn das zuerst gewählte Arzneimittel sich unwirksam erweist, zu einem anderen, dem Zustand des Kranken besser entsprechenden Mittel übergegangen werden.

2.7 Charakteristik von fünfzig der wichtigsten homöopathischen Arzneimittel

1. ACONITUM

Der **blaue Sturmhut,** eine Pflanze, welche auf den Alpen wächst, wird zur Zeit der beginnenden Blüte gesammelt, sorgfältig gereinigt, fein gewiegt, ausgepresst, und der auf diese Weise erhaltene Saft wird mit der gleichen Gewichtsmenge starken Alkohols zu einer Essenz verarbeitet.

Gebräuchliche Präparate: 3., 4. und höhere Dezimalverdünnungen.

Wirkung. Aconitum wirkt hauptsächlich auf die Kreislauforgane und das Nervensystem.

Hitze im ganzen Körper meist nach vorausgegangenem Frost. Voller, harter, häufiger Puls. Heiße und trockene Haut. Trotz des großen Hitzegefühles wird die Entblößung des Körpers unangenehm empfunden. — Heftiger Kopfschmerz mit Empfindlichkeit der Augen gegen Licht. — Schmerzen in der Brust und im Hals mit schnellem Atmen, Angst und Herzklopfen, trockenem, schmerzhaftem Husten. — Schmerzen im Unterleib, besonders bei Druck, dunkelgefärbter Harn.

Charakteristische Kennzeichen. Große *Unruhe* und Angst. Starker Durst, aber ohne brennende Schmerzen wie bei *Arsenicum.* Verschlimmerung der Krankheitserscheinungen *abends* und *nachts.* Schlaflosigkeit mit beständigem Herumwerfen im Bett oder unruhiger Schlaf mit schweren Träumen. Eignet sich besonders für Kinder und junge Leute mit einer vollblütigen Konstitution.

Anwendung bei Kranken. Sofort *im Anfang* bei jeder *mit Fieber und trockener Hitze* beginnenden Krankheit angewendet, ist es oft imstande, den Ausbruch der Krankheit zu verhüten. Passt namentlich *nach Erkältung,* deren unangenehme Folgen, wie z. B. katarrhalische und rheumatische Beschwerden, es verhütet oder wenigstens sehr abschwächt. Wenn der Kranke beim Gebrauch dieses Mittels anfängt zu *schwitzen,* ist dies ein Beweis, dass die Arznei ihre Wirkung tut. Sobald sich jedoch aus dem weiteren Verlaufe zeigt, welche Krankheit, z. B. Scharlach, Diphtherie oder Wechselfieber, man vor sich hat, ist Aconitum *nicht* mehr angezeigt und muss durch andere, für die betreffende Krankheit passendere Mittel ersetzt werden. Weiterhin ist Aconit von Nutzen bei bestimmten Nervenschmerzen und Angstzuständen. In diesen Fällen werden höhere Potenzen in selteneren Gaben vorgezogen, während bei akuten, fieberhaften Krankheiten niedrige Verdünnungen in oft wiederholten Gaben besseren Erfolg versprechen.

Abb. 4: Aconitum

Im Allgemeinen genügt es bei akuten Krankheiten 1- bis 2stündlich 5 Tropfen der 3. oder 4. Dezimalverdünnung in einem Löffel Wasser einzunehmen. Der gleichzeitige Genuss von Wein, Bier und Kaffee ist streng verboten, während reines, kaltes Wasser zur Durstlöschung erlaubt ist.

2. ALETRIS FARINOSA

Die frischen Wurzelknollen der **Stern- und Runzenwurzel,** einer in Südamerika einheimischen Pflanze, werden sorgfältig gereinigt, fein gewiegt und mit starkem Alkohol zu einer Essenz verarbeitet.

Gebräuchliche Präparate: 1. bis 3. und höhere Dezimalverdünnungen.

Wirkung. Die Indikationen dieses bittersten aller Pflanzenmittel sind empirisch gefunden. H a l e hat besonders auf die Wirkung von Aletris auf die weiblichen Geschlechtsorgane hingewiesen und es das beste „Tonikum der Gebärmutter" genannt. Nachfolgend geben wir eine Zusammenstellung der Symptome, die auf Aletris hinweisen.

Geschwächtes Denkvermögen, verwirrte Gedanken. Schwindel mit Ohnmachtsanfällen. — Widerwille gegen alle Speisen, Übelkeit, Erbrechen, nervöses Magenleiden, hartnäckige Verstopfung. Kolikschmerzen bei schwachen, abgemagerten Personen. — Zu reichliche und zu früh einsetzende Menstruation mit wehenartigen Schmerzen. Schwäche im Unterleib, weißer Fluss und hin und wieder auftretende Schmerzen während der Schwangerschaft mit Neigung zu Fehlgeburt.

Charakteristische Kennzeichen. Allgemeine Schwäche. „Die Kranke ist immer müde." Hartnäckige Verstopfung.

Anwendung bei Kranken. Aletris ist angezeigt bei allgemeiner und örtlicher Schwäche infolge von Säfteverlust oder von langwierigen Krankheiten, bei Beschwerden der Schwangerschaft, wie Übelkeit, Erbrechen, Hartleibigkeit und besonders auch bei den so vielfach vorkommenden sog. „Frauenkrankheiten", indem es sowohl bei Lageänderungen der Gebärmutter, von weißem Fluss und Verstopfung begleitet, als auch bei Menstruationsstörungen blutarmer Mädchen und Frauen ausgezeichnete Dienste leistet.

3. ANTIMONIUM CRUDUM

Schwefelantimon wird im Verhältnis von 1 zu 10 mit Milchzucker verrieben. Viel gebraucht wird auch der *Goldschwefel*, **Antimonium sulfuratum aurantiacum**, welches ebenfalls mit Milchzucker verrieben wird. Ersteres ist ursprünglich schwarz, letzteres orangefarbig, demgemäß sind auch die niedrigen Verreibungen an ihrer verschiedenen Farbe zu erkennen.

Gebräuchliche Präparate von **Antimonium crudum:** 4. und höhere Dezimalverreibungen; Verdünnungen nicht unter der 10. Dezimalpotenz; von Antimonium sulfuratum aurantiacum: 2., 3. bis 6. Dezimalverreibungen.

Wirkung. Die Antimonium-Präparate wirken hauptsächlich auf die Schleimhäute der Verdauungsorgane und auf die Haut; Goldschwefel außerdem noch besonders auf die Atmungsorgane.

Weiß oder gelb belegte Zunge, Übelkeit oder Erbrechen, Aufstoßen, Blähungen und geschwollener Leib, Durchfall mit Leibschmerzen, mit Verstopfung abwechselnd bei alten Leuten oder Gichtkranken, schleimiger Stuhlgang, zuweilen mit Blut vermischt, Abgang unverdauter Nahrung, Husten, Schleimrasseln, erschwertes Atmen mit Stechen in der Brust. — Abgang dunklen, trüben Harns, unwillkürlicher Harnabgang beim Husten. — Hautausschläge verschiedener Art, Bläschen,

Pusteln mit brennendem Gefühl und Jucken, hornartige Verdickungen, kümmerliches Wachstum der Nägel, Neigung zum Schwitzen.

Charakteristische Kennzeichen. Weiß belegte Zunge, Nachtschweiß, Verschlimmerung der Beschwerden durch Wärme, Bewegung und körperliche Anstrengung, Besserung durch Ruhe und kühle Luft.

Anwendung bei Kranken. *Antimonium crudum* ist in fieberhaften Krankheiten angezeigt, wenn die charakteristischen Kennzeichen von Angegriffensein der *Verdauungsorgane* vorhanden sind. Ferner bei Verschleimung mit schwächendem Nachtschweiß; besonders in der gastrischen Form der Influenza leistet es oft gute Dienste. Auch bei Neigung der Haut zu Ausschlag ist es zuweilen am Platze.

Antimonium sulfuratum aurantiacum wird dagegen fast ausschließlich bei Erkrankungen der *Atmungsorgane* angewendet. Bei trockenem Husten kommt die 2. oder 3. Dezimalverreibung zur Anwendung, um die Schleimabsonderung zu *fördern* (primäre Wirkung), während bei feuchtem Katarrh mit viel Schleimbildung die 3. bis 6. Dezimalverreibung angewandt wird, um die Schleimabsonderung zu *verringern* (sekundäre Wirkung). Die gute Wirkung bei Husten und Katarrh ist so bekannt, dass in vielen homöopathischen Apotheken Tabletten der Verreibungen dieses Mittels unter dem Namen: „Hustentabletten" vorrätig gehalten werden.

4. APIS MELLIFICA

Dieses Mittel wird aus *Bienen* hergestellt, welche mit der fünffachen Gewichtsmenge starken Alkohols begossen werden. Nach 8 Tagen, während welcher Zeit das Gemenge regelmäßig 3mal täglich umgeschüttelt werden muss, wird die Tinktur filtriert und weiter potenziert. Ein anderes Präparat, Apisinum genannt, wird aus dem Gift der *Bienenstachel* durch Verreibung mit Milchzucker angefertigt. Die Wirkung beider Präparate ist ähnlich, nur mit dem Unterschiede, dass Apisinum *kräftiger* wirkt als Apis; es ist deshalb zu empfehlen, einen Versuch damit zu machen, wenn das weniger kräftige Apis wohl *angezeigt* ist, aber *nicht genügend zu wirken* scheint.

Gebräuchliche Präparate von **Apis**: 3. und höhere Dezimalverdünnungen; von **Apisinum**: nicht unter der 5. Dezimalverreibung.

Wirkung. Apis wirkt auf Haut und Schleimhäute, auf Nieren, Blase und weibliche Geschlechtsorgane.

Die Haut ist blass, kühl und geschwollen, besonders um die Augen herum, manchmal aber auch heiß und rot mit rose- oder nesselartigem Ausschlag. Entzündung der Augen, namentlich der Hornhaut mit Lichtscheu und Tränenfluss. — Schwindel, Kopfschmerz, besser durch

Zusammenpressen des Kopfes mit den Händen, Gehirnreizungserscheinungen. — Halsentzündung mit Bläschen im Halse und auf der Zunge. — Vollheit und Aufgetriebenheit des Unterleibes mit Schweratmigkeit; Schmerzen beim Harnlassen, Harndrang mit spärlichem Abgänge trüben Harnes, der oft Eiweiß enthält; weicher, dünner Stuhlgang.

Charakteristische Kennzeichen. Verschlimmerung der meisten Beschwerden abends und nachts. Am Tage Schläfrigkeit. Schnell zunehmende Schwäche. Mutlose, gleichgültige Gemütsverfassung, im Gegensatz zur *Belladonna,* welche bei reizbaren, unruhigen Kranken angezeigt ist.

Anwendung bei Kranken. Wichtiges Mittel bei fieberhaften Hautkrankheiten, z. B. Rose und Scharlach, bei Entzündungen der Augen und des Halses u. a. bei Diphtherie, ferner bei Nieren- und Blasenleiden, Wassersucht infolge von Nierenentzündungen und bei Entzündungen und Geschwülsten der weiblichen Geschlechtsorgane, besonders der Eierstöcke.

5. ARNICA

Dieses alte Volksheilmittel, welches von den Homöopathen gebührend geschätzt wird, ist sowohl zur innerlichen als zur äußerlichen Anwendung bestimmt. Für den *innerlichen* Gebrauch wird die *getrocknete Wurzel* der Arnica-Pflanze, für den *äußerlichen* Gebrauch die *ganze, frische, blühende* Pflanze zur Herstellung der Essenz verwendet.

Gebräuchliche Präparate: innerlich, 2., 3. und höhere Dezimalverdünnungen; äußerlich, die Tinktur unverdünnt bei unverletzter Haut, und mit der zehnfachen Menge Wasser oder Weingeist verdünnt bei Wunden und Hautverletzungen.

Wirkung. Arnica wirkt auf die Kreislauforgane, die Atmungsorgane und die Haut.

Schmerzhafte Empfindlichkeit des ganzen Körpers, Steifigkeit nach zu großer Anstrengung, Muskelschmerzen, Schwäche und Kraftlosigkeit der Glieder. — Blutwallungen nach dem Kopfe, Nasenbluten, Blutspucken, Bluterbrechen, abnorme Blutungen aus den weiblichen Geschlechtsorganen. — Trockener Husten, Heiserkeit, Kurzatmigkeit, Stiche in der Seite, in der Brust und am Herzen. — Ohrensausen, Nervenschmerzen, Jucken und Kribbeln, heiße, harte Hautgeschwulst mit Pustelbildung.

Charakteristische Kennzeichen. Verschlimmerung der Beschwerden durch Bewegung, Tiefatmen und jede Anstrengung.

Anwendung bei Kranken. Das beste Mittel bei allen Verwundungen und Quetschungen, die durch Fall, Stoß, stumpfe Gewalt oder Erschütterung entstanden sind. Sofort nach einem Fall oder Stoß genommen, verhütet es meist deren nachteilige Folgen. Hilfreich gegen Schmerzen und große Ermüdung nach körperlichen Anstrengungen, z. B. Dauermärschen. Nützlich bei Blutungen, verursacht durch Gewalt oder Überanstrengung und bei Hirnerschütterung und Schlaganfällen, um deren nachteilige Folgen zu verhüten oder wenigstens zu mildern. Fernerhin von großem Nutzen bei Heiserkeit infolge zu langen Singens oder Redens, bei Schweratmigkeit und Seitenstechen alter Leute, bei Herzkrampf, bei falschen Wehen während der Schwangerschaft und bei Nachwehen nach der Entbindung und endlich bei häufig wiederkehrenden Blutschwären und Karbunkeln.

Abb. 5: Arnica

Bei Verwundungen ist der gleichzeitige innerliche und äußerliche Gebrauch zu empfehlen. *Arnica- Salbe* wird gegen Muskelrheumatismus und *Arnica-Öl* gegen Haarausfall mit Erfolg angewandt.

6. ARSENICUM ALBUM

Der *weiße Arsenik,* eins der wichtigsten homöopathischen Heilmittel, kommt sowohl in Verreibungen wie in Verdünnungen zur Anwendung. Die letzteren sind am gebräuchlichsten.

Gebräuchliche Präparate: 4., 5., 6. und höhere Dezimalverdünnungen. Niedrige Verdünnungen dürfen nicht ohne ärztlichen Rat angewendet werden, da dieselben Vergiftungserscheinungen verursachen können. Bei Kindern ist es nicht ratsam, eine niedrigere als die 6. Dezimalpotenz anzuwenden.

Wirkung. Arsenicum wirkt in erster Linie auf Magen und Eingeweide, wo selbst es Entzündung hervorruft, und von da aus hat es eine *tief eingreifende* Wirkung auf fast alle Organe des menschlichen Körpers. Ferner hat es eine ausgesprochene antibakterielle Kraft und erhöht in kleinen Gaben die Widerstandsfähigkeit des Organismus.

Schneller, schwacher, oft kaum fühlbarer Puls. — Kalte, blasse Haut, oft mit klebrigem Schweiß bedeckt. Frieselartiger Ausschlag mit Brennen und Jucken; schmerzhafte Geschwüre mit dünnem, wässerigem Sekret. — Erbrechen von Wasser, Schleim oder schwärzlichen Stoffen, mit großer Schmerzhaftigkeit in der Magengegend, brennendem Gefühl und starkem Durst. Heftige, brennende Durchfälle mit nachfolgender großer Erschöpfung. Krampfartige Kolikschmerzen im Magen und in den Gedärmen. — Trockener Husten mit Engbrüstigkeit. Nächtliche Erstickungsanfälle. Herzklopfen mit großer Angst. Weiche Geschwulst der Füße, allmählich bis zum Bauch steigend. — Periodische Fieberanfälle mit großer Schwäche und oft mit Durchfall verbunden. — Schleichendes Fieber mit Kräfteverfall, trockenen, schwarzen, mit Krusten bedeckten Lippen. — Nervenschmerzen in verschiedenen Körperteilen, besonders durch periodisches Auftreten gekennzeichnet.

Charakteristische Kennzeichen. Heftiger, brennender Durst, mit Verlangen, häufig, aber *wenig auf einmal* zu trinken. Große Schwäche und Kräfteverfall, blasses eingefallenes Gesicht. Angst, Schlaflosigkeit, schwermütige Gemütsstimmung, zuweilen Selbstmordgedanken. Die Schmerzen haben einen *brennenden* Charakter und kehren oft zur bestimmten Tageszeit wieder; gewisse Beschwerden, wie Unruhe, Angst, Erstickungsanfälle verschlimmern sich oft *am frühen Morgen,* während dies bei Nervenschmerzen in der Regel *abends* und *nachts* der Fall ist. Viele Symptome treten *periodisch* auf.

Anwendung bei Kranken. Ausgenommen bei Magen- und Darmbeschwerden ist Arsenicum selten *im Anfang akuter* Krankheiten angezeigt, vielmehr findet es *im weiteren Verlaufe akuter* und bei *chronischen* Krankheiten am meisten Verwendung. Bei heftigen, wässerigen

Durchfällen, bei der Cholerine und der asiatischen Cholera ist es eins der besten Mittel, das *sofort von Anfang an* gegeben werden muss. Bei chronischen Durchfällen wird eine Verbindung von Arsenik und Kupfer, **Cuprum arsenicosum,** in der 4. und 5. Dezimalverreibung oft mit gutem Erfolg angewendet. Arsenicum ist fernerhin von Nutzen bei langwierigen Magenleiden, bei asthmatischen Beschwerden infolge organischer Herz- und Lungenkrankheiten (bei anfangender Tuberkulose ist besonders **Arsenicum jodatum** in der 4. bis 6. Dezimalverreibung von Nutzen), bei Wassersucht infolge von Herz- und Nierenkrankheiten, beim Wechselfieber und dessen Folgen, bei Blutarmut und allgemeiner Schwäche, bei Nervenschmerzen, Schlaflosigkeit und Gemütsleiden, durch Angst und Verzweiflung gekennzeichnet, bei den verschiedensten chronischen Hautkrankheiten und bei vielen anderen Leiden, die hier nicht namentlich angeführt werden können. Es ist ein Heilmittel *ersten Ranges,* welches manchen Kranken geheilt hat und von keinem homöopathischen Arzt in der Praxis entbehrt werden kann.

7. BELLADONNA

Die *Tollkirsche, Atropa Belladonna,* eine Pflanze, welche in Europa und Asien vorkommt, wird bei Beginn der Blüte gepflückt und auf dieselbe Weise, wie bei *Aconitum* angegeben ist, zu einer Essenz verarbeitet. Die 1. und 2. Dezimalverdünnung können noch Vergiftungserscheinungen hervorrufen. Eins der wirksamsten Bestandteile ist *Atropinum,* welches in der Augenheilkunde zur Erweiterung der Pupillen verwendet wird, es kann auch bei innerlichen Krankheiten von Nutzen sein, besonders in Fällen, in welchen Belladonna, obwohl angezeigt, nicht durchgreifend genug wirkt.

Gebräuchliche Präparate von **Belladonna**: 3., 4. und höhere Dezimalverdünnungen; von Atropinum: 5. und höhere Dezimalverdünnungen.

Wirkung. Belladonna wirkt ebenso wie Aconitum auf die Kreislauforgane, jedoch hauptsächlich auf den venösen Blutkreislauf. Es verursacht passive Kongestion, wirkt auf die Gehirnhäute, die glatten Muskelfasern der Eingeweide, die Ringmuskeln der Blase und des Afters, ferner auf die Lungen, die Drüsen, die Haut und die weiblichen Geschlechtsorgane.

Blutandrang zum Kopf mit heißem und rotem Gesicht, Schwindel und heftigen Kopfschmerzen, durch Bücken verschlimmert. Phantasieren und unruhiger Schlaf, oft auch Krämpfe. — Hitze und Brennen der Augen mit Lichtscheu, heftiges Tränen und Erweiterung der Pupillen. — Ohrensausen und Ohrenschmerzen. — Kinder bohren mit dem Kopfe in die Kissen, knirschen mit den Zähnen und schreien plötzlich auf. — Zahnschmerzen, durch Berührung und Essen vermehrt. — Trockenheit und Brennen des Mundes, Halsentzündung mit schmerzhaftem Schlucken, geschwollenen Mandeln und Halsdrüsen. — Trockener Reiz- oder Krampfhusten, besonders nachts und bei Kindern. — Magenkrampf nach dem Essen, Kolik, Stuhlzwang mit Verstopfung. Urinverhaltung mit schmerzhaftem Drängen, krampfartige Schmerzen bei der Menstruation, welche meistens zu früh eintritt und zu lang anhält. — Röte, Hitze, Geschwulst der Haut, mit Fieber verbunden; scharlachroter Frieselausschlag entweder nur im Gesicht oder über den ganzen Körper.

Abb. 6: Belladonna

Charakteristische Kennzeichen. Besonders bei vollblütigen Personen und Kindern angezeigt. Verschlimmerung: nachmittags und nachts, durch kalte Luft, Entblößung und kalten Trunk. Plötzlichkeit in dem Auftreten und Verschwinden der Schmerzen und Beschwerden. Wenn bei Fieber von Anfang an *Schweiß* vorhanden ist, dann ist Belladonna besonders angezeigt, während Aconitum besser bei *trockener* Hitze passt.

Anwendung bei Kranken. Belladonna ist ein vorzügliches Mittel bei akuten Entzündungen des Halses, der Mandeln und der Drüsen, bei Hirnhautentzündung und heftigen Kopfschmerzen, durch Blutandrang verursacht, bei Luftröhrenentzündung ohne Schleimabsonderung, bei Keuchhusten, Zahnbeschwerden und allgemeinen Krämpfen, ferner bei bestimmten Fällen von Magenkrampf und den verschiedensten Nervenschmerzen, bei der Rose, den Röteln und beim Scharlach (hierbei auch als Vorbeugungsmittel) und endlich bei akuten Augenentzündungen, von heftigem Tränen, Lichtscheu und Pupillenerweiterung begleitet.

Äußerlich kommt *Belladonna-Salbe* bei Nervenschmerzen im Unterleib, Entzündung der Eierstöcke, Hämorrhoiden und Gürtelrose zur Anwendung.

8. BRYONIA

Die *frische Wurzel* der *weißen Zaunrübe*, einer überall in Europa, auch in Gärten vorkommenden Pflanze, wird auf dieselbe Weise, wie bei *Aconitum* angegeben ist, zur Bereitung der Essenz verwendet. Die getrocknete Wurzel ist unwirksam.

Gebräuchliche Präparate: 3. und höhere Dezimalverdünnungen.

Wirkung. Bryonia wirkt im allgemeinen auf die Verdauungs- und Atmungsorgane, ganz besonders *spezifisch* aber auf die serösen Häute, wie das Brust- und Rippenfell, das Bauchfell und die Gelenke.

Schlechter, bitterer Geschmack im Mund, Magendrücken und Übelkeit nach dem Essen. Stechende Schmerzen in der Magen- und Lebergegend. Schlechte Verdauung mit trockener und belegter Zunge. Erbrechen von Speise, Schleim und Galle. Unwillkürlicher Abgang dünnen Stuhls im Schlaf. Verstopfung mit Durchfall abwechselnd. Chronische Stuhlverstopfung. — Geringer Abgang von Urin, welcher braun oder rötlich ist mit vielem Bodensatz. — Trockene, heiße Haut, gelbe oder fahle Gesichtsfarbe. — Trockener Reizhusten mit Brustbeklemmung; Husten, als ob die Brust zerspringen müsste. Heftiges Seitenstechen und Brustschmerzen, welche durch Husten, Atmen und j e d e B e w e - g u n g verschlimmert werden. — Kopf- und Rückenschmerzen, rheumatische Schmerzen in Gliedern und Gelenken. Die Gelenke sind rot und geschwollen, die Schmerzen sind stechend und werden durch Bewegung verschlimmert. — Rheumatische Zahnschmerzen, verschlimmert durch warmes Trinken.

Charakteristische Kennzeichen. Verschlimmerung der Schmerzen durch *Bewegung* und *leise* Berührung, Besserung der Schmerzen durch Wärme, Ruhe und *starken* Druck auf die schmerzende Stelle. Passt besonders bei mageren Personen, bei Neigung zu Zorn, Heftigkeit und

Gereiztheit, sowie zu Verstopfung und Schweiß mit abwechselnder Frostigkeit.

Abb. 7: Bryonia

Anwendung bei Kranken. Bryonia ist besonders angezeigt bei akuten, fieberhaften Krankheiten katarrhalischer und rheumatischer Natur. Als Mittel gegen Entzündungen ist es nahe verwandt mit *Aconitum* und *Belladonna,* und ist oft nach diesen beiden Mitteln angezeigt. Von großem Nutzen bei Influenza mit Seitenstechen und Zerschlagenheitsgefühl, bei Brustfellentzündung (die Schmerzen werden durch *schnelle Wiederholung* des Mittels, z. B. alle 10 Minuten während 1 oder 2 Stunden sehr erleichtert); im ersten Stadium der Lungenentzündung; bei Gelenkrheumatismus, wenn die Schmerzen durch Bewegung schlimmer werden (im Gegensatz zu *Rhus,* welches bei Besserung der Beschwerden bei Bewegung angezeigt ist); bei gewissen Magen- und Lebererkrankungen; bei Bauchfellentzündung und typhösen Fiebern, gekennzeichnet durch trockene Lippen, braune Zunge, fahle Gesichtsfarbe und eingefallene Züge.

9. KALZIUM CARBONICUM

In der Homöopathie sind mehr als ein Dutzend Kalkpräparate in Gebrauch, von denen verschiedene von Hahnemann selbst empfohlen worden sind. Das bekannteste Präparat ist **Calcium carbonicum** oder der kohlensaure Kalk, welcher nach Hahnemanns Vorschrift aus dem schneeweißen Inneren der Austernschalen angefertigt wird; weiterhin nennen wir **Calcium phosphoricum**, der phosphorsaure Kalk, welcher besonders von *Dr. Schüßler* empfohlen worden ist, **Calcium jodatum**, eine Verbindung von Kalk und Jodum, **Calcium fluoratum**, der kristallisierte Flussspat, **Calcium arsenicosum**, eine Verbindung von Kalk und Arsenik und **Calcium hypophosphorosum** oder Calciumhypophosphit.

Gebräuchliche Präparate von **Calcium carbonicum, fluoratum, jodatum** und **phosphoricum**: 3. bis 6. und höhere Dezimalverreibungen; Verdünnungen nicht unter der 10. Dezimalpotenz; von **Calcium arsenic.**: 4. Dezimalverreibung; von **Calcium hypophosphoricum**: 1. und 2. Dezimalverreibung.

Wirkung. Die Kalkpräparate wirken auf Haut, Drüsen und Knochen und rufen, wie sorgfältige Prüfungen am gesunden Menschen gezeigt haben, eine Reihe von Stoffwechselstörungen und damit in Verbindung stehende Krankheitserscheinungen hervor.

Abmagerung trotz gutem Appetit. Schwächliches Aussehen, Neigung zu Erkältungen, bleiche Gesichtsfarbe, schlaffe Muskeln und schwache Knochen, Neigung zu Hautausschlägen, welche besonders bei Kindern oft hartnäckig sind. Verkrümmung des Rückgrats und der Beine, zu großer Kopf bei kleinen Kindern, wobei die Fontanellen sich nicht schließen wollen. Zu langsames Wachstum des Körpers, wogegen die geistigen Fähigkeiten frühzeitig entwickelt sind. Entzündete Nasenlöcher, mit Krusten bedeckt, übelriechender Schleim und Eiterabsonderung aus Nase und Ohren, öfters sich wiederholende Augenentzündungen, entzündete Augenlider. — Kopfschmerzen langwieriger Art, begleitet von Verdauungsbeschwerden, besonders bei nervösen Frauen. — Geschwollene Drüsen in der Hals- und Leistengegend, trockene, raue Haut, mit klebrigem Schweiß der Hände und Füße. — Saurer Geschmack im Mund, brennendes Gefühl im Magen, Widerwillen gegen Fleisch, Lust nach Salz und scharfen Speisen, bei Kindern auch nach Kalk, Kreide u. dgl. unverdaulichen Sachen. Geschwollener Leib, langwieriger Durchfall mit sauerriechenden, schleimigen Entleerungen, wiederholtes Urinieren, besonders nachts, wobei das Wasser trübe ist. — Ermattender Schweiß, besonders nachts mit unruhigem Schlaf, Nervenschwäche, gedrückter Stimmung und Verdrießlichkeit. Neigung zum Weinen, schlechtes Gedächtnis und große Ermüdung nach der geringsten körperlichen oder geistigen Anstrengung.

Charakteristische Kennzeichen. Verschlimmerung und erneutes Auftreten der Beschwerden nach dem Aufenthalt in kalter Luft oder an feuchten Stellen, nach kalten Bädern und Waschungen.

Anwendung bei Kranken. Calcium carbonicum wird besonders bei *chronischen* Krankheiten, in höheren Potenzen und nicht oft wiederholten Gaben angewendet, während **Calcium phosphoricum,** in niedrigeren Dezimalverreibungen 2- bis 3mal täglich verabreicht, bei Bleichsucht und bei Schwächezuständen, welche im Verlaufe von oder nach akuten Krankheiten auftreten, oft gute Dienste leistet. In hartnäckigen Fällen wird **Calcium jodatum** öfters vorgezogen, weil dieses durchgreifender zu wirken scheint, während **Calcium fluoratum** bei harten Geschwülsten der Drüsen und Brüste und bei chronischer Knochenhautentzündung oft von großem Nutzen ist. **Calcium arsenicosum** kommt dagegen nur bei chronischen Nierenkrankheiten in Betracht, während **Calcium hypophosphorosum** bei Eiterungen langwieriger Art, auch bei Lungentuberkulose vorgezogen wird, wenn es sich darum handelt, dem geschwächten Organismus reichlich Phosphor zuzuführen. Im allgemeinen ist C a l c i u m angezeigt und wirksam bei den verschiedenen Formen der Skrofulose, bei Englischer Krankheit und bei anderen chronischen Knochenerkrankungen, bei Schwellung und Verhärtung der Drüsen, bei hartnäckigen Hautausschlägen, bei Migräne der Frauen (in Abwechslung mit Sepia), bei unregelmäßiger Menstruation, besonders wenn die Regel *zu früh* eintritt, *zu stark* ist und *zu lang* anhält; und bei verschiedenen anderen chronischen Krankheitszuständen, welche durch allgemeine Schwäche und verminderte Widerstandsfähigkeit gekennzeichnet sind.

10. CAMPHORA

Der *Saft des Kampferbaumes* wird destilliert, gereinigt und weiter verarbeitet. Nach der gewöhnlichen Bereitungsart werden 2 Gewichtsteile Kampfer in 9 Gewichtsteilen starken Alkohols aufgelöst, wodurch man die 1. Dezimalverdünnung erhält, während nach der Bereitungsart von Dr. Rubini die bekannte *Camphora-Rubini-Tinktur* durch Auflösung von Kampfer in gleichen Gewichtsteilen starken Alkohols angefertigt wird.

Gebräuchliche Präparate: Tinktur und niedrigste Dezimalverdünnungen, auch sog. Kampferpillen, das sind erbsengroße Zuckerkugeln, welche mit Kampferlösung getränkt sind. Da Camphora die Wirkung fast aller Pflanzenmittel aufhebt, darf es mit diesen nicht im Wechsel eingenommen und ebenso wenig in der Gestalt von Tinktur und Pillen mit diesen Mitteln in demselben Kasten aufbewahrt werden.

Wirkung. Camphora wirkt auf Magen und Eingeweide, Herz und Gehirn, beschleunigt den Blutkreislauf, ist ein Mittel gegen Krampf und wirkt antiparasitär, besonders bei ansteckenden Krankheiten der Atmungsorgane, wie Influenza und Heufieber.

Kältegefühl im Mund und Magen, gefolgt von erhöhtem Wärmegefühl im ganzen Körper. — Vermehrte Speichelabsonderung, Aufstoßen, galliges Erbrechen, Leibschmerzen krampfhafter Art mit dünnem, braunem Stuhl und Abgang stinkender Gase. — Erschwertes und schmerzhaftes Urinieren. — Männliches Unvermögen mit Erschlaffung der Geschlechtsteile. — Erregungszustände der Nerven, gefolgt von großer Ermattung. — Krampf der Augenlider, Muskelkrämpfe. — Langsamer, schwacher Puls, Herzklopfen, Klopfen der Adern, Frösteln und kalter Schweiß.

Charakteristische Kennzeichen. Verschlimmerung der Beschwerden nachts und durch Kälte, Besserung nach einem tiefen Schlaf. Innerliche Hitze mit *Frostschauern über den ganzen Körper.*

Anwendung bei Kranken. Da die Wirkung von Camphora von kurzer Dauer ist, müssen die Gaben öfters wiederholt werden, bei gefährlichen Krankheiten sogar alle 5 bis 10 Minuten 1 Tropfen Tinktur auf ein Stück Zucker. Das Mittel ist angezeigt bei allgemeinem und schnellem Verfall der Kräfte infolge von Herzschwäche, u. a. bei Cholera, wenn der Kranke heftige Wadenkrämpfe hat und die Haut kalt und das Gesicht leichenblass ist. Ferner im Anfang von Erkältungskrankheiten, um die Krankheit abzuschneiden. Wenn man nach starker Erkältung am ganzen Körper fröstelt und zittert, beugt Camphora, in mehreren schnell aufeinanderfolgenden Gaben eingenommen, meistens allen unangenehmen Folgen vor. Schließlich wird es zur Verhütung gewisser epidemisch auftretender Krankheiten, u. a. Influenza, empfohlen.

11. CANTHARIS

Getrocknete, fein zerriebene *Spanische Fliegen* werden mit starkem Alkohol ausgezogen; die 2. Dezimal Verdünnung muss noch gelblich sein. Der wirksame Bestandteil ist das Alkaloid *Cantharidinum*.

Gebräuchliche Präparate: 4. bis 6. und höhere Dezimalverdünnungen.

Wirkung. Diese besteht in Reizung der Haut und der Schleimhäute, besonders der Nieren, der Blase und der Geschlechtsorgane.

Unruhe, Aufgeregtheit, Wutanfälle. — Fieber, von Frostanfällen vorangegangen und von heftigem Durst und Harnbeschwerden begleitet. Periodisches Auftreten von fieberhaften Erscheinungen. Brennen im Mund und Hals, trockener Mund, Ausschlag an den Lippen, rote

Zunge, Entzündung der Mundschleimhaut, bitterer Geschmack, Appetitlosigkeit. Drang zum Stuhl, mit Harndrang, Durchfall mit Leibschmerzen und Abgang blutigen Schleims. — Schmerzen in der Lendengegend und im Kreuz. Anhaltender, heftiger Drang zum Harnen. Brennender Schmerz beim Urinieren, wobei der Urin tropfenweise entleert wird und zuweilen Blut enthält. Entzündung der Harnröhre, Tripper mit schmerzhaften Erektionen, weißer Fluss mit brennendem Schmerz beim Harnen. — Hautausschlag, Bildung von Blasen auf der Haut, die eine scharfe Flüssigkeit absondern.

Anwendung bei Kranken. Vorzügliches Mittel bei verschiedenen Erkrankungen der Nieren, der Blase und der Harnröhre und bei schmerzhaftem, erschwertem oder unterdrücktem Harnen; in solchen Fällen darf es nicht in zu niedrigen Potenzen (nicht unter der 6. Dezimalverdünnung) verabreicht werden. Ferner von Nutzen bei gewissen Frauenkrankheiten, bei Tripper, bei krankhaft vermehrtem Geschlechtstrieb und bei periodisch auftretenden, fieberhaften oder krampfartigen Leiden, besonders wenn dieselben mit Harnbeschwerden einhergehen.

Bei Harnbeschwerden infolge von Auflegen von *Spanischem Fliegenpflaster* ist *Camphora* als Gegenmittel angezeigt, während bei *Vergiftung durch Spanische Fliege*, durch brennende Schmerzen in Mund und Hals, durch Kopfschmerzen und Blutharnen gekennzeichnet, ein Brechmittel angewandt und nachdem Haferschleim mit Eiweiß verabreicht werden muss.

12. CARBO VEGETABILIS

Gut ausgeglühte *Buchenholzkohle* wird mit Milchzucker innig verrieben.

Gebräuchliche Präparate: Bei Magen- und Darmkrankheiten wirken die niedrigeren (3. bis 6.) Dezimalverreibungen meistens besser, während in anderen Fällen die höheren Verreibungen und Verdünnungen vorgezogen werden.

Wirkung. Die physiologische Wirkung erstreckt sich auf den Blutkreislauf; das Mittel beeinflusst venöse Blutstockungen und wirkt ferner auf das Blut, die Nerven und die Verdauungsorgane.

Schwache Verdauung mit Übelkeit, vollem Gefühl im Magen und Anhäufung von Gasen im Magen und den Därmen. — Blutstockungen im Unterleib, Blähsucht. — Erschwertes Atmen, Schleimansammlung in der Luftröhre, Krampfhusten mit anhaltender Heiserkeit. — Schwächezustände bis zu Kräfteverfall mit schnellem und schwachem Puls, der zuweilen kaum fühlbar ist. — Blassgelbliche Gesichtsfarbe mit eingefallenen Zügen. — Gleichgültigkeit, Angst, wehmütige Stimmung.

Charakteristische Kennzeichen. Schnell zunehmende Schwäche, *Gasentwicklung* im Magen und Darm. Verschlimmerung der Beschwerden abends, im Freien und durch Kälte.

Anwendung bei Kranken. Carbo vegetabilis ist oft von Nutzen bei chronischen Magen-, Leber- und Darmkrankheiten, wenn obengenannte Symptome vorhanden sind, und bei Schwächezuständen nach Säfteverlusten oder im Verlauf von typhösen Fiebern, ferner wird es bei leichtblutenden Schwären und Karbunkeln und bei Wunden mit schlechtriechender Absonderung mit gutem Erfolg gebraucht und leistet zuweilen zur Erleichterung der Schmerzen bei krebsartigen Geschwülsten gute Dienste.

13. CAUSTICUM

Ein chemisches Präparat, welches nach besonderen Vorschriften Hahnemanns aus frisch gebranntem Kalk und schwefelsaurem Kali angefertigt wird.

Gebräuchliche Präparate: 3., 4. und höhere Dezimalverdünnungen.

Wirkung. Causticum ist hauptsächlich Nervenmittel, es wirkt besonders auf Rückenmark und Kehlkopf.

Nervenschmerzen verschiedener Art, Schmerzen in den Knochen und Gelenken. — Schwäche und Zitterigkeit der Hände und Füße. Krampfhafte Bewegungen von Hals, Rumpf und Gliedern. — Langwierige Heiserkeit und heiserer Husten, besonders *morgens*. Hartleibigkeit infolge von Darmlähmung. Entleerung von hellfarbigem, lehmartigem Stuhl. — Schmerzen beim Wasserlassen, tropfenweiser Harnabgang, Bettnässen im ersten Schlaf, unwillkürlicher Harnabgang bei plötzlicher Bewegung, Husten oder Niesen.

Charakteristische Kennzeichen. Verschlimmerung der Beschwerden durch Bewegung, Kälte und Zugluft, Besserung durch Ruhe und Wärme; bei Bewegung fängt der Kranke an zu schwitzen; reizbare Gemütsstimmung; blassgelbliche Gesichtsfarbe.

Anwendung bei Kranken. Besonders angezeigt bei *chronischen* Krankheiten ohne Fieber. Leistet gute Dienste bei chronischem Kehlkopfkatarrh, Stimmbandlähmung nach Diphtherie, hysterischen Lähmungen, Schwäche der Glieder und verschiedenen Harnbeschwerden. Wird ferner empfohlen bei chronischem Rheumatismus und Gicht und bei epileptischen Anfällen, wenn dieselben vorwiegend in der Nacht auftreten. Wenn Kinder ihre Bedürfnisse nur im Stehen verrichten können, ist Causticum nicht selten von Nutzen.

14. CHAMONILLA

Die frische, blühende *Kamillenpflanze* wird auf dieselbe Weise, wie bei *Aconitum* angegeben ist, zur Essenz verwendet.

Gebräuchliche Präparate: 3. und höhere Dezimalverdünnungen.

Wirkung. Dieses Mittel wirkt besonders auf die Gefühlsnerven. Die Haut ist sehr empfindlich gegen Kälte und Zugluft und abwechselnd heiß und kalt. Fieberhitze gegen Abend, Schwitzen des Kopfes und der Hände. — Zahnschmerzen mit geschwollener Backe, schlimmer nachts und bei kaltem Trinken. — Unruhiger Schlaf bis zu völliger Schlaflosigkeit. Reizbarkeit, besonders bei Kindern, welche fortwährend herumgetragen werden wollen und bei jeder Veranlassung schreien. — Krampfhafte Zuckungen der Gesichtsmuskeln, Verdrehen der Augen, Zähneknirschen. Trockener Erkältungshusten, Reiz in der Kehle, erschwertes Atmen. — Leibschmerzen, Krämpfe, Blähungen, wässeriger, gelber oder grünlicher Durchfall. — Krampfhafte Schmerzen im Unterleib bei der Menstruation mit Abgang von großen Klumpen Blut und Empfindlichkeit gegen Berührung und Kälte.

Charakteristische Kennzeichen. Verschlimmerung der Beschwerden abends, durch Kälte, Aufregung und Zorn. Besserung durch äußerliche Wärme. Reizbare Gemütsstimmung; große Unruhe; Hin- und Herwerfen im Bett, oft ist eine Backe rot und heiß und die andere kalt.

Anwendung bei Kranken. Chamonilla ist ein Hauptmittel bei Kindern und bei Frauen mit leicht gereizten Nerven; bei Krankheitserscheinungen infolge von Gemütsbewegungen, Zorn oder Kummer; bei Zahnschmerzen, Krämpfen, Magen- oder Darmbeschwerden, wenn obengenannte Symptome vorhanden sind; schließlich bei bestimmten Menstruationsbeschwerden. Während des Einnehmens ist der Genuss von Kaffee, Tee, Wein und Bier streng zu meiden.

15. CHINA

Die getrocknete *Rinde des Chinabaumes* (China regia) wird zerhackt und mit dem fünffachen Gewicht verdünnten Alkohols begossen; dieses Gemenge wird zweimal täglich umgeschüttelt, nach acht Tagen abgegossen, ausgepresst und filtriert.

Gebräuchliche Präparate: 2., 3. und höhere Dezimalverdünnungen.

Wirkung. China wirkt auf das Blut und die Nerven, die Verdauungsorgane und die Milz; ferner auch auf die Sinnesorgane, besonders auf das Gehör.

Die allgemeine Wirkung ist durch Schwächung, Empfindlichkeit und Reizbarkeit der Nerven charakterisiert. Ferner sind die Schmerzen und sonstigen Beschwerden durch *periodisches Auftreten* gekennzeichnet. Schwacher Puls, welcher durch die geringste Aufregung beschleunigt wird. — Fieberanfälle, welchen Kältegefühl vorangeht und ausgiebiges Schwitzen nachfolgt; während der Anfälle ist das Gesicht gerötet, in der Zwischenzeit fahl, gelblich mit eingefallenen Zügen. — Schleichendes Fieber, mit Abmagerung verbunden. — Schwäche und Abnahme des Gehörs, Ohrensausen. — Kalte Hände und Füße, zuweilen mit wassersüchtigen Schwellungen; trockene, öfters geschwollene und rissige Lippen. — Magengegend geschwollen, volles Gefühl im Magen, die Nahrung bleibt lange im Magen liegen und wird schließlich unverdaut erbrochen; dünner, bräunlicher Stuhl, Milzschwellung. — Nervenschmerzen im Kopf, im Gesicht, in den Zähnen oder in den Gliedern, durch Berührung verschlimmert und zu einer bestimmten Stunde, gewöhnlich abends, wiederkehrend.

Charakteristische Kennzeichen. *Periodisches Auftreten* der Beschwerden. *Große Schwäche*, Neigung zum Schwitzen. Verschlimmerung der Beschwerden *abends* und *durch Berührung.*

Anwendung bei Kranken. Angezeigt bei Krankheitszuständen mit oder ohne Fieber, welche durch große Schwäche und Reizbarkeit gekennzeichnet sind, besonders dann, wenn dieselben infolge Blutverlustes oder des Verlustes von Säften langwierige Durchfälle oder infolge anhaltender Überanstrengung des Körpers oder des Geistes entstanden sind; weiterhin von Nutzen bei Nervenschmerzen und nervösen Beschwerden, welche die obengenannten charakteristischen Kennzeichen aufweisen und bei verschiedenen anderen chronischen Krankheiten, welche von großer Schwäche begleitet sind. Beim Wechselfieber wird in den passenden Fällen hauptsächlich das Alkaloid *Chinin,* und zwar meistens in der Form des *Chininum muriaticum* in niedrigen Dezimalverreibungen angewendet.

16. COFFEA

Ungebrannte Kaffeebohnen werden fein zerstampft und mit Alkohol ausgezogen. Nach 8 Tagen wird die Tinktur filtriert und ist dann gebrauchsfertig.

Gebräuchliche Präparate: 3. und höhere Dezimalverdünnungen.

Wirkung. Die Wirkung des Kaffees auf die Nerven, den Magen und das Herz dürfte genügend bekannt sein.

Aufregung, Blutwallungen nach dem Kopfe, Unruhe, lebhafte Phantasie, erhöhtes Kraftgefühl. Unruhiger Schlaf; anhaltendes, lebhaftes Träumen. — Heftige, einseitige Kopfschmerzen, Migräne, Herzklopfen, rascher Puls, abwechselndes Gefühl von Kälte und Hitze. — Vermehrter Appetit, verfeinerter Geschmack, Magenschmerzen und -krämpfe, Drang zur Stuhlentleerung.

Charakteristische Kennzeichen. Überempfindlichkeit gegen Schmerz, Neigung zum Weinen, Verschlimmerung der Beschwerden im Freien.

Anwendung bei Kranken. Hauptmittel bei Schlaflosigkeit, welche die Folge von Aufregung ist. Allerlei Gedanken beschäftigen das aufgeregte Gehirn und verhindern das Einschlafen. Besonders bei nervösen Kranken angezeigt. Bei Aufregung und Schlaflosigkeit der Säuglinge und kleinen Kinder leisten einige Körnchen Coffea oft gute Dienste. Dagegen bleibt dieses Mittel bei Schlaflosigkeit infolge von Schmerzen wirkungslos. Fernerhin ist es noch bei nervösem Herzklopfen, bei gewissen Magenschmerzen und bei Anfällen von Migräne angezeigt.

17. COLCHICUM

Die frischen, im Frühjahr gesammelten Knollen der *Herbstzeitlose* werden auf dieselbe Weise, wie bei *Aconitum* angegeben, zu einer Essenz verarbeitet.

Gebräuchliche Präparate: 3. und höhere Dezimalverdünnungen.

Wirkung. Diese erstreckt sich auf die Schleimhäute des Magen-Darmkanals, auf die serösen Häute, wie Brust- und Rippenfell, und auf die Gelenke und Muskeln.

Starke Gaben der Tinktur bewirkten bei zufälliger Vergiftung heftige Entzündung des Magens und der Eingeweide, Kräfteverfall und Tod bei vollem Bewusstsein. Prüfungen mit homöopathischen Präparaten rufen Muskel- und Gelenkschmerzen mit allgemeiner Reizbarkeit, von Schwäche gefolgt, hervor. Der Schlaf ist unruhig und fortwährend von Schmerzen gestört.

Charakteristische Kennzeichen. Hin und her ziehende, durch Berührung und nachts sich verschlimmernde Schmerzen.

Anwendung bei Kranken. Colchicum ist Hauptmittel bei G i c h t und Rheumatismus, wo es in oft wiederholter Gabe zur Linderung der

Schmerzen hervorragende Dienste leistet. Auch bei Verdauungsbeschwerden, Herzleiden und Rippenfellentzündung Gichtkranker wirkt es oft vortrefflich. Endlich ist es zu empfehlen bei Wassersucht infolge von Nieren- oder Leberleiden, hier wirken besonders die niedrigen Dezimalverdünnungen (D 2 und D 1) günstig, diese dürfen jedoch nicht ohne ärztliches Rezept in den Apotheken abgegeben werden.

18. COLOCYNTHIS

Die getrocknete Frucht der *Koloquinte,* einer in Nordafrika und Asien vorkommenden Pflanze wird mittels starken Alkohols zu einer Tinktur verarbeitet.

Gebräuchliche Präparate: 3., 4. und höhere Dezimalverdünnungen.

Wirkung. Colocynthis wirkt zuerst auf den Darm und die Nieren, nachher auf die Gefühlsnerven.

Plötzlich auftretende, schneidende Leibschmerzen mit Blähungen und Rumpeln im Leibe, von schleimigem Durchfall gefolgt, wodurch die Schmerzen gebessert werden. Blutige Stühle mit heftigem Stuhlzwang. — Schmerz in der Nierengegend mit Drang zum Wasserlassen. — Pressende Kopfschmerzen, Schmerz in den Schläfen, Gesichtsschmerzen und Kopfgicht. — Schmerzen in den Gelenken, besonders im Hüftgelenk, neuralgische Schmerzen der Hüftnerven, Schmerzen in den Knien beim Gehen, schweres Gefühl in den Unterschenkeln.

Charakteristische Kennzeichen. Die Leibschmerzen werden durch *Krummsitzen* und starken Druck gebessert; die Nervenschmerzen verschlimmern sich im Bett und bessern sich durch Bewegung; die Gelenkschmerzen werden durch Abgang von Blähungen gebessert.

Anwendung bei Kranken. Von Nutzen bei heftiger Kolik und bei Darmkatarrh mit Leibschmerzen, wenn die obengenannten Kennzeichen vorhanden sind, zuweilen hilft es auch bei Nierenkrankheiten mit Wassersucht; endlich empfehlenswert bei bestimmten Fällen von chronischem Rheumatismus und von Neuralgien der Gesichts- und Hüftnerven. Bei Kolik sind die niederen, bei Nervenschmerzen die höheren Verdünnungen vorzuziehen.

19. CUPRUM

Außer dem Metall *Kupfer* ist noch ein lösliches Kupferazetat in Gebrauch; da Hahnemann seine ausgedehnten Versuche mit letzterem, dem **Cuprum aceticum,** gemacht hat, wird dieses gegenwärtig noch am meisten gebraucht. Übrigens ist die Wirkung beider Stoffe fast dieselbe.

Gebräuchliche Präparate: 4. und höhere Dezimalverreibungen; Verdünnungen nicht unter der 10. Dezimalpotenz.

Wirkung. Die Kupfersalze verursachen zuerst heftige Magen- und Darmentzündung, nachdem Krämpfe und Nervenschmerzen mit nachfolgender Lähmung. Da das Kupfer alle Gewebe durchdringt, gesellen sich hierzu später u. a. noch Affektionen der Leber, der Milz und der Nieren.

Metallischer Geschmack im Munde, Verdauungsstörungen, Erbrechen, Kolik und Durchfall mit heftigem Stuhlzwang. Schneller, harter und unregelmäßiger Puls. — Krampf der Gesichtsmuskeln, Krämpfe mit Verdrehen der Augen, blauen Lippen und Schaum vor dem Munde. — Krampfhafter Husten mit Luftröhrenkatarrh; Erstickungsanfälle mit roter und blauer Gesichtsfarbe. — Schlundkrampf; Wadenkrämpfe, welche in den Zehen anfangen. — Muskelschwäche und Lähmungen in verschiedenen Körperteilen.

Charakteristische Kennzeichen. Nervöse und blutarme Personen sind für die Wirkung des Kupfers besonders empfindlich; die Beschwerden werden durch Bewegung und Berührung verschlimmert.

Anwendung bei Kranken. Cuprum ist besonders bei nervösen Beschwerden, welche von *Krämpfen* begleitet sind, u. a. bei Veitstanz, ferner bei Stimmritzenkrampf, bei *Keuchhusten* und bei Bleichsucht, welche mit Eisenpräparaten vergeblich behandelt wurde, angezeigt. Bei Darmkatarrh, Cholerine und Cholera wird eine weitere Kupferverbindung, das **Cuprum arsenicosum,** in der 6. Dezimalverreibung mit gutem Erfolg angewendet, wenn heftige krampfartige Leibschmerzen und Durst mit großer Schwäche vorhanden sind. Auch bei chronischem Durchfall bei Schwindsüchtigen hat dieses Präparat oft gute Dienste geleistet.

20. DULCAMARA

Die frischen Stängel und Blätter der vor der Blütezeit gepflückten Pflanze werden auf dieselbe Weise, wie bei *Aconitum* angegeben ist, zu einer Essenz verwendet. Der wirksamste Bestandteil ist ein Alkaloid, namens *Solanin.*

Gebräuchliche Präparate: 3. und höhere Dezimalverdünnungen.

Wirkung. Dulcamara wirkt auf die Schleimhäute des Magens und der Eingeweide und auf die Drüsen und kann in zu starker Dosis ernste Krankheitserscheinungen des Nervensystems, sogar Lähmung verursachen.

Empfindlichkeit des Mundes und der Zunge, Erbrechen zähen Schleimes, wässeriger oder schleimiger, brauner oder grünlicher Durchfall, besonders nachts. — Schneller Puls, Frösteln und Kältegefühl am ganzen Körper, Fieber mit Schwitzen einzelner Körperteile. — Niesen mit Absonderung einer dünnen, ätzenden Flüssigkeit aus der Nase, Husten mit schleimigem Auswurf. — Hautausschläge verschiedener Art, Schwellung der Hals- und Leistendrüsen. — Heftige Schmerzen der Schulter- und Nackenmuskeln, Rückenschmerzen, Menstruationsstörungen mit Hitze und Jucken der Scheide.

Abb. 8: Dulcamara

Charakteristische Kennzeichen. Alle Beschwerden werden bei kaltem, *feuchtem* Wetter, besonders beim Umschlag der Witterung verschlimmert und sind abends und nachts am schlimmsten.

Anwendung bei Kranken. Dulcamara wird mit gutem Erfolg gegen die nachteiligen Folgen von Erkältung bei *feuchter, kalter* Witterung, wie z. B. Durchfall mit Leibschmerzen, Blasenschmerzen, Luftröhrenkatarrh angewendet und ist fernerhin bei Entzündungen der Drüsen und der Schleimhäute, bei rheumatischen Schmerzen, besonders bei Personen, welche gegen Witterungswechsel empfindlich sind, angezeigt. Es ist ein Mittel, welches besonders in einem feuchten Klima gute Dienste leistet.

21. ECHINACEA

Die frische Wurzel der in Nordamerika einheimischen Pflanze wird mit starkem Alkohol zu einer Essenz verarbeitet.

Gebräuchliche Präparate: 2., 3. und höhere Dezimalverdünnungen.

Wirkung. Echinacea ist eines der neueren amerikanischen Mittel, die einen bleibenden Platz im homöopathischen Arzneischatz einzunehmen verdienen. Es hat große stimulierende und antiseptische Kraft und übt eine tief eingreifende Wirkung auf Blut und Drüsen aus. In niedrigen Potenzen kräftigt es den Herzschlag.

Beißendes, prickelndes Gefühl auf der Zunge, den Lippen, im Hals, von Angstgefühl und Schmerzen in der Herzgegend gefolgt. Entzündete Mandeln mit grauem Belag. Magen- und Leibschmerzen, von gelblichem Durchfall gefolgt, der Erleichterung schafft. — Fiebererscheinungen mit zuerst langsamem, nachher schnellem Pulsschlag, von vollem Gefühl im Kopf, Gesichtsröte und hin und her ziehenden Gliederschmerzen begleitet. — Schlechtriechende Schleimabsonderung aus der Nase, heisere Stimme, Husten und Brustschmerzen. — Nervenschmerzen im Gesicht mit fliegender Hitze und Schwindel. Schläfrigkeit, jedoch wird der Schlaf durch aufregende Träume gestört. — Geschwollene Drüsen, Jucken und Brennen der Haut, wiederholtes Auftreten von Pusteln und Furunkeln, besonders im Nacken.

Charakteristische Kennzeichen. Die Beschwerden verschlimmern sich nach dem Essen, abends und bei Bewegung. Die Leibschmerzen werden durch Krummliegen gebessert.

Anwendung bei Kranken. Im allgemeinen ist Echinacea von großem Wert, wenn im Verlauf fieberhafter Krankheiten *bösartige* Erscheinungen auftreten, u. a. bei Blinddarmentzündung, Diphtherie, Scharlach, Blutvergiftung, Wochenbettfieber, typhösen Fiebern; ferner wird es bei Abszessen und Karbunkeln mit Kräfteverfall und bei skrofulösen und syphilitischen Affektionen hartnäckiger Art mit Erfolg angewendet. In den zuletzt genannten Fällen, auch bei Wundinfektion, ist die gleichzeitige äußerliche Anwendung der verdünnten Essenz in Form von Um- und Aufschlägen sehr zu empfehlen.

22. FERRRUM

Außer dem Eisen selbst werden noch verschiedene chemische Verbindungen dieses Metalls in der Homöopathie verwendet, wie z. B. **Ferrum carbonicum**, **Ferrum aceticum**, **Ferrum laeticum**, **Ferrum phosphoricum**. Das von Hahnemann geprüfte Präparat heißt **Ferrum aceticum**, während Dr. Schüßler besonders **Ferrum phosphoricum** empfohlen hat, weil sich das Eisen im Muskelgewebe in Verbindung mit Phosphor vorfindet; viel gebraucht werden auch **Ferrum metallicum** und eine ameisensaure Verbindung, bekannt unter dem Namen **Hensels Tonicum**.

Gebräuchliche Präparate: 2., 3. und höhere Dezimalverreibungen; 10. und höhere Dezimalverdünnungen.

Wirkung. Während einzelne Prüfer die Wirkung aller Eisenverbindungen auf den Körper für dieselbe erklären, finden andere einen Unterschied. Sicher ist es, dass nicht alle Eisenpräparate gleich gut vertragen werden. Manche derselben verursachen Verdauungsbeschwerden, selbst in den kleinen Dosen der 2. und 3. Dezimalverreibung. Im Allgemeinen übt Ferrum auf das Blut, die Blutgefäße und alle Organe, welche an der Blutbildung beteiligt sind, eine stark reizende Wirkung aus, fernerhin wirkt es auf die Muskeln und die Nerven.

Blutandrang nach dem Kopfe, Schwindel, Kopfschmerz. Schneller, harter Puls, Erhöhung der Körpertemperatur. — Husten mit blutigem Auswurf. — Magenschmerzen, Speiserbrechen gleich nach der Mahlzeit, Blähungsbeschwerden, Hartleibigkeit. — Rheumatische Schmerzen in den Schultern und Hüften. — Allgemeine Ermüdung, Neigung zum Liegen, leicht gestörter Schlaf, fahle Gesichtsfarbe.

Charakteristische Kennzeichen. Große Ermüdung; die Beschwerden verschlimmern sich nach Aufregungen und durch Wärme, während sie sich durch Gehen im Freien bessern. *Bei geringer körperlicher Anstrengung entsteht Blutandrang nach dem Kopf, mit Röte der Backen und Kopfschmerzen.*

Anwendung bei Kranken. Ferrum wird bei Schwächezuständen infolge von Blutarmut mit gutem Erfolg angewendet. Bei Bleichsucht ist es von Nutzen, wenn obengenannte charakteristische Kennzeichen vorhanden sind, andernfalls wirken *Calcium phosphoricum* oder *Cuprum* besser. Fernerhin ist Ferrum bei Blutfleckenkrankheit, Neurasthenie, Skrofulose, Schulterrheumatismus, Nasenbluten, Blutspucken und Blutungen aus den weiblichen Geschlechtsorganen von Nutzen. Die Menge Eisen, welche im Blut eines Erwachsenen enthalten ist, beträgt nur 3 Gramm; die heilkräftigsten Stahlquellen enthalten nur wenig Eisen (ungefähr 0,025 Gramm auf 1 Liter Wasser); hieraus ergibt sich schon von selbst, dass es nicht nötig ist, *große Mengen Eisen* als Arznei zu verabreichen und tatsächlich beweist die Praxis, dass man mit *kleinen Dosen,* wie sie in der 2. bis 6. Dezimalverreibung enthalten sind, gute Resultate erzielen kann.

23. GELSEMIUM

Die frische Wurzel des in Nordamerika einheimischen *wilden Jasmins* wird auf dieselbe Weise, wie bei *Aconitum* angegeben, zu einer Essenz verarbeitet.

Gebräuchliche Präparate: 3. bis 6. und höhere Dezimalverdünnungen; bei nervösen Personen nicht unter der 6. Dezimalverdünnung.

Wirkung. Dieses in Amerika viel angewandte Mittel wirkt hauptsächlich auf das Nervensystem, zuerst reizend, später lähmend ferner auf die Blutgefäße, die Schleimhäute der Atmungsorgane und die Geschlechtsorgane.

Abb. 9: Gelsemium

Allgemeines Krankheitsgefühl, große Schwäche, apathische Gemütsstimmung, tief sitzende Schmerzen, hohes Fieber, jedoch ohne die Unruhe und den Durst, welche für *Aconitum* charakteristisch sind. — Schwindel, Kopfschmerz, welcher im Nacken anfängt, sich über den Kopf ausdehnt und in einem Auge festsetzt. Erweiterung der Pupillen. Neuralgische Schmerzen im Gesicht und in den Gliedern mit krampfhaftem Ziehen, Taubheitsgefühl, zuweilen in Lähmung übergehend. — Erkältung, Frösteln, großes Verlangen nach Wärme, heisere Stimme, Stimmbandlähmung, Reizhusten, seufzendes Atmen. — Gefühl, als ob das Herz still stände, wodurch der Kranke gezwungen wird, sich zu bewegen. — Plötzlich auftretender, gelblicher Durchfall, besonders nach einem Schreck oder einer anderen Gemütsbewegung. — Blasenkrampf, unwillkürliches Harnen, Kältegefühl in den Geschlechtsteilen. — Heftige krampfhafte Leibschmerzen einen Tag vor der Periode, Gefühl als ob die Gebärmutter mit der Hand zusammengepresst würde.

Charakteristische Kennzeichen. *Fieber ohne Durst-,* große Schwäche, tiefsitzende Schmerzen. Verschlimmerung der Beschwerden nach Mitternacht, durch Gemütsbewegung und bei feuchtwarmer Witterung.

Anwendung bei Kranken. In letzter Zeit wird Gelsemium bei fieberhaften Krankheiten, wie Influenza, Typhus, Masern viel verwandt, wenn die oben beschriebenen Erscheinungen vorhanden sind. Es ist ein ausgezeichnetes Mittel bei Neuralgien und Lähmungen, u. a. nach Diphtherie, bei Schreibkrampf, bei Migräne und hysterischen Krämpfen, besonders auch bei Menstrualkolik (im Wechsel mit *Viburnum, opulus* D 1) und bei der Geburt, wenn die Eröffnungsperiode durch zu langsames Sich-Öffnen der Gebärmutter verzögert wird.

24. GRAPHITES

Das in der Natur vorkommende *Reißblei* wird durch chemische Bearbeitung gereinigt, danach gewaschen und getrocknet, das dadurch erhaltene schwarze Pulver wird mit Milchzucker verrieben.

Gebräuchliche Präparate: 3. bis 6. und höhere Dezimalverreibungen; Verdünnungen nicht unter der 10. Dezimalpotenz.

Wirkung. Graphites wirkt hauptsächlich auf die *Haut,* indem es feuchten, klebrigen Ausschlag verursacht, Risse und Krusten bildend, ferner auf die Drüsen, die Schleimhaut des Darmkanals und auf die weiblichen Geschlechtsorgane.

Feuchter, klebriger Ausschlag, Krusten bildend, am Kopf, im Gesicht, an den Mund- und Augenwinkeln, hinter den Ohren, zwischen den Fingern; in anderen Fällen ist die Haut trocken, rau, rissig, mit Schuppen bedeckt, das Haar fällt aus und die Nägel werden spröde. — Geschwollene Drüsen am Halse, in der Achselhöhle und der Leistengegend. — Aufblähung des Leibes, Gasbildung, Aufstoßen, brennende Schmerzen und Krämpfe, durch Essen gebessert. Hartnäckige Verstopfung, harter, mit Schleim bedeckter Kot, dabei Hämorrhoiden und Schrunden am After, die beim Stuhlgang heftige Schmerzen verursachen. — Scharfer, weißer Fluss, Eierstockgeschwulst, schmerzhafte Periode bei dicken, an Ausschlag leidenden Frauen.

Charakteristische Kennzeichen. Feuchter Ausschlag mit Bildung von Krusten. Hartnäckige Verstopfung. Traurige, melancholische Gemütsstimmung.

Anwendung bei Kranken. Graphites passt bei chronischen fieberlosen Krankheitszuständen, besonders bei skrofulösen und korpulenten Personen, welche eine empfindliche Haut und Neigung zu nassem Ausschlag mit Bildung von Krusten haben; ferner bei Personen, welche gegen Witterungsumschlag überempfindlich sind, sich leicht erkälten und an Katarrhen und Hämorrhoiden leiden. Bei *Hautkrankheiten* der genannten Art, bei Magen- und Darmleiden und bei verschiedenen Affektionen der weiblichen Geschlechtsorgane leistet es gute Dienste. Meistens werden höhere Potenzen verwendet, bei Verstopfung ist die 3. Dezimalverreibung vorzuziehen.

25. HAMAMELIS

Die frische Rinde der Zweige des in Amerika vorkommenden *Hamamelis-Strauches* werden zur Bereitung einer Tinktur benutzt, welche sowohl zum innerlichen als zum äußerlichen Gebrauch verwendet wird. Sehr beliebt ist der direkt aus Amerika importierte destillierte Hamamelis-Extrakt, welcher eine farblose, angenehm riechende Flüssigkeit darstellt.

Abb. 10: Hamamelis

Gebräuchliche Präparate: Für den *innerlichen* Gebrauch die 3. Dezimalverdünnung der Tinktur und der unverdünnte Hamamelis-Extrakt; für den *äußerlichen* Gebrauch sowohl die Tinktur als der Extrakt. Außerdem wird noch die Hamamelis-Salbe viel gebraucht.

Wirkung. Hamamelis wirkt auf das Blutgefäßsystem. Nach P r o f . H e r i n g vereinigt es die Wirkung von *Aconitum* und *Arnica* in sich, jedoch scheint es mehr auf den *venösen* Blutkreislauf zu wirken.

Blutandrang nach dem Kopfe, Nasenbluten. — Entzündung der Augen mit Blutungen in der Bindehaut. — Blutandrang zur Brust. — Magenschmerzen, rheumatische Schmerzen in den Schultern, den Hand- und Fußgelenken, Schwäche der Beine. — Blutungen und Entzündung der weiblichen Geschlechtsorgane.

Charakteristische Kennzeichen. Venöse und passive Blutungen.

Anwendung bei Kranken. Hamamelis wird sowohl innerlich als äußerlich bei Blutungen verschiedener Organe mit großem Erfolg angewendet. Nasenbluten (den Extrakt einnehmen und auf Watte getropft in das blutende Nasenloch einführen), Magen- und Darmblutungen, Blutspucken, blutende Hämorrhoiden, Blutungen der Gebärmutter, der Blase und der Nieren. Auch bei Blutungen nach Operationen und bei Blutungen und Schmerzen nach Zahnextraktionen wirkt es günstig. Ferner wird es bei Wunden, Quetschungen und Verstauchungen, Krampfadern und rheumatischen Gelenkschmerzen ohne Fieber mit gutem Erfolg angewendet.

26. HEPAR SULFURIS

Kalkschwefelleber wird durch Erhitzung eines Gemisches gleicher Teile fein gepulverter Austernschalen und Schwefelblüte angefertigt. Von diesem Präparat werden die Verreibungen mit Milchzucker gemacht.

Gebräuchliche Präparate: 3. bis 6. und höhere Dezimalverreibungen; Verdünnungen nicht unter der 10. Dezimalpotenz.

Wirkung. Hepar vereinigt die Wirkung von *Calcium* und *Sulfur* in sich und übt dementsprechend eine tief eingreifende Wirkung auf das Blut, die Drüsen und die Haut, ferner auf die Atmungsorgane und die Nerven aus.

Neigung zu Hautausschlägen (besonders bei Kindern) und zu Eiterung kleiner Wunden. Feuchter Ausschlag mit Krustenbildung und Haarausfallen. — Rote, geschwollene Augenlider mit brennenden Schmerzen in den Augen. Morgens sind die Augen voller Eiter; Flecken und Geschwüre der Hornhaut. — Ohrenausfluss mit Ausschlag an und hinter den Ohren. — Verstopfte Nase mit Eiterkrusten und Absonderung blutigen Schleimes. — Schwären im Munde. — Entzündete Drüsengeschwülste, Drüseneiterung, welche nur sehr langsam heilt. — Fieberhitze mit Schwitzen nach der geringsten Bewegung. — Heiserer

Reizhusten, röchelndes Atmen, Brustverschleimung, Erstickungsgefühl beim Niederlegen. — Drückendes Gefühl im Magen nach dem Genuss selbst kleiner Mengen Nahrung; harter und trockener oder blutiger und schleimiger Stuhl. — Schmerzhaftes Gefühl im Nacken, in der Brust und im Rücken, ziehende Schmerzen im Gesicht, in den Zähnen und Ohren, schmerzhafte Kniegeschwulst.

Charakteristische Kennzeichen. Empfindlichkeit gegen frische Luft; dieselbe verschlimmert, wie auch Bewegung, die Schmerzen, falls diese vorhanden sind.

Anwendung bei Kranken. Hepar wird bei Entzündungen, welche zur Eiterung neigen, oft mit gutem Erfolg gebraucht. In niederen Verreibungen fördert es die Eiterbildung, in höheren Verreibungen kann es dieselbe zuweilen verhüten, wenn der Entzündungsprozess noch nicht zu weit gediehen ist. Viel gebrauchtes homöopathisches Mittel bei skrofulösen Affektionen, Neigung zu Hautausschlägen, Drüsenschwellungen und chronischen Eiterungsprozessen; fernerhin von Nutzen bei Krupp, Luftröhrenkatarrh und den Folgen des Quecksilbermissbrauchs. — Bei Neigung zu Blutungen und bei Durchfällen der Schwindsüchtigen darf es nicht angewendet werden.

27. HYDRASTIS CANADENSIS

Der frische Wurzelstock der in den Bergwäldern Nordamerikas einheimischen *kanadischen Gelbwurz* mit den anhängenden Wurzeln wird mit starkem Alkohol zu einer Essenz verarbeitet Aus dem Harz der Pflanze werden ferner noch zwei Präparate: **Hydrastinum** und **Hydrastininum** angefertigt, welche mit Milchzucker weiter verrieben werden.

Gebräuchliche Präparate von **Hydrastis**: 1., 2., 3. und höhere Dezimalverdünnungen; von **Hydrastinum** und **Hydrastininum**: 3. und höhere Dezimalverreibungen.

Wirkung. Hydrastis wirkt tief eingreifend auf alle Schleimhäute, vor allem auf die der Geschlechtsorgane, ferner auf das Blut und die Blutgefäße.

Große Schwäche, Müdigkeit morgens nach dem Aufstehen. — Schmerzen in den Muskeln des Halses, des Rückens und der Glieder. — Herzklopfen mit geringem Fieber. — Nasen- und Luftröhrenkatarrh mit reichlicher Absonderung dicken, gelben Schleims und dumpfe Schmerzen in der Brust. — Entzündung der Mundschleimhaut, Bläschen an der Zunge, bitterer Geschmack und Aufstoßen, Übelkeit und Magensäure, dumpfe Magenschmerzen und Schmerzen in der Lebergegend, Verstopfung mit Abgang harter, mit Schleim überzogener Kotmassen. — Dumpfe Schmerzen in den Nieren und Harndrang, Abgang geringer Mengen trüben, zuweilen blutigen, übelriechenden Urins. — Heftiges Jucken in den äußeren Schamteilen bei Frauen mit gelblichem Ausfluss, Schwäche und Verstopfung.

Charakteristische Kennzeichen. Große Schwäche, Absonderung zähen, gelblichen Schleims, Blutungen verschiedener Art.

Anwendung bei Kranken. Hydrastis ist in Amerika eins der am meisten geschätzten Polychreste, es leistet denn auch ausgezeichnete Dienste bei gewissen Infektionskrankheiten, wie z. B. bösartiger Influenza und bei sog. *Dyskrasie,* d. h. schlechter Mischung der Säfte, wie bei Krebs und Blutvergiftung. Bei Magenkrebs kommt es neben *Arsenicum* in Betracht, bei Lungen- und Gebärmutterblutungen ist es dringend zu empfehlen. Auch bei chronischen Hautkrankheiten und Geschwüren, ferner bei hartnäckigem weißen Fluss der Frauen ist es oft von großem Nutzen.

Äußerlich wird Hydrastis-Tinktur, mit Wasser und Glyzerin verdünnt, bei chronischem Nasenkatarrh zu Nasenspülungen und bei bösartigen Geschwüren in einer 5%igen Lösung in Glyzerin angewandt.

Hydrastinum und **Hydrastininum** kommen hauptsächlich bei Lungen- und Gebärmutterblutungen in Betracht, letzteres wird auch bei Gebärmuttergeschwülsten empfohlen.

28. IGNATIA

Der feingepulverte Samen der auf den Philippineninseln vorkommen- den *Ignazbohne* wird mit verdünntem Alkohol zu einer Tinktur verarbeitet. Die wirksamen Bestandteile sind *Strychnin* und *Brucin.*

Gebräuchliche Präparate: 3. und höhere Dezimalverdünnungen.

Wirkung. Dieselbe hat viel Ähnlichkeit mit derjenigen der *Nux vomica* und erstreckt sich hauptsächlich auf das Nervensystem.

Schmerzen in verschiedenen Körperregionen, *ihren Sitz verändernd.* Überempfindlichkeit der Haut gegen frische Luft und Zugluft. — Widerwillen gegen körperliche und geistige Anstrengung. — Niedergeschlagene, melancholische Stimmung, welche jedoch rasch umschlägt in unnatürliche Heiterkeit. — Neigung zum Weinen. — Unruhiger Schlaf nachts, Schläfrigkeit am Tage. — Hysterische Kopfschmerzen mit Druck an der Nasenwurzel; Gefühl, als ob ein Nagel in den Kopf geschlagen wäre oder als ob eine Kugel im Hals säße, welche sich auf und ab bewegt. — Krampfhafte Erscheinungen, z. B. *an-*

haltendes Gähnen, Schlund- und Magenkrampf, Wein- und Lachkrampf. — Appetitlosigkeit, Widerwillen gegen warme oder sonst gern genossene Speisen; Heißhunger; harter Stuhl mit Neigung zu Mastdarmvorfall. — Reichlicher, blasser Harn und Funktionsstörungen der Geschlechtsorgane.

Charakteristische Kennzeichen. Gemütsbewegungen spielen unter den Symptomen dieses Mittels eine große Rolle. Verschlimmerung und Erneuerung der Beschwerden nach Genuss von Kaffee und Alkohol, nach dem Essen, abends im Bett und morgens nach dem Aufstehen. Die Schmerzen bessern sich durch Änderung der Lage oder durch Liegen auf dem schmerzenden Körperteil.

Anwendung bei Kranken. Ignatia ist angezeigt bei reizbaren, hysterischen Personen, besonders bei *Frauen* und *Kindern* mit zarter Konstitution und veränderlicher Gemütsstimmung. Die Folgen von Aufregung, Schrecken, nagendem Kummer werden durch dieses Mittel öfters beseitigt. Leistet ferner bei Schwindelanfällen, Kopfschmerzen, Migräne, Krämpfen, Nervenschmerzen, hysterischen Lähmungen, Magen- und Blasenkrampf und Menstruationskolik gute Dienste.

29. IPECACUANHA

Die Tinktur dieses viel gebrauchten Arzneimittels wird aus der getrockneten Wurzel der *Brechwurzel* mittels verdünnten Alkohols angefertigt. Der wirksamste Bestandteil ist *Emetin.*

Gebräuchliche Präparate: 3., 4. und höhere Dezimalverdünnungen. Die Tinktur wurde von Hahnemann als Gegenmittel gegen Opium empfohlen.

Wirkung. Ipecacuanha wirkt in erster Linie auf die Verdauungsorgane, indem es in großen Gaben einen heftigen Magen- und Darmkatarrh hervorruft. Weiterhin reizt es die Atmungsorgane und beeinflusst Nerven und Blutgefäße.

Widerwillen gegen jede Nahrung, *Übelkeit,* Schmerzen in der Nabelgegend, weißbelegte oder entzündlich rote Zunge, Erbrechen von Speisen und Getränken, sogar von Blut. Gelber oder grünlicher, schleimiger, übelriechender Durchfall; blutiger Durchfall mit heftigem Stuhldrang. — Heftiger *Husten* mit Schleimrasseln auf der Brust und Übelkeit; Anfälle von krampfhaftem Husten und Kurzatmigkeit, wobei das Gesicht rot und blau wird. — Langwierige Blutungen aus Nase, Brust, Magen und Darm, auch aus Blase und Gebärmutter, von Übelkeit begleitet. — Geringes Fieber, wobei Kälte, Hitze und Schweiß abwechseln, — Gelblich schmutzige Gesichtsfarbe oder blasses, ge-

schwollenes Gesicht mit schwarzen Rändern unter den Augen. —
Krampfanfälle, besonders bei Kindern.

Abb. 11: Ipecacuanha

Charakteristische Kennzeichen. *Übelkeit*; die Magenbeschwerden
bessern sich durch Trinken; große Empfindlichkeit für Temperaturver-
änderungen; periodisches Auftreten von verschiedenartigen Beschwerden bei Leuten, welche einen schwachen Magen haben.

Anwendung bei Kranken. Ipecacuanha wirkt gut bei empfindlichen Personen, besonders bei Frauen und Kindern, in Krankheiten
ohne hohes Fieber, besonders bei Störungen der Verdauungs- und Atmungsorgane. Niedrige Verdünnungen wirken in diesen Fällen am besten, die Dosis muss oft wiederholt werden, in dringenden Fällen sogar
viertelstündlich; es wird mit gutem Erfolg angewendet, wenn die Kranken über Widerwillen gegen jede Nahrung und über Übelkeit klagen,
bei Luftröhrenkatarrh, Keuchhusten (neben *Belladonna* und *Cuprum),*
Asthma (im Wechsel mit *Arsenicum),* Magen- und Darmkatarrh, besonders bei Kindern, Ruhr, Blutungen aus verschiedenen Organen und
Wechselfieber, wenn die charakteristischen Kennzeichen vorhanden
sind.

30. JODUM

Ein Gewichtsteil des Elements Jod wird in fünfzig Gewichtsteilen Alkohol aufgelöst, wodurch man die zweite Dezimalverdünnung erhält. Über Jodverbindungen siehe weiter unten.

Gebräuchliche Präparate: 4. und höhere Dezimalverdünnungen.

Wirkung. Diese äußert sich auf die Drüsen und alle Ausscheidungsorgane, besonders auf die Atmungsorgane. Die Vergiftungserscheinungen bei zu großen und zu lange fortgesetzten Gaben *Jodkalium,* einer vielgebrauchten Jodverbindung, äußern sich zuerst in hartnäckigem Schnupfen, ferner in Kopfschmerzen, Herzklopfen, Muskelschwäche, Zittern, Abmagerung, ja sogar Auszehrung.

Fieber mit hartem und raschem Puls. Erschwertes Atmen, Heiserkeit, Reizhusten, stechende Brustschmerzen mit blutigem Auswurf. — Geschwüre im Mund und am Zahnfleisch, weißbelegte Zunge, Appetitlosigkeit, Magenschmerzen; harte oder breiige, mit Schleim und Eiter vermischte Stühle. — Gelblich fahle Hautfarbe, Pusteln im Gesicht, Anschwellung verschiedener Drüsen und Verkleinerung krankhaft angeschwollener und verhärteter Drüsen. — Verschiedenartige Beschwerden, von den Geschlechtsorganen ausgehend.

Anwendung bei Kranken. Jodum passt besonders bei skrofulösen Erscheinungen, Haut- und Drüsenerkrankungen, bestimmten Krankheiten der Geschlechtsorgane und langwierigen syphilitischen Affektionen, Kropfgeschwülsten, Krupp und im zweiten Stadium der Lungenentzündung. Da Jodum schnell verdunstet, ist die Verbindung **Kalium jodatum** in vielen Fällen vorzuziehen; letzteres wird meistens in der 1. und 2. Dezimalverdünnung angewendet, die Wirkung ist ungefähr dieselbe wie die des Jods, jedoch milder. Ferner werden **Calcium jodatum** (u. a. bei skrofulösen Kindern) und **Arsenicum jodatum** (u. a. bei anfangender Lungenschwindsucht) in vielen Fällen mit ausgezeichnetem Erfolg angewendet.

31. LYCOPODIUM

Die Sporen des *Bärlappsamens* haben in ihrem ursprünglichen Zustand gar keine Wirkung auf den menschlichen Körper. Nur solche Präparate sind brauchbar, in denen durch langwieriges Verreiben der Sporen ein in denselben befindlicher Bestandteil, das *Pollenin,* freigemacht wurde.

Gebräuchliche Präparate: 3. bis 6. und höhere Dezimalverreibungen und Verdünnungen.

Wirkung. Diese erstreckt sich auf die Haut, die Verdauungs- und Atmungsorgane und besonders auch auf die Nieren und die Blase.

Abb. 12: Lycopodium

Ausschlag an Stellen, wo die Haut Falten bildet; große, rotbräunliche Flecken auf der Haut, zuweilen bedeckt mit Schuppen, stark nässender Ausschlag auf dem Kopf und im Gesicht, mit Bildung von braunen Krusten und Anschwellung der Halsdrüsen. — Verdauungsbeschwerden, besonders gekennzeichnet durch ein volles Gefühl im Magen nach der Mahlzeit, Magensäure, Auftreibung der Bauchdecken durch Darmgase und Stuhlverstopfung. — Schmerzhaftes Gefühl in der Lebergegend mit galligem Erbrechen und bitterem Mundgeschmack. — Verstopfung der Nase, Stockschnupfen, Kitzelgefühl im Halse, Schmerzen beim Schlucken, Beklommenheitsgefühl auf der Brust mit gelbem oder grünlichem Schleimauswurf. — Schmerzen in der Nierengegend und beim Wasserlassen; zuerst verminderte, später vermehrte und sehr reichliche Urinausscheidung; dunkler Urin mit dickem, rötlichem Satz.

Charakteristische Kennzeichen. Hypochondrische Gemütsstimmung, gelblich-graue Hautfarbe, große Müdigkeit; die Beschwerden verschlimmern sich im Hause und nachmittags von 4 bis 8 Uhr, bessern sich durch Aufenthalt in der frischen Luft. Bewegungen der Nasenflügel beim Atmen.

Anwendung bei Kranken. Lycopodium passt hauptsächlich bei chronisch Kranken, welche reizbar und melancholisch sind, gelbe Flecken auf der Haut haben und zu Katarrh neigen; es wirkt besonders bei Kindern und alten Leuten. Empfehlenswert bei Verdauungsstörungen, Hartleibigkeit, Nieren- und Blasenkrankheiten, chronischem Lungenkatarrh mit Kurzatmigkeit und bei allgemeiner Mattigkeit und Schwäche, wenn die charakteristischen Kennzeichen auf dieses Mittel hinweisen.

32. MAGNESIUM PHOSPHORICUM

(Magnesia phosporica)

Das chemische Präparat *Magnesiumphosphat* wird in der bekannten Weise mit Milchzucker verrieben.

Gebräuchliche Präparate: 3. bis 6. und höhere Dezimalverreibungen.

Wirkung und Anwendung bei Kranken. Magnesium phosphoricum ist ein anorganisches Salz, welches bei der Zusammensetzung der Gewebe des menschlichen Körpers eine gewisse Rolle spielt. Es ist eins der 11 Mittel der sog. *biochemischen Heilweise,* welche von dem homöopathischen Arzt Dr. S c h ü ß l e r begründet wurde. Diese Methode hat in homöopathischen Kreisen viele Anhänger gefunden und verdient wegen ihrer guten Erfolge in bestimmten Fällen empfohlen zu werden.

Die heilkräftige Wirkung dieses Mittels offenbart sich bei Nervenkrankheiten, Krampfanfällen, Neuralgie, Lähmungen; wir bestätigen, dass es im allgemeinen bei krampfhaften Affektionen mit dem charakteristischen Kennzeichen, dass *die Schmerzen oder Beschwerden durch Druck und Wärmeanwendung besser werden,* von Nutzen ist. So z. B. bei Kolikschmerzen, besonders bei Kindern während des Zahnens, bei schmerzhafter Menstruation und krampfhaften Nervenschmerzen in den verschiedensten Körperteilen, auch bei Veitstanz und Schreibkrampf kommt es in Betracht.

33. MERCURIUS

Von den 15 *Quecksilber*-Präparaten, welche in der homöopathischen Pharmakopoe erwähnt sind, nennen wir als die bekanntesten und gebräuchlichsten: **Mercurius solubilis**, welcher von Hahnemann erfunden und noch stets nach ihm benannt wird, **Mercurius corrosivus** (Ätzsublimat) und **Mercurius cyanatus** (Zyanquecksilber).

Gebräuchliche Präparate von **Mercurius solubilis:** 4. und höhere Dezimalverreibungen und Verdünnungen nicht unter der 10. Dezimalpotenz; von **Mercurius corrosivus** und **Mercurius cyanatus:** 5. und höhere Dezimalverdünnungen.

Wirkung. Die verschiedenen Quecksilberpräparate scheinen, sobald sie in das Blut übergegangen sind, in der Hauptsache dieselbe Wirkung zu haben, jedoch finden sich dabei kleine Unterschiede, so dass in bestimmten Krankheitsfällen gewisse Präparate den anderen vorgezogen werden.

Die *allgemeine Wirkung* ist tief eingreifend und erstreckt sich auf das Blut (zuerst Vermehrung, nachher Verminderung der roten Blutkörperchen) und auf alle Organe, besonders auf die Drüsen und die Leber. Der fortgesetzte Gebrauch zu großer Gaben kann sogar zu gänzlicher Zerstörung der Gewebe führen.

Rascher, schwacher Puls, Fieber, verbunden mit reichlichem *Schweiß,* wodurch die Beschwerden jedoch *nicht gebessert* werden. — Druckempfindung im Kopf, Schwindel, Kopfschmerzen, allgemeine Mattigkeit, erregte Gemütsstimmung, von größter Niedergeschlagenheit gefolgt. — Heftiges Niesen mit Absonderung einer ätzenden Flüssigkeit, welche die Nasenlöcher und Oberlippe wund macht. Trockener, hohler Husten mit Fieber und geringer Absonderung zähen Schleimes. — Trockene, geschwollene Lippen, weiß-belegte Zunge, leichtblutendes Zahnfleisch mit Lockerwerden der Zähne, Geschwüre im Munde, am Gaumen, auf der Zunge und an der Innenseite der Backen, Speichelfluss, übelriechender Atem, gelblich-grauer Belag auf den Mandeln, klopfende Zahnschmerzen mit einem Gefühl, als ob die Zähne zu lang sind. — Ohrenschmerzen und Schwellung des äußeren Gehörganges und Ausschlag in und hinter den Ohren. — Röte und Schwellung der Augenlider, Jucken und Brennen der Augen, Lichtscheu, Absonderung von Tränen oder eitrigem Schleim mit Bläschen und Geschwüren auf der Hornhaut. — Übelriechender, trockener oder nässender Ausschlag auf dem Kopf mit Haarausfall und Schwellung der Halsdrüsen, besonders bei Kindern mit Neigung zum Schwitzen, mit schmutzig-grauer Gesichtsfarbe. — Druck und schmerzhaftes Gefühl in Magen- und Lebergegend, heftige Schmerzen und Kollern im Leibe, gefolgt von schleimigem, grünlichem Durchfall. Blutiger Durchfall mit heftigen Schmerzen bei der Entleerung, gefolgt von erneutem Stuhldrang. — Brennende Schmerzen beim Wasserlassen mit Absonderung dicken, gelblichen Schleimes. Scharfer Weißfluss bei

Frauen mit heftigem Jucken der Geschlechtsteile. — Schmerzen in den Gelenken und Knochen, nachts schlimmer, zuweilen unerträglich, oft begleitet von Schweiß, wodurch die Schmerzen jedoch nicht gelindert werden.

Charakteristische Kennzeichen. Verschlimmerung der Schmerzen bis zur Unerträglichkeit nachts im Bett; Besserung gegen Morgen; große Neigung zum Schwitzen, wodurch die Beschwerden jedoch nicht gebessert werden.

Anwendung bei Kranken. Mercurius passt für jedes Alter und fast jede Konstitution und ist ein unentbehrliches Mittel bei einer großen Zahl akuter und chronischer Krankheiten. Es ist u. a. von großem Nutzen bei Halsentzündung, Mandel- und Zahnfleischentzündung, bei bestimmten Krankheiten der Eingeweide, der Leber, der Blase und der Geschlechtsorgane, bei Tripper und Syphilis, bei akutem Gelenkrheumatismus und bei verschiedenen Drüsen- und Knochenkrankheiten, besonders bei skrofulösen Personen. Bei Diphtherie wird **Mercurius cyanatus,** bei der Ruhr **Mercurius corrosivus** vorzugsweise angewendet. Bei syphilitischen Affektionen haben die höheren Verdünnungen nach dem Urteil der meisten homöopathischen Ärzte nur geringe Wirkung, während andererseits zu große Gaben oft mehr schaden als nützen. Am besten und angenehmsten wirken die niedrigen, 3. bis 6. Dezimalverdünnungen. Bei *chronischer Quecksilbervergiftung* sind *Acidum nitricum* und *Hepar sulfuris* angezeigt.

34. NATRIUM MURIATICUM

Das gewöhnliche *Kochsalz* (Chlornatrium) ist die in der Homöopathie gebräuchlichste Natrium-Verbindung. Ein Gewichtsteil Salz in neun Gewichtsteilen destillierten Wassers aufgelöst bildet die T. Dezimalverdünnung, aus welcher die weiteren Verdünnungen mit starkem Alkohol angefertigt werden. Über andere Natrium-Verbindungen siehe weiter unten.

Gebräuchliche Präparate: 3. und höhere Dezimalverdünnungen.

Wirkung. Natrium muriaticum wirkt hauptsächlich auf die Schleimhäute, die Verdauungsorgane, die Haut und die Drüsen.

Blasse, fahle Gesichtsfarbe, tief eingesunkene Augen, von schwarzen Rändern umgeben, runzlige Haut, Schweißhände und -füße, Schwäche, Abmagerung, hypochondrische, lustlose Gemütsstimmung, Frösteln, Fieber und Schmerzen, welche zu bestimmten Stunden wiederkehren. Die Frostschauer fangen morgens früh an und werden gegen Abend durch ausgiebiges Schwitzen ausgelöst. — Übelriechender Atem, entzündete Mundwinkel, leicht blutendes Zahnfleisch, Zahnschmerzen und vermehrte Speichelabsonderung, Lust nach sauren und reizenden Speisen, Magensäure, saures Aufstoßen, hartnäckige Stuhlverstopfung, Hämorrhoiden, Krampf in den Aftermuskeln. — Schnupfen mit Absonderung hellen Schleimes und Verlust des Geruchs. Schleim im Halse und in den Luftröhren mit Kurzatmigkeit und Schmerzen beim Husten. — Ausschlag im Gesicht, besonders bei jungen Leuten, geschwollene Drüsen.

Charakteristische Kennzeichen. Blasses Aussehen, leichtes Schwitzen und infolgedessen große Empfindlichkeit für Kälte und Zugluft. Besserung bei warmem und trockenem Wetter. *Periodisches* Auftreten von Beschwerden, welche bei manchen Kranken von Herzklopfen, bei anderen von Übelkeit und Schwindel begleitet sind.

Anwendung bei Kranken. Hauptmittel bei gewissen Verdauungsstörungen und davon abhängiger Blutarmut und Nervenschwäche; ferner bei Krankheiten der Atmungsorgane, wenn der Auswurf hell und durchsichtig, nicht gelb und dick ist, weiter angezeigt bei bestimmten Formen des Wechselfiebers und bei Ausschlag an den Lippen und auf der Stirn.

Natrium nitricum in 2. oder 3. Dezimalverreibung empfehlen wir besonders bei *Nasenbluten*, ferner bei Blutfleckenkrankheit und im Anfang einer Entzündung, wenn dieselbe durch Ausschwitzung einer Flüssigkeit gekennzeichnet ist.

Natrium phosphoricum in 3. und höherer Dezimalverreibung wird bei Affektionen der Verdauungsorgane verwendet, wenn diese durch *saures* Aufstoßen, *saures* Erbrechen und *sauer* riechenden Durchfall charakterisiert wird.

Natrium sulfuricum in 3. und höherer Dezimalverdünnung passt besonders bei Kranken mit einer sog. *hydrogenoiden* Konstitution, welche durch einen hohen Wassergehalt des Blutes gekennzeichnet ist; solche Kranke befinden sich immer bei feuchtem Wetter und wenn sie am Meere wohnen, schlechter.

35. NITRI ACIDUM = ACIDUM NITRICUM

Zwei Gewichtsteile *Salpetersäure* werden mit drei Gewichtsteilen destillierten Wassers vermischt, hieraus wird die 2. Dezimalverdünnung mit destilliertem Wasser bereitet, die 3. Verdünnung wird mit verdünntem Alkohol, die 4. und höhere werden mit starkem Alkohol angefertigt.

Gebräuchliche Präparate: 4. und höhere Dezimalverdünnungen.

Wirkung. Die Homöopathie macht von den ätzenden Eigenschaften dieses Mittels keinen Gebrauch, sondern benutzt die sekundäre Wirkung, welche sich auf die *Schleimhäute* erstreckt (besonders an Stellen, wo diese *mit der Haut in Berührung* kommen, u. a. Mund, After, Scheide) und sich in einer krankhaften Zusammensetzung des Blutes äußert.

Schwindel, durch Bewegung verschlimmert, reißende Schmerzen in den Schädelknochen, Ohrensausen, Tropfen schwarzen Blutes aus der Nase. — Rheumatische Schmerzen in verschiedenen Körperteilen, welche plötzlich auftreten und ebenso wieder verschwinden. — Schlechter Geschmack im Munde, übelriechender Atem, Geschwüre in der Nase und im Halse, Widerwillen gegen Fleisch und Brot, Leibschmerzen, schleimiger, blutiger, übelriechender Durchfall, welcher den After wund macht. — Brustschmerzen mit grünlichem, eitrigem Auswurf, Kurzatmigkeit und Herzklopfen. — Schmerzen in der Nierengegend und beim Wasserlassen, brauner, blutiger Urin, Jucken und Geschwüre an den Geschlechtsteilen. — Gelbe Flecken auf der Haut, Kopfausschlag, leichtblutende Geschwüre, Anschwellung und Vereiterung von Drüsen, Schmerzen und Geschwulst der Knochen.

Charakteristische Kennzeichen. Empfindlichkeit für kalte Luft, Widerwillen gegen Anstrengung. Besonders von Nutzen bei mageren Personen mit dunklem Haar, welche sich leicht erkälten, zu Blutungen neigen und öfters an Durchfall leiden.

Anwendung bei Kranken. *Acidum nitricum* passt besonders bei Krankheitszuständen, welche durch schlechte Zusammensetzung des Blutes infolge von Ansteckung verursacht sind; bei Syphilis, wenn Quecksilber ohne Erfolg angewendet worden ist, und bei chronischer Quecksilbervergiftung; ferner bei Nierenkrankheiten mit wassersüchtigen Anschwellungen und Blutharnen; bei Diphtherie mit Nierenentzündung und bei typhösem Fieber mit Darmblutungen.

36. NUX VOMICA

Der fein zerriebene Samen der *Brechnuss* (Strychnos Nux vomica) wird auf dieselbe Weise, wie bei *China* angegeben ist, zu einer Tinktur verarbeitet. Die wirksamen Bestandteile sind *Strychnin, Brucin* und *Strychninsäure.*

Gebräuchliche Präparate: 4. und höhere Dezimalverdünnungen.

Wirkung. Dieses wichtige homöopathische Polychrest wirkt hauptsächlich auf das zentrale Nervensystem, das Gehirn und das Rückenmark, ferner auch auf die Verdauungs- und Atmungsorgane.

Müdigkeit morgens früh nach dem Aufstehen, Gefühl von Druck und Schwere im Kopf, durch Denken verschlimmert, Widerwillen gegen Bewegung, Erschöpfung nach der geringsten Anstrengung des Kopfes, unruhiger Schlaf, frühes Erwachen, zornige, zänkische Gemütsverfassung, bald düstere, bald heitere Gemütsstimmung, Unlust, Mangel an Energie. — Schwindel, wankender Gang, Schwäche in den Beinen, Einschlafen der Hände und Füße, drückende und stechende Schmerzen in den Lenden und im Rücken, Krampf- und Lähmungserscheinungen. Schmerzen in den Augen, Flimmern, krampfhafte Zuckungen und Nervenschmerzen im Gesicht, Jucken und Kribbeln im äußeren Gehörgang, rauschendes Sausen in den Ohren. — Trockener Husten mit Kopfschmerzen, als ob der Kopf zerplatzen müsste, die Hustenanfälle treten besonders am frühen Morgen, nach der Mahlzeit oder nach einer Gemütserregung mit großer Heftigkeit auf. — Hässlicher Mundgeschmack, belegte Zunge, Widerwillen gegen jede Nahrung, Übelkeit und Erbrechen morgens früh, Druck im Magen und Aufblähung besonders nach dem Essen, heftige Magenschmerzen, zusammenziehende Schmerzen in den Eingeweiden, lautes Poltern und Kollern von Darmgasen im Bauch, Verstopfung mit anhaltendem, doch fruchtlosem Stuhlzwang; die harten Exkremente sind oft mit Schleim oder Blut umhüllt, Jucken und Kribbeln im After, Krampf der Afterschließmuskeln, blutende und nicht blutende Hämorrhoidalknoten. — Wiederholter Andrang zum Wasserlassen mit Abgang nur sehr wenigen Urins, Jucken in den Geschlechtsteilen, erhöhter Geschlechtstrieb, Samenergießungen, zu lang andauernde und zu früh erfolgende Menstruation.

Abb. 13: Nux vomica

Charakteristische Kennzeichen. Verschlimmerung der meisten Beschwerden durch Bewegung, durch Anstrengung des Kopfes und den Genuss von Kaffee und alkoholischen Getränken. Besserung vieler Beschwerden abends und in der frischen Luft.

Anwendung bei Kranken. Nux vomica passt für Kranke mit einem reizbaren Nervensystem, hypochondrischer Gemütsstimmung und schlankem, magerem Körperbau, und besonders für solche Personen, welche eine sitzende Lebensweise führen und den Kopf viel anstrengen müssen. Es ist ein Hauptmittel bei der Behandlung der modernen Zeitkrankheit *Neurasthenie* oder *Nervenschwäche* mit ihren mannigfachen Erscheinungen. Magen- und Nervenleiden, durch Überanstrengung des Geistes und Mangel an Körperbewegung verursacht, werden oft durch Nux vomica geheilt. Ferner ist es angezeigt und von großem Nutzen u. a. bei *Hartleibigkeit* mit fruchtlosem Drang zur Stuhlentleerung, *Hämorrhoiden* (im Wechsel mit *Sulfur),* Schnupfen mitgroßer Trockenheit in Nase und Hals, ferner bei Kopfschmerzen, Schwindel und verschiedenen Beschwerden, welche mit Verdauungsstörungen zusammenhängen und sich nach Alkoholmissbrauch verschlimmern und endlich bei verschiedenen Störungen der Geschlechtsfunktionen. Bei *chronischen* Krankheiten ist es ratsam, mit hohen und niederen Verdünnungen abzuwechseln. Am besten wirkt Nux vomica, wenn es *morgens* eingenommen wird. Saure Speisen und Alkohol enthaltende Getränke müssen während des Gebrauchs dieses Mittels vermieden werden.

37. OPIUM

Der getrocknete *Mohnsaft* (von *Papaver somniferum)* wird auf dieselbe Weise, wie bei *China* angegeben, zu einer Tinktur verarbeitet. Von den wirksamen Bestandteilen sind das *Morphium* und das *Codein* die bekanntesten.

Gebräuchliche Präparate: 4. und höhere Dezimalverdünnungen.

Wirkung. Die schlafbringende und schmerzstillende Wirkung von Opium und Morphium ist allgemein bekannt und wird bei zahlreichen Krankheiten benutzt, da der Erfolg, wenn auch nur für den Augenblick, meistens sofort zutage tritt. Der homöopathische Arzt macht von dieser rein palliativen Wirkung nur selten Gebrauch, da er überzeugt ist, dass das gewaltsame Unterdrücken von Krankheitssymptomen oft sehr nachteilige Folgen für den Kranken hat und die endgültige Heilung verzögert.

Opium verursacht Betäubung mit Kopfkongestion und Blutüberfüllung der Gehirnhäute. Zittern, Krampf, Steifigkeit des ganzen Körpers oder einzelner Körperteile. Stiere, halbgeschlossene Augen mit erweiterten oder verengten Pupillen, Phantasieren, langsamer Puls, trockene Zunge, erschwertes Schlucken, Erbrechen der Nahrung, von Galle und sogar von Exkrementen, hartnäckige Stuhlverstopfung, dunkler Urin.

Charakteristische Kennzeichen. Verschlimmerung der Beschwerden beim Warmwerden im Bett.

Anwendung bei Kranken. Von Nutzen bei Krankheitszuständen, welche die Folge von Gemütsbewegungen sind, welche, wie z. B. Angst und Schrecken, eine betäubende Wirkung auf das Nervensystem haben; ferner angezeigt bei den Folgen des Alkoholmissbrauchs, bei Blei- und Quecksilbervergiftung, bei hartnäckiger Stuhlverstopfung, bei vielen Beschwerden alter Leute, bei gewissen Fällen von Krämpfen und Fallsucht, von Gehirnschlag mit tiefer Betäubung und röchelndem Atmen und bei Hirnhautentzündung im Stadium der Gefühllosigkeit.

38. PHOSPHORUS

Der *gelbe Phosphor* wird nach besonderen Vorschriften zu einer Tinktur verarbeitet, welche $1/10000$ Arzneigehalt hat, und somit mit der 3. Dezimalverdünnung identisch ist.

Gebräuchliche Präparate: 4., 5., 6. und höhere Dezimalverdünnungen.

Wirkung. Dieses wichtige homöopathische Polychrest hat eine mächtige, tief eingreifende Wirkung zuerst auf die Verdauungsorgane, sodann auf fast alle Organe, vor allem auf das Gehirn und das Nervensystem, die Drüsen, Lungen und Knochen. Die Phosphorvergiftung, welche früher bei Arbeitern in Streichholzfabriken viel vorkam, aber gegenwärtig infolge der verbesserten hygienischen Vorbeugungsmaßregeln nur noch selten angetroffen wird, ist u. a. durch Geschwüre und Zerstörung der Kieferknochen gekennzeichnet.

Allgemeines Gefühl von Erschöpfung, Schwächeanfälle, Zittrigkeit, Einschlafen von Händen und Füßen, Abmagerung, Empfindlichkeit für kalte Luft, erschwertes Einschlafen, baldiges Erwachen, Frösteln und Fieber, harter, rascher Puls, zuweilen kaum fühlbar. – Saurer oder bitterer Mundgeschmack, trockene Lippen, brennende, weißbelegte Zunge, schwacher Magen mit saurem Aufstoßen, Erbrechen von Speisen, Galle oder Blut, Schmerzen beim Essen im Schlund und im Magen mit einem Gefühl, als ob die Nahrung nicht rutschen wolle, hartnäckiger Durchfall mit Entleerung von Schleim, zuweilen auch von Blut, jedoch ohne große Schmerzen. – Langandauernde Heiserkeit, Husten mit gelbgrünlichem oder blutigem Auswurf, Stechen in der Brust und Kurzatmigkeit, besonders nachts mit Erstickungsanfällen und röchelndem Atmen. — Flecken auf der Haut, Blutergüsse in der Haut und den Schleimhäuten, blasse Gesichtsfarbe, eingefallene Züge, Anschwellung der Hals-, Achsel- und Leistendrüsen, verschiedene Affektionen der

Knochenhaut und der Knochen. — Gefühl von Druck in der Nierengegend, der Urinabgang ist schmerzhaft und verringert, der Urin ist klar
und farblos oder trübe und enthält dann Eiweiß, Schleim oder Blut. —
Erhöhter Geschlechtstrieb, von männlichem Unvermögen gefolgt. Un-
terdrückte Menstruation mit Blutspeien.

Charakteristische Kennzeichen. Verschlimmerung der Schmerzen
und Beschwerden abends und nachts und bei kaltem Wetter, Besserung
nach Mitternacht und in der Wärme. Abmagerung, besonders der Hände.

Anwendung bei Kranken. Phosphorus passt für magere Personen
mit einer schwachen Konstitution, besonders für solche, welche durch
langwierige Krankheiten geschwächt und erschöpft sind und ferner bei
akuten und chronischen Krankheiten, wenn die Kräfte abnehmen und
große Empfindlichkeit für Kälte besteht. Es wird bei bestimmten Fällen von Nervenschwäche, Gehirnneurasthenie und Rückenmarkskrankheiten, bei hektischem und typhösem Fieber, bei langwierigem Durchfall ohne Schmerzen, bei Heiserkeit und chronischem Katarrh des
Kehlkopfes, der Luftröhre und der Lungen, beim 2. Stadium der Lungenentzündung (allein oder im Wechsel mit *Tartarus emeticus),* bei
Nierenkrankheiten, Knochenerweichung, Skrofulöse und Englischer
Krankheit mit gutem Erfolg angewendet.

Die Benutzung des Phosphors als Heilmittel erfordert große Vorsicht, da dieses Mittel in den niedrigen Verdünnungen giftig ist und bei
zu Lungenkrankheiten veranlagten Personen Blutspucken hervorrufen
kann. Bei Kindern verwende man es nicht unter der 6. Dezimalverdünnung.

39. PULSATILLA

Die frische, während der Blüte gesammelte Wiesen-Kuhschelle wird auf
dieselbe Weise, wie bei Aconitum angegeben, zu einer Essenz verarbeitet. Der
wirksame Bestandteil ist der sog. *Anemonenkampfer,* welcher durch das Trocknen
der Pflanze in *unwirksame* Bestandteile verwandelt wird. Hieraus können wir
ersehen, dass die chemischen Untersuchungen der neuesten Zeit Hahnemann recht
geben, welcher bereits vor hundert Jahren die Tinkturen aus den *frischen* Pflanzen
als die wirksamsten und kräftigsten empfohlen hat.

Gebräuchliche Präparate: 3. und höhere Dezimalverdünnungen.

Wirkung. Pulsatilla wirkt hauptsächlich auf die Schleimhäute, in
erster Linie auf den Magen und den Verdauungskanal, sodann auf die
Atmungsorgane, die Blutgefäße, die weiblichen Geschlechtsorgane und
die Ohren und Augen.

Verdorbener Magen mit weiß- oder gelblichbelegter Zunge und unangenehmem, klebrigem, bitterem Geschmack, saurem oder bitterem Aufstoßen, Widerwillen gegen warme Speisen, Trinken und Rauchen und Übelkeit mit Erbrechen von Schleim oder bitteren Stoffen. — Leibschmerzen und Krämpfe, von Durchfall gefolgt, besonders nach dem Abendessen und nachts, mit weißen, schleimigen Stuhlentleerungen.

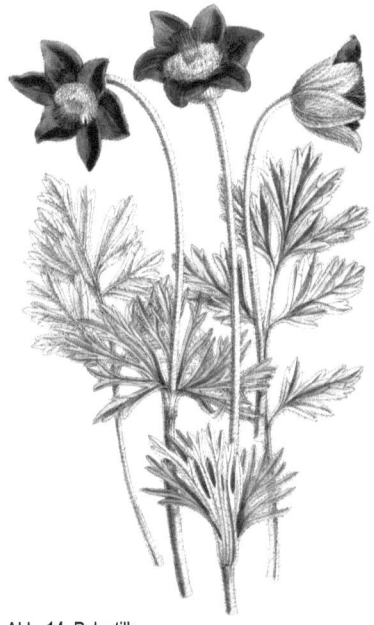

Abb. 14: Pulsatilla

— Schmerzen beim Wasserlassen und unwillkürlicher Harnabgang des Nachts. — Schmerzhafte, vergrößerte Hoden, unregelmäßige Menstruation, welche entweder ganz fortbleibt oder zu spät kommt und zu gering ist, dazu gesellt sich oft schwächender Weißfluss. — Herzklopfen bei geringer Bewegung, Schläfrigkeit morgens, Frösteln, blasse Gesichtsfarbe. — Bläschen- oder fleckenartiger Ausschlag, von Fieber begleitet. — Langwieriger Husten mit weißem, schleimigem Auswurf, chronischer Schnupfen mit Absonderung gelben und dicken, jedoch nicht ätzenden Schleimes. — Entzündete Augen, dicker, gelblicher Schleim klebt die Augenlider zusammen, kleine Geschwüre und Gerstenkörner an den Augenlidern. — Ohrenschmerzen mit Geschwürbildung im Gehörgang und Schleimabsonderung aus dem äußeren Gehörgang. — Rheumatische Schmerzen, welche von einem Gelenk auf das andere überspringen.

Charakteristische Kennzeichen. Verschlimmerung der Beschwerden abends, in der Wärme und Ruhe. Besserung durch Bewegung in der frischen Luft. Unruhiger Schlaf mit Neigung, sich zu entblößen.

Anwendung bei Kranken. Pulsatilla passt besonders für Personen mit sanftem, nachgiebigem Charakter mit Neigung zum Weinen und bei Personen mit phlegmatischem Temperament, blassem Gesicht, blonden Haaren und blauen Augen. Es ist ein wichtiges Mittel für Frauen und Kinder und oft hilfreich bei Bleichsucht, Menstruationsstörungen und Schwangerschaftsbeschwerden. Ferner angezeigt u. a. bei Katarrh der Nase, der Luftröhre und der Lungen, bei Magenüberladung infolge Genusses zu fetter Speisen, bei Magen- und Darmkatarrh, mit schleimigem Durchfall verbunden, bei Entzündung der Ohrspeicheldrüsen und der Hoden, bei akuten und chronischen Augen- und Ohrenentzündungen mit Absonderung von schleimigen und eitrigen Stoffen und bei einzelnen Hautkrankheiten und Masernepidemien. Am besten wirkt Pulsatilla, wenn es *morgens* eingenommen wird.

40. RHUS TOXICODENDRON

Die frischen Blätter des in Südamerika einheimischen *Giftsumachs* werden auf dieselbe Weise, wie bei *Aconitum* angegeben ist, zu einer Essenz zum innerlichen wie zum äußerlichen Gebrauch verarbeitet. Der wirksamste Bestandteil ist neueren Untersuchungen zufolge ein scharfer, harziger Stoff.

Gebräuchliche Präparate: 4. und höhere Dezimalverdünnungen. Für den äußerlichen Gebrauch wird die Tinktur mit der zwei- bis zehnfachen Menge Wassers, verdünnten Alkohols oder Olivenöls vermischt.

Wirkung. Äußerlich in unverdünntem Zustand auf die Haut gebracht, verursacht es Entzündung; innerlich reizt es die Schleimhäute des Magens und der Eingeweide. Bei fortgesetzter Einwirkung greift es die Gelenke, die serösen Häute und die Haut an und wirkt schließlich lähmend auf Gehirn, Rückenmark und Nerven.

Stechende, ziehende Schmerzen in den Gelenken, Sehnen und Muskeln, welche von Röte und Schwellung begleitet sind und in der Ruhe schlimmer, durch langsame Bewegung besser werden. Steifigkeit in den Gliedern mit Lähmungsgefühl, welches durch Bewegung besser wird. Morgens früh ist die Steifigkeit am schlimmsten. — Blutandrang nach dem Kopf und klopfende Schmerzen im Hinterkopf, rheumatische Schmerzen im Kopf und Gesicht. — Magen- und Leibschmerzen, welche sich nach einer Stuhlentleerung bessern, dünner, schleimiger, blutiger Durchfall, besonders morgens früh. — Jucken über den ganzen Körper, Bläschen und Pusteln mit rotlaufähnlicher Entzündung, trockener oder nässender, juckender Ausschlag am Kopf, besonders bei Kindern. — Unregelmäßiger Puls, Klopfen der Adern, periodisches Fieber, große Ermüdung, Neigung zum Gähnen, große Unruhe, Hin- und Herwerfen im Bett, Phantasieren.

Charakteristische Kennzeichen. Verschlimmerung der Schmerzen und Beschwerden nachts, in der Ruhe und nach heftiger Bewegung. Besserung nach langsam fortgesetzter Bewegung.

Abb. 15: Rhus Toxicodendron

Anwendung bei Kranken. Rhus wird mit Vorteil bei akuten und chronischen Krankheiten angewendet, welche die Folge von *Durchnässung* oder von übermäßiger, körperlicher Anstrengung sind, bei Verstauchungen, u. a. des Fußgelenkes, bei Gelenkrheumatismus und Gicht, besonders wenn sie durch Einwirkung feuchter Kälte verursacht sind, bei Steifigkeit und rheumatischer Lähmung der Glieder, bei Darmkatarrh, wenn der Durchfall morgens früh am schlimmsten ist und bei typhösen Fiebern, endlich bei verschiedenen Hautkrankheiten, u. a. bei Nesselfriesel, Rose, Gürtelrose, wenn diese Ausschläge durch brennende Schmerzen und Bildung von Bläschen mit feuchtem Inhalt gekennzeichnet sind.

41. SEPIA

Der *Inhalt des Tintenbeutels des Tintenfisches* wird mit Milchzucker verrieben. Präparate aus *dem kalkigen Rückenschulp der Sepia* sind nicht zu empfehlen, da diese die echte Sepia-Wirkung vermissen lassen.

Gebräuchliche Präparate: 3. bis 6. und höhere Dezimalverreibungen und Verdünnungen.

Wirkung. Dieses Mittel, dessen Heilkraft von H a h n e m a n n zufällig entdeckt und dann an Gesunden geprüft wurde, wirkt besonders auf die weiblichen Geschlechtsorgane und das Nervensystem, ferner auf die Haut und die Augen.

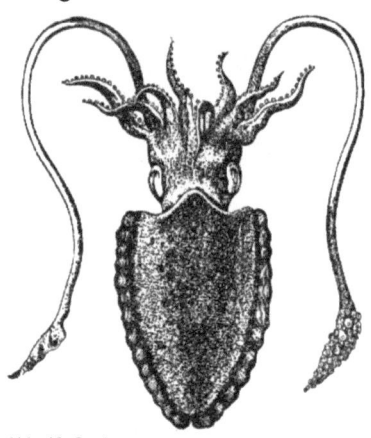

Abb. 16: Sepia

Ermüdung nach geringer Anstrengung, nervöse Beschwerden, wie z.B. Kribbeln, Jucken, Kältegefühl im Rücken, reizbare, ärgerliche Gemütsstimmung, Angstgefühle, Mutlosigkeit und Schwermut. — Blutandrang nach dem Kopf mit Nervenkopfschmerzen, Ermüdung der Augen und Schwächung der Sehkraft. — Herzklopfen, fliegende Hitze, kalte Hände und Füße. — Heiserkeit, trockener Husten mit geringem, zähem Schleimauswurf und brennenden Brustschmerzen. — Brennendes Gefühl im Magen, Widerwillen gegen jede Nahrung, saures Aufstoßen, Magenschmerzen nach dem Essen, Erbrechen von bitteren Massen; aufgetriebener Leib und Hartleibigkeit mit Abgang blutigen Schleimes beim Stuhlgang und Hämorrhoiden. *Gelbe Flecken* auf der Haut, Ausschlag um Mund und Kinn, ringförmiger Ausschlag, Jucken, leichtes Schwitzen, leichte Zerbrechlichkeit der Nägel. — Entzündung der weiblichen Geschlechtsorgane, Weißfluss, zu frühe und zu spärliche weibliche Regel, erneutes Auftreten der Menstruation in den Wechseljahren, nachdem dieselbe schon aufgehört hatte.

Charakteristische Kennzeichen. Ermüdung nach geringer Anstrengung; viele Beschwerden werden jedoch durch Körperbewegung allmählich gebessert. Periodisch auftretende Schmerzen. Große Empfindlichkeit für Geräusch und kalte Luft, gelblich-braune Gesichtsfarbe.

Anwendung bei Kranken. Sepia ist eins der besten homöopathischen *Frauen*mittel. Es passt jedoch auch für nervöse Männer, welche an Pollutionen leiden und sich einbilden, rückenmarkskrank zu sein. Bei Krankheiten und Beschwerden der Frauen in den Wechseljahren (40. bis 50. Lebensjahr), bei Migräne (im Wechsel mit *Calcium carbonicum),* bei hysterischen Zuständen, Nervenschmerzen, schwachem Magen, Hartleibigkeit mit Blähsucht, Blutandrang nach dem Kopf und bei anderen Beschwerden, welche sich vor dem Eintritt der Periode verschlimmern, und endlich bei verschiedenen Hautkrankheiten leistet es gute Dienste.

42. SILICEA

Die aus Bergkristall dargestellte reine *Kieselerde* wird mit Milchzucker verrieben. Außerdem wird noch das sog. **Aqua silicata** angefertigt, welches eine gesättigte Lösung frisch gefällter Kieselsäure in destilliertem Wasser darstellt.

Gebräuchliche Präparate: Silicea 3. bis 6. und höhere Dezimalverreibungen; Verdünnungen nicht unter der 10. Dezimalpotenz; **Aqua silicata** unverdünnt.

Wirkung. Die Kieselerde ist ein wichtiger Bestandteil des Knochen- und Zellgewebes, durch dessen Mangel die Widerstandsfähigkeit des Körpers verringert wird. Die Prüfungen an Gesunden haben gezeigt, dass die Wirkung von Silicea sich auf fast alle Organe und Gewebe des menschlichen Körpers erstreckt.

Allgemeine Schwäche, Erschöpfung des Nervensystems, Schreckhaftigkeit, Eigensinn, Reizbarkeit. — Halbseitige Kopfschmerzen, welche morgens früh anfangen und durch Warmhalten des Kopfes gebessert werden, täglich wiederkehrende Kopfschmerzen, besonders im Hinterkopf, welche vom Nacken nach oben ausstrahlen und durch Bewegung, Lärm und geistige Arbeit verschlimmert werden. — Langwieriger Schnupfen mit Krustenbildung an den Nasenlöchern und Abnahme des Geruchs. — Angreifender Husten mit Schmerzen auf der Brust, Kurzatmigkeit und schleimig-eitrigem Auswurf. — Entzündung der Halsdrüsen. — Magensäure, Druck im Magen, harter und knolliger oder weicher, mit blutigem Schleim vermischter Stuhl. — Anschwellungen unter der Haut, in den Muskeln, Gelenken, Sehnen und Knochen. — Juckender Hautausschlag, Schweißfüße, harte Pusteln und

Blutschwären, Nagelgeschwüre, kleine Hautwunden heilen schwer und eitern leicht, Bildung von wildem Fleisch in Geschwüren und Fisteln, Entzündung der Knochenhaut, Verkrümmung der Knochen.

Charakteristische Kennzeichen. Verschlimmerung der Schmerzen durch Bewegung, Besserung durch Ruhe und Wärme. Allgemeines Schwächegefühl.

Anwendung bei Kranken. Silicea passt besonders bei chronischen Krankheiten, welche auf einer ungesunden Zusammensetzung des Blutes beruhen und ist demnach bei skrofulösen, rachitischen und tuberkulösen Konstitutionen besonders angezeigt. Es ist ein kräftig wirkendes Mittel bei vielen Krankheiten der Knochen und bei *Eiterungsprozessen*, auch bei Schwächezuständen des Nervensystems und ist eins der besten homöopathischen Mittel zur Heilung von Abszessen, Geschwüren und Fisteln. Es ist angezeigt bei den nachteiligen Folgen unterdrückten Fußschweißes und ferner bei Kopf- und Nervenschmerzen, chronischer Lungenentzündung und im zweiten Stadium der Lungenschwindsucht. Es wird in nicht zu niedrigen Potenzen und in nicht zu oft wiederholten Gaben angewendet. Es ist dabei auf eine mäßige Lebensweise unter Vermeidung scharf gewürzter und gesalzener Speisen und alkoholischer Getränke, ferner auf ausgiebigen Aufenthalt in frischer Luft und sorgfältige Hautpflege großes Gewicht zu legen.

43. SPIGELIA

Die frisch getrocknete, in Mittelamerika und Westindien vorkommende Pflanze wird auf dieselbe Weise, wie bei *China* angegeben ist, zu einer Tinktur verarbeitet.

Gebräuchliche Präparate: 3. und höhere Dezimalverdünnungen.

Wirkung. Dieses Mittel wirkt hauptsächlich auf Herz und Nerven, ferner auch auf die Augen. Es hat auch wurmabtreibende Kraft, dieselbe ist jedoch nicht bedeutend und wird von der anderer Mittel, wie z. B. *Cina* und *Aspidium Panna* übertroffen.

Stechende, spannende, hin- und herziehende Schmerzen in verschiedenen Körperteilen. Unruhiger Schlaf mit aufregenden Träumen; ängstliche Gemütsverfassung. — Heftige einseitige Kopfschmerzen, besonders in den Schläfen; Gesichtsschmerzen, besonders in der *linken* Gesichtshälfte mit Tränen der Augen und Krampf der Augenlider. Die Schmerzen verschlimmern sich durch Bewegung und Bücken, fangen morgens an, verschlimmern sich tagsüber und bessern sich gegen Abend. — Heftiges Herzklopfen mit Angstgefühlen und stechenden Brustschmerzen, welche in den linken Arm ausstrahlen und sich durch

Bewegung verschlimmern. — Volles Gefühl im Unterleib, Schmerzen in der Magengegend, Blähsucht, harter, tonartiger Stuhl, vermehrter Harndrang nach Schmerzanfällen oder Herzklopfen.

Charakteristische Kennzeichen. Die Schmerzen fangen morgens an, verschlimmern sich tagsüber und nehmen gegen Abend ab. Sie verschlimmern sich durch Bewegung und bei stürmischer Witterung und bessern sich in horizontaler Lage; von dieser Regel machen jedoch die Herzbeschwerden eine Ausnahme.

Anwendung bei Kranken. Spigelia ist ein ausgezeichnetes Mittel bei periodisch auftretenden neuralgischen Schmerzen und Kopfschmerzen, welche den oben beschriebenen Charakter haben, bei nervösem Herzklopfen und organischen Herzkrankheiten, besonders, wenn solche im Verlaufe von Gelenkrheumatismus auftreten; ferner wird es bei rheumatischen Augenaffektionen und bei Wurmbeschwerden mit kolikartigen Leibschmerzen empfohlen. Der gleichzeitige Gebrauch von Kaffee, Tee und Alkohol muss gemieden werden.

44. SPONGIA

Der in einer blechernen Trommel geröstete *Meerschwamm* wird auf dieselbe Weise, wie bei *China* angegeben ist, zu einer Tinktur verarbeitet. Die wirksamen Bestandteile sind kleine Mengen *Jod, Brom, Kalk* und *Kieselsäure.*

Gebräuchliche Präparate: 2., 3. und höhere Dezimalverdünnungen.

Wirkung. Dieselbe hat viel Ähnlichkeit mit derjenigen des *Jods,* ist jedoch milder und erstreckt sich hauptsächlich auf die Drüsen und Schleimhäute.

Frostschauern und Fieber mit großer Angst, Unruhe und Schmerzen, schnellem und vollem Puls. — Trockener Husten mit Schmerzen auf der Brust, Heiserkeit mit überschnappender Stimme, Schmerzen im Kehlkopf bei Berührung desselben, mit einem Gefühl, als ob die Kehle zugeschnürt würde, mit keuchendem und jagendem Atem und kurzem, bellendem Husten. Anschwellung der Halsdrüsen. Druckgefühl und Stechen in einem vorhandenen Kropf.

Charakteristische Kennzeichen. Verschlimmerung der Beschwerden nachts, Besserung durch Trinken.

Anwendung bei Kranken. Auf schnelle und energische Weise, d. h. in oft wiederholten Gaben niedriger Verdünnungen angewandt, ist Spongia bei *Krupphusten* der Kinder, Heiserkeit, Katarrh des Kehlkopfes und der Luftröhre von großem Nutzen. Ferner von guter Wirkung bei Husten, welcher sich durch Tiefatmen, Sprechen und kalte Luft verschlimmert und bei kleineren und größeren Kropfgeschwülsten.

45. SULFUR

Gereinigte *Schwefelblüten* werden auf die gewöhnliche Weise mit Milchzucker verrieben und in den höheren Verdünnungen mit starkem Alkohol weiter potenziert. Außerdem ist noch ein von Hahnemann empfohlenes Präparat, *Spiritus sulfuratus* oder *Schwefeltinktur* in Gebrauch, welches durch Verschütteln von einem Teile Schwefelblüten und zehn Teilen absoluten Alkohols angefertigt und auf die bekannte Weise weiter potenziert wird.

Gebräuchliche Präparate: 6. und höhere Dezimalverreibungen; Verdünnungen nicht unter der 10. Dezimalpotenz.

Wirkung. Dieses von der offiziellen Medizin verkannte, von der Homöopathie jedoch zu den wirksamsten Arzneien gerechnete Mittel ist von Hahnemann am gesunden menschlichen Körper sorgfältig geprüft. In seiner „Reinen Arzneimittellehre" erwähnt er 755 Beobachtungen über die Wirksamkeit des Schwefels. Nach ihm hat Prof. Farrington in seinem berühmten klinischen Werke die Heilkraft dieses Mittels bewiesen und in der neuesten Zeit ist Prof. Schulz durch sorgfältig angestellte Versuche zu demselben Ergebnis gekommen wie seinerzeit der Begründer der Homöopathie.

Schwefel übt eine tief eingreifende Wirkung auf den ganzen Organismus aus, was uns nicht zu wundern braucht, da er, wenn auch in kleinen Mengen, in allen Geweben des Körpers vorgefunden wird. Kein Zellgewebe, kein Eiweiß ohne Schwefel. Durch seine Affinität zum Sauerstoff fördert er die Eiweißverbrennung, reizt alle Ausscheidungsorgane zu erhöhter Tätigkeit und beschleunigt demgemäß den Stoffwechsel. Seine Wirkung äußert sich besonders auf die Haut, die Verdauungs- und Atmungsorgane, das Blutgefäßsystem, die Muskeln, das Nervensystem und ferner auf die Nieren, die Blase und die Geschlechtsorgane.

Das allgemeine Krankheitsbild des Schwefels ist in kurzen Zügen folgendes: Hautjucken, die Haut ist gewöhnlich rau und mit Schuppen bedeckt. Schweres Gefühl im Kopf, schwarze Ränder um die Augen, geschwollene Nase, trockener Mund und belegte Zunge. Dazu kommen Kurzatmigkeit, wankender Gang, Zittern der Hände, Wadenkrämpfe, aufgetriebenes Gefühl im Unterleib, Verstopfung mit Durchfall abwechselnd. Ferner Hitze oben auf dem Kopf, brennende Fußsohlen, brennender Urin, leichter, durch das geringste Geräusch gestörter Schlaf mit Neigung zu aufregenden Träumen.

Besondere Wirkungen sind ferner: Hautausschläge verschiedener Art. Bläschen, welche eine scharfe, wässerige Flüssigkeit enthalten und zu gelblichen Krusten vertrocknen. Kopfausschlag mit Haarausfall. Sauerriechender Schweiß an bestimmten Körperteilen, welcher durch die geringste Anstrengung hervorgerufen wird. — Drüsenanschwellungen, Geschwüre und Abszesse verschiedener Art. – Blutandrang nach dem Kopf mit Schwindel, besonders morgens und abends, nach dem Essen und bei dem Aufrichten aus einer liegenden Stellung. — Schwermütige oder reizbare Gemütsstimmung; bohrende, stechende, einseitige Kopfschmerzen; klopfende Schmerzen in hohlen Zähnen; Jucken und Brennen der Augen; entzündete Augenlider. — Rote, heiße, geschwollene Nase mit Absonderung scharfer Flüssigkeit mit heftigem Niesen; langwierige Heiserkeit, schwache Stimme, trockener Husten, kurzer pfeifender Atem mit unterdrücktem Husten, Blutspucken und Kurzatmigkeit; stechende Schmerzen in der Brust, besonders links, heftige Hustenanfälle beim Aufstehen, beim Zubettgehen und nach dem Essen. — Brennendes Gefühl im Mund und im Magen, belegte Zunge, schleimiger Geschmack, Magensäure, saures und bitteres Aufstoßen, Druck und volles Gefühl im Magen nach dem Essen und abends, hartnäckige Verstopfung oder gelbgrünlicher schleimiger Durchfall, Schmerzen bei der Stuhlentleerung, Jucken und brennendes Gefühl im After. – Blasenschwäche, Bettnässen, stinkender Urin, welcher mit einem Fetthäutchen bedeckt ist, Jucken und Schmerzen in den Geschlechtsteilen, verschiedene Menstruationsstörungen.

Charakteristische Kennzeichen. Viele Schmerzen und Beschwerden entstehen oder verschlimmern sich in der Ruhe, nachts und bei kaltem Wetter, während sie sich durch Bewegung des angegriffenen Körperteiles oder durch Hin- und Hergehen in der Wärme und bei trockenem Wetter bessern oder ganz verschwinden.

Anwendung bei Kranken. Es ist nicht möglich, hier alle oder auch nur die meisten Krankheitszustände aufzuzählen, bei denen der Schwefel gute Dienste leistet. Für den aufmerksamen Leser gibt obenstehende Beschreibung einige Anhaltspunkte. Sulfur ist bei chronischen Krankheiten *das homöopathische Hauptmittel,* um die Reaktionskraft des Körpers anzuregen und den Körper für die Wirkung anderer Mittel empfänglich zu machen, wenn es selbst die Heilung nicht herbeiführen kann. Zu große oder zu oft wiederholte Gaben können den Krankheitszustand verschlimmern. Vorsicht ist deshalb besonders bei skrofulösen

Personen am Platz. Auffallend günstig ist die Wirkung des Schwefels bei *Hautkrankheiten,* wenn diese sich durch trockenen Ausschlag und Hautjucken kennzeichnen, sowie bei Krankheitszuständen, welche durch das *Unterdrücken eines Hautausschlages* durch äußerliche Mittel entstanden sind. Ferner bewirkt Sulfur Besserung zahlreicher Krankheitserscheinungen bei skrofulösen und rachitischen Kindern und Personen, welche leicht von Ausschlag und Geschwüren befallen werden. Auch bei akuten Krankheiten, u. a. bei Bildung von Exsudaten leistet dieses Polychrest oft gute Dienste.

46. TARTARUS EMETICUS

Außer unter diesem Namen ist der *Brechweinstein,* ein chemisches Präparat, auch noch unter dem Namen **Tartarus stibiatus** und *Antimonium tartaricum* in den Lehrbüchern und Apotheken bekannt; von diesem Mittel werden sowohl Verreibungen als Verdünnungen angefertigt, die niedrigen Verdünnungen werden mit destilliertem Wasser, die höheren mit Alkohol zubereitet.

Gebräuchliche Präparate: 3. und höhere Dezimalverreibungen und Verdünnungen.

Wirkung. Diese erstreckt sich auf die Atmungsorgane, den Magen und die Haut, In großen Gaben bewirkt dieses Mittel heftiges Erbrechen und wird denn auch in bestimmten Fällen als Brechmittel verabreicht, obwohl der homöopathische Arzt diese physiologische Wirkung nur selten benutzt. Fortgesetzt verabreichte kleine Gaben bewirken nachfolgende allgemeine und besondere Krankheitserscheinungen.

Große Müdigkeit und Schläfrigkeit am Tage, frühzeitiges Einschlafen und unnatürlich tiefer und fester Schlaf, Kurzatmigkeit, verlangsamter, unregelmäßiger Puls und blasse, kalte, mit klebrigem Schweiß bedeckte Haut. — Bildung von Pusteln, juckenden Blasen und großen, runden, schmerzhaften Geschwüren. — Widerwillen gegen jegliche Nahrung, Übelkeit, schmerzhaftes Erbrechen, Magen- und Leibschmerzen mit oft wiederholtem, wässerigem Durchfall. — Husten mit Röcheln auf der Brust und Kurzatmigkeit, welche durch *Schleimanhäufung* in den Luftröhren und Lungen verursacht wird. Hustenanfälle, von Erschöpfung gefolgt, mit Schweiß und blassen, eingefallenen Gesichtszügen.

Charakteristische Kennzeichen. Viele Beschwerden verschlimmern sich im Liegen. Schwäche und Kurzatmigkeit mit Schleimanhäufung in den Lungen.

Anwendung bei Kranken. Tartarus emeticus ist von großem Nutzen bei akuter und chronischer Lungenentzündung und bei Bronchialkatarrh, wenn *Schleimanhäufung in den Lungen* mit Kurzatmigkeit vorhanden ist. Bei Lungenentzündung wird es vielfach im Wechsel mit *Phosphorus* angewendet. Ferner von Nutzen in bestimmten Fällen von Magen- und Darmkatarrh, bei typhösen Fiebern, rheumatischen Schmerzen mit Schwitzen in der Nacht und bei gewissen Hautaffektionen.

47. THUJA OCCIDENTALIS

Aus den frischen Blättern des *Lebensbaumes* wird die Essenz zum innerlichen und die Tinktur zum äußerlichen Gebrauch hergestellt. Der Arzneigehalt der ersteren ist größer. Der wirksame Bestandteil ist ein scharfes ätherisches Öl.

Gebräuchliche Präparate: 3. und höhere Dezimalverdünnungen; Tinktur zum äußerlichen Gebrauch.

Abb. 17: Thuja occidentalis

Wirkung. Thuja wirkt auf die Schleimhäute, die Haut und das Nervensystem und verursacht Störungen rheumatischer Art.

Überempfindlichkeit der Haut, Jucken, Brennen, Bildung roter Flecken, welche nach einigen Stunden wieder spurlos verschwinden, Bläschen und Pusteln, Warzen an den Händen und an den Geschlechtsteilen, unangenehm riechender Schweiß, Anschwellung bestimmter Drüsen. — Nervenschmerzen und krampfhafte Zuckungen, Ohrensausen, Schwindel, Schmerzen in den Nacken- und Rückenmuskeln, Knacken der Gelenke bei Bewegungen, Steifigkeitsgefühl, Einschlafen der Hände und Füße, nervöses Herzklopfen und Magenschmerzen, eiskalte

115

Hände und heißer Kopf. — Absonderung einer dünnen Flüssigkeit aus der Nase, Auswerfen zähen Schleimes nach anstrengendem Husten, dünner Stuhl, Absonderung dünner, schleimiger oder eiteriger Stoffe aus den Geschlechtsteilen, Schmerzen beim Wasserlassen und Entzündung der Vorhaut und der Scheide.

Charakteristische Kennzeichen. Große Veränderlichkeit der Beschwerden, plötzliches Auftreten und Wiederverschwinden der Schmerzen, Schwitzen an unbedeckten Körperteilen, große Trockenheit der Haut und Brüchigkeit der Nägel.

Anwendung bei Kranken. Thuja ist ein homöopathisches Polychrest, von H a h n e m a n n empfohlen bei mancherlei Beschwerden, welche bei lymphatischen Konstitutionen — d. h. bei Konstitutionen, welche durch schlaffe, wässerige Gewebe und geringes Widerstandsvermögen gekennzeichnet sind — viel Vorkommen, wie z. B. Schwellung und Katarrh der Schleimhäute, Hautaffektionen und rheumatische Schmerzen. Thuja leistet gute Dienste bei Tripper und Nachtripper, Entzündung der Eierstöcke, der Gebärmutter, der Vorhaut und der Hoden, bei Geschwülsten und gutartigen Neubildungen, besonders bei Warzen, welche leicht bluten und in großen Mengen auftreten. Es ist ein gutes Mittel gegen nachteilige Folgen des Impfens und wird schließlich bei Nervenschmerzen, welche vorwiegend auf der linken Körperseite auftreten und bei melancholischer Gemütsstimmung mit übertriebener Sorge für die Zukunft und Schwächung des Gedächtnisses empfohlen.

48. TUBERCULINUM

Es sind verschiedene Tuberkulin-Präparate im Gebrauch: das *isopathische,* aus dem potenzierten, tuberkulösen Sputum angefertigte, das *Bacillinum* B u r n e t t s, welches alles enthält, was mit dem tuberkulösen Prozess zusammenhängt und das K o c h s c h e *Tuberkulin,* das aus einer Tuberkelbazillen-Reinkultur bereitet ist.

Gebräuchliche Präparate: 6. bis 12. und höhere Dezimalverdünnungen.

Wirkung und Anwendung bei Kranken. Der Gedanke, die Tuberkulose mit ihrem eigenen Virus zu bekämpfen, wurde schon früher in der I s o p a t h i e von L u x verwirklicht, geriet aber in Vergessenheit. Später wurde er von verschiedenen Forschern wieder aufgegriffen und von K o c h mit der Bekanntgabe seines aus Tuberkelbazillen hergestellten Tuberkulins von neuem auf die Tagesordnung gestellt. Fast zu gleicher Zeit war der homöopathische Arzt Dr. B u r n e t t in England mit dem von ihm hergestellten Bacillinum an die Öffentlichkeit getreten und seitdem werden diese Präparate in der Homöopathie angewendet. Es sind auch Symptomenregister veröffentlicht worden mit zahlreichen Symptomen, wie wir sie z. B. in „Clarke's Dictionary of Materia medica" verzeichnet finden, da dieselben aber teils aus den Beobachtungen von den Wirkungen des Tuberkulins an tuberkulösen Personen, teils aus den Observationen an Gesunden mit den hohen und höchsten Verdünnungen gesammelt sind, können sie keinen großen Wert beanspruchen, weshalb wir auf die Wiedergabe verzichten.

Die Meinungen über die Heilkraft der Tuberkulin-Präparate sind noch geteilt, auch unter den homöopathischen Ärzten. Jedenfalls sind die bisher gemachten Erfahrungen nicht ausreichend, um das Tuberkulin als *das spezifische* Heilmittel der Tuberkulose zu erklären. Am günstigsten lauten die Erfolge bei *anfangender* Tuberkulose, wo wir aber *dasselbe* mit den bewährten *Kalk-, Arsen-* und *Jodpräparaten* erreichen können; in vorgeschrittenen Stadien der Krankheit leistet das Tuberkulin wenig oder gar nichts.

Bessere Erfolge sind von Tuberkulin bei Rippenfellentzündung jugendlicher Personen, die auf tuberkulöser Grundlage beruht und bei chronischem Bronchialkatarrh älterer Leute mit viel Schleimansammlung, Rasseln auf der Brust und Atembeschwerden zu erwarten; hier wirkt das Mittel manchmal großartig. Auch bei Personen, welche sich leicht erkälten und danach Kongestion und Katarrh bekommen, ferner bei nach Influenza zurückbleibendem Katarrh oder Asthma ist das Mittel zu empfehlen.

Im Allgemeinen passt Tuberkulin bei Personen, deren Blutzirkulation gestört ist, die an Schwäche und Neigung zum Schwitzen leiden, wobei die geringste Anstrengung alle Beschwerden verschlimmert. Nach Dr. N e b e l ist Tuberkulin ein wichtiges *antipsorisches* Mittel, das mit *Sulfur* eine gewisse Ähnlichkeit hat und bei allen auf skrofulöser Grundlage beruhenden Krankheitszuständen in Betracht kommt.

49. VERATRUM ALBUM

Der getrocknete Knollenstock des *weißen Germer* wird auf dieselbe Weise, wie bei China angegeben ist, zu einer Tinktur verarbeitet.

Gebräuchliche Präparate: 3., 4. und höhere Dezimalverdünnungen.

Wirkung. Dieses von den alten Völkern geschätzte, später in Vergessenheit geratene und von H a h n e m a n n wieder ans Licht gezogene Heilmittel wirkt auf den Darmkanal, das Zentralnervensystem, das Herz und die Lungen. Erschöpfung des Nervensystems, plötzlicher

Kräfteverfall, Krämpfe und Zuckungen, Zähneknirschen, Angst vor Unglücken, Todesfurcht, Wahnvorstellungen verschiedener Art.

— Herzklopfen mit Angstanfällen mit Kurzatmigkeit und Schweißausbruch und schwachem und raschem, zuweilen kaum fühlbarem Puls; Kälte des Kopfes, der Beine, der Hände und Füße, kalter, klebriger Schweiß im Gesicht, blasse oder bläuliche Gesichtsfarbe mit ängstlichem Gesichtsausdruck.

Abb. 18: Veratrum album

— Trockener, klebriger Mund, trockene, geschwollene, zuweilen blaue Lippen, trockene Zunge, Aufstoßen, Übelkeit mit bitterem Mundgeschmack, brennendes Gefühl im Magen, Erbrechen und Durchfall unmittelbar nach dem Essen, wässeriger, grüner oder schleimiger Durchfall, von heftigem Durst, kaltem Schweiß auf der Stirne und großer Erschöpfung begleitet. — Brustbeengung mit krampfhaftem Husten, pfeifendem Atem und Erstickungsgefahr, mit schwachem Puls und kalten Händen und Füßen.

Charakteristische Kennzeichen. Große Erschöpfung und Gefühl der Kraftlosigkeit. Kühle, selbst kalte Haut, *kalter Schweiß* auf der Stirn. *Rascher Kräfteverfall* mit schwachem Puls, eingefallenen Gesichtszügen, trockenem Mund und Lippen.

Anwendung bei Kranken. Veratrum hat in verschiedenen Epidemien von asiatischer Cholera gute Dienste geleistet und ist bei Brechdurchfall und Cholerine stets angezeigt, wenn die obengenannten charakteristischen Kennzeichen vorhanden sind. Ferner von Nutzen bei Keuchhusten und bei krankhaften Äußerungen des Gemütslebens im Verlaufe akuter Krankheiten, wie z. B. Angst, Furcht und Selbstmordgedanken und bei verschiedenen nervösen Beschwerden, besonders des weiblichen Geschlechtes. Bei großer, allgemeiner Schwäche, wenn sogar das Sprechen den Kranken angreift, ist eine Gabe Veratrum stets am Platz.

50. ZINCUM

Außer dem Metall selbst sind noch verschiedene Verbindungen des *Zinks* im Gebrauch, von welchem wir *Zincum cyanatum,* eine Verbindung von Zink und Blausäure und *Zincum valerianicum,* eine Verbindung von Zink und Baldriansäure nennen.

Gebräuchliche Präparate: Zincum metallicum 6. und höhere Dezimalverreibungen; **Zincum cyanatum** 4. und höhere Dezimalverreibungen; **Zincum valerianicum** 3. und 4. Dezimalverreibungen.

Wirkung. Zincum wirkt hauptsächlich auf Gehirn und Rückenmark und verursacht bei längerer Einwirkung Lähmung.

Schwindel, schweres, drückendes Gefühl im Kopf, Kopfschmerzen, besonders im Hinterkopf, Augenflimmern, unruhiger Schlaf mit beängstigenden Träumen, plötzliches Aufschrecken aus dem Schlafe, Unfähigkeit zu Kopfarbeit, Schwächung des Gedächtnisses und sogar der Geisteskräfte. — Schmerzen und Steifigkeit in den Nacken- und Rückenmuskeln, Zittern der Hände, Krämpfe verschiedener Art, Ameisenkriechen unter der Haut, Schwäche, Zittrigkeit, Lähmung der Glieder, halbseitig oder einzelner Muskeln, Hartleibigkeit.

Charakteristische Kennzeichen. Verschlimmerung der Beschwerden nach dem Mittagessen und abends nach dem Genuss von Wein, nach Gemütsbewegungen und Anstrengung des Geistes.

Anwendung bei Kranken. Zincum ist ein Hauptmittel bei Krankheiten des Nervensystems, bei Krämpfen und Lähmungen, passt besonders für Kinder und Frauen, jedoch auch für Männer mit schwachen Nerven. Oft von Nutzen bei Kehlkopf-, Schlund-, Magen-, Augenlid- und Schreibkrampf, bei Krämpfen während des Zahnens und bei Hirnreizungserscheinungen, z. B. im Verlaufe der Rose, auch wenn im Verlauf der Hirnhautentzündung Lähmungen auf- treten, ferner bei bestimmten Gemüts- und Geisteskrankheiten. **Zincum cyanatum** wird bei Veitstanz oft und zuweilen auch bei Fallsucht mit Erfolg angewendet. **Zincum valerianicum** leistet oft bei Schlaflosigkeit infolge von Aufregung (nicht infolge von Schmerzen) und bei hysterischen Krämpfen gute Dienste.

2.8 Verzeichnis der niedrigsten gebräuchlichen Potzenz wichtiger homöopathischer Arzneimittel

A n m e r k u n g : Die fettgedruckten Arzneimittel sind im vorigen Abschnitt ausführlich beschrieben. Die Zahlen hinter den Namen der Mittel zeigen die D e z i m a l potenz an. Die mit * bezeichneten Mittel werden üblicherweise in der angegebenen Potenz als V e r r e i b u n g e n , d. h. in Pulverform bzw. Tablettenform, die übrigen in f l ü s s i g e r Form oder als S t r e u k ü g e l c h e n verwendet. Letztere können jedoch u n t e r der 3. Dezimalpotenz aus technischen Gründen nicht haltbar hergestellt werden.

Innerliche Arzneimittel

Aceti acidum D 3
Acidum aceticum D 3
— hydrocyanicum D 6
— benzoicum D 2—D 3
— muriaticum D 3
— **nitricum D 4**
— phosphoricum D 3
— picrinicum D 4—D 6
— sulfuricum D 3
Aconitum D 3
*Aethiops antimonialis D 3
Aethusa cynapium D 3
Agaricus muscarius D 3
Aletris farinosa D 1—D 3
Aloe D 3
*Alumina D 3
*Aluminium metallicum D 3—D 6
Ammonium bromatum D 2
— carbonicum D 3
— jodatum D 3
Anacardium orientale D 3
*Anthracinum D 3
***Antimonium crudum D 4**
*— **sulfuratum aurantiacum D 2—D6**
 Apis mellifica D 3
*Apisinum D 5
Apocynum cannabinum D 3
*Apomorphinum D 5—D 6
Argentum nitricum D 4
Arnica D 2
Arsenicum album D 4—D 6
*— **jodatum D 4—D 6**
Arum triphyllum D 3
Asa foetida D 3
Atropinum D 4—D 6
*Aurum D 6
*— jodatum D 4

*— muriaticum natronatum D 3
Avena sativa Tinktur — D 3

Baptisia tinctoria D 2
*Baryum carbonicum D 3—D 6
*— **jodatum D 4**
Belladonna D 3
*Benzoes acidum D 2—D 3
Berberis vulgaris D 3
*Bismuthum nitricum D 3
Blatta orientalis D 2
Boletus laricis D 2
*Bovista D 3
Bromium D 2—D 3
Bryonia D 3

Cactus grandiflorus D 2
Calabar D 3
*Calcium aceticum D 1—D 2
*— **arsenicosum D 4**
*— **carbonicum D 3—D 6**
*— **fluoratum D 3—D 6**
*— **hypophosphorosum D 1—D 2**
*— **jodatum D 3—D 4**
*— **phosphoricum D 3—D 6**
*— sulfuricum D 3—D 6
Calendula D 2
Camphora D 2—D 3
*— bromata D 3
— **Rubini-Tinktur**
Cannabis indica D 4
— sativa D 3
Cantharis D 4—D 6
*Carbo vegetabilis D 3—D 6
Carduus marianus D 2
Caulophyllum D 2
Causticum D 3

Ceanothus americanus D 3
Cedron D 3
*Cerium oxalicum D 3
Chamonilla D 3
Chelidonium majus D 3
China D 2
*Chininum arsenicosum D 4
*— **muriaticum D 1—D 2**
*Cholesterinum D 6
Cicuta virosa D 3
Cimicifuga racemosa D 3
Cocculus D 3
Coccus cacti D 2
Coffea D 3
Colchicum D 3
Collinsonia canadensis D 3
Colocynthis D 3
Conium maculatum D 3
Copaiva D 3
Crataegus D 1
Crocus D 3
*****Cuprum D 4—D 6**
*— **aceticum D 4**
*— **arsenicosum D 4**

Damiana D 2
*Digitalinum D 6
Digitalis purpurea D 3—D 6
Dioscorea villosa D 1—D 2
Drosera rotundifolia D **2**
Dulcamara D 2

Echinacea D 2—D 3
Equisetum hiemale D 2
Eucalyptus globulus D 2—D 3
Euphrasia D 2—D 3

*****Ferrum D 2—D 6**
*— **aceticum D 2**
*— **carbonicum D 2**
*— **haematinatum D 2**
*— **laeticum D 2**
*— **phosphoricum D 2—D 6**

Gelsemium D 3
Glonoinum D 4—D 6
*****Graphites D 3—D 6**
Grindelia robusta D 3
Gutti D 3

Hamamelis virginica D 2—D 3
— **-Extrakt**
Helleborus D 3

*****Hepar sulfuris D 3—D 6**
*****Hydrastininum D 3—D 4**
*****Hydrastinum D 3—D 4**
Hydrastis canadensis D 1—D 3
Hyoscyamus D 3
Hypericum D 2

Ignatia D 3—D 4
Ipecacuanha D 3—D 6
Iris versicolor D 2

Jodum D 3

Kalium bichromicum D 3—D 4
— carbonicum D 3
— chloratum D 3
— **jodatum D 1—D 2**
— nitricum (= Nitrum)
*— phosphoricum D 3—D 6
*— sulfuricum D 3—D 6
Kalmia latifolia D 3
Kreosotum D 3

Lachesis D 10—D 12
Lactuca sativa D 2
Ledum palustre D 2
*Lithium carbonicum D 3
Lobelia D 3
*****Lycopodium D 3—D 6**

*****M**agnesium carbonicum D 3—D 6
*— muriaticum D 3—D 6
*— **phosphoricum D 3—D 6**
*Manganum aceticum D 3
Mercurius corrosivus D 4—D 6
— **cyanatus D 4—D 6**
*— **dulcis D 4**
*— jodatus flavus D 4
*— phosphoricus D 6
*— **solubilis D 4—D 6**
*— tannicus D 4
Mezereum D 3
Millefolium D 2
Moschus D 3
Muriatis acidum D 3
Myrica cerifera D 3

*****N**aphthalinum D 3
*Natrium choleinicum D 3—D 4
— jodatum D 3
— **muriaticum D 3—D 6**
*— **nitricum D 2**

*— phosphoricum **D 3—D 6**
*— sulfuricum **D 3—D 6**
Nitrum (= Kalium nitricum) D 2
Nux vomica D 3—D 4

Oenanthe crocata D 3—D 6
Opium D 3—D 6

Pareira brava D 2—D 3
Petroleum D 3
Phosphorus D 4—D 6
Phytolacca D 3
Pilocarpinum D 4—D 6
Plantago major D 3
*Platina D 4—D 6
*— muriatica D 3
*Plumbum D 4—D 6
*— jodatum D 3—D 6
Podophyllum D **2**—D 3
Prunus spinosa D 2
Psorinum D 12
Pulsatilla D 3

Rana bufo D 6
Ranunculus bulbosus D 3
Rheum D 3
Rhus Toxicodendron D 3
Ricinus D 3

Sabadilla D 3
Sabal serrulata D 1—D 2
Sabina D 3
Sambucus D 3
Sanguinaria canadensis D 3
Sarsaparille D 3
Secale cornutum D 3—D 4
*Selenium D 4—D 6

Senecio D 3
Sepia D 3—D 6
*Silicea **D 3—D 6**
Sizygium jambolanum D 1
Solidago virga aurea D 3—D 6
Spigelia D 3
Spongia D 2
*Stannum D 3—D *6*
Staphysagria **D 3**
*Stibium arsenicosum D 4
Stramonium D 3
Strophantus D 3
*Sulfur D 6—D 12
*Sulfur jodatum D 3—D 4

Tabacum D 6
Tartarus emeticus (= Antimonium tartaricum) D 3—D 4
Terebinthina D 3
Thuja occidentalis D 3
Tuberculinum D 6—D 12

*Uranium muriaticum D 3
*— nitricum D 3
Urea nitrica D 2

Valeriana D 2
Veratrum album D 3—D 4
Veratrum viride D 3
Viburnum opulus D 1
Viola tricolor D 3

*Zincum **D 6—D 12**
*— cyanatum **D 4**
*— phosphoricum **D 6**
*— valerianicum D 2—D 3

Äußerliche Arzneimittel

Aqua silicata
Arnica-Alkohol
Arnica-Öl
Arnica-Pflaster
Arnica-Salbe
Arnica-Tinktur

Belladonna-Salbe
Bellis-perennis-Tinktur

Calendula-Alkohol
Calendula-Salbe

Calendula-Tinktur
China-Tinktur
Conium-Tinktur

Eucalyptus-globulus-Tinktur
Euphrasia-Tinktur

Hamamelis-Extrakt
Hamamelis-Salbe
Hamamelis-Stuhlzäpfchen
Hamamelis-Tinktur

Hydrastis-canadensis-Tinktur
Ledum-palustre-Tinktur

Phosphor-Salbe
Pinus-sylvestris-Tinktur
Plantago-major-Tinktur
Pyrethrum -Tinktur

Rhus-Toxicodendron-Tinktur
Ruta-Tinktur

Sanguinaria-Tinktur

Thuja-Tinktur

Urtica-urens-Tinktur

3. Homöopathische Behandlungs- möglichkeiten ...

... für häufig vorkommende Krankheiten

Wichtiger Hinweis: Der Inhalt und die Ratschläge dieses Buches sind vom Autor Dr. med. J. Voorhoeve sorgfältig erwogen und geprüft. Verwenden Sie als mündiger Patient die Informationen nicht selbständig als Grundlage für gesundheitsbezogene Entscheidungen und treffen Sie keine Selbstdiagnosen. Die Beschreibungen dienen der allgemeinen Information über Gesundheitsthemen, nicht der Beratung im Falle individueller Anliegen. Bei gesundheitlichen Beschwerden konsultieren Sie bitte ihren Arzt oder Zahnarzt. Nur eine individuelle Untersuchung kann zu einer Diagnose und Therapieentscheidung führen. Eine Haftung des Autors, des Herausgebers und des Verlages für Personen-, Sach- und Vermögensschäden ist ausgeschlossen.

3.1 Einführung

Beim Schreiben des III. Teiles dieses Werkes, welches den Leser einigermaßen mit der homöopathischen Behandlung der am häufigsten vorkommenden Krankheiten bekannt machen soll, haben wir versucht, uns auf das Wichtigste zu beschränken, ohne es dabei an der notwendigen Deutlichkeit fehlen zu lassen. Wir beabsichtigen nicht, eine erschöpfende Darstellung aller Mittel, die bei jeder Krankheit in Anwendung kommen können, zu geben, da der Laie hierdurch nur in Verwirrung gebracht wird. Unser Zweck ist vielmehr: erstens durch eine einfache, für jedermann leicht fassliche Beschreibung der Krankheitserscheinungen **auf den Anfang ernster Krankheiten** und auf die Maßregeln, die **bis zur Ankunft des Arztes** getroffen werden müssen, aufmerksam zu machen; zweitens erprobte Ratschläge zu geben **zur Verhütung ernster und gefährlicher Krankheiten** durch eine vernünftige Lebensweise und eine geeignete Anwendung von Arzneien und drittens bei einfachen Unpässlichkeiten des täglichen Lebens, bei welchen ärztlicher Beistand erfahrungsgemäß selten verlangt wird, **auf diejenigen homöopathischen Mittel hinzuweisen**, welche guten Erfolg versprechen und jedenfalls den vielen Geheim- und Universalmitteln vorzuziehen sind, welche vielfach gebraucht werden, aber oft mehr Schaden als Nutzen bringen und auf alle Fälle zu teuer bezahlt werden müssen.

Ernste und langwierige Krankheiten selbst zu behandeln, ist jedem Laien dringend zu widerraten, da die Einsicht in die Art der Krankheit, der Rat und die Erfahrung und nicht zum wenigsten das objektive Urteil eines Sachverständigen in solchen Fällen nicht entbehrt werden können. Dass wir einige solcher Krankheiten dennoch besprochen haben, hat seinen Grund in der Erkenntnis, dass es für viele, z. B. für Bewohner entlegener Orte in unterentwickelten Ländern, Schiffskapitäne, Missionare usw., die ärztliche Hilfe oft gar nicht erlangen können und deshalb nicht selten aus der Not eine Tugend zu machen gezwungen sind, eine Beruhigung und von großem Nutzen sein kann, eine zuverlässige Anleitung über die in solchen Fällen geeignetsten Maßregeln und Mittel zur Hand zu haben. Die günstige Aufnahme, welche den vorigen Auflagen dieses Werkes zuteilwurde, hat uns in der Auffassung bestärkt, hier das Richtige getroffen zu haben.

Für den mündigen Patienten ist es wichtig, wenigstens einigermaßen mit der Wirkungsweise und Anwendung der homöopathischen Arzneimittel bekannt zu sein, da man hierdurch ein besseres Verständnis für das Angezeigtsein eines Mittels in einem bestimmten Krankheitsfalle bekommt. Die Aussicht auf einen guten Erfolg wird dadurch erhöht. Wir empfehlen zudem zur Vergleichung in jedem vorkommenden Krankheitsfall, das vorherige Kapitel, welcher die Angabe der niedrigsten gebräuchlichsten Potenz wichtiger Arzneimittel enthält.

3.2 Fieber und Fieberbehandlung

Die meisten akuten, d. h. einen schnellen Verlauf nehmenden oder plötzlich eintretenden Krankheiten sind von **Fieber** begleitet, sei es, dass dieses gleich im A n f a n g auftritt oder sich im w e i t e r e n V e r l a u f der Krankheit bei Ausdehnung des örtlichen Krankheitsprozesses bemerkbar macht. Auch bei chronischen, d. h. einen langsamen Verlauf nehmenden und lange dauernden Krankheiten kommt Fieber vor, meistens jedoch nur dann, wenn der Krankheitsprozess eine akute Verschlimmerung erfährt. Obwohl Fieber keine selbständige Krankheit ist, ist es doch von großer Wichtigkeit, einigermaßen mit seinem Auftreten und seinen Kennzeichen bekannt zu sein. Wenn jemand über Frösteln oder Hitzegefühl im ganzen Körper, besonders im Kopf, ferner über Kopfschmerzen, Mangel an Appetit und ein allgemeines unbehagliches Gefühl klagt, liegt die Vermutung nahe, dass er „fiebrig" ist oder „Fieber" hat. Geht der Puls dabei sehr rasch, bei Erwachsenen mehr als ungefähr 80 Schläge in der Minute, bei Kindern mehr als 100 Schläge in der Minute, dann ist es sehr wahrscheinlich, dass Fieber vorhanden ist; das w i c h t i g s t e Kennzeichen des Fiebers ist jedoch **die Erhöhung der Körpertemperatur,** welche auf s i c h e r e Weise nur mittels des Fieberthermometers festgestellt werden kann. Ein derartiges Instrument verdient deshalb einen Platz in jeder Familie, besonders wo Kinder sind; seine Anschaffung verursacht nur geringe Kosten und hat den Vorteil, dass man sofort beim Anfang jeder Krankheit feststellen kann, ob Fieber da ist und demgemäß die geeigneten Maßregeln treffen kann.

Wie oben schon bemerkt wurde, ist Fieber keine selbständige Krankheit; es ist vielmehr ein Zeichen, dass etwas im Körper nicht in Ordnung ist; um welche Krankheit es sich handelt, ist in manchen Fällen sofort, in anderen erst nach einem oder mehreren Tagen festzustellen. Die das Fieber begleitenden Krankheitserscheinungen können hierüber Aufklärung geben; so zeigen z. B. Husten und Seitenstiche, wenn sie mit hohem Fieber einhergehen, auf eine Entzündung der Atmungsorgane; Kopfschmerzen, Phantasieren und Erbrechen auf Gehirnhautentzündung; Fieber, dem heftiger Frost vorhergeht und Schweißausbruch folgt, auf Wechselfieber hin, usw. usw. Bei Kindern ist es ratsam, stets in den H a l s z u s e h e n , da nicht selten hier die Ursache des Fiebers zu finden ist. Es braucht wohl nicht gesagt zu werden, dass es in allen Fällen von *hohem Fieber, anhaltendem Fieber* oder *Fieber, dessen Ursache nicht sogleich erkennbar ist,* nötig ist, u n g e s ä u m t ärztlichen Rat einzuholen.

Welches ist nun die beste **Behandlung** einer plötzlich eintretenden fieberhaften Krankheit? Für den aufmerksamen Leser ist es nicht nötig, zu sagen, dass es verkehrt ist, das Fieber durch starke, fiebervertreibende Arzneimittel gewaltsam zu unterdrücken; wir haben uns hierüber in den vorhergehenden Abschnitten deutlich ausgesprochen. Der Homöopath denkt in derartigen Fällen stets in erster Linie an zwei Mittel, welche nach dem „Simile-Prinzip" angezeigt sein können, und zwar an **Aconitum** und **Belladonna,** welche beide auf die Blutgefäße und den Blutkreislauf wirken. Geht das Fieber mit heißer, t r o c k e n e r Haut und Unruhe einher, und ist es infolge von Erkältung entstanden, dann ist **Aconitum** angezeigt; geht es jedoch mit S c h w i t z e n einzelner Körperteile, Blutandrang nach dem Kopf und Klopfen der Halsadern einher, dann ist **Belladonna** am Platze. Von diesen Mitteln verabreiche man 1- bis 2stündlich, je nach der Heftigkeit der Erscheinungen, 5 Tropfen der 3. oder 4. Dezimalverdünnung in einem Teelöffel Wasser. Ist man sich nicht klar, welches Mittel am meisten angezeigt ist, dann verabreiche man b e i d e M i t t e l i m W e c h s e l. Sobald aus dem ferneren Verlauf hervorgeht, mit welcher Krankheit man es zu tun hat, kommen die für dieselbe angezeigten Mittel in Betracht. Empfehlenswert ist es ferner, die Wirkung der i n n e r l i c h e n Mittel durch eine zweckmäßige ä u ß e r l i c h e Behandlung zu unterstützen. Dieses kann durch n a s s e U m s c h l ä g e, k ü h l e W a s c h u n g e n des ganzen Körpers geschehen. Bei Kindern empfehlen wir besonders das Anlegen n a s s e r S t r ü m p f e.

3.3 Herzkrankheiten

Ein gesundes Herz ist die erste Bedingung für einen normalen B l u t k r e i s l a u f und dieser wiederum ist ein wichtiger Faktor für unser körperliches Wohlbefinden. Sind wir gesund, dann bemerken wir, sozusagen, nichts von der Tätigkeit des Herzens, von dessen unermüdlichen, Tag und Nacht währenden Arbeit wir uns einen kleinen Begriff machen können, wenn wir hören, dass das Herz sich täglich 100.000mal, jährlich mehr als 37.000.000mal zusammenzieht, und jeden Tag eine Kraft entwickelt, groß genug, um ein Kilogramm 87.000 Meter hoch zu heben! Die größere oder geringere Tätigkeit des Herzens können wir nach dem Puls beurteilen, welcher bei Erwachsenen mit normaler Gesundheit ungefähr 70 Schläge in der Minute, bei Säuglingen 120 bis 130 und bei Greisen 60 beträgt. (Siehe hierzu die schematische Darstellung des Blutkreislaufes in Abb. 21, Seite 131.)

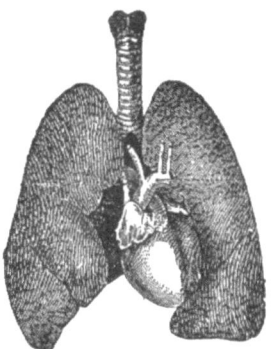

Abb. 19: Herz und Lungen

Bei allen fieberhaften Krankheiten ist der Pulsschlag beschleunigt, das Herz muss mehr als die gewöhnliche Arbeit verrichten. Wir können deshalb begreifen, dass lang dauernde Fieberzustände das Herz überanstrengen und endlich schwächen. Am gefährlichsten für das Herz sind in dieser Hinsicht die ansteckenden Krankheiten, wie Typhus, Diphtherie, Influenza, während rheumatisches Fieber oft zu chronischen Herzleiden Veranlassung gibt. Das erste Zeichen einer Herzkrankheit besteht oft in Herzklopfen. Dies kann allerdings auch bei einem vollkommen gesunden Herzen durch Gemütsbewegung, körperliche Anstrengung, Nervenschwäche oder Blutarmut verursacht werden. Ferner sind Schmerzen in der Herzgegend, beklemmendes Gefühl auf der Brust oder Atembeschwerden Kennzeichen, dass etwas am Herzen nicht in Ordnung ist, obgleich diese Symptome auch durch andere Krankheiten hervorgerufen werden können. Da es deshalb unmöglich ist, aus subjektiven Beschwerden allein eine Herzkrankheit zu erkennen, ist jedem, der solche Erscheinungen *wiederholt* bei sich selbst wahrnimmt, dringend anzuraten, *sich einer genauen ärztlichen Untersuchung zu unterziehen.* Durch B e k l o p f e n (*Perkussion*) des Brustkastens und B e h o r c h e n (*Auskultation*) der Herztöne mit dem Stethoskop ist es möglich, festzustellen, ob ein Herzfehler vorhanden ist, während das M e s s e n   d e s   B l u t d r u c k s die Kraft des Herzens und die Verfassung des Blutgefäßsystems zu beurteilen ermöglicht. Letzteres geschieht Beispielsweise mit einem Blutdruckapparat nach Riva-Rocci, wie solcher in Abb. 20 dargestellt ist.

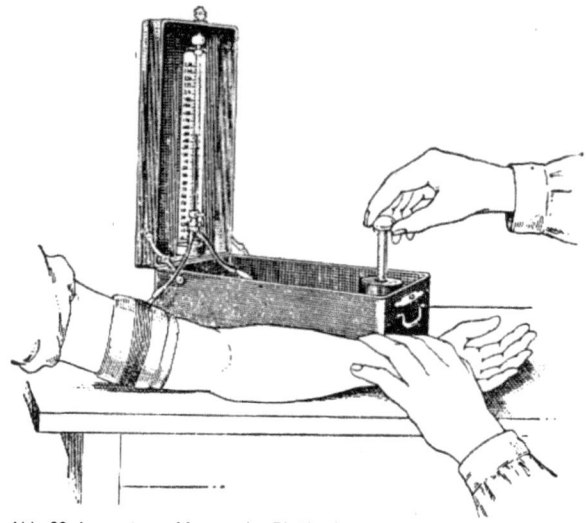

Abb. 20: Apparat zum Messen des Blutdrucks

Dieser Apparat besteht aus einer Gummimanschette, welche um den Oberarm geschnallt wird, einem Gebläse und einem Quecksilbermanometer, welche durch Gummischläuche untereinander verbunden sind. Die Manschette wird unter gleichzeitigem Fühlen des Pulses aufgeblasen, sobald der letztere verschwindet, liest man die Höhe des Blutdrucks am Manometer ab. Der normale Blutdruck beträgt 110 bis 150 mm, ist er höher oder niedriger, dann ist meistens ein krankhafter Zustand vorhanden, so ist z. B. Arterienverkalkung von hohem, Herzschwäche von niederem Blutdruck begleitet.

Von der größten Wichtigkeit für Herzleidende sind Lebensweise und Diät. Was die Diät betrifft, so sind alle *reizenden Genussmittel,* wie Tee, Kaffee, starke alkoholische Getränke und Tabak, gänzlich zu meiden. *Schwerverdauliche Speisen,* wie frisches Brot, Erbsen und Bohnen, einige Kohlarten, *viele Flüssigkeiten* und *zu reichliche Abendmahlzeiten* müssen vermieden werden. Die Lebensweise muss ruhig sein, frei von großen körperlichen und geistigen Anstrengungen; vor allem müssen Radfahren, Rudern, Schwimmen, Reiten, Tanzen, Fußtouren entweder ganz Vermieden oder wenigstens sehr mäßig ausgeübt werden. Die Wahl eines Berufs ist deshalb auch für Herzleidende von großer Wichtigkeit. Am besten befinden sich solche Kranke bei einer Tätigkeit, welche, wie Büroarbeit, geschäftliche Tätigkeit oder Unterrichten, keine zu große körperliche Kraftanstrengung erfordert und noch Zeit genug übrig lässt, um täglich einige Stunden die frische Luft zu genießen. Große Kälte wie große Hitze sind für Herzkranke gleich schädlich. Die Wohnung muss sonnig, luftig und nicht zu hoch gelegen sein, um das viele Treppensteigen zu vermeiden. Sehr kalte Waschungen, Bäder, Duschen können für Herzkranke gefährlich werden, dagegen leisten Kaltwasserkompressen auf die Herzgegend bei Herzklopfen und Unruhe gute Dienste.

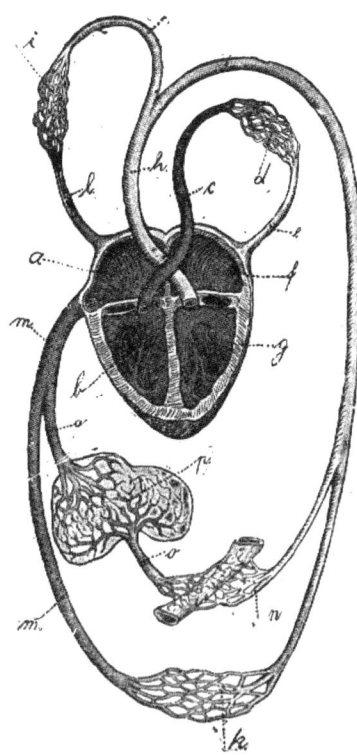

Abb. 21: a. Rechter Vorhof. b. Rechte Herzkammer, c. Lungenarterie. d. Haargefäße in der Lunge. e. Lungenvene. f. Linker Vorhof. g. Linke Herzkammer, h. Aorta, h1. Große Körperarterie. h2. Kopfarterie, i. Haargefäße im Kopf. k. Haargefäße in den Beinen. l. Obere Hohlvene. m. Untere Hohlvene. n. Arterie der Eingeweide, o. (Zwischen p und n) Pfortader, p. Haargefäßnetz in der Leber, o. (Zwischen m und p) Lebervene.

1. Herzklopfen

… *(Palpitatio cordis)* kann, wie wir bereits gesehen haben, die verschiedensten Ursachen haben. Wir besprechen hier nur das sog. *nervöse* Herzklopfen, welches weder durch Fieber noch durch eine eigentliche Herzkrankheit verursacht wird. Dasselbe tritt vorwiegend bei nervösen und blutarmen Personen, bei jungen Leuten in den Entwicklungsjahren, während der Menstruation, in den Wechseljahren der Frauen, nach Gemütsbewegungen, nach Überladung des Magens, bei Verdauungsstörungen und nach übermäßigem Genuss von Kaffee, Tee, Alkohol und Tabak auf. Es wird durch Reizung der Herznerven verursacht, tritt bald zu bestimmten, bald zu unregelmäßigen Zeiten auf und ist meistens von Angst, Unruhe, Schweiß, Schwindel und Kopfschmerzen begleitet. Die Tätigkeit des Herzens kann oft so stürmisch werden, dass man 150 und mehr Pulsschläge in der Minute zählt. Direkte Lebensgefahr ist jedoch nicht vorhanden. Meistens geht der Anfall schnell vorüber, wenn man für frische Luft sorgt und kalte Aufschläge auf die Herzgegend macht.

Bei *anhaltendem* Herzklopfen denke man jedoch an B a s e d o w - s c h e   K r a n k h e i t .

Homöopathische Mittel bei nervösem Herzklopfen sind: **Spigelia D 3** und **Strophantus D 4,** ferner noch **Aconitum D 4, Belladonna D 4, Coffea D 3, Veratrum D 4,** letzteres besonders, wenn Gesicht und Hände mit kaltem Schweiß bedeckt sind. Die Verbesserung der Konstitution und das Vermeiden obengenannter Ursachen müssen im Auge behalten werden, um das Wiederholen der Anfälle zu verhindern. Besonders müssen Neurastheniker alles vermeiden, was die Herznerven reizt. Überladung des Magens muss vermieden, für geregelten Stuhlgang und warme Füße gesorgt werden; Spaziergänge auf langsam steigenden Wegen, leichte gymnastische Übungen und Tiefatmen sind zu empfehlen. Bei aufgeregten Nerven leistet der einige Zeitlang fortgesetzte Gebrauch von **Zinc. valerian. D 3** gute Dienste.

2. Entzündung des Herzens und seiner Klappen

... *(Endocarditis)* tritt vorwiegend im Verlaufe des akuten Gelenkrheumatismus auf und ist zu den gefährlichsten Krankheiten zu rechnen, welche nur von einem Sachverständigen erkannt und mit Aussicht auf guten Erfolg behandelt werden können. Selbst wenn die Krankheit einen günstigen Verlauf nimmt, können Störungen des Herzklappenapparates Zurückbleiben, wodurch der ganze Blutkreislauf dauernd gestört wird. Zuweilen wird auch der Herzbeutel, welcher das Herz umschließt, angegriffen und bildet sich in demselben ein Exsudat (Wasseransammlung) ähnlich wie bei Brustfellentzündung; hohes Fieber, rascher Puls, Atemnot, Herzklopfen und große Schwäche sind Symptome dieser Krankheit. Bei diesen Entzündungen sind absolute

Ruhe, kalte Aufschläge auf die Herzgegend, Fieberdiät und wiederholtes Einnehmen von **Aconitum D 3** im Anfang angezeigt. In Fällen, wo ärztliche Hilfe entweder gar nicht oder nicht rechtzeitig zur Stelle sein kann, raten wir mit folgenden Mitteln einen Versuch zu machen: **Spigelia D 3** bei Herzklopfen und Schmerzen in der Herzgegend und im linken Arm; **Bryon. D 3** bei stechenden Schmerzen, welche durch Bewegung verschlimmert werden; **Strophant. D 4** bei Herzschwäche (daneben Wein zu verabreichen); **Arsen. alb. D 5** bei Atemnot und Kräfteverfall, großem Durst und eingefallenen Zügen; **Crataegus D 2,** ein n e u e r e s Mittel, welches bei unregelmäßigem Puls und Anzeichen von Wassersucht oft gute Dienste leistet.

3. Organische Herzklappenfehler

… im gewöhnlichen Sprachgebrauch **Herzfehler** *(Vitium cordis)* genannt, sind entweder angeboren oder im Verlaufe akuter Krankheiten erworben. Meistens sind sie die Folge einer Entzündung der Herzklappen, wie solche besonders bei Gelenkrheumatismus, zuweilen auch bei Typhus, Scharlach oder Diphtherie hinzutritt. Auch Verkalkung der Arterien, wie solche bei älteren Leuten gefunden wird, kann zu Herzfehlern Veranlassung geben. Durch Verdickung, Schrumpfung oder Verkalkung der Herzklappen entstehen allerlei Kreislaufstörungen, welche den ganzen Körper in Mitleidenschaft ziehen. Die Natur sucht sich selbst durch erhöhte Tätigkeit des Herzens und Vermehrung der Herzmuskelsubstanz zu helfen, so dass jemand jahrelang einen organischen Herzfehler haben kann, ohne besondere Beschwerden zu empfinden. Der Herzfehler ist dann, wie man sagt, „kompensiert". Sobald jedoch die Herzkraft zu erlahmen anfängt, treten die charakteristischen Symptome eines gestörten Blutkreislaufes auf, welche sich zuerst in Herzklopfen, beklemmendem Gefühl auf der Brust, Kurzatmigkeit, kalten Händen und Füßen, weiterhin in Husten mit blutgefärbtem Auswurf, unregelmäßigem Puls, Verdauungsstörungen, Leberschwellungen, dunklem Urin, blauen Lippen und endlich Schwellung der Füße und Wasser- sucht äußern.

Von der allergrößten Wichtigkeit ist die **rechtzeitige** *Feststellung des Herzfehlers durch eine genaue ärztliche Untersuchung*, weil der Kranke alsdann seine ganze Lebensweise nach der Art seiner Krankheit einrichten kann. Herzleidende können ganz gut ein schönes Alter erreichen, wenn sie die im Anfang dieses Abschnittes empfohlene Lebensweise befolgen. Auch stehen uns in **Spigelia, Strophantus, Cra-**

taegus, **Digitalis, Arsenicum, Kalium carbonicum** Mittel zur Verfügung, welche sowohl bei einzelnen belästigenden Symptomen, als bei dem ganzen Zustande gute Dienste leisten. Bei Verdauungsstörungen, Leberschwellung und Hämorrhoiden sind **Natr. mur. D 6, Card. marian. D 2, Lycopod. D 6**; bei Herzklopfen: **Spigelia D 3, Strophant. D 4, Digitalis D 4, Lycopus virginicus D 2** bis **D 1** (letzteres, in Amerika häufig verwandtes Mittel, ist nicht nur bei Herzkrankheiten, sondern auch bei anderen, von Herzklopfen begleiteten Krankheiten von Nutzen, da es einen beruhigenden Einfluss auf das Herz ausübt); bei Husten, Katarrh und Kurzatmigkeit: **Kal. carb. D 3, Arnica D 3, Phosph. D 6, Digitalis D 3, Arsen. alb. D 5** angezeigt, während bei den Erscheinungen der Wassersucht **Apocyn. cann. D 2, Kalium nitricum (= Nitrum) D 2** und besonders **Digitalis** oft von guter Wirkung sind. Hierbei ist es von Interesse, zu bemerken, dass die günstige Wirkung der D i g i t a l i s bei Kompensationsstörungen durch das h o m ö o p a t h i s c h e Grundprinzip seine Erklärung findet. Kleine Gaben Digitalis vermehren bei Gesunden die Spannung der Blutgefäße, erhöhen den Blutdruck und haben demgemäß einen verlangsamenden Einfluss auf den Puls, während durch große oder oft wiederholte kleinere Gaben Digitalis der Blutdruck herabgesetzt, die Spannung der Blutgefäße verringert und der Puls rasch und unregelmäßig wird. Dem Simile-Prinzip entsprechend passen demnach kleine Gaben Digitalis bei Krankheitszuständen, welche durch einen langsamen Puls und erhöhten Blutdruck gekennzeichnet sind, während die größeren Gaben bei unregelmäßigem und raschem Puls, wie dieser bei Kreislaufstörungen im Verlaufe von Herzkrankheiten oft vorkommt, angezeigt sind. Die Anwendung derartig großer Gaben muss jedoch dem Arzt vorbehalten bleiben. In manchen, jedoch nicht in allen Fällen letztgenannter Art, kann Digitalis mit Vorteil durch **Crataegus** ersetzt werden, welches in Gaben von 5 bis 10 Tropfen der Tinktur oft sehr günstig wirkt.

Schließlich erwähnen wir noch, dass Luftveränderung, Landaufenthalt, elektrische Behandlung oder eine Kur in Badeorten, wie z. B. Bad-Nauheim, bei chronischen Herzfehlern zuweilen von großem Nutzen sind.

4. Herzerweiterung

... *(Dilatatio cordis),* welche oft mit **Herzvergrößerung** *(Hypertrophie)* zusammengeht, tritt meistens im Verlauf der oben erwähnten organischen Herzkrankheiten auf; sie kann jedoch auch infolge von Nierenkrankheiten, Lungenerweiterung, Alkoholmissbrauch oder durch übermäßige Körperanstrengung, z. B. übertriebenes Radfahren, entstehen. Im letzteren Falle genügen oft vollständige Ruhe, kalte Aufschläge auf die Herzgegend und das Einnehmen von **Arnica D 2** zur Heilung.

5. Wassersucht

... *(Hydrops)* ist niemals eine selbständige Krankheit, sondern stets das Symptom einer anderen Krankheit, und zwar meistens einer Herz-, Nieren-, Leber- oder Blutkrankheit. Wir unterscheiden: H a u t w a s - s e r s u c h t , welche durch Schwellung der Haut gewisser Körperteile gekennzeichnet ist; W a s s e r s u c h t , welche sich auf Körperhöhlen, wie B a u c h   u n d   B r u s t beschränkt, und a l l g e m e i n e   W a s - s e r s u c h t , welche sich über den ganzen Körper erstreckt. Bei H e r z - k r a n k e n fängt die Wassersucht gewöhnlich an den Beinen, bei N i e r e n k r a n k e n im Gesicht, bei L e b e r k r a n k e n im Leibe an. Blutarme Leute und schwangere Frauen leiden oft an geschwollenen Füßen; man kann die wassersüchtige Schwellung daran erkennen, dass beim Druck mit dem Finger eine Vertiefung in der Haut entsteht, die nur langsam wieder verschwindet.

Die meisten Leute haben große Furcht vor Wassersucht; es ist denn auch wahr, dass diese oft den Schluss mancher unheilbaren Krankheit bildet, jedoch kommt Heilung oder wenigstens Besserung von Wassersucht, selbst bei längerem Bestehen, durch eine sorgfältige homöopathische Behandlung nicht allzu selten vor. In dieser Hinsicht hat die sog. K a r e l i s c h e   K u r , welche in letzter Zeit aufgekommen ist, gute Erfolge aufzuweisen. Diese Kur besteht aus *strenger Bettruhe* in Verbindung mit *Milchdiät*. Der Kranke, welcher im Bett bleiben muss, bekommt in den ersten 4 Tagen weiter nichts als 4mal täglich 200 Gramm Milch, von da ab werden 1 Ei, etwas Brot, Gemüse und Fleisch hinzugefügt; die flüssige Nahrung darf jedoch während 3 Wochen 1 Liter täglich nicht überschreiten. Bei dieser Behandlung nehmen in heilbaren Fällen die wassersüchtigen Schwellungen schon nach der ersten Woche ab, um bald ganz zu schwinden, während auch die übrigen Beschwerden gebessert werden.

Von **homöopathischen** Mitteln, die bei **Wassersucht** in Betracht kommen, nennen wir bei H e r z k r a n k h e i t e n : **Apocyn. cann. D2, Crataegus D 2 bis Tinktur, Digitalis D 1** (letzteres darf jedoch nur auf ärztliche Verordnung genommen werden); bei N i e r e n k r a n k - h e i t e n : **Apis D 3, Arsen. alb. D 4 bis D 6**; bei L e b e r - k r a n k h e i t e n : **Bryonia D 3, Arsen. alb. D 4, Lycopod. D 6**; bei

Bauchwassersucht: **Heilebor. D 2, Blatta Orient. D 2, Pilocarp. D 6, Aur. mur. natr. D 4**; bei Blutarmut: **Ferrum D 6, China D 3, Calc. phosph. D 6**; bei Milzkrankheiten: **Ceanoth. amer. D 3, Kal. jod. D 2**; bei Eierstock Wassersucht: **Apisin. D 5.** Bei Schwellungen der Beine sind ferner noch Einreibungen mit Öl, Massage und Wickelungen der Beine mit Trikotschlauchbinden zu empfehlen. In langwierigen Fällen von Wassersucht kann der Arzt unter Umständen die Beschwerden des Kranken durch eine Operation erleichtern.

6. Herzschwäche

... kann im Verlaufe akuter Krankheiten, z. B. Typhus, Influenza, bei Blutvergiftung und den meisten Herzkrankheiten auftreten. Die Kennzeichen sind: schwacher Puls, großes Schwächegefühl, kühle Haut und blaue Lippen. Bei einem plötzlich auftretenden Anfall von Herzschwäche (sog. *Kollaps*) reiche man dem Kranken Wein, Champagner, Kognak mit Wasser oder starken Kaffee, reibe die Glieder mit heißen Tüchern und mache Aufschläge mit heißem Wasser auf die Herzgegend. Hat man **Camphora Rubini** zur Hand, dann gebe man davon wiederholt einige Tropfen in warmem Wasser.

Bei blutarmen, nervenschwachen Personen kommt **nervöse Herzschwäche** viel vor; dieselbe ist nicht gefährlich. Der Kranke beklagt sich über Brustbeklemmung, Schmerzen in der Herzgegend, Hitze, mit Frost abwechselnd, und über großes Angstgefühl. Die Veranlassung zu solchen Anfällen ist sehr oft eine Aufregung oder Gemütsbewegung. Einige Tropfen **Arsen. alb. D 4** auf Zucker verschaffen gewöhnlich Erleichterung. Im Übrigen gelten für solche Patienten die Vorschriften, welche unter **Herzklopfen** und **Neurasthenie** gegeben sind.

7. Herzlähmung

... ist gewöhnlich das Ende der Krankheiten, welche von großer, anhaltender Herzschwäche begleitet sind. Plötzliche Herzlähmung kann bei Herzkranken infolge heftiger Gemütsbewegung oder außergewöhnlicher Körperanstrengung Vorkommen. Der Kranke fällt, wie vom Blitz getroffen, tot nieder. Glücklicherweise sind solche Fälle selten. Dass sie vorkommen, sei eine Warnung für alle Herzleidenden, derartigen Veranlassungen so viel wie möglich zu vermeiden.

8. Herzverfettung

… *(Cor adiposum)* ist entweder eine Begleiterscheinung der *allgemeinen Fettsucht,* wobei das Herz von einer dicken Fettschicht umgeben ist oder eine *selbständige Entartung des Herzmuskels,* wobei das Muskelgewebe allmählich in Fettgewebe verwandelt wird. (Siehe hierzu die untenstehende Abb. 22.) Sie kommt meistens bei älteren Leuten vor. Die veranlassenden Ursachen sind: zu üppiges Leben, Alkoholmissbrauch, anhaltende Überanstrengung des Herzens und Krankheiten der Herzblutgefäße. Die Symptome sind: schnelles Ermüden, Kurzatmigkeit, Herzklopfen, Herzschwäche, asthmatische Anfälle, Schwindel, Ohnmachtsanfälle.

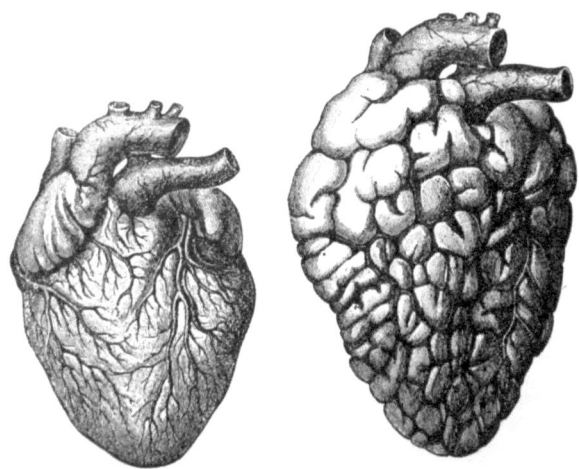

Abb. 22: Links normales Herz. Rechts vergrößertes und verfettetes Herz

Von der *größten* Wichtigkeit sind die Vorbeugungsmaßregeln bei anfangender Herzverfettung. Übermäßige körperliche Anstrengungen, heftige Gemütsbewegungen, Aufregungen müssen tunlichst vermieden werden. Tägliche Spaziergänge, am besten auf ansteigenden Wegen, tragen dazu bei, den Herzmuskel zu kräftigen und die Bildung von Fettgewebe möglichst zu verhüten. Auch systematische Heilgymnastik unter ärztlicher Aufsicht ist zweckdienlich. Möglichst langer Aufenthalt in frischer, am besten Gebirgs- oder Waldluft, ist zu empfehlen, langes Schlafen dagegen zu entraten. Die Diät muss genau geregelt werden. S t r e n g   v e r b o t e n sind starke alkoholische Getränke (außer bei Anfällen von Herzschwäche, wo sie zuweilen nötig sein können), Kaffee und Tee, sowie zu r e i c h l i c h e s   T r i n k e n , Mehlspeisen, Zucker, Kartoffeln werden am besten ganz gemieden, während alle anderen Nahrungsmittel erlaubt und besonders Obst und Gemüse empfehlenswert sind.

Die **Behandlung** muss natürlich dem Arzt überlassen werden. Wir warnen vor zu e n e r g i s c h e n Entfettungskuren, weil dadurch das Fettgewebe, in welchem das Herz liegt, zu schnell verschwindet, das Herz seine Stütze verliert und Herzerweiterung, von Herzschwäche begleitet, eintreten kann. Eine v o r s i c h t i g e Entfettungskur unter ärztlicher Aufsicht kann jedoch in nicht zu weit vorgeschrittenen Fällen völlige Heilung bewirken. Die Erfahrung hat gelehrt, dass die Gold-Präparate, gehörig zerrieben und verdünnt, in dieser Krankheit gute Dienste leisten. **Aurum D 6, Aur. mur. natr. D 6, Aur. jod. D 4** sind zu empfehlen, auch **Phosphorus** ist nach dem Simile-Prinzip angezeigt. Bei Atemnot und Herzschwäche kommen **Arnica D 2, Arsen. alb. D 4** bis **D 6, Strophant. D 4** in Betracht.

9. Herzkrampf

... (*Angina pectoris*) ist ein äußerst schmerzhaftes, periodisch auftretendes Leiden, welches entweder eine N e u r a l g i e der Herznerven darstellt oder auf o r g a n i s c h e n V e r ä n d e r u n g e n der Muskeln oder der Gefäße des Herzens beruht und u. a. auch im Verlauf der A r t e r i o s k l e r o s e häufig vorkommt. Die Krampfanfälle kommen besonders bei rheumatischen, neurasthenischen und hysterischen Personen vor und können durch übermäßigen Tabakgenuss, große Kälte, heftige Gemütsbewegungen und übermäßige Körperanstrengungen verursacht werden.

Beim Anfall entstehen plötzlich h e f t i g e Schmerzen in der Herzgegend, welche in den linken Arm ausstrahlen und von großem Angstgefühl, Atemnot, Blässe des Gesichtes und Kälte der Hände und Füße begleitet sind. Der Kranke hat die Empfindung, als ob das Herz von einer unsichtbaren Hand mit eisernem Griff umklammert oder zerrissen wird. Der Atem geht schneller, der Puls ist bald beschleunigt, bald verlangsamt, zuweilen unregelmäßig. Der Anfall hat eine Dauer von einigen Minuten bis zu Stunden und kann sich öfters wiederholen und auch jahrelang wegbleiben.

Behandlung. Beim Anfall selbst ist es uns meistens gelungen, mit oft wiederholten Gaben von **Arsen. alb. D 4** bis **D 6,** alle 2 Minuten 3 Tropfen, h e i ß e n Hand- und Fußbädern, deren Wirkung, wenn nötig, noch mit Senfmehl erhöht werden kann, schnelle Linderung zu verschaffen; auch **Belladonna D 3** und **Glonoin. D 5** sind manchmal angezeigt. Von großer Wichtigkeit zur Verhütung der Anfälle ist eine ärztliche Untersuchung, um die mutmaßliche Ursache des Leidens zu entdecken, fernerhin eine vernünftige Lebensweise und Diät, wie wir dieselbe schon wiederholt als die für Herzleidende geeignetste erwähnt haben; Männer müssen sich auch v o m T a b a k g e n u s s g ä n z - l i c h e n t h a l t e n. Als Heilmittel der ursächlichen Krankheit kommen in Betracht: Aurum-Präparate (s. **Herzverfettung)** bei organischen Herzveränderungen; **Asa foet. D 3, Zinc. valer. D3** bei hysterischen und neurasthenischen Personen; **Cimicif. D 3, Kalmia D 3, Ledum D 3, Spigelia D 3** bei Rheumatismus- und Gichtleidenden; **Nux vomica D 4** und **Tabacum D 6** bei vorangegangenem Tabakmissbrauch. Schließlich erwähnen wir noch, dass kohlensäurehaltige Bäder manchmal gute Wirkung haben.

10. Die Krankheiten des Gefäßsystems

… welche wir im Anschluss an die Herzkrankheiten noch kurz besprechen wollen, werden verteilt in Krankheiten der **Pulsadern** oder **Arterien** und Krankheiten der **Blutadern** oder **Venen.**

Die Wandungen der **Arterien** können entarten oder verkalken, wodurch Blutkreislaufstörungen entstehen, welche zu Herzkrankheiten Veranlassung geben können. Durch Erweichung oder Brüchigkeit der Arterien können auch leicht Zerreißungen der Gehirngefäße auftreten, wodurch Schlaganfall entsteht. Die **Arterienverkalkung** (*Arteriosklerose*) ist eigentlich ein Abnutzungsprozess der Arterien und kommt als Alterserscheinung auch bei sonst gesunden Personen häufig vor. Bei jüngeren Personen sind u. a. *Fettsucht, Syphilis* und *Alkoholmissbrauch* die Ursachen, vor welchen man sich also zu hüten hat. Der Verlauf dieser Krankheit ist sehr langsam; die daran Leidenden können sehr gut ein hohes Alter erreichen, wenn sie ihre Lebensweise nach den Vorschriften, die wir für Herzleidende gegeben haben, einrichten. Ein gutes diätetisches Mittel ist **Buttermilch,** welches die Kalksalze im Blut aufgelöst enthält; auch der regelmäßige Gebrauch von **Joghurt** ist wegen seiner günstigen Wirkung auf den Verdauungsprozess zu empfehlen. Als Heilmittel können **Aur. jod. D 4, Crataegus D 2 bis D1** und **Kalium jodatum D 2** empfohlen werden; das Hauptgewicht muss jedoch auf die **hygienische Lebensweise** (vor allem Vermeiden von Alkohol und Tabak) und auf die **Vorbeugungsmaßregeln** gelegt werden.

Die **Blutadern** oder **Venen** sind ebenfalls Krankheiten unterworfen. Durch Entzündung der Innenwand dieser Blutgefäße kann zur Gerinnung des Blutes und zur Bildung eines sog. B l u t p f r o p f e n s Veranlassung gegeben werden, welch letzterer durch den Blutstrom in das eine oder andere Organ verschleppt wird, sich dort festsetzt und verschiedene, oft sehr gefährliche Erscheinungen verursachen kann. Auf diese Weise können z. B. Lungenentzündung, Lähmung, plötzliche Erblindung entstehen. Alle derartigen Fälle können nur von einem Sachverständigen beurteilt und richtig behandelt werden. Wir erwähnen sie nur, um darauf hinzuweisen, wie wichtig es bei **allen Venenentzündungen,** wie sie z. B. bei Wöchnerinnen zuweilen vorkommen, ist, die größtmögliche Ruhe im Bett zu beobachten, bis die Entzündung gewichen und die Gefahr der Bildung eines Blutpfropfens vorbei ist. Bei schmerzhafter Schwellung des Armes oder des Beines, welche von Venenentzündung ergriffen sind, können nasse Umschläge mit Wasser, dem etwas **Hamamelis-Tinktur** beigefügt ist, sowie Einnehmen von **Hamamelis-Extrakt** empfohlen werden. Massage ist dagegen strengstens verboten.

Durch **Stockungen des Blutkreislaufes,** z. B. infolge von Druck auf die großen Blutgefäße, wird der Rückfluss des Blutes in den Venen erschwert, wodurch besonders an den Extremitäten Venenerweiterungen, auch **Krampfadern** oder *Blutaderknoten* (*Varices*) genannt, entstehen. A n h a l t e n d e s S t e h e n, chronische Stuhlverstopfung, S c h w a n g e r s c h a f t und Unterleibskrankheiten sind die am meisten vorkommenden Ursachen dieses unangenehmen Leidens, welches durch Jucken, Spannung, schweres Gefühl in den Beinen gekennzeichnet ist und schließlich die Veranlassung zu langwierigen Geschwüren und offenen Wunden werden kann. Bei der Behandlung kommen die obengenannten Umschläge, verbunden mit Hochlagerung des Beines, Entfernung enger Strumpfbänder, Regelung des Stuhlganges und dem innerlichen Gebrauch von **Card. marian. D 2** und **Hamamelis-Extrakt** in Betracht. R a d f a h r e n ist in geeigneten Fällen zu empfehlen; durch die Muskelkontraktionen, welche damit verbunden sind, wird der Blutkreislauf erleichtert; es darf natürlich nicht übertrieben werden. Durch Platzen einer Krampfader kann eine gefährliche **Blutung** entstehen, welche sofortige ärztliche Hilfe verlangt, bis zu deren Ankunft man durch Hochlagerung des Beines, Druck auf die Ader *unterhalb* der blutenden Stelle und feste Umwicklung mit einer leinenen Binde die drohende Lebensgefahr abzuwenden suche.

Bei **Unterschenkelgeschwüren** *(Ulcus cruris),* welche im Verlaufe der genannten Venenerweiterung öfters Vorkommen, kann durch eine energische Behandlung öfters Besserung, ja sogar Heilung erzielt werden. Geduld ist jedoch sowohl von Seiten des Patienten als auch des Arztes nötig, und der Kranke muss in der Lage sein, sich die nötige Ruhe zu gönnen. Das Bein muss durch Baden, Waschungen und Umschläge von allen alten Krusten und schlechten Stoffen gereinigt und der Blutkreislauf durch Massage des ganzen Beines, und besonders der Umgebung des Geschwüres, gefördert werden; die Wunde wird nach jedesmaliger Anwendung der Massage mit **Calendula-Salbe,** aus einem Teil **Calendula-Tinktur** und neun Teilen **Lanolin** bestehend, verbunden. Hilft diese Salbe nicht genügend, dann ist eine 10%ige **Perubalsam-Salbe,** welcher ½ % **Argentum nitricum** zugesetzt ist, zu empfehlen. Sind die Geschwüre nicht gar zu groß, dann beweisen **Zinkleimverbände** die besten Dienste; diese haben den Vorteil, dass der Patient nicht im Bett zu liegen braucht und seiner gewohnten Tätigkeit nachgehen kann. Bei allen offenen Wunden und Geschwüren an den Beinen muss die Diät frei von Reizmitteln gehalten werden und der Kranke so wenig wie möglich trinken. Zur Förderung der Heilung sind **Sulf. jod. D 4** und **Arsen. jod. D 4,** zur Linderung der brennenden nächtlichen Schmerzen **Arsen. alb. D 4** und **Belladonna D 4** oft von Nutzen. Ist die Wunde geheilt, dann muss der Kranke noch längere Zeit anhaltendes Stehen und vieles Gehen vermeiden, das Bein mit einer Trikotschlauchbinde umwickeln oder einen Gummistrumpf tragen.

Zuweilen entwickelt sich bei Personen, welche viel knien, wie das bei Dienstmädchen und Arbeitsfrauen vorkommt, eine **Geschwulst auf der Kniescheibe** *(Bursitis)* als Folge des anhaltenden Druckes und des gestörten Blutkreislaufes. Diese Geschwulst enthält eine wässerige Flüssigkeit. Gelingt es nicht, dieselbe durch einen fest angelegten Verband mit **Arnica-Tinktur** (ein Teil auf zehn Teile verdünnten Alkohol) zu beseitigen, dann muss eine kleine Operation gemacht werden, welche jedoch ganz ungefährlich ist.

3.4 Krankheiten der Atmungsorgane

Die Atmungsorgane sind vielfältigen und oft gefährlichen Krankheiten ausgesetzt. Der Hals, die Luftröhre, die Lungen (siehe hierzu Abb. 23, Seite 143) und das Bauchfell können jedes für sich oder zusammen erkranken. Die Krankheitserscheinungen, welche dabei auftreten, können in den meisten Fällen nur durch den wissenschaftlich gebildeten Arzt mittels Beklopfen und Behorchen des Brustkastens ihrer wahren Bedeutung nach beurteilt werden. Die Symptome, welche dem Laien am meisten ins Auge fallen, sind: *Husten, Auswurf, Brustschmerzen* und *Atembeschwerden.* Diese kommen bei den verschiedensten Krankheiten der Atmungsorgane, jedoch auch anderer Organe vor. Von dem Erkennen der Krankheit hängt die richtige Behandlung ab; deshalb ist es in allen Krankheitsfällen von längerer Dauer, wobei man, ohne noch direkt bettlägerig zu sein, doch obengenannte Erscheinungen bei sich selbst wahrnimmt, von der größten Wichtigkeit, sich von einem erfahrenen Arzt genau untersuchen zu lassen. Wird der Anfang einer chronischen Brustkrankheit, z. B. Lungenschwindsucht, frühzeitig genug entdeckt, dann gelingt es in den meisten Fällen, durch die richtige Behandlung Heilung zu bewirken, während vernachlässigte und sich selbst überlassene Fälle meistens ein schlimmes Ende nehmen.

Für alle, die an Husten leiden, sind neben dem Gebrauch der angezeigten Heilmittel nachfolgende **hygienische Maßregeln** von großem Wert.

I.   Man vermeide das Einatmen kalter Luft *durch den Mund,* besonders bei Nord- und Nordostwind. Beim Übergang aus einem geheizten Raum in die kalte, raue Luft atme man deshalb nur durch die Nase und vermeide das Sprechen.

II.   Man sorge für frische Luft im Wohn- und Schlafzimmer und erwärme letzteres im Winter. Dies ist besonders für kleine Kinder und alte Leute, welche an Husten leiden, von Wichtigkeit.

III.   Man kleide sich in der Übergangszeit zwischen Sommer und Herbst wärmer, sei im Frühjahr mit dem Übergang zu leichterer Kleidung vorsichtig und sorge überhaupt für warme Bekleidung der *Füße* und des *Rückens.*

IV.   Man vermeide alles, was Blutandrang nach den Lungen verursacht und die Schleimhäute der Atmungsorgane reizt. Hierzu gehören:

zu langes Gebücktsitzen, zu anstrengendes Laufen, der übermäßige Genuss alkoholischer Getränke. Was das R a u c h e n betrifft, ist es im Allgemeinen für Lungenkranke am besten, dasselbe zu unterlassen. Wenn jedoch kein Reizhusten vorhanden ist und die Patienten gewohnt sind zu rauchen, ist in manchen Fällen gegen mäßiges Rauchen (ein bis zwei Zigarren täglich) nicht viel einzuwenden, wenn es im gut gelüfteten Zimmer oder im Freien stattfindet; ganz verkehrt für Lungenkranke ist natürlich der Aufenthalt in mit Tabaksqualm gefüllten Lokalen.

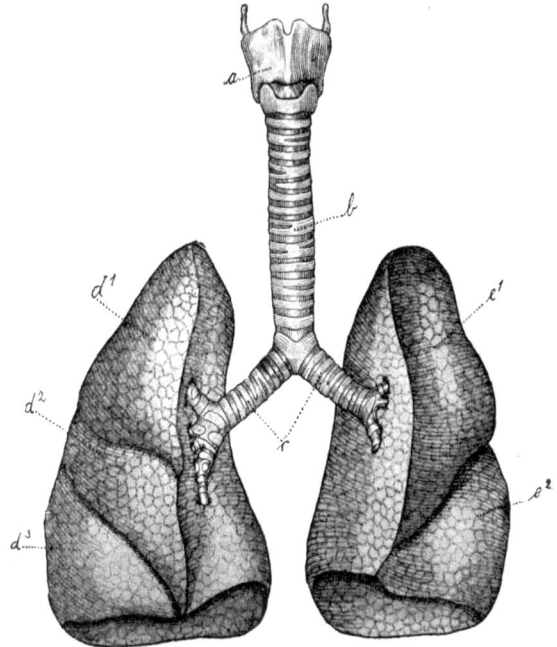

Abb. 23: Die Lungen.
a. Kehlkopf, b. Luftröhre, c. Luftröhrenäste, d1, d2, d3. Die drei rechten Lungenlappen.e1, e2. Die beiden linken Lungenlappen.

V.   Langsame und tiefe Ein- und Ausatmungen in reiner Luft können, wenn sie regelmäßig und systematisch ausgeführt werden, viel dazu beitragen, Lungen und Herz zu kräftigen und die Lungenspitzen, welche so oft der Sitz anfangender Tuberkulose sind, vor Krankheit zu bewahren.

VI.   Bei Frostgefühl oder Fieber ist es weit besser, einen oder zwei Tage im Bett zu bleiben, als gegen die Krankheit angehen zu wollen; in der gleichmäßigen Bettwärme heilt ein akuter Katarrh meistens schnell, ohne ernste Folgen nach sich zu ziehen.

1. Husten

... (*Tussis*) ist entweder mit S c h n u p f e n (in diesem Falle lese man im Abschnitt unter *Nasenkrankheiten* nach) oder mit H a l s e n t - z ü n d u n g (siehe *Halskrankheiten*) verbunden oder wird durch die Krankheiten, die im F o l g e n d e n b e s p r o c h e n w e r d e n s o l - l e n , veranlasst. Im allgemeinen befolge man bei Husten die im An- fang dieses Abschnittes gegebenen **hygienischen Vorschriften** und vermeide die in vielen Apotheken feilgehaltenen sog. Hustenmittel oder Tees, da diese sehr oft den Magen verderben; dagegen kann als gutes Hausmittel ein Glas warme Zitronenlimonade, mit einem Löffel Bienenhonig versüßt, zum Lösen des Hustens empfohlen werden. Die Wahl des homöopathischen Heilmittels ist nicht immer leicht. Im nach- stehenden geben wir eine Zusammenstellung der **homöopathischen Mittel,** welche bei Husten am wirksamsten sind, mit ihren speziellen Anweisungen, wobei wir jedoch bemerken, dass in zweifelhaften und langwierigen Fällen, besonders bei Kindern, mit der Hinzuziehung ei- nes Arztes nicht gezögert werden darf.

Aconitum D 3, trockener Husten mit Frösteln und Fieber, beson- ders nach Erkältung bei scharfem Nordwind;

Ammonium bromatum D 2, starker Husten mit heftigem Reiz im Kehlkopf und in der Luftröhre;

Antimonium sulfuratum aurantiacum nach den auf Seite 64f. an- gegebenen Indikationen.

Arsenicum album D 4 bis D 6, schwächender, chronischer Husten, nachts schlimmer, allgemeines Schwächegefühl, Durst, Kurzatmigkeit;

Arum triphyllum D 3, Husten, von Heiserkeit begleitet;

Belladonna D 3, Reizhusten, abends im Bett, durch Sprechen und in der Kälte verschlimmert; krampfhafte Hustenanfälle mit rot- und blauwerden des Gesichtes;

Bryonia D 3, Husten mit Auswerfen von weißem Schleim, Schmer- zen und Beklemmung auf der Brust oder argem Stechen in der Seite;

Calcium carbonicum D 6, chronischer Husten mit Auswurf, von Abmagerung, Schwäche und Durchfall begleitet;

Carbo vegetabilis D 6, Husten mit langwieriger Heiserkeit, beson- ders morgens und abends schlimmer, übelriechender Auswurf;

Hyoscyamus D 4, Reizhusten nachts im Bett, schlimmer beim Lie- gen, besser beim Aufsitzen;

Ipecacuanha D 3 bis D 6, Husten mit Brechreiz und zähem Aus- wurf, oft bei Kindern angezeigt;

Nux vomica D 4, trockener Husten, schlimmer morgens f r ü h und nach dem Essen, mit kratzigem Gefühl im Halse und Kopfschmerzen beim Husten;

Phosphorus D 4 oder höhere Potenzen, ermüdender Husten, durch Sprechen und Aufenthalt in der freien Luft verschlimmert, mit zähem, zuweilen blutigem Auswurf;

Pulsatilla D 3, Husten mit leichtem Auswerfen gelblichen Schleimes;

Stannum D 6, chronischer Husten mit gelb-grünlichem Auswurf, weicher einen süßlichen oder salzigen Geschmack hat;

Sulfur D 6, chronischer Husten mit Schmerzen auf der Brust, schlimmer bei feuchtem Wetter, Schleimansammlung in den Luftröhren, Kurzatmigkeit, besonders bei skrofulösen Personen;

Tartarus emeticus D 4 bis D 6, Schleimrasseln auf der Brust mit zähem Auswurf und Kurzatmigkeit.

Weiterhin sind N a s s e U m s c h l ä g e um die Brust, welche die ganze Nacht liegen bleiben müssen, von Nutzen; in hartnäckigen Fällen sind besondere Packungen zu empfehlen, welche auch die L u n - g e n s p i t z e n einschließen (siehe Abb. 24, Seite 146); am nächsten Morgen müssen dann nach Abnehmen der Packung Brust und Rücken schnell mit kaltem Wasser abgewaschen und danach tüchtig abgerieben werden. Auch tägliche A b w a s c h u n g e n von Brust und Rücken mit w a r m e m W a s s e r u n d S e i f e , gefolgt von Einreibungen mit Kampfer-Salbe sind oft nützlich.

2. Luftröhrenkatarrh

… ist eine Entzündung des obersten Teiles der Luftröhre oder der Äste und feinerer Verzweigungen derselben, in welch letzterem Falle man von *Bronchitis* oder *Bronchialkatarrh* spricht. Der Unterschied zwischen E n t z ü n d u n g und K a t a r r h ist, dass im ersteren Falle die allgemeinen Krankheitserscheinungen mehr in den Vordergrund treten, während bei Katarrh die Symptome sich meistens auf Husten und Auswurf beschränken und die Patienten sich in der Regel nicht besonders krank fühlen.

Dieses Leiden gehört zu den am häufigsten vorkommenden Krankheiten, welche besonders kleinen Kindern und alten Leuten gefährlich werden kann, da es bei diesen leicht in Lungenentzündung übergeht. Wir unterscheiden den a k u t e n und den c h r o n i s c h e n Luftröhren- oder Bronchialkatarrh. Die Ursachen des ersteren sind: starke Erkältung, Zugluft, das Trinken kalten Wassers bei erhitztem Körper oder Durchnässung der Füße, während die chronische Form meistens die Folge wiederholter, nicht gut behandelter oder vernachlässigter akuter Anfälle ist.

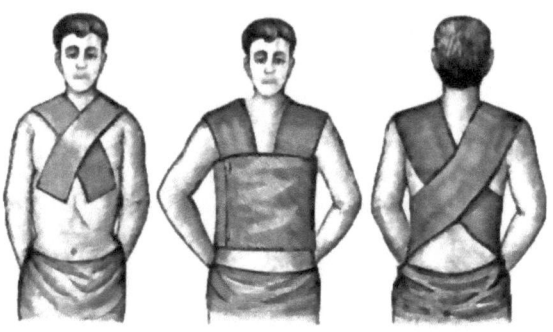

Abb. 24: Lungenpackung

Gewöhnlich fängt die Krankheit mit Schnupfen, Kopfschmerzen, Frösteln, Müdigkeit in den Gliedern und geringem Fieber an, wozu sich bald ein unangenehmer Reiz in Hals und Brust mit einem lästigen, trockenen Husten gesellt. Letzterer ist nachts oft so lästig, dass der Kranke fast nicht schlafen kann. Im Anfang ist nicht viel Auswurf da, nach einigen Tagen kommt jedoch beim Husten etwas durchsichtiger, zäher Schleim zum Vorschein, welcher allmählich zunimmt und gelblich wird. Nach 8 bis 14 Tagen kann die Krankheit geheilt sein, obwohl sie bei schwächlichen Personen meistens länger dauert und öfters in die chronische Form übergeht. Letztere kann wiederum auf zwei verschiedene Arten Vorkommen, und zwar als sog. t r o c k e n e r K a t a r r h, wobei trotz des heftigsten Reizhustens nur sehr wenig Auswurf besteht, und als sog. f e u c h t e r K a t a r r h, wobei große Mengen gelblichen, eiterigen Schleimes ziemlich leicht ausgeworfen werden. Dauert ein Hustenanfall lange, dann werden die Muskeln des Brustkastens übermäßig angestrengt, so dass der Kranke danach ganz erschöpft ist. Dass dies auf den ganzen Gesundheitszustand schließlich schädlich einwirkt, versteht sich von selbst, ein chronischer Bronchialkatarrh darf daher, besonders bei zur Tuberkulose prädisponierten Personen, niemals zu leicht genommen oder vernachlässigt werden.

Behandlung. Der Kranke muss im Zimmer und, wenn er Fieber hat, im Bett bleiben. Im Anfang gelingt es manchmal, durch wiederholte Gaben von **Aconit. D 3** die Krankheit einen milderen Verlauf nehmen zu lassen. Besteht sie schon einige Tage, dann ist **Belladonna D 3** vorzuziehen, wodurch der krampfhafte Husten gelindert wird. Hierbei leisten **Heißwasser-Aufschläge** auf die Brust, mit Wolle gut zuge-

146

deckt, vortreffliche Dienste; auch Einreibungen der Brust und des Rückens mit warmem Öl oder mit *Kampfersalbe,* sind, besonders bei Kindern, zu empfehlen. H e i ß e A r m - u n d F u ß b ä d e r sind bei schwerem Atmen und Erstickungserscheinungen angebracht. Bei Reizhusten in der Nacht, welcher in sitzender Stellung besser wird, ist **Hyoscyam. D 4,** bei Reiz im Halse und im Kehlkopf **Amnion. bromat. D 2,** bei Beklemmung und Schmerzen auf der Brust beim Husten **Bryonia D 3,** bei anhaltendem Husten mit Neigung zum Erbrechen **Ipecacuanha D 4** anzuwenden. Ist im weiteren Verlauf der Husten loser und der Auswurf gelblicher geworden, dann ist **Hepar sulf. D 4** oder **Antim. sulf. aur. D 3** und bei vielem Schleimrasseln auf der Brust mit Atembeschwerden **Tartar. emet. D 4** angezeigt. Zur Unterstützung der inneren Mittel ist ferner noch das Trinken von *heißer Milch,* mit *Emser-Wasser* vermischt, zu empfehlen. Treten Erscheinungen hinzu, welche auf Lungenentzündung hinweisen (siehe weiter unten), dann zögere man nicht, den Arzt zu holen und gebe bis zu dessen Ankunft **Phosphor D 4** (bei Erwachsenen) oder **D 6** (bei Kindern). Nach der Heilung muss der Patient sich noch längere Zeit vor kalter und scharfer Luft hüten und sich durch kalte Waschungen abzuhärten suchen.

Dieselben Mittel, zu welchen je nach den Umständen noch andere, welche auf Seite 144f. näher beschrieben sind, hinzukommen, werden auch beim c h r o n i s c h e n B r o n c h i a l k a t a r r h angewendet. In diesen Fällen leisten auch nasse Umschläge um die Brust und die auf Seite 146 genannten L u n g e n p a c k u n g e n während der Nacht gute Dienste. Am Morgen, nach dem Abnehmen des Umschlages ist es gut, Brust und Rücken mit Franzbranntwein und Wasser (zu gleichen Teilen) abzureiben.

Die **Vorbeugungsmaßregeln** gegen diesen chronischen Katarrh, welcher manchem das Leben verbittern kann, bestehen in *sorgfältiger Behandlung jedes neuen Katarrhs,* in *Abhärtung des Körpers* gegen die wechselnden Einflüsse der Witterung (*Wasserbehandlung* und *Luft- und Sonnenbäder*) und in *möglichstem. Vermeiden jeder Erkältung.*

3. Lungenerweiterung

... oder *Emphysem* ist meistens die Folge langwieriger chronischer Katarrhe, welche sich selbst überlassen oder verkehrt behandelt wurden. Bei Kindern entsteht diese Krankheit zuweilen bei Keuchhusten, sowie im Allgemeinen auch nach andauernder Überanstrengung der Lungen, z. B. bei Personen, welche viel und laut sprechen müssen, beim Instrumentenblasen und vielem und schnellem Laufen und Bergsteigen. Dadurch werden die Lungenbläschen krankhaft erweitert und verlieren ihre Elastizität, so dass sie die Luft nicht mehr gehörig aus den Lungen auszutreiben imstande sind. Hierdurch entsteht *Kurz- oder Schweratmigkeit,* das Hauptkennzeichen der Lungenerweiterung. Hierzu kommen Husten und Auswurf, welche sich besonders in der rauen Jahreszeit und nach Erkältung verschlimmern. Besteht die Lungenerweiterung längere Zeit, dann werden auch andere Organe, besonders das Herz und der Magen, in Mitleidenschaft gezogen und der Kranke magert ab, so dass er von Laien oft fälschlich für einen Schwindsüchtigen gehalten wird. Durch die physikalische Untersuchung der Brust ist der Arzt jedoch immer imstande, die richtige Diagnose zu stellen, welche natürlich für die Behandlung von der größten Wichtigkeit ist.

Behandlung. Obwohl die Lungenerweiterung in den meisten Fällen nicht ganz geheilt werden kann, da es schwierig ist, die verlorene Elastizität der Lungenbläschen wiederherzustellen, können Emphysematiker doch ein ziemlich hohes Alter erreichen, wenn sie sich einer vernünftigen Lebensweise befleißigen. Die H a u p t s a c h e ist dabei, alles zu vermeiden, was einen neuen Katarrh verursachen könnte, wie z. B. Erkältung, raue Luft, Rauch, Staub, das Schlafen in zu kalten Räumen, Überanstrengung der Lungen durch zu schnelles Laufen oder Bergsteigen. Sehr zu empfehlen sind *Ausatmungsübungen,* wodurch die alte, verbrauchte Luft aus den Lungen entfernt wird; dieses kann erreicht werden durch *systematisches Zusammenpressen des Brustkastens* mit beiden Händen, durch Übungen in einem sog. *Atmungsstuhl* oder durch *Ausatmungen in verdünnte Luft,* in sog. *pneumatischen Kabinetten,* wodurch die Atembeschwerden oft sehr erleichtert werden können. Ferner muss für *hygienische Unterkleidung* (am besten von wollenem Trikotgewebe), *Abhärtung der Haut* (durch Luftbäder und kalte Waschungen) und *geeignete Ernährung* bei Vermeidung *zu vielen Trinkens* Sorge getragen werden, lauter Punkte, welche zwar unbedeutend erscheinen könnten, für solche Leidende aber von großer Wichtigkeit sind.

Für die Mittelwahl lese man nach unter **Husten** und **Luftröhrenkatarrh.** Von Vorteil ist oft der wochenlang fortgesetzte Gebrauch von **Naphthalinum D 3,** zweimal täglich eine Messerspitze, wodurch in frischen Fällen mitunter sogar Heilung erzielt werden kann. In langwierigen Fällen sind besonders **Arsen. jod. D 4 bis D 6, Calc. jod. D 3, Kal. jod. D 2** und **Stib. arsen. D 4** zu versuchen. Bei Verdauungsstörungen, Herzbeschwerden usw. kommen die bei diesen Krankheiten genannten Mittel in Betracht.

4. Blutandrang nach der Brust

… ist gewöhnlich die Folge vermehrter Blutzufuhr und kann verursacht werden durch zu schnelles Laufen, Springen, Bergsteigen, Alkoholmissbrauch, zu kalte oder zu heiße Luft, ferner durch chronische Herz- und Lungenkrankheiten oder durch plötzliches Wegbleiben menstrueller oder hämorrhoidaler Blutungen. Die Haupterscheinungen sind: Beklemmung und Gefühl von Vollsein auf der Brust, erschwertes Atmen, trockener, kurzer Husten mit schaumigem, bisweilen blutigem Auswurf, Herzklopfen und Kopfschmerzen. Bis zur Ankunft des Arztes, der zunächst die Ursache des Leidens ergründen muss, können heiße Arm- und Fußbäder und einige schnell aufeinander folgende Gaben von **Belladonna D 3** gute Dienste leisten.

5. Lungenentzündung

… *(Pneumonia)* ist eine der häufigsten und ernstesten Krankheiten; man unterscheidet zwei Arten derselben, die k r u p p ö s e   u n d   d i e k a t a r r h a l i s c h e Lungenentzündung. Erstere befällt gewöhnlich scheinbar gesunde Personen vom 20. bis zum 45. Lebensjahre und öfters Männer als Frauen, während letztere am häufigsten bei kleinen Kindern und im Greisenalter vorkommen. Im Allgemeinen tritt die Krankheit im Winter und im Frühjahr häufiger als im Sommer und im Herbst auf. Zuweilen nimmt sie einen epidemischen Charakter an und befällt mehrere Personen in derselben Wohnung oder Straße, in Gefängnissen, Klöstern oder Kasernen. Nach Untersuchungen spielen mikroskopisch kleine Bakterien (Pneumokokken genannt) bei der Entstehung der kruppösen Lungenentzündung, um welche es sich hier handelt, eine Rolle. Zu den veranlassenden Ursachen gehören Erkältungen, besonders nach außergewöhnlicher Körperanstrengung, von plötzlicher Abkühlung des mit Schweiß bedeckten Körpers gefolgt. Auch scheint eine gewisse Disposition für die Krankheit zu bestehen, da es Leute

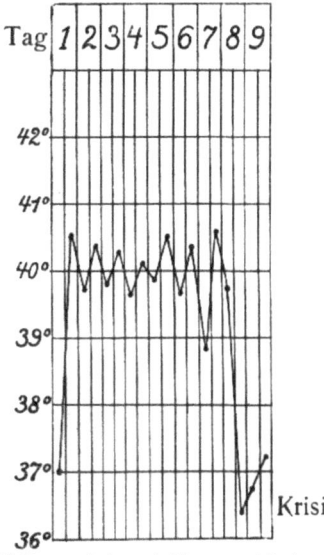

Abb. 25: Temperaturkurve bei Lungenentzündung

gibt, welche vier-, fünfmal und noch öfter von Lungenentzündung befallen werden.

Die kruppöse Lungenentzündung beginnt gewöhnlich mit h e f t i - g e m S c h ü t t e l f r o s t u n d h o h e m F i e b e r (bis 40° C und darüber, siehe untenstehende Temperaturkurve Abb. 81), wodurch der Kranke genötigt wird, sofort das Bett aufzusuchen. Heftige Brustschmerzen, Atemnot, beschleunigtes Atmen mit raschem Puls, ein kurzer, trockener, schmerzhafter Husten, Kopfschmerzen und zuweilen Phantasieren weisen auch den Laien auf eine ernste Erkrankung der Lungen hin. *Die richtige Diagnose kann jedoch nur von einem. Arzt nach genauer Untersuchung der Brust gestellt werden.* Der Kranke wirft mit Blut vermischten, r o s t f a r b e n e n Schleim aus; die Erscheinungen nehmen an Heftigkeit zu, bis in günstigen Fällen am 5. oder 7. Tage die „Krisis", meistens in der Nacht, eintritt. Das Fieber fällt dann gewöhnlich plötzlich bis auf 36° C oder darunter, der Puls wird langsamer, so dass zuweilen bloß 50 bis 60 Schläge in der Minute gezählt werden, es tritt eine reichliche Schweißabsonderung ein, die Atmung wird ruhiger, der Husten loser, die Schmerzen sind verschwunden — kurz, der Kranke ist aus der Lebensgefahr gerettet. Nicht immer nimmt jedoch die Krankheit einen derartig günstigen Verlauf, sondern nicht selten geht sie von der einen Lunge auf die andere über oder wird mit einer Brustfell- oder Gehirnhautentzündung kompliziert. Bei Alkoholikern, bei beleibten und alten Personen besteht immer Gefahr für Herzschwäche, welche durch einen schwachen Puls und Kräfteverfall gekennzeichnet ist.

Bei der **katarrhalischen Lungenentzündung,** welche sich bei Kindern u. a. im Verlauf des Keuchhustens und der Masern, bei alten Leuten im Verlauf der Grippe besonders häufig entwickelt, tritt k e i n e K r i s i s ein, sondern die Krankheit geht bei günstigem Verlauf a l l - m ä h l i c h in Genesung über.

Behandlung. Selbstverständlich wird ein Laie nur in ä u ß e r s t e r N o t , wenn ärztliche Hilfe gar nicht zu erhalten ist, es wagen dürfen, eine solche ernste Krankheit selbst zu behandeln. Für solche Fälle geben wir einige kurze Anweisungen. Im Anfang gelingt es zuweilen, durch wiederholte Gaben **Aconit. D 3** (alle ½ Stunde 5 Tropfen) den vollen Krankheitsausbruch zu verhüten. Dieses Mittel ist bei großer Unruhe, heftigem Durst, dunklem Urin, und besonders nach Erkältung bei scharfem Nordwind angezeigt. Treten von Anfang an dagegen die Erscheinungen von Blutandrang nach dem Kopfe, wie Kopfschmerzen, hochrote Gesichtsfarbe und Phantasieren mehr in den Vordergrund, dann ist **Belladonna D 3,** auf dieselbe Weise angewendet, das ange-zeigte Mittel. Bei heftigen Schmerzen in der Brust und bei Seitenste-chen ist **Bryonia D 3** mehr am Platze. Wird der Auswurf rostfarben, dann darf mit der Anwendung von **Phosph. D 5 bis D 6,** alle 2 Stunden 5 Tropfen in Wasser, nicht gezögert werden. Nach der Krisis passt **Tart. emet. D 3 bis D 4,** allein oder mit **Phosph. D 5 bis D 6** im Wech-sel gegeben. Bei Lungenentzündung älterer Leute mit schwachem Puls, kalten Händen, blauen Lippen und Atemnot ist **Digitalis** (nur vom Arzt zu verordnen) am Platze. Tritt nach anfänglicher Besserung wieder eine Verschlimmerung des Krankheitszustandes ein, wie dieses bei Ausdehnung der Entzündung auf einen anderen Teil der angegriffenen oder auf die bis dahin noch gesunde Lunge vorkommt, dann kann man von **Jodum D 4** und bei skrofulösen Personen von **Sulfur D 6** oft gute Resultate erleben. Im Stadium der Rekonvaleszenz leisten **Ferr. phosph. D 6 bis D 3, China D 2, Avena sativa D 1** gute Dienste.

Im Anfang der Krankheit halte man F i e b e r d i ä t ein; bei schwa-chen und alten Leuten, bei Alkoholikern und bei Erscheinungen von H e r z s c h w ä c h e reiche man öfters etwas guten, alten W e i n , auch muss die Ernährung dann kräftiger sein, besonders Milch und Geschla-gene Eier sind zu empfehlen, zum Löschen des Durstes ist frisches Wasser oder Fruchtsaft unbedenklich zu reichen. Weitere Hilfsmittel bei der Behandlung sind anderthalb- bis zweistündlich zu erneuernde n a s s e U m s c h l ä g e um die Brust und Abwaschungen des ganzen Körpers mit kühlem Wasser. Die Zimmertemperatur darf nicht mehr wie 18° C betragen und für genügende Lüftung muss gesorgt werden. Nach der Genesung muss der Patient gut ernährt werden, sich warm kleiden und noch längere Zeit vor kalter, rauer Luft hüten.

6. Asthma

… oder Brustkrampf. Hierunter versteht man Anfälle hochgradiger Atemnot, welche periodisch wiederkehren. Der Kranke hascht ängst-lich nach Luft und klammert sich mit vorgebeugtem Körper an irgend-einen Gegenstand, worauf er die Arme stützen kann, weil er hierdurch eine gewisse Erleichterung der Beschwerde findet. Auf der Brust hört man pfeifende und rasselnde Geräusche; das Gesicht ist ängstlich ver-zerrt und hat eine bleiche oder bläuliche Farbe. Die Haut ist kühl, meistens sind Hände und Füße kalt. Diese Anfälle stellen sich meistens in der Nacht ein und dauern oft mehrere Stunden. Gegen Ende des An-falls wird gewöhnlich etwas zäher Schleim ausgehustet. Darauf ist der Patient noch einige Zeit sehr abgemattet, fühlt sich aber übrigens ge-

sund. Bei Kindern rührt das Asthma am häufigsten von einer *krampf-haften Verengerung der Stimmritze*, bei Erwachsenen von einem *nervösen Krampf der Luftröhrenästchen* her, obwohl man für gewöhnlich auch die Schweratmigkeit bei Schwindsüchtigen, Emphysematikern und Herzleidenden mit dem Ausdruck „Asthma" zu benennen pflegt. Die V e r a n l a s s u n g e n der asthmatischen Anfälle sind vielfältig: Erkältung, Schlafen in feuchten Betten oder ohne genügende Bedeckung, plötzlicher Umschlag des Wetters, zu reichliche abendliche Mahlzeiten. Ebenso können gewisse Nasen- und Kehlkopfkrankheiten, Verdauungsstörungen und Krankheiten der Geschlechtsorgane (bei Frauen) asthmatische Anfälle auslösen.

Die **Behandlung** bezweckt erstens die E r l e i c h t e r u n g d e s A n f a l l s u n d zweitens wenn möglich die B e s e i t i g u n g d e r U r s a c h e d e r K r a n k h e i t. Eine genaue ärztliche Untersuchung ist dazu unumgänglich notwendig. Beim **Anfall** leistet der abwechselnde Gebrauch von **Ipecacuanha D 3** und **Arsen. alb. D 5** alle 10 bis 15 Minuten 5 Tropfen, in Verbindung mit heißen Arm- und Fußbädern und, wenn nötig, Abwaschungen des Rückens mit heißem Wasser und Essig meistens gute Dienste. Jedoch können auch **Belladonna D 3, Cannab. sat. D 3, Phosph. D 6** bis **D 12** in verschiedenen Fällen nötig sein.

Bei der Behandlung der **Krankheit selbst** kommen beim n e r v ö -s e n A s t h m a: **Cuprum, Cocculus, Ignatia, Gelsemium** und **Lobelia** in Betracht; den besten Erfolg sahen wir in einigen Fällen von dem längere Zeit fortgesetzten Gebrauch von **Stib. arsen. D4.** Hierbei ist es wichtig, darauf zu achten, dass die Patienten sich bei kühler Witterung **warm** kleiden, **stets für warme Füße sorgen,** Erkältungen vermeiden und sich durch kalte Waschungen und **Luftbäder** abzuhärten suchen; ein Aufenthalt an der See ist oft sehr zweckmäßig; auch können E i n a t m u n g e n m i t S a u e r s t o f f oder B e s t r a h l u n g e n m i t k ü n s t l i c h e r H ö h e n s o n n e sich nützlich erweisen, während neuerdings auch die P s y c h o t h e r a p i e (Suggestion und Autosuggestion) mit Erfolg herangezogen wird.

Asthma oder **Schweratmigkeit,** infolge s c h l e c h t e r V e r d a u -u n g, erfordert **Carbo veget. D 6, Capsic. D 3** oder **Lycopod. D 6;** bei H e r z k r a n k e n ist **Arsen. alb. D 5, Digitalis D 3** oder **Strophantus D 4;** bei L u n g e n e r w e i t e r u n g: **Kal. jod. D 2, Naphthal. D 3;** bei L u n g e n s c h w i n d s u c h t: **Arsen. alb. D 6, Spongia D 3;** bei Asthma infolge von B l u t a n d r a n g n a c h d e r

Brust: **Belladonna D 4;** bei Asthma nach u n t e r d r ü c k t e r
M e n s t r u a t i o n : **Pulsatilla D 3** angezeigt.

7. Influenza

... oder **Grippe** ist eine allgemein bekannte, meistens epidemisch
auftretende Krankheit, welche vorwiegend die *Atmungs- und Verdauungsorgane* und das *Nervensystem* angreift. Im Vordergrund stehen die
Symptome einer heftigen Luftröhrenentzündung, welche jedoch gewöhnlich von mehr oder weniger ernsten allgemeinen Erscheinungen
nervöser Art begleitet ist. Die V o r b o t e n , welche 1 bis 3 Tage dauern, bestehen meistens in Mattigkeitsgefühl und Schmerzen in den
Gliedern und im Rücken. Die e i g e n t l i c h e Krankheit beginnt mit
Frostschauern, Fieber von 39 bis 40° C, heftigem Kopfschmerz,
Schmerzen im Rücken und in den Beinen, Nasenkatarrh, trockenem
Husten, Appetitmangel, Übelkeit, Schwächegefühl, wozu sich nicht
selten Schlaflosigkeit, Ohrensausen, Schwindel, große Unruhe und sogar Delirien gesellen. Zuweilen wird auch das Herz angegriffen, entweder durch direkte Vergiftung des Blutes mit dem Influenzagiftstoff
oder durch Affektion der Herznerven. Eine Erscheinung, die bei Grippe-
kranken oft vorkommt, ist das S c h w i t z e n ; im Anfang der Krankheit ist dies zu begrüßen, bei längerer Dauer führt es aber zur Schwächung des Kranken, so dass es dann bekämpft werden muss durch Abwaschungen mit Essigwasser oder Einreibungen mit Franzbranntwein.
Die Dauer der Krankheit schwankt zwischen 8 bis 14 Tagen; bei alten
und geschwächten Personen, bei Lungenleidenden und schwangeren
Frauen, ferner bei verkehrter Behandlung, besonders mit starken, fie-
berunterdrückenden Mitteln, dauert die Krankheit manchmal beträcht-
lich länger. Bei solchen Patienten kann es wochen- und monatelang
dauern, bis sie ihre frühere Gesundheit wiedererlangt haben. Obwohl
die Influenza im Laufe der Jahre viel von ihrer ursprünglichen Gefähr-
lichkeit verloren hat, ist sie doch nicht so leicht zu nehmen und kann
besonders durch Komplikationen und Nachkrankheiten gefährlich werden. Nicht selten tritt nämlich im Verlauf der Influenza L u n g e n e n t -
z ü n d u n g oder H e r z s c h w ä c h e hinzu, und von den N a c h -
k r a n k h e i t e n sind besonders Mittelohrentzündung, chronische Augenentzündung, Lähmungen, Neuralgien und Lungenschwindsucht zu
nennen.

Vorbeugungsmaßregeln. Da Influenza durch mikroskopisch kleine
Viren verursacht wird, welche besonders im Auswurf der Kranken zu
finden sind, vermeide man es so viel als möglich, derartige Kranke zu

besuchen, und trage Sorge, wenn man sie zu pflegen hat, dass sie einem nicht ins Gesicht husten. Ebenso wenig darf der Auswurf auf den Boden oder in Taschentücher gespuckt werden, sondern muss in einen Spucknapf mit Wasser kommen. Im Krankenzimmer lasse man von Zeit zu Zeit 10 bis 20 Tropfen **Eucalyptus-globulus-Tinktur,** am besten in einem Inhalationsapparat oder auch in einem Schüsselchen mit Wasser verdunsten, wodurch die Luft desinfiziert wird. Ferner wird als Vorbeugungsmittel das Riechen an Kampferspiritus, oder das Einnehmen einiger Tropfen **Camphora Rubini** auf Zucker mehrere Male täglich empfohlen.

Behandlung. Von der größten Wichtigkeit ist es, sich sofort in einem erwärmten Zimmer zu B e t t   z u   b e g e b e n . Viele meinen, dass sie so lange wie möglich gegen die Krankheit angehen müssen und erreichen dadurch nur, dass dieselbe umso hartnäckiger wird. Der häufige Gebrauch von *Antipyrin, Phenacetin* u. dgl. ist oft die Ursache der langen Dauer der Krankheit und von mancher gefährlichen Nachkrankheit, da die Widerstandskraft des Körpers durch diese, das Fieber mit Gewalt unterdrückenden Mittel geschwächt und die Ausscheidung der giftigen Krankheitsstoffe verzögert wird. **Homöopathische Heilmittel** geben in Verbindung mit **Wasserbehandlung** meistens recht befriedigende Resultate. Die Wahl des Mittels muss in allen ernsten Fällen dem Arzt überlassen bleiben, da dieselbe manchmal nicht leicht ist, indem die Krankheit in den einzelnen Epidemien einen verschiedenen Charakter trägt und bald dieses, bald jenes Mittel zu den Krankheitserscheinungen am besten passt. So ist z. B. **Phosphorus** als sog. epidemisches Heilmittel von Anfang an angezeigt, wenn die Grippeepidemie von zahlreichen Fällen von L u n g e n e n t z ü n d u n g begleitet ist, **Gelsemium,** wenn die n e r v ö s e n Symptome in den Vordergrund treten, **Natrium nitricum,** wenn viele Fälle mit N a s e n b l u t e n und großer Hinfälligkeit einhergehen. Hahnemann hat **Camphora D 1,** 4- bis 5mal täglich 3 Tropfen in warmem Wasser oder auf Zucker empfohlen, wodurch die Krankheit zwar nicht verkürzt wird, aber einen milderen Verlauf nimmt. Auch **Eucalypt. glob. D 2,** stündlich 5 Tropfen, in leichteren Fällen auch **Pulsat. D 3** leisten oft gute Dienste; beide Mittel enthalten ein *kampfertiges* Öl und sind leichter zu nehmen als Camphora, welches manchen Kranken eines scharfen Geschmackes wegen widersteht.

Nicht selten kommen jedoch im Verlauf der Krankheit noch andere Mittel in Betracht, z. B. bei sehr hohem Fieber, hartem und raschem Puls: **Aconit. D 3;** bei heftigen Kopfschmerzen: **Belladonna D 3;** bei trockenem Husten und Brustschmerzen: **Bryon. D3**; bei Magenschmerzen und Verdauungsstörungen: **Baptis. D 3, Bryon. D 3, Acid. mur. D 3, Antim. crud. D 4**; bei heftigen Rückenschmerzen und nervösen Erscheinungen, besonders, wenn die Beschwerden durch Bewegung gebessert werden: **Rhus Tox. D 4, Eupat. perf. D 3**; bei Ohrenschmerzen: **Pulsatilla D 3**; bei Schlaflosigkeit, Unruhe, großer Schwäche und Angst: **Arsen. alb. D 4 bis D 6, Chinin. arsen. D 4**; bei Besorgnis vor Lungenentzündung: **Phosph. D 5 bis D 6** im Wechsel mit **Tart. emet. D 4**; bei Herzschwäche: **Arsen. alb. D 4, Strophant. D 4, Camphora D 1** und Wein.

Neben dem Gebrauch der Arzneien empfehlen wir Waschungen des ganzen Körpers mit Wasser von 30 bis 35° C, das Legen einer Wärmflasche, mit einem nassen Tuch umwickelt, zu den Füßen und das Trinken von heißer Zitronenlimonade. Ein günstiges Zeichen ist es, wenn der Kranke anfängt zu schwitzen, weil dadurch die Toxine (giftige Krankheitsstoffe) aus dem Körper entfernt werden. Wir bemerken, dass es oft schwierig ist, einen Fieberkranken *nachmittags* oder *abends* zum Schwitzen zu bringen, und dass es nicht ratsam ist, dieses mit Gewalt bewirken zu wollen; oft gelingt es *morgens* besser. Zuweilen ist es empfehlenswert, eine nasse Einwicklung des ganzen Körpers zu machen, es ist jedoch wegen der Gefahr der Herzschwäche, welche man bei Influenza nie aus dem Auge verlieren darf, besser, dieses nicht ohne Wissen des Arztes zu tun.

Im weiteren Verlauf der Krankheit, welcher bei dieser Behandlung meistens *günstig* ist, kommen noch die früher bei H u s t e n u n d K a t a r r h genannten Mittel in Betracht; während der Rekonvaleszenz ist leicht verdauliche, kräftige Nahrung neben dem innerlichen Gebrauch von **Avena sativa D 1** angezeigt. Nach der Genesung muss der Patient sich warm kleiden und zu frühes Ausgehen, besonders bei rauem Wetter, vermeiden. Diese Mahnung haben besonders alte Leute und diejenigen, welche schon vor der Krankheit schwache Lungen hatten, zu beherzigen.

8. Lungenblutung

... (*Haemoptoe*) ist oft das erste Symptom einer ernstlichen Lungenkrankheit. Sie ist dann als ein Warnsignal des Organismus zu betrachten. Zuweilen gehen Vorboten, wie Brustbeklemmung, Blutandrang nach dem Kopfe, Husten, Herzklopfen, salziger Geschmack im Munde voraus, meistens tritt jedoch die Lungenblutung nach einer heftigen Bewegung, Kraftanstrengung oder Gemütsbewegung unerwartet auf. Das Blut kommt plötzlich, gewöhnlich unter Husten zum Vorschein; in schlimmen Fällen können durch einen Blutsturz 1 bis 2 Liter Blut verloren gehen. Eine Lungenblutung kann mit einer Magenblutung verwechselt werden, besonders wenn das Blut aus Mund und Nase zugleich hervorkommt. Meistens kann man jedoch beide Blutungen leicht unterscheiden, wenn man folgende Kennzeichen beachtet:

Lungenblutung	Magenblutung
Hellrotes, mit Schaum bedecktes Blut.	Dunkelrotes, geronnenes, mit Speiseresten vermischtes Blut.
Husten, welcher noch eine Zeitlang anhält.	Kein Husten.
Kein Erbrechen.	Übelkeit oder Erbrechen.
Keine Ohnmacht.	Häufig Ohnmacht während der Blutung.
Nach einer Lungenblutung ist der Stuhlgang nie schwarz.	Nach einer Magenblutung ist der Stuhlgang schwarz.

Eine Lungenblutung kann bei Kongestionszuständen und unterdrückter Menstruation eine ziemlich harmlose Erscheinung sein, bei Herzkranken dagegen weist sie auf ein gefährliches Leiden hin und in weitaus den m e i s t e n Fällen ist sie ein S y m p t o m d e r L u n g e n t u b e r k u l o s e . Die Blutungen, welche im Anfang letzterer Krankheit auftreten, sind nicht so sehr gefährlich, wenn sie vorsichtig behandelt werden; gegen das Ende derselben kann dagegen eine Lungenblutung die unmittelbare Todesursache werden.

Bei der **Behandlung,** welche, wenn irgend möglich, einem Arzt zu überlassen ist, kommt es besonders darauf an, den Kranken r u h i g z u h a l t e n ; durch das Sehen des Blutes ist derselbe gewöhnlich aufgeregt und ängstlich; man spreche ihm Mut zu, bringe ihn vorsichtig zu Bett, spare ihm unnötige Bewegungen, ermahne ihn, nicht zu sprechen und zu versuchen, den Husten zu unterdrücken, lasse ihn sofort ein Löffelchen mit Salz herunterschlucken und reiche ihm abwechselnd alle 10 Minuten je 5 Tropfen **Millefol. D 2** und **Hamamelis-Extrakt;** hiermit kann man nie schaden, es ist das Beste, was man bis zur Ankunft des Arztes tun kann. Sind Hände und Füße kalt, dann gebe man heiße Hand- und Fußbäder oder lege eine Wärmflasche bei die Füße. Ist die Blutung zum Stillstand gekommen, dann muss der Kranke r u h i g z u B e t t b l e i b e n , bis sich im Auswurf kein Blut mehr zeigt; Kaffee, Tee und Wein, heißes Essen und Trinken sind streng verboten. Durch eine genaue physikalische Untersuchung muss hernach die Ursache der Blutung festgestellt und die entsprechende Behandlung eingeleitet werden. Der Patient muss sich daran gewöhnen, ein ruhiges Leben zu führen, jede außergewöhnliche Kraftanstrengung, sogar lautes Sprechen und Singen längere Zeit vermeiden und so viel wie möglich die frische Luft genießen.

Weitere Mittel sind: **Aconit.** D 3 bei Herzklopfen, Unruhe und Fieber; **Arnica D 2** nach einem Fall oder Stoß, auch nach Überanstrengung; **Belladonna D 3** bei heftigem Hustenreiz; **Bovista D 3** bei Blutung nach der geringsten Bewegung; **Bryonia D 3** bei stechenden Brustschmerzen; **Digitalis** D 3 bei Herzkranken; **Hydrast. canad.** D 1 oder Tinktur ist in allen ernsteren Fällen zu versuchen; **Ipecacuanha D4** bei Brechreiz; **Acid. nitr.** D 4 bei Auswerfen geronnenen Blutes; **Phosph.** D 6 bis D 12 bei veraltetem Husten mit blutigem und eitrigem Auswurf; **Pulsatilla D 3** bei unterdrückter Menstruation. Bei heftigen Blutstürzen hilft das feste Binden eines Handtuches um jeden Oberarm und, wenn nötig, auch um die Beine, zuweilen unmittelbar. Kalte Aufschläge auf die Brust können nicht schaden, eine Eisblase darf jedoch nur auf Anordnung des Arztes aufgelegt werden. Meistens fühlen die Kranken, welche schon öfters an Lungenblutungen gelitten haben, wenn eine neue Blutung im Anzug ist. In solchen Fällen empfiehlt Dr. G e e r s die sofortige Anwendung eines K l i s t i e r s von 250 Gramm e r w ä r m t e r K u h m i l c h, 1- bis 2mal täglich, bis die Gefahr Vorüber ist. Die Wirkung beruht anscheinend auf dem Gehalt der Milch an Kalksalzen; diese haben eine blutstillende Eigenschaft, welche jedoch bei Aufnahme der Milch durch den Magen nicht in Erscheinung tritt. Diese prophylaktische Behandlung, von welcher wir wiederholt gute Resultate gesehen haben, kann bestens empfohlen werden, umso mehr, als sie völlig unschädlich und überall sofort anwendbar ist und den Kranken nicht belästigt. Von anderer Seite wird empfohlen, monatelang ein Kalkpräparat zu nehmen, wie z. B. K a l k w a s s e r, 3mal täglich 1 Esslöffel, oder C a l c i u m - T a b l e t t e n.

9. Lungenschwindsucht

... oder *Lungentuberkulose* ist die häufigste Lungenkrankheit und mit Recht eine Geißel der Menschheit genannt worden, da $^1/_7$ bis $^1/_5$ aller Sterbefälle für ihre Rechnung kamen. Seit der Entdeckung der Tuberkelbazillen durch Prof. Koch werden diese Bakterien für die Ursache der Tuberkulose gehalten. Es kann jedoch nicht geleugnet werden, dass noch andere Ursachen mitwirken müssen, um diese Krankheit entstehen zu lassen. Die D i s p o s i t i o n oder Empfänglichkeit des Körpers spielt dabei sicher eine Rolle. Ebenfalls die Erblichkeit und das

Alter. Die Erfahrung hat gelehrt, dass Leute jahrelang mit Schwindsüchtigen zusammengelebt haben, ohne selbst die Schwindsucht zu bekommen. Sie waren nicht dazu disponiert. Ein Gesunder kann jedoch
für Tuberkulose empfänglich werden, wenn er durch irgendeine Krankheit oder sogar durch eine heftige Gemütsbewegung geschwächt wird.
Es ist deshalb ratsam, die Vorbeugungsmaßregeln, welche auf Grund
der Kochschen Entdeckung empfohlen werden, wie z. B. Desinfektion
des Auswurfs, Vermeiden des Staubaufwirbelns, usw. nicht zu vernach-
lässigen.

Hochgelegene, sonnige Gegenden, wie die Alpen, die Kordilleren,
die Hochebenen von Abessinien und Persien, ferner trockene Gegenden, wie Peru, die Kirgisensteppen, das Binnenland Südafrikas und
Ägyptens sind beinahe gänzlich frei von Tuberkulose, dagegen sind die
Bewohner niedriger und feuchter Gegenden, von Fabrikstädten, wo die
Luft durch Staub und Rauch verunreinigt ist, außerordentlich empfänglich für diese Krankheit. Schlechte, ungesunde Wohnungen, ungenügende Lüftung in Wohn- und Schlafräumen, Mangel an Körperbewegung, Sonnenschein und frischer Luft, unzureichende, schlechte Nahrung, besonders, wenn damit geistige und körperliche Überanstrengung
verbunden ist, ausschweifendes Leben und Alkoholmissbrauch sind
ebenso viele veranlassende Ursachen zum Entstehen der Schwindsucht.

Der **Verlauf** der Krankheit ist verschieden. Bald tritt sie als galop-
pierende Lungenschwindsucht auf, wobei der Kranke in wenigen Wochen unter anhaltenden Fiebern und Nachtschweißen schnell abma-
gernd zugrunde geht, bald beginnt sie als eine akute Krankheit, kommt
zum Stillstand, bricht aufs Neue aus und kann wiederum scheinbar geheilt werden, während sie endlich in den meisten Fällen von Anfang an
einen chronischen Charakter hat und einen verhältnismäßig günstigen
Verlauf nimmt, so dass der Kranke, wenn er seine Lebensweise dementsprechend einrichtet, noch ein ziemlich hohes Alter erreichen kann.
Von großer Wichtigkeit ist es, die **Frühsymptome der Lungentuberkulose** zu kennen; diese sind hauptsächlich folgende: 1. Der Patient ist
schnell ermüdet, hat keine richtige Arbeitslust, klagt abends über einen
heißen Kopf und heiße Hände und zugleich über ein leises Frösteln im
Rücken. 2. Gereizte Stimmung, wenig Appetit, oft Widerwillen gegen
Fleisch. 3. Das Körpergewicht nimmt ab. 4. Blasse Gesichtsfarbe, zuweilen abwechselnd mit Gesichtsröte. 5. Atembeklemmung beim Treppensteigen, zuweilen Herzklopfen, fast immer ein zu rascher Puls, 90
Schläge in der Minute. Im weiteren Verlauf der Krankheit unterschei-

den wir dann drei Stadien. Das sog. **erste Stadium** beginnt mit einem kurzen, trockenen Reizhusten, wodurch nur sehr wenig Schleim herausgefördert wird, Schmerzen in der Seite und der Brust, geringe Kurzatmigkeit und Müdigkeitsgefühl. Zuweilen tritt unerwartet eine Lungenblutung auf. Werden diese Erscheinungen nicht genügend beachtet oder nicht auf zweckmäßige Weise behandelt, dann geht die Krankheit in das **zweite Stadium** über, welches durch abendliches Fieber, Husten mit gelblichem, zuweilen blutigem Auswurf, Appetitlosigkeit, Abnahme des Körpergewichtes, Nachtschweißen, Atembeschwerden und Kraftlosigkeit gekennzeichnet ist. Auch jetzt noch kann durch eine energische Behandlung die Krankheit in vielen Fällen zum Stillstand gebracht werden. Im **dritten Stadium** nehmen alle Erscheinungen an Heftigkeit zu, das Fieber, die Schweiße, die Kraftlosigkeit, die Abmagerung, der Husten, der Auswurf erreichen ihren Höhepunkt, der Kehlkopf und die Eingeweide können auch mit angegriffen werden (Heiserkeit, Halsschmerzen, Durchfall) und wiewohl der Kranke bis zum Ende die Hoffnung auf Besserung nicht aufgibt, kann auch die beste und sorgfältigste Behandlung das Unvermeidliche nicht mehr verhindern.

Vorbeugungsmaßregeln. Bei schwachen und erblich belasteten Personen, besonders bei Kindern aus schwindsüchtigen Familien, muss durch k r ä f t i g e E r n ä h r u n g, A u f e n t h a l t i n f r i s c h e r L u f t, h y g i e n i s c h e L e b e n s w e i s e, k a l t e W a s c h u n g e n u n d L u f t b ä d e r die Widerstandsfähigkeit des Organismus erhöht werden. Wenn möglich, müssen sie einen Beruf wählen, welcher sie nicht zu einer sitzenden Lebensweise verurteilt. Für gute Ventilation in Wohn- und Schlafräumen muss stets gesorgt werden. Bei der Pflege Schwindsüchtiger ist es sowohl für die Pfleger als für den Kranken selbst von größter Wichtigkeit, für die Unschädlichmachung des Auswurfs Sorge zu tragen. Der Kranke darf nicht auf den Boden oder in Taschentücher spucken, sondern in einen Spucknapf, der mit Karbolwasser gefüllt ist. Praktisch ist eine Spuckflasche, wie hier abgebildet, welche bequem in der Tasche mitgeführt werden kann. Die größte Reinlichkeit muss beobachtet werden, Leib- und Bettwäsche öfters erneuert und besonders gewaschen werden.

Behandlung. Hierbei ist es von der größten Wichtigkeit, einen Arzt zu konsultieren, weil nur dieser allein imstande ist, durch eine wissenschaftliche Untersuchung der Brust den ersten Anfang der Krankheit zu entdecken und über ihren weiteren Verlauf ein Urteil zu fällen. Wir warnen vor dem Gebrauch aller Quacksalbereien, sowie vor starken

Arzneien, welche den Husten und das Fieber mit Gewalt unterdrücken sollen, denn weder durch das eine noch durch das andere wird die Krankheit geheilt. Übrigens denke der Lungenkranke auch nicht, dass er durch das Einnehmen eines **homöopathischen** Mittels *genug* getan habe, um gesund zu werden — nein, seine ganze Lebensweise muss er nach der Art seiner Krankheit, welche **Ruhe, frische Luft, kräftige Ernährung** verlangt, einrichten. Die Nahrung des Schwindsüchtigen bestehe am besten aus Milch, Eier, Fett, Mehlspeisen, Obst, Brot und Kartoffeln, Salaten und Gemüsen. Auch Fleisch darf genossen werden, während besonders leicht verdauliches Fett, wie Süßrahmbutter und süßer Rahm, sehr zu empfehlen sind. Hafergrütze Brei mit Milch und Zucker bildet ein ausgezeichnetes Frühstück für Lungenkranke. Durch regelmäßiges Wiegen muss das Körpergewicht kontrolliert werden, da dieses für die Beurteilung des Gesundheitszustandes wertvoll ist. Für frische, reine Luft in Wohn- und Schlafräumen muss so viel als möglich Sorge getragen werden. Man lüfte viel und öffne Türen und Fenster, ohne selbst im Zuge zu sein. Im Winter muss das Schlafzimmer geheizt werden. Kalte Luft ist übrigens nicht schädlich, wie die guten Resultate von Davos beweisen; scharfe Nordostluft muss dagegen gemieden werden. Wir warnen eindringlich vor übertriebenen Kaltwasserprozeduren, da der Lungenkranke keine Wärme zu verlieren hat. Weit besser sind **Luft- und Sonnenbäder.** Man lasse so viel als möglich Brust und Rücken von der Sonne bescheinen, außer in den heißesten Sommermonaten, weil dann die Wirkung der Sonnenstrahlen zu intensiv ist. Bei Neigung zu Blutspucken muss man jedoch mit Sonnenbädern sehr vorsichtig sein. **Nasse Umschläge** um die Brust können von Zeit zu Zeit abends gemacht werden; dieselben tragen dazu bei, den Schleim zu lockern und den Schlaf zu fördern. Bei Fieber werden **kühle** (22° bis 25° C) **Waschungen** des ganzen Körpers im Bett gemacht und **nasse Strümpfe,** die alle 4 Stunden zu erneuern sind, angelegt. Die Kleidung muss **porös** und **warm** sein. Der Aufenthalt in Luftkurorten wie Davos, Montreux, Meran, Pau, Madeira, Algier, an oder auf der See ist oft von großem Nutzen. Aber diejenigen, welche die Mittel zu einer solchen Kur nicht besitzen, können auch zu Hause gesund werden, wenn die Krankheit noch nicht zu weit vorgeschritten ist und obige Ratschläge befolgt werden, In neuerer Zeit werden B e s t r a h - l u n g e n der Brust und des ganzen Körpers mit u l t r a v i o l e t t e n S t r a h l e n gerühmt; eine spezifische Wirkung auf die Tuberkelbazillen üben dieselben zwar nicht aus, sie können aber zur Belebung des Stoffwechsels und Erhöhung der Widerstandsfähigkeit des Körpers gute Dienste leisten.

Von den **homöopathischen Arzneien**, welche bei Lungenschwindsucht hauptsächlich in Betracht kommen, sind folgende zu nennen: **Arsen. jod. D 4** bis **D 6**, ein Mittel, welches oft die besten Erfolge gezeitigt hat. Die 6. Dezimalverreibung passt mehr für bettlägerige Kranke, die 4. Verreibung mehr für noch nicht so sehr geschwächte Personen. Gewöhnlich genügt eine Dosis morgens früh. Ist Fieber vorhanden, dann ist zuweilen **Kreosot. D 4**, 2- bis 3mal täglich, vorzuziehen. **Calc. phosph. D 6** passt besonders für Kinder und bleichsüchtige Mädchen, wie auch bei hektischen Fiebern, zuweilen im Wechsel mit **Arsen. jod. D 6** oder **Chinin. arsen. D 4**. Bei skrofulösen Personen passen **Calc. jod. D 3** und **Silicea D 6**. **Calc. hypophosph. D 1** bis **D 2** ist angezeigt, wenn der Organismus durch langanhaltendes Auswerfen eitrigen Schleimes geschwächt ist. Übrigens ist es für alle an Tuberkulose Leidenden von Nutzen, von Zeit zu Zeit eine sechswöchige Kur mit einem K a l k p r ä p a r a t zu machen. Mit **Sulfur** und **Tuberkulinum** muss bei Lungenkranken Vorsicht gebraucht werden. Dies sind die Hauptmittel, welche eine Zeitlang gegeben werden, worauf eine Pause eingeschaltet wird, um die Besserung abzuwarten; als Zwischenmittel sind manchmal nötig: **Belladonna D 3** bei Reizhusten; **Drosera D 3** bei Morgen- und Abendhusten; **Pulsatilla D 3** bei Nachthusten mit gelb-grünlichem Auswurf und bitterem Geschmack; **Bryonia D 3** bei Stechen in der Brust und Schmerzen beim Husten; **Arsen. alb. D 6, Cannab. sat. D 3** und **Spongia D 3** bei großer Kurzatmigkeit; **Ammon. brom. D 2** und **Ammon. jod. D 3** bei Angegriffensein des Halses und des Kehlkopfes; **Phosph. D 6** und **Cupr. arsen. D 4** bei schmerzlosem Durchfall; **Sambucus D 4** bei Schwitzen am Tage; **Phosph. D 6, Gelsem. D 4, Boletus D 2** bei Nachtschweißen (neben Waschungen der Brust und des Rückens mit Wasser und Essig); **Millefol D 2, Hydr. canad. D 2, Hamamelis-Extrakt** bei Blutspucken.

10. Brustfellentzündung, auch Rippenfellentzündung

... (*Pleuritis*) genannt, ist eine häufig vorkommende Entzündung der serösen Haut, welche die Innenseite des Brustkastens und die Oberfläche der Lungen wie ein geschlossener Sack bekleidet. Diese Krankheit, welche meistens durch Erkältung entsteht und besonders bei Personen mit schwacher Brust oder Schwindsuchtanlage vorkommt, erfordert stets eine sorgfältige ärztliche Behandlung, da sie bei Vernachlässigung oder verkehrter Behandlung sehr leicht zu einem unheilbaren Lungenleiden Veranlassung geben kann.

Das hervorstechendste Symptom der Brustfellentzündung ist ein *stechender Schmerz in der Brust, in der Seite oder unter den Schulterblättern,* welcher durch Tiefatmen oder Husten schlimmer wird. Dazu gesellen sich oft Fieber, schnelles Atmen und trockener Husten, während in ernsteren Fällen eine mehr oder weniger ausgedehnte Ausschwitzung einer wässerigen Flüssigkeit (*Exsudat*) stattfindet, welche die eine Seite der Brusthöhle füllt, die Lunge zusammendrückt und dadurch große Kurzatmigkeit verursacht.

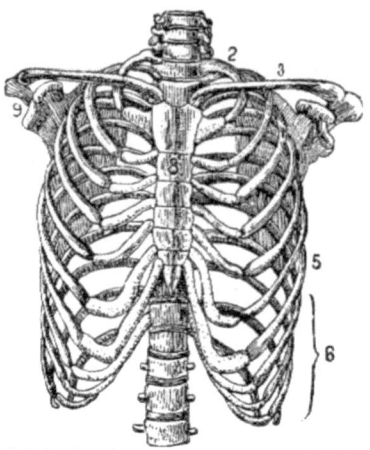

Abb. 26: Brustkasten von vorn gesehen.1. Halswirbel. 2. Rippe. 3. Schlüsselbein. 4. Schulterblatt. 5.Wahre Rippen. 6. FalscheRippen. 7. Lendenwirbel. 8. Brustbein. 9. Schultergelenk.

Oft gewinnt dieses Exsudat eine solche Ausdehnung, dass Herz, Leber und Zwerchfell aus ihrer normalen Lage gedrängt werden, wodurch die verschiedenartigsten, auf diese Organe Bezug Habenden Beschwerden entstehen. Zuweilen geht das Exsudat in Eiter über *(Emphysem),* was durch erhöhtes Fieber und Frostschauern angezeigt wird. In günstigen Fällen kann das Wasser, welches sich gewöhnlich schon 8 Tage nach Beginn der Krankheit zu bilden anfängt, nach 3 Wochen wieder aufgesaugt sein, so dass Genesung eintritt und nur hin und wieder, z. B. nach Erkältung oder körperlicher Anstrengung, ein stechender Schmerz in der Brust oder der Seite an die frühere Krankheit erinnert. Bleibt jedoch das Exsudat länger wie 8 bis 10 Wochen unverändert bestehen, dann verliert die zusammengepresste Lunge ihre Elastizität und kann leicht von chronischer Entzündung oder Tuberkulose ergriffen werden.

Abb. 27: Rechtsseitiges Atmen

Behandlung. Es ist klar, dass bei dieser Krankheit der Arzt *nicht zu entbehren ist.* Besonders bei den ersten Erscheinungen, Schmerzen in der Seite und in der Brust, ist eine genaue Untersuchung von großem Wert, da es durch dieselbe möglich ist, die Krankheit im Anfang richtig zu erkennen und zweckdienlich zu behandeln. In allen Fällen, die mit Fieber einhergehen, sind Bettruhe und Fieberdiät angezeigt. **Nasse Umschläge** um die Brust und der abwechselnde Gebrauch von **Aconit. D 3** und **Bryonia D 3** sind von großem Nutzen. Bildet sich ein Exsudat, dann sind die besten Mittel: **Arsen. alb. D 5, Apis D 3, Kal. jod. D 2.** In langwierigen Fällen leistet **Sulfur D 6,** dann und wann eine Gabe, gute Dienste. Wenn das Exsudat sich gebildet hat, ist es wichtig, dass der Kranke **so wenig wie möglich trinkt,** weil dabei das Wasser schneller aus der Brusthöhle aufgesaugt wird. Will das Exsudat gar nicht verschwinden, dann muss es durch eine Operation zum größten Teile entfernt werden. *Unbedingt notwendig* ist dies bei eitrigem Exsudat. Nach der Genesung muss der Patient sich warm kleiden und kräftig ernähren, und 5- bis 6mal täglich 20 bis 30 Tiefatmungen machen, wodurch die geschwächte Lunge ihre frühere Elastizität wieder erlangt und auch Verwachsungen zwischen Rippenfell und Brustkasten oder Lungen, welche oft Vorkommen, günstig beeinflusst werden. Wie die Übungen gemacht werden, zeigt obige Abbildung; die gesunde Brustseite wird mit der einen Hand zusammengepresst, während die andere über den Kopf gehalten wird; dadurch wird die angegriffene Brustseite gezwungen, stärkere Atembewegungen zu machen. Gegen die stechenden Schmerzen in der Seite oder der Brust, welche von Zeit zu Zeit immer noch einmal auftreten, hilft das Auflegen eines Senfpapiers und das Einnehmen von **Bryonia D 3, Ranunc. bulb. D4** oder **Arnica D 2.**

11. Brustwassersucht

... ist die Benennung einer Ansammlung von Flüssigkeit in der Brusthöhle, welche n i c h t die Folge einer vorangegangenen Brustfellentzündung, sondern eine Erscheinung **allgemeiner Wassersucht** ist. Dieselbe entwickelt sich nur dann, wenn die Beine und der Unterleib bereits stark geschwollen sind, und tritt im Verlaufe von **Herz-, Lungen- und Nierenkrankheiten** auf. Sie verursacht keine Schmerzen, aber große Kurzatmigkeit, asthmatische Anfälle und quälenden Husten. Die Behandlung ist dieselbe wie die der Krankheit, wodurch die Brustwassersucht hervorgerufen wird. Durch Punktion der Brusthöhle, eine Operation, welche bezweckt, die Flüssigkeit aus der Brusthöhle zu entfernen, kann der Arzt dem Kranken meistens große Erleichterung verschaffen, welche jedoch leider nur vorübergehend ist, wenn es nicht gelingt, die ursprüngliche Krankheit zu heilen.

3.5   Krankheiten der Verdauungsorgane

Der große Wert, welchen gesunde Verdauungsorgane für unser Wohlbefinden haben, ist allgemein bekannt. Diese Organe (siehe Abb. 28) haben die Aufgabe, die Nahrungsmittel, welche wir zu uns nehmen, auf solche Weise zu verarbeiten, dass daraus ein Nährmaterial gebildet wird, welches imstande ist, das Blut, die Quelle unserer Kraft und unseres Lebens, zu bilden und zu erneuern.

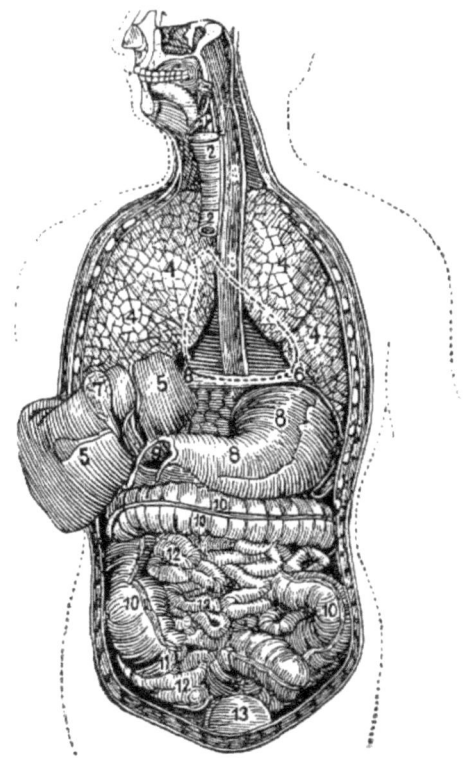

Abb. 28: Brust- und Baucheingeweide des Menschen.1. Kehlkopf. 2. Luftröhre. 3. Schlund. 4. Lungen. 5. Leber. 6. Zwerchfell. 7. Gallenblase. 8. Magen. 9. Zwölffingerdarm. 10. Dickdarm. 11. Blinddarm. 12. Dünndarm. 13. Mastdarm.

Sind die Verdauungsorgane gesund und vollführen sie ihre Aufgabe auf die richtige Weise, dann wird der Körper zweckmäßig ernährt. Ist dagegen auch nur eins dieser Organe schwach oder krank, dann leidet die Ernährung darunter und bis zu einem gewissen Grade auch unsere ganze Gesundheit. Durch das Fehlen von Zähnen oder durch Krankheiten der Mundhöhle können deshalb Gesundheitsstörungen ebenso gut wie durch Magen- oder Darmkatarrhe, chronische Verstopfung oder Leberschwellung verursacht werden, obwohl natürlich die Art und die Heftigkeit der Erscheinungen, je nach dem angegriffenen Teile, verschiedenartig sind. Verkehrte Lebensweise, Diätfehler, der Genuss schädlicher oder schwer verdaulicher Speisen, der Missbrauch reizender oder berauschender Getränke, Übermaß im Essen und Trinken, ungenügendes Kauen, hastiges Essen, zu heißes Essen, zu kaltes Trinken, Erkältung des Unterleibes, Mangel an Körperbewegung — das sind so ungefähr die häufigsten Ursachen von Krankheiten der Verdauungsorgane. Viele Leidende sehen dies jedoch nicht ein und wollen lieber allerlei Mittel, Mixturen und Magenliköre herunterschlucken, als mit einer schädlichen Gewohnheit brechen. Es ist deshalb nicht überflüssig, darauf hinzuweisen, dass die **homöopathischen Heilmittel,** deren gute Wirkung in nicht wenigen akuten und chronischen Krankheiten der Verdauungsorgane über allen Zweifel erhaben ist, erst dann ihre volle Wirkung entfalten können, wenn der Patient eine vernünftige Lebensweise und Diät annimmt und auch beibehält.

1. Entzündung der Mundschleimhaut

... (*Stomatitis*) ist ein häufiges, lästiges Übel, welches durch scharfe Speisen und Getränke, durch abgebrochene Zähne, durch Erkältung und Quecksilbervergiftung verursacht werden kann oder sich im Verlaufe gewisser ansteckender Krankheiten zeigt. Die Schleimhaut ist gerötet und geschwollen und sondert viel Schleim ab. Brennendes Gefühl und Schmerzen im Munde, schlechter Geschmack und belegte Zunge sind weitere Kennzeichen. Zuweilen bilden sich auch kleine Geschwüre am Zahnfleisch, an der Innenseite der Lippen und Backen und am Gaumen, welche bei Berührung bluten und das Kauen erschweren. In leichteren Fällen ist das Einnehmen von **Belladonna D 3** oder **Mercur. solub. D 4** nützlich, wobei natürlich die veranlassenden Ursachen beachtet und womöglich beseitigt werden müssen. Daneben sind oft wiederholte Ausspülungen des Mundes mit einer lauwarmen Salzlösung (ein Esslöffel Salz auf 1 Liter Wasser) empfehlenswert. Bei Quecksilbervergiftung sind **Acid. nitr. D4** und **Kal. jod. D 2,** bei Geschwüren und Mundfäule **Kal. chlorat. D 3** und

Mercur. corros. D 5 angezeigt. Harte Speisen müssen vermieden werden, Fruchtsäfte, besonders Zitronensaft, sind zu empfehlen.

2. Übler Mundgeruch

... *(Foetor oris)* ist meistens die Folge von hohlen Zähnen und Vernachlässigung der Mund- und Zahnpflege. Ferner kann dieses Übel von einem verdorbenen Magen, von Verdauungsstörungen oder hartnäckiger Verstopfung herrühren oder infolge von Nasen-, Hals- und Lungenkrankheiten entstehen.

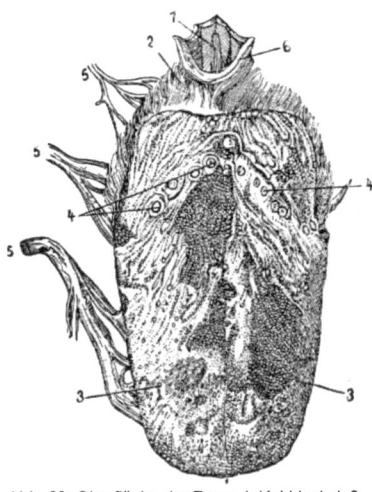

Abb. 29: Oberfläche der Zunge.l. Kehldeckel. 2. Zungenwurzel. 3. Pilzförmige Geschmackswärzchen. 4. Umwallte Geschmackswärzchen. 5. Zungennerven. 6. Zungenbein.

Die **Behandlung** geht mit derjenigen der Ursache zusammen. Man sorge für zweckentsprechende Mundpflege, lasse hohle Zähne plombieren oder entfernen und spüle den Mund öfters mit verdünntem Alkohol oder Eau de Cologne aus. Bei Verdauungsstörungen ist der abwechselnde Gebrauch von **Nux vomica D 4** und **Sulfur D 6** oft von Nutzen; beim weiblichen Geschlecht ist oft **Pulsatilla D 3,** bei Lungenkranken **Carbo veget. D 3,** bei Geschwüren der Mund- oder Nasenhöhle **Aurum D 6** angezeigt. (Siehe auch Abschnitt **Stinknase** weiter unten).

3. Zungenleiden

... kommen verhältnismäßig selten vor. Durch zu spitze oder abgebrochene Zähne, durch Magensäure und Magenkatarrh können sich **Geschwürchen** an der Zunge bilden, welche von selbst wieder heilen, wenn die Ursache beseitigt ist. Durch Beißen auf die Zunge (z. B. bei Fallsucht) entstehen **Wunden,** welche zur Heilung einige Gaben **Arnica D 2** erfordern. Durch **Entzündung** kann die Zunge manchmal sehr schmerzhaft werden und enorm anschwellen *(Glossitis)*; in diesem Falle ist der abwechselnde Gebrauch von **Belladonna D 3** und **Mercur. solub. D 4,** verbunden mit lauwarmen Salzwasser-Ausspülungen, angezeigt. Gefährlich sind **Verhärtungen** und **krebsartige Geschwüre,** welche manchmal operative Behandlung erfordern. **Conium D 4, Arsen. alb. D 5** oder **Silicea D 6** können versucht werden. Bei **Lähmungen** ist **Causticum D 4** zuweilen wirksam.

4. Zahnschmerzen

... entstehen in den meisten Fällen aus *lokalen* Ursachen, nämlich durch Entzündung des Zahnbeins *(Karies)* oder der Zahnpulpa und der Wurzelhaut der Zähne. Um dieselben zu verhüten, sorge man für eine geregelte Z a h n p f l e g e durch Reinigung der Zähne mit einer nicht zu harten Zahnbürste und kaltem Wasser, wobei man auch von Zahnpasta Gebrauch machen sollte.

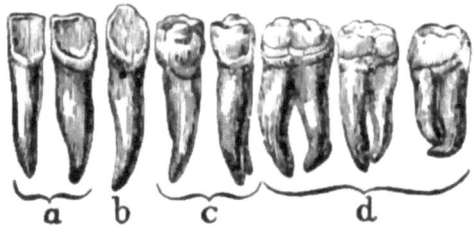

Abb. 30: Die Zähne des Menschen.a. Schneidezähne, b. Eckzahn. c. Vordere Backenzähne. d. Hintere Backenzähne.

Sind bereits hohle und kariöse Zähne vorhanden, dann ist es am besten, die schadhaften Stellen plombieren zu lassen, während man faule Wurzeln, wenn sie zu schlechtem Mundgeruch oder Eiterbildung Veranlassung geben, am besten ganz entfernen lässt. Kann man sich aus irgendeinem Grunde hierzu nicht verstehen, dann muss dafür aber die oben beschriebene Zahnpflege mit verdoppeltem Eifer betrieben werden, und außerdem ist dann der tägliche Gebrauch eines *desinfizierenden Mundwassers* sehr zu empfehlen. Ferner ist das **Vermeiden zu heißer und zu kalter Speisen und Getränke** von der größten Wichtigkeit, weil durch diese Schädlichkeiten das Email der Zähne leicht kleine Risse bekommt, wodurch den stets in der Mundhöhle anwesenden Bakterien das Zerstörungswerk erleichtert wird. Wer überhaupt seinen Kindern ein gutes Gebiss bewahren will, verschone sie möglichst mit Zucker, Bonbons und anderen Süßigkeiten, während das Kauen von grobem Brot ein ausgezeichnetes Mittel ist, um die Zähne zu kräftigen.

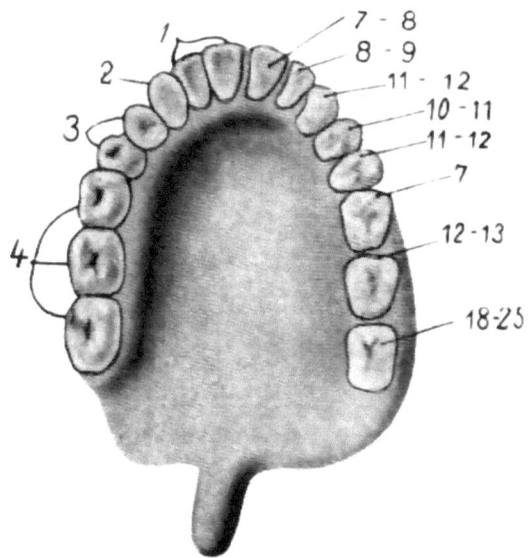

Abb. 31: Der Oberkiefer mit den oberen bleibenden Zähnen und Backenzähnen.1. Schneidezähne. 2. Eckzahn. 3. Vordere Backenzähne. 4. Hintere Backenzähne. Die Zahlen 7—13 zeigen das Alter während des Zahnwechsels an, 18—25 das Alter des Erscheinens des sog.Weisheitszahnes.

Wenn trotz guter Zahnpflege Z a h n s c h m e r z e n **auftreten, suche man die Ursache, welche in diesen Fällen meist** *allgemeiner Natur* sein wird, zu entdecken, wodurch die Behandlung vereinfacht wird. Entstehen die Schmerzen infolge von *Erkältung,* dann sind wiederholte Gaben **Aconit. D 3,** verbunden mit einem heißen Fußbad und tüchtigem Reiben der schmerzhaften Seite des Gesichtes oft von schnellem Erfolg; bei *klopfenden* Schmerzen ist **Belladonna D 3,** bei reißenden, *rheumatischen* Schmerzen **Bryonia D 3** oder **Rhus Tox. D 4,** bei heftigen *nächtlichen* Schmerzen **Arsen. alb. D 6** eher angezeigt. Kann man es im Bett nicht mehr aushalten, dann mache man in einem Gefäß mit kaltem Wasser 100 bis 200 kräftige Tretbewegungen mit den bloßen Füßen, trockne die Füße ab und begebe sich wieder zu Bett,

169

worauf man in den meisten Fällen ohne Schmerzen wird einschlafen können. Bei Zahnschmerzen, *verbunden mit Ohrenschmerzen,* hilft **Pulsatilla D 4,** besonders bei bleichsüchtigen Mädchen; bei Schmerzen in den *Milchzähnen bei Kindern* **Kreosot. D 4;** bei hohlen Zähnen **Staphys. D 6;** werden die Schmerzen durch Bloßlegen des Zahnnervs verursacht und durch kalte und warme Getränke, kalte Luft und Berührung verschlimmert, dann hilft manchmal das Ausstopfen des hohlen Zahnes mit ein wenig Verbandwatte, welche mit einigen Tropfen **Plantago-major-Tinktur** befeuchtet wird. Bei W u r z e l h a u t e n t - z ü n d u n g , welche durch klopfende Schmerzen, schlimmer durch Berührung oder durch Beißen auf den Zahn und durch ein Gefühl, als ob der Zahn zu lang wäre, gekennzeichnet ist, helfen zuweilen **Belladonna D 3** oder **Mercur. solub. D 6** nebst heißen Fußbädern. In manchen Fällen bleibt jedoch nichts anderes übrig, als den kranken Zahn ausziehen zu lassen, was gewöhnlich nicht sehr schmerzhaft ist, da der Zahn durch die Entzündung schon gelockert ist. Bei *nervösen* Zahnschmerzen, welche mehrere Zähne zugleich ergreifen, so dass das Ausziehen also zwecklos wäre, kommen **Arsenicum, Spigelia, Ignatia, Pulsatilla, Gelsemium** in Betracht, deren Wirkung durch kalte, heiße oder W e c h s e l f u ß b ä d e r unterstützt werden kann.

5. Entzündung des Zahnfleisches

... (*Gingivitis*) wird außer durch die bereits erwähnte Entzündung der Mundschleimhaut meistens durch einen kranken Zahn verursacht. Infolge von Erkältung entsteht unter heftigen Schmerzen eine Geschwulst des Zahnfleisches und der Backen, welche schließlich in einen Abszess (sog. Z a h n g e s c h w ü r) übergeht. Mundspülungen mit warmem Kamillentee, heiße Aufschläge auf die schmerzhafte Backe und der abwechselnde Gebrauch von **Belladonna D 3** und **Mercur. solub. D 4** sind bis zum Durchbruch des Eiters angezeigt. Hernach leisten Ausspülungen des Mundes mit verdünnter **Calendula-Tinktur** (1 Esslöffel auf $^1/_2$ Liter Wasser) und einige Gaben **Silicea D 6** gute Dienste.

6. Zahnfistel

... bilden sich oft an den Wurzeln fauler Zähne, indem der Eiter durch das Zahnfleisch oder sogar durch die Backe durchbricht. Eine solche Fistel kann jahrelang bestehen, ohne zur Heilung zu kommen, wobei von Zeit zu Zeit sich immer wieder etwas Eiter aus dem Fistelgang entleert. Helfen desinfizierende Mundspülungen und das Einnehmen von **Silicea D 6** nicht, dann ist es am besten, den hohlen Zahn oder die faule Wurzel, welche die Eiterung unterhält, chirurgisch zu behandeln.

7. Speichelfluss

... oder krankhaft vermehrte S p e i c h e l a b s o n d e r u n g (*Ptyalismus*), wobei der Speichel zum Munde herausläuft oder verschluckt wird, kommt bei Entzündungen der Mundhöhle, während der Schwangerschaft, infolge von Einnehmen zu großer Gaben Quecksilbers und bei bestimmten Gehirnkrankheiten vor. Die **Behandlung** fällt mit derjenigen der Ursache zusammen. Bei Quecksilbervergiftung sind **Add. nitr. D 4** und **Kal. jod. D 2** angezeigt. **Homöopathische Arzneien,** welche auf die Speicheldrüsen wirken und demnach versucht werden können, sind u. a. **Mercurius, Pulsatilla, Kalium chloratum.** Mundspülungen mit desinfizierenden Flüssigkeiten oder einer 2%igen Borax-Auflösung oder auch mit E i c h e n r i n d e a b s u d sind empfehlenswert.

8. Schlund- oder Speiseröhrenerkrankungen

... (*Oesophagitis*) entstehen meistens durch heftige Reizung der Schleimhäute oder durch Verbrennung durch zu heiße Speisen und Getränke. Die **Kennzeichen** sind: Schmerzen und Beschwerden beim Schlingen, mit einem Gefühl, als ob die Nahrung nicht herunterrutschen wolle; bei **Krebs** können feste Speisen gar nicht mehr, flüssige nur mit Mühe den Schlund passieren, auch werden gewöhnlich reichliche Schleimmassen erbrochen; frühzeitige Anwendung von **Arsen. alb. D 5** im Wechsel mit **Hydrast. canad. D 3** bis **D 1** hat in einzelnen Fällen guten Erfolg gehabt. Bei hysterischen Mädchen und Frauen kommt öfters ein zwar ungefährlicher, jedoch unangenehmer **Schlundkrampf** vor, wodurch das Schlucken zeitweise behindert wird. Dieses Übel kann durch **Gelsemium D 4, Belladonna D 3, Zinc. valer. D 3** und elektrische Behandlung geheilt werden. Bei allen **Entzündungen** des Schlundes darf nur f l ü s s i g e Nahrung genossen werden; **Belladonna D 3** und **Arsen. alb. D 5** sind in diesen Fällen die Hauptmittel. Bei **Schlundverengung** infolge von Verbrennung kann durch vorsichtige Anwendung langer elastischer Schlundbougies, wodurch die verengerte Stelle allmählich erweitert wird, große Besserung erreicht werden.

9. Akuter Magenkatarrh

... *(Gastritis acuta)* wird, wenn er mit Fieber verbunden ist, auch *gastrisches Fieber* genannt. Die Ursachen sind gewöhnlich grobe Diätfehler, der Genuss schwerverdaulicher oder verdorbener Speisen, Magenüberladung, zu kalte oder zu heiße Kost, Missbrauch alkoholischer Getränke, zuweilen auch Erkältung.

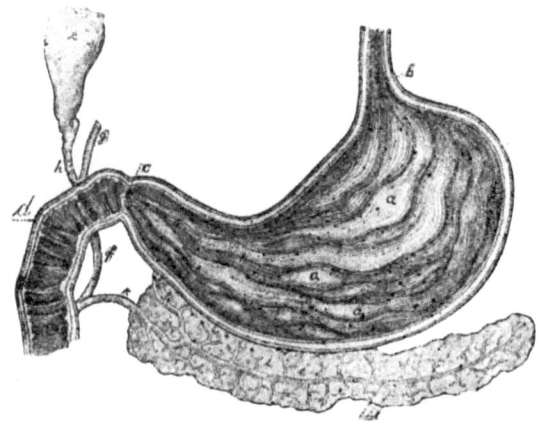

Abb. 32: Magen (Längsdurchschnitt).a. Magenhöhle mit Schleimhautfalten, b. Magenmund. c. Pförtner. d. Zwölffingerdarm.e. Gallenblase. f. Gemeinsamer Gallengang. g. Ausführungsgang der Leber. h. Ausführungsgang der Gallenblase. i. Bauchspeicheldrüse. k. Ausführungsgang.

Das hauptsächlichste Kennzeichen ist Appetitlosigkeit und Widerwillen gegen jede Nahrung. Die Zunge ist belegt, der Geschmack- bitter oder fade, es bestehen übler Mundgeruch, Durst, Übelkeit, Aufstoßen, Druck und volles Gefühl im Magen oder Magenschmerzen. Oft gesellt sich wiederholtes Erbrechen von Schleim und Speisen, zuweilen auch Galleerbrechen hinzu. Gewöhnlich besteht Verstopfung, selten Durchfall. Bei Fieber tritt meistens ein Bläschenausschlag an den Lippen auf; dieser fehlt beim *Typhus,* mit welchem das *gastrische Fieber* zuweilen verwechselt wird, bei letzterem kommt jedoch meistens *Stuhlverstopfung* vor, während der Typhus mit *Durchfall* einhergeht, auch ist beim Typhus die Milz geschwollen, was beim gastrischen Fieber nicht der Fall ist.

Die beste **Behandlung** ist eine Hungerkur von ein bis zwei Tagen, wobei der Kranke nur frisches Wasser genießt. Dauert die Krankheit länger, dann müssen die Kräfte durch kleine, oft wiederholte Portionen Milch, Haferschleim, Eiweißwasser, dünner Suppen mit Ei, Keks und Zwieback erhalten werden. Bei Magenüberladung hilft oft das Trinken

einer Tasse starken Kaffees. In ernsteren Fällen muss der Magen aus-
gepumpt werden. Nasse Umschläge um die Magengegend sind empfehlenswert; bei *Schmerzen* leisten *warme Breiaufschläge* oft gute
Dienste. Bei Verstopfung müssen lauwarme Seifenwasserklistiere ($^1/_2$
bis 1 Liter, Temperatur 35° C) verabreicht werden. Folgende Mittel haben sich in der Praxis bewährt: **Nux vom.** **D 3** nach Missbrauch von
Alkohol und Tabak; **Pulsatilla D 3** nach Genuss zu fetter Speisen; **Ipecacuanha D 4** bei Übelkeit und Erbrechen; **Bryonia D 3** bei Schmerzen, bitterem Geschmack, Durst und Galleerbrechen; **Antim. crud. D4**
bei sehr belegter Zunge, Druck und vollem Gefühl im Magen, Aufstoßen und Schleimerbrechen.

Bei g a s t r i s c h e m F i e b e r kommen besonders **Acid. muriat.
D 3** und bei Erscheinungen der Gelbsucht **Bryonia D 3** in Betracht,
fernerhin noch **Rhus Tox. D 4** und **Phosphor. D 6** in langwierigen Fällen. Solange die Zunge belegt ist, darf nur frisches Wasser, Obstsaft,
Haferschleim und leichte Suppe genossen werden. Bei Stuhlverstopfung muss durch lauwarme Wasserklistiere ($^1/_2$ bis 1 Liter; Temperatur
35° C) für Entleerung gesorgt werden.

10. Chronischer Magenkatarrh

... (*Gastritis chronica*) ist ein außerordentlich viel vorkommendes
Leiden, welches oft durch eigene Schuld entsteht. Die Ursachen sind
gewöhnlich verkehrte Lebensweise und Diät (siehe Seite 165). Das
Übel kann jedoch auch infolge von Kreislaufstörungen bei Herz-, Lun-
gen-, Leber- und Nierenkranken vorkommen und ist dann nicht leicht
zu heilen.

Die **Hauptsymptome** sind: Mangel an Appetit, welcher sogar in
Widerwillen gegen jede Nahrung übergehen kann; Druck und schweres
Gefühl in der Magengegend, Übelkeit, bitterer oder fader Geschmack,
übler Mundgeruch, belegte Zunge, saures Aufstoßen, Verstopfung, mit
Durchfall abwechselnd. Bei langer Dauer der Krankheit magern die
Kranken ab, werden übelgelaunt, hypochondrisch, klagen über
Schwindel und Kopfschmerzen und verlieren die Lust zur Arbeit.
Durch eine genaue ärztliche Untersuchung muss in allen langwierigen
Fällen festgestellt werden, ob das Leiden ein selbständiger Magenka-
tarrh ist oder durch eine der obengenannten chronischen Krankheiten
verursacht wird.

Die **Behandlung** ist schwierig, wenn der Patient nicht eine genau
bestimmte Diät und geregelte Lebensweise befolgen will. Im allgemei-

nen sind für chronisch Magenkranke folgende Vorschriften beachtenswert:

1. die Magengegend darf nicht durch zu enge Kleidung gedrückt werden;

2. anhaltendes Gebücktsitzen ist schädlich;

3. die Magengegend muss wann gehalten werden;

4. kleinere Mahlzeiten, etwa 5 mal täglich, sind wenigen großen Mahlzeiten vorzuziehen;

5. langsam essen, tüchtig kauen, nicht zu viel essen und trinken;

6. vor den Hauptmahlzeiten 1/4 Stunde ruhen;

7. während der Mahlzeiten nicht viel trinken;

8. alle schwerverdaulichen Speisen und jede Nahrung, von der man aus Erfahrung weiß, dass man sie nicht gut verträgt, müssen vermieden werden; .

9. **streng verboten sind:** Alkohol, Kognak, Liköre, schwere Weine und Biere, starker Kaffee und Tee; das Rauchen und Kauen von Tabak; Senf, Pfeffer und scharfe Gewürze; fettes Fleisch; fette Wurst, fetter Fisch, z. B. Aal; ausgekochtes und gesalzenes Fleisch; hartgekochte und gebackene Eier; Käse; alle Gemüse und Obstsorten, welche viel Holzfaser enthalten, wie Oberkohlrabi, Kohl, rohe Äpfel, Nässe; frisches und schweres Brot, Kochen oder Torten, mit vielem Fett zubereitet; schwere Mehlspeisen und Pfannkuchen; alle sauren und zu scharf gesalzenen Speisen;

10. **erlaubt sind alle oben nicht direkt verbotenen Speisen und Getränke, besonders aber:** durchgesiebte Kartoffel-, Gemüse- und Brotsuppen; mageres, gebratenes Rind- und Kalbfleisch, Geflügel; zarte Gemüse; Kartoffelbrei, mit Milch zubereitet; Obstkompotte; Weißbrot, Grahambrot (wenn der Magen es vertragen kann, was nicht immer der Fall ist); rohe und weich gekochte Eier; Reis, Sago, Grießmehl, Maizena; rohe und gekochte Milch; Buttermilchsuppe, mit Weizenmehl zubereitet (letzteres ein besonders ausgezeichnetes Nahrungsmittel in ernsten und langwierigen Fällen).

Zuweilen leistet eine streng durchgeführte Milchkur gute Dienste und in den meisten Fällen ist ein Nasser Umschlag um die Magengegend, welcher abends angelegt und nachts liegen bleibt, sehr zu empfehlen.

Homöopathische Heilmittel, welche in Betracht kommen, sind: **Nux vom. D 4** und **Natr. muriat. D 6** bei Verstopfung; **Ipecacuanha D 4,** wenn Übelkeit oder Durchfall in den Vordergrund treten; **Carbo veget. D 6** bei Aufstoßen und Ansammlung von Oasen im Magen; **Bryonia D 3** bei Neigung zu Gelbsucht; **Arsen. alb. D 5** bei Durst und Magenschmerzen; **Natr. sulf. D 6** bei bitterem Geschmack; **Natr. phosph. D 6** bei Magensäure und brennendem Gefühl im Magen; **Lycop. D 6** bei dunklem, satzigem Urin und hartnäckiger Verstopfung; **Sulfur D 6** als Zwischenmittel in langwierigen Fällen.

Bei Magenkranken, welche sofort nach dem Essen allerlei Beschwerden bekommen, leistet das Einnehmen einer guten Messerspitze **Pepsinum D 1** vor der Mahlzeit oft vortreffliche Dienste, jedenfalls ist es stets zu versuchen.

11. Übelkeit

… (*Nausea*) **und Erbrechen** (*Vomitus*) kommen im Verlaufe verschiedener Krankheiten vor. Treten sie besonders für sich oder auch als alleiniges, selbständiges Krankheitssymptom auf, so kann eins der folgenden Mittel gewählt werden: **Ipecacuanha D 4, Pulsatilla D 3** nach Überladung des Magens; **Nux vom. D 3** nach Missbrauch von Alkohol und Tabak; **Chamom. D 3, Bryonia D 3** und **Nux vom. D 3** nach Ärger und Gemütsbewegungen; **Ignat. D 4** und **Opium D 6** nach Schrecken; **Arnica D 2** nach einem Fall oder Schlag auf den Kopf; **Belladonna D 3, Nux vom. D 3, Sanguin. D 3** bei Kopfschmerzen und Migräne; bei **Seekrankheit** werden **Cocculus D 4, Apomorph. D 6,** das Trinken kleiner Mengen kalten Wassers und das feste Umwickeln des Unterleibes mit einer Flanellbinde empfohlen.

12. Aufstoßen

… (*Eructatio*) **und Blähungsbeschwerden** (*Flatulentia*) entstehen durch Bildung von Gasen infolge von Verdauungsschwäche und im Verlaufe verschiedener Magen- und Darmkrankheiten. Sie gehen manchmal mit Schmerzen, Kollern im Leibe, Herzklopfen, Atembeklemmung, Schwindel und Kopfschmerzen einher, besonders bei nervösen und hysterischen Personen. Die **Behandlung** muss vor allem darauf gerichtet sein, die *Bildung* der Gase durch eine passende Diät (Vermeiden von Kohl, Zwiebeln, Mehlspeisen, Zucker, jungem Bier, saurem Wein) zu verhüten und die *Entfernung* der Gase durch die Sorge für einen geregelten Stuhlgang, durch Körperbewegung, Massage des Unterleibes und Nasse Umschläge zu bewirken. Als Arzneimittel kommen **Nux vom. D 3, Carbo veget. D 3, Lycopod. D 3** und **Sulfur D 6** in Betracht. Sehr zu empfehlen ist es, eine Zeitlang wenig Fleisch zu essen und ab und zu etwas Zitronensaft zu trinken.

13. Magenerweiterung

... (*Dilatatio ventriculi*) kann die Folge von langwierigem Magenkatarrh, von Erschlaffung oder Schwäche der Magenmuskeln durch fortgesetzte Überladung des Magens, oder von Verengung des Magenausganges durch Geschwüre oder Geschwülste sein. Die Nahrung bleibt zu lange im Magen liegen, fängt an zu gären und kann durch ihr Gewicht Erschlaffung der Magenmuskeln hervorrufen, so dass der Magen nicht nur vergrößert und erweitert wird, sondern sogar seine ganze Lage ändert. Außer den gewöhnlichen Erscheinungen des Magenkatarrhs tritt von Zeit zu Zeit wiederholtes Erbrechen saurer, übelriechender Stoffe auf und bei Druck auf die Magengegend kann man oft das sog. „Plätschergeräusch" wahrnehmen. Bei der **Behandlung,** welche in vorgeschrittenen Fällen wenig Aussicht auf gänzliche Heilung bietet, sind die Lebensweise, die Diät und die Heilmittel, die unter **chronischem Magenkatarrh** genannt sind, von großer Wichtigkeit. Oft kann durch Auspumpen und Ausspülen des Magens große Erleichterung verschafft werden. Ferner sind Massage, Faradisation der Magenmuskeln und heilgymnastische Übungen sowie das Tragen einer Leibbinde bei Tage zu empfehlen.

Obengenannte Beschwerden, von Rückenschmerzen begleitet, können auch die Folge sein der sog. **Enteroptose,** d. h. einer Senkung der Eingeweide. Dieses Übel kommt besonders häufig vor bei mageren Personen weiblichen Geschlechts. Die Behandlung besteht, außer in der Anwendung obengenannter Arzneimittel, in dem Tragen einer passenden Leibbinde, ferner in Massage des Unterleibes und in einer Mastkur, um Fettansatz zu bewirken, wodurch die Eingeweide in ihrer natürlichen Lage gehalten werden.

14. Magenkrampf

... (*Gastralgia*) nennt man einen Anfall von heftigen, zusammenschnürenden, brennenden Schmerzen in der Magengegend, welcher einige Minuten bis einige Stunden andauern kann. Derselbe kommt meistens bei blutarmen und bleichsüchtigen Mädchen, auch bei neurasthenischen Männern vor, kann jedoch auch ein Symptom einer ernsten Magenkrankheit sein und wird öfters mit Gallensteinkolik verwechselt.

Eine genaue ärztliche Untersuchung ist deshalb in allen Fällen von wiederholt auftretendem Magenkrampf am Platze.

Bei der **Behandlung** leistet der abwechselnde Gebrauch von **Arsen. alb. D 4** oder **D 5** und **Belladonna D 3** oder auch **Atrop. sulf. D 6**, neben Heißwasserkompressen auf die Magengegend ausgezeichnete Dienste. Manchmal kommen noch **Bryonia, Nux vomica, Phosphorus, Pulsatilla,** deren Charakteristik man im im zweiten Teil des Buches findet (Seite 62ff), in Betracht. Zur Verhütung der Anfälle müssen Diätfehler, Gemütsbewegungen und Erkältungen vermieden und die Mittel angewendet werden, welche bei den verschiedenen veranlassenden Krankheiten angezeigt sind.

15. Nervöse Dyspepsie

… oder **nervöse Magenschwäche** ist ein Übel, das infolge der überhandnehmenden Nervenschwäche unserer Zeit sehr viel vorkommt. Hierbei treten allerhand Verdauungsstörungen auf, ohne dass jedoch bestimmte organische Veränderungen nachgewiesen werden können. Die Patienten klagen über Druckempfindlichkeit des Magens, Appetitlosigkeit, die zuweilen mit Heißhunger abwechselt, schnelles Gesättigtsein, saures Aufstoßen und Druck und volles Gefühl im Magen nach dem Essen, Übelkeit und Magenschmerzen, mitunter großes Schwächegefühl im Magen, Kopfschmerzen und Gemütsverstimmungen. Vom Magenkatarrh unterscheidet sich die nervöse Dyspepsie dadurch, dass die Zunge nicht belegt ist, kein übler Mundgeruch vorliegt, die Geschmacksempfindung normal ist und manche Speisen ohne Beschwerden vertragen werden, welche bei dem an Magenkatarrh Leidenden die Krankheit verschlimmern würden.

Bei der **Behandlung** braucht in den meisten Fällen die Diät nicht so streng zu sein wie bei Magenkatarrh; Abwechslung in der Kost ist besonders zu empfehlen; ein Glas leichtes Bier oder Wein (u. a. Wermutwein) wirkt oft sehr gut. Die Lebensweise muss nach den Vorschriften, welche wir später bei **Neurasthenie** und **Hysterie** geben, eingerichtet werden. Besonders muss das Essen *gleich nach einer heftigen Gemütsbewegung* vermieden werden. In hartnäckigen Fällen ist es empfehlenswert, während der Mahlzeit dann und wann einen Schluck warmen (37° C) Wassers zu trinken. Der Gebrauch von *Sanatogen,* einige Wochen lang, hat zuweilen eine günstige Wirkung. Tägliche Zimmerluftbäder, ab und zu ein Bad von 35° C 10 Minuten lang, und leichte Massage des ganzen Körpers wirken kräftigend, beruhigend und heilend. Auch Luftveränderung und Reisen bringen überraschende Besserungen zustande. Die Hauptmittel sind: **Nux vom.** D 3 oder D 4, **Ipecacuanha** D 4, **Pulsatilla D 3, Ignat.** D 3, **Natr. muriat.** D 6, **Natr. phosph.** D 6, deren besondere Indikationen man im zweiten Teil des Buches finden kann (Seiten 62ff). Ferner noch **Bismuth. nitr.** D 3 bei Erbrechen nach jeder Mahlzeit; **Condur.** D2 oder D3 in langwierigen Fällen; **Arsen. alb.** D 5 und **Kal. phosph.** D6 bei Schwäche, Durst und Erschöpfung des Nervensystems; **Magn. phosph.** D 6 bei Schmerzen, welche durch Druck und äußere Wärme besser werden.

16. Magengeschwüre

... *(Ulcus ventriculi)* kommen ziemlich oft bei bleichsüchtigen Mädchen und Frauen vor, auch infolge von Verwundungen der Magenschleimhäute durch Verschlucken spitziger Gegenstände oder durch gewohnheitsmäßig zu heißes Essen und Trinken. Die Geschwüre sind klein oder groß und können in letzterem Falle die ganze Magenwandung durchbohren, was dann Bauchfellentzündung zur Folge hat. Bei M a g e n g e s c h w ü r e n   i s t   d e s h a l b   s t e t s   e i n e   s o r g f ä l t i g e   ä r z t l i c h e   B e h a n d l u n g   d r i n g e n d   e r w ü n s c h t.

Die Krankheitserscheinungen sind nicht immer so deutlich, dass man daraus mit Sicherheit auf Magengeschwüre schließen kann. Zuweilen klagen die Patienten nur über ein Gefühl von Schwere und Druck im Magen, saures Aufstoßen, Erbrechen und dann und wann Magenschmerzen. In ernsten Fällen treten h e f t i g e **Magenschmerzen** und **Magenkrämpfe** auf. Die Schmerzen werden durch Druck auf den Magen und durch Essen verschlimmert. Werden die Schmerzen b e s s e r in einer b e s t i m m t e n Lage (auf dem Rücken, dem Bauch oder der Seite), dann kann man das Vorhandensein von Magengeschwüren vermuten, weil die Geschwüre bei der betreffenden Lage nach oben liegen und nicht mehr durch den sauren Mageninhalt gereizt werden. Oft treten **Magenblutungen** auf, diese sind das s i c h e r s t e Kennzeichen von Magengeschwüren. Das erbrochene Blut ist dunkelrot, geronnen und oft mit Speiseresten vermischt. Nach einer Magenblutung ist der Stuhlgang dunkel gefärbt, oft sogar schwarz. Über die unterscheidenden Merkmale zwischen L u n g e n - u n d M a g e n b l u t u n g siehe Seite 155f. Sind die Geschwüre wieder geheilt, so treten trotzdem oft noch eine Zeitlang M a g e n k r ä m p f e nach dem Essen auf, welche durch Reizung des Narbengewebes verursacht werden.

Die **Behandlung** besteht in *strenger Diät, Bettruhe,* warmen Kompressen auf die Magengegend und dem Einnehmen von **Arsen. alb. D 6.** Bei heftigen Schmerzen: **Belladonna D 3** oder **Atrop. sulf.** in der 6.,

5. oder **4.** Dezimalpotenz, je nach der Heftigkeit der Schmerzen. Ein Mittel, welches die Heilung der Geschwüre oft fördert, ist **Argent. nitr. D 4.** Ist die erbrochene Masse blutig oder schwarz und findet das Erbrechen sofort nach der Nahrungsaufnahme statt, dann kann **Phosph. D 6** angezeigt sein. **In** chronischen Fällen passen noch **Hydrast. canad. D 2**, **Sulfur D 6** und **Calc. carb. D 6.** Bei **Magenblutungen** gebe man dem Kranken bis zur Ankunft des Arztes kleine Schlucke eiskalten Wassers, denen man 5 Tropfen Hamamelis-Extrakt beimischt, und mache *kalte* Aufschläge auf die Magengegend. Bis zum Aufhören der Blutungen ist Eiweißwasser und kalte Milch in kleinen, oft wiederholten Portionen (insgesamt bis 1 Liter pro Tag steigend), die einzige Nahrung, welche gereicht werden darf. Später sind Milch, dünner Hafer-, Reis- oder Grießbrei, gequirlte Eier, Fleischbrühe mit Ei und, wenn die Magenschmerzen aufgehört haben (nach 2 bis 3 Wochen), weichgekochte Eier, Kalbsmilch, Kalbshirn und andere leichtverdauliche Speisen erlaubt. Nach der Genesung muss der Patient noch längere Zeit eine streng geregelte Diät einhalten, sich vor zu heißem Essen und Trinken hüten und die Magengegend vor Druck durch Korsetts oder Gürtel bewahren.

17. Kolik

… ist ein Anfall von plötzlich auf tretenden, heftigen Leibschmerzen, welche gewöhnlich in der Nabelgegend am schlimmsten sind. Oft sind die Schmerzen von Aufstoßen, Erbrechen, Abgang von Winden oder Durchfall begleitet. Durch Druck werden die Schmerzen besser, während bei Bauchfellentzündung das Umgekehrte der Fall ist. Die häufigsten U r s a c h e n der Kolikschmerzen sind: Genuss schwerverdaulicher Speisen, Erkältung des Unterleibes, Durchnässung der Füße, Trinken von kaltem Wasser bei erhitztem Körper. Bei der **Behandlung** sind folgende Mittel in vielen Fällen genügend: **Belladonna D 3** als Hauptmittel, wovon man je nach der Heftigkeit der Schmerzen alle $^1/_2$ Stunde bis alle 5 Minuten 5 Tropfen in einem Teelöffel mit Wasser gibt. Bei Kindern ist **Chamom. D 3** vorzuziehen. Ferner sind angezeigt: **Colocynth. D 4** bei heftigen, periodisch auftretenden Kolikschmerzen und aufgetriebenem Unterleib, die Schmerzen werden durch Hochziehen der Beine, Krummliegen und Druck gebessert; **Colchicum D 3** bei rheumatischen Konstitutionen, auch nach Erkältung; **Arsen. alb. D 5** bei brennendem Durst, Durchfall und großer Schwäche; **Dioscorea villosa D 2** oder **D 1**, ein neueres amerikanisches, bei heftigen Schmerzen infolge Leber- und Gallenblase-Leiden warm empfohlenes Mittel; **Magnes. phosph. D 6** bei Schmerzen, welche durch äußere Wärme und Druck besser werden; **Pulsatilla D 3** nach Überladung des Magens und Erkältung des Unterleibes; **Nux vom. D 3** bei Kolikschmerzen, welche mit Verstopfung, Übelkeit und Erbrechen einhergehen, besonders bei Personen, welche an Hämorrhoiden leiden; **Veratr. D 3** bei heftigen Kolikschmerzen, von Durchfall und kaltem Schweiß begleitet; **Plumb. D 8** bei hartnäckiger Verstopfung. Als äußerliche Mittel sind h e i ß e   T ü c h e r oder H e i ß w a s s e r k o m p r e s s e n , mit Guttaperchapapier bedeckt, auch h e i ß e   B r e i u m s c h l ä g e zu empfehlen. Bei Verstopfung müssen warme Klistiere verabreicht werden, bis Stuhlgang erfolgt. Bei Kolik infolge von *Bleivergiftung* sind warme Bäder, warme Klistiere und **Kal. jod. D 2** angezeigt. Über G a l l e n s t e i n k o l i k und N i e r e n k o l i k siehe weiter unten. In allen ernsten Fällen zögere man ja nicht, einen Arzt herbeizurufen, da von der richtigen Behandlung oft die Erhaltung des Lebens abhängt.

18. Durchfall

... (*Diarrhoea*) kommt oft vor infolge von Erkältungen, besonders des Unterleibes, kalten und nassen Füßen, Diätfehlern, Überladung des Magens mit schwer verdaulichen Speisen oder unreifem Obst, Trinken von zu kaltem Bier, Einnehmen zu starker Abführmittel, ferner nach Gemütsbewegungen, z. B. nach Schrecken, und endlich als Begleiterscheinung verschiedener Krankheiten. Der Durchfall kann mit oder ohne Schmerzen auftreten; die Zahl der Entleerungen beträgt zuweilen 1 bis 2, zuweilen 20 bis 30 in 24 Stunden, wobei in schlimmen Fällen fortwährender Stuhldrang besteht.

Behandlung. In ernsten Fällen muss der Kranke das Bett aufsuchen. Heißwasser- oder Dampfkompressen, warme Umschläge, flüssige oder schleimige Nahrung, Haferschleim, Reiswasser, dünne Suppen sind sehr zu empfehlen. In weniger heftigen Fällen darf der Patient aufbleiben, muss jedoch den Unterleib warm halten und eine Diät einhalten, welche aus leicht verdaulichen Speisen, wie Haferkakao, Reisbrei, geschlagene Eier, Zwieback und Weißbrot besteht. Zu empfehlen ist das Trinken von Eichelkakao und das Kauen getrockneter Heidelbeeren. Nachstehend nennen wir die wichtigsten **homöopathischen Mittel** mit den Anweisungen, welche sich in der Praxis oft bewährt haben:

Aloe D 6, schleimiger Durchfall mit Abgang von Winden und Kollern im Leibe.

Apocynum cannabinum D 3, gallertartiger D., welcher unbewusst abgeht.

Argentum nitricum D 4, große Mengen dünnflüssigen Stuhles gehen ab, D. sofort nach dem Trinken.

Arsenicum album D 6, D 5 oder **D 4,** wässeriger D.; Abgang kleiner, oft wiederholter, schlechtriechender Stühle; Durst, Erbrechen, große Schwäche, D. nach dem Genuss von Eis oder kaltem Bier.

Bryonia D 3, schmerzhafter, bräunlicher D., schlimmer durch Bewegung und Aufstehen.

Calcium phosphoricum D 6, langwieriger D. bei Kindern, mit Abmagerung einhergehend.

Chamonilla D 3, gelbgrünlicher D., wie gehackte Eier aussehend, von Leibschmerzen begleitet, besonders bei Kindern während des Zahnens.

China D 3, wässeriger D. ohne Schmerzen, bei geschwächten Personen.

Colchicum D 4 oder **D 3,** D. mit Kolik, besonders bei Personen, *welche an Rheumatismus leiden.*

Colocynthis D 4 oder **D 3,** D. mit Kolik, die Schmerzen werden durch Krummsitzen oder -liegen gebessert.

Cuprum arsenicum D 4, D. bei Schwindsüchtigen.

Dulcamara D 3, D. nach Erkältung, bei *feuchtem* Wetter.

Ipecacuanha D 4 oder **D 3,** gelblicher D. mit Übelkeit und Erbrechen, *Sommerdurchfall.*

Mercurius solubilis D 4 oder **Mercurius corrosivus D 5,** grünlicher, zuweilen blutiger D. mit Leibschmerzen, Wundheitsschmerz am After; D. besonders nachts schlimmer, heftiger Stuhldrang.

Natrium sulfuricum D 6, D. *ohne Schmerzen,* schlimmer bei feuchtem Wetter.

Nux vomica D 4 oder **D 3,** *D. mit Verstopfung abwechselnd,* D. morgens am schlimmsten.

Opium D 6, D. nach Schrecken.

Phosphorus D 6 oder **D 5,** langwieriger, schwächender D. ohne viel Schmerzen.

Acidum phosphoricum D 4, langwieriger D., welcher *nicht* so sehr schwächt.

Podophyllum D 6 oder **D 4,** plötzlich auftretender, *schießender* D. mit Aftervorfall bei Kindern.

Pulsatilla D 4 oder **D 3,** *schleimiger D.* mit verdorbenem Magen.

Rheum D 3 oder **D 2,** sauerriechender D. bei Kindern.

Rhus Toxicodendron D 4, epidemischer D. bei feuchtem, kaltem Wetter, morgens am schlimmsten.

Silicea D 6, chronischer, schlechtriechender D. mit Abgang unverdauter Speisen.

Sulfur D 6, *D. jagt den Kranken aus dem Bett*; chronischer, übelriechender D.

Thuja D 6, D. nach dem Impfen.

Veratrum D 4 oder **D 3**, *heftiger, wässeriger D. mit Erbrechen, kaltem Schweiß und großer Schwäche.*

19. Akuter Darmkatarrh

... *(Enteritis acuta)* entsteht durch die bei **Durchfall** genannten Ursachen. Die Hauptsymptome sind: D u r c h f a l l , L e i b s c h m e r - z e n u n d F i e b e r . Bei Kindern und geschwächten Personen kann die Krankheit sehr bald gefährlich werden. Ist der Dünndarm angegriffen, dann ist der Durchfall wässerig; ist der Dickdarm der Sitz des Katarrhs oder der Entzündung, dann ist der Stuhlgang mehr schleimig und von heftigen Kolikschmerzen begleitet. In ernsten Fällen kann infolge des großen Verlustes an Wasser H e r z s c h w ä c h e *(Kollaps)* ein- treten, welche sich durch blasse Gesichtsfarbe, Kälte der Hände und Füße, schwachen Puls und schwarz umränderte Augen äußert.

Bei der **Behandlung** kommen die bei **Durchfall** genannten hygienischen Maßregeln und Arzneien in Betracht. Die Hauptmittel sind: **Arsenicum, Chamonilla** (bei Kindern), **Ipecacuanha, Mercurius, Veratrum**. Der Durst darf nicht durch *große* Mengen *sehr* kalten Wassers, sondern nur durch *kleine* Schlucke frischen Wassers, Reiswassers oder Haferschleims gelöscht werden. Etwas Rotwein, mit Wasser und Zimt gekocht, ist manchmal zu empfehlen. Bei H e r z s c h w ä c h e leisten starker Kaffee, einige Tropfen **Camphora Rubini-Tinktur** in warmem Zuckerwasser, Heißwasserkompressen auf die Herzgegend und Erwärmung der Hände und Füße gute Dienste.

20. Chronischer Darmkatarrh

... *(Enteritis chronica)* ist die Folge von vernachlässigten oder verkehrt behandelten akuten Darmkatarrhen, von anhaltender, verkehrter Lebensweise oder von Alkoholmissbrauch. Die Krankheit ist langwierig; der Kranke ist stets geneigt zu Durchfall, welcher jedoch zuweilen mit Verstopfung abwechselt. Im Stuhlgang kommen von Zeit zu Zeit Darmfetzen vor. Bei längerer Dauer der Krankheit entartet die Darmschleimhaut, der Kranke magert ab, bekommt eine fahle Gesichtsfarbe und beklagt sich über beständige Schwäche.

Bei der **Behandlung** ist die Regelung der Diät von der größten Wichtigkeit.

Verboten sind: *alle fetten Speisen, wie fettes Fleisch, Speck, Wurst, Aal, Krebse; hartes, ausgekochtes oder gesalzenes Fleisch, hartgekochte und gebackene Eier; Käse; alle Mehlspeisen, mit vielem Fett zubereitet, wie Pfannkuchen, Reibekuchen, Pudding und Kuchen; zu frisches und zu grobes Brot; alle sauren und scharf gesalzenen Speisen; Erbsen, Linsen und Bohnen; Obst und Gemüse, welches viel Holzfaser enthält; alle starken Weine, Liköre und sauren Limonaden.*

Erlaubt sind dagegen: *magere Fleischbrühe mit Ei; Hafermehl-, Reis-, Sago-, Gerste- oder Grießsuppen; leichte Mehl- und Milchspeisen; Mondamin, Maizena, Weißbrot, Zwieback, Keks; geschlagene und weich gekochte Eier; Süßrahmbutter; Kartoffelpüree, Spinat, Blumenkohl und junge Möhren; fein gehacktes und gebratenes Rindfleisch, fein geschabter Schinken, gebratene Täubchen und junge Hähne, Kalbsmilch, Austern; Weincreme, Heidelbeerkompott und weiche Birnen.*

Als **Getränke sind zu empfehlen:** *Kakao, Eichelkakao, Haferkakao, Eichelkaffee, schwacher Tee mit wenig Zucker, gekochte Milch, unter Umständen mit etwas Kognak vermischt, Rotwein mit Wasser.*

Homöopathische Heilmittel haben in vielen Fällen gute Erfolge aufzuweisen. Besonders **Arsen. alb. D 5** und **Sulfur D 6,** jedes für sich oder im Wechsel einige Wochen hintereinander genommen, sind zu empfehlen. Ferner kommen die bei **Durchfall** genannten Mittel mit ihren verschiedenen Indikationen in Betracht; außer diesen noch: **Carbo veget D 6** bei Blähungsbeschwerden; **Ferr. phosph. D 6** bei Schwäche und Blutarmut; **Graphit. D 6** bei Durchfall mit Abgang von Darmfetzen. Warmhalten des Unterleibes und die Sorge für warme Füße sind weitere Hilfsmittel zur Genesung.

21. Ruhr

… oder *Dysenterie* ist eine ansteckende Krankheit der Schleimhäute des Dickdarmes, welche durch heftige Kolikschmerzen, häufige Entleerungen schleimiger, häutiger und blutiger Massen, mit heftigem Stuhlzwang, Fieber und Kraftlosigkeit gekennzeichnet ist. Die Krankheit tritt teils vereinzelt auf als leichtere katarrhalische Form, teils e p i d e m i s c h und besonders in tropischen Ländern als schwere diphtherische Form. Zuweilen geht sie innerhalb einiger Tage in Heilung über, in ernsten Fällen dauert sie jedoch gewöhnlich länger; und nicht selten werden noch monatelang ein oder mehrere Male täglich schleimige oder eiterige Stoffe unter Schmerzen entleert.

183

Die **Behandlung** erheischt absolute Bettruhe, Heißwasserkompressen auf den Unterleib und eine strenge Diät, hauptsächlich aus Hafergrütze-, Reis-, Grieß-, Gerste- oder Sagosuppen, Reiswasser, schwachem Tee, Keks, Zwieback, trockenem Weißbrot, magerer Fleischbrühe mit Ei, dünnem Kakao, warmem Rotwein oder Heidelbeerwein bestehend. Der Darm muss im Anfang der Krankheit durch ein w a r m e s K l i s t i e r von den anhaftenden Stoffen befreit werden. Alle stopfenden Mittel, besonders **Opium,** müssen gänzlich vermieden werden; zur Verhütung der Ansteckung muss der Stuhl im Stechbecken aufgefangen und sofort mit Karbolsäure desinfiziert werden; überhaupt ist bei der Pflege des Kranken die größte Reinlichkeit zu beobachten. In leichten Fällen ist **Ipecacuanha D 4** oder **D 3,** 1- bis 2stündlich 5 Tropfen in abgekochtem Wasser, zu empfehlen. Ist jedoch der Durchfall b l u t i g , oder wird er es im Verlaufe der Krankheit, dann passt **Mercur. corros. D 6, D 5** oder **D 4,** das spezifische Simile-Mittel, am besten. Weiterhin kommen noch: **Arsen. alb. D 5, Baptis. D 3, Veratr. D 4** oder **D 3,** und in chronischen Fällen: **Hepar sulf. D 6** in Betracht.

Bei der in den t r o p i s c h e n Gegenden vorkommenden, schweren Form der Dysenterie, werden von den dortigen Ärzten h e i ß e V o l l b ä d e r (38° bis 39° C) sehr gerühmt.

Die **Vorbeugungsmaßregeln** während einer Epidemie bestehen in geregelter Lebensweise, vernünftiger Diät, Warmhalten des Unterleibes mit einer wollenen Leibbinde und sofortiger Anwendung von **Arsenicum D 4** oder **Veratrum D 4** beim geringsten Durchfall. Zur Verhütung der Ansteckung müssen alle Nahrungsmittel, welche Keime enthalten können, wie z. B. Milch und Obst, und auch das Trinkwasser vor dem Gebrauch gekocht und die größte Reinlichkeit sowohl beim Essen und Trinken, als in der Kleidung und in den Wohnungen beobachtet werden. Die Klosetts müssen desinfiziert und aller Abfall und Schmutz sofort verbrannt werden. Das Aufsuchen von Lokalen, wo viele Menschen zusammenkommen, ist in Epidemiezeiten nicht ratsam. Wohnungen, in denen sich Kranke befunden haben, müssen desinfiziert werden; ebenso müssen die Auswurfstoffe der Kranken am besten mit Chlorkalk unschädlich gemacht und die Nachtstühle stets mit 5%igem Karbolwasser gereinigt werden. Die Bett- und Leibwäsche muss in eine starke Schmierseifenlösung gesteckt werden, 24 Stunden darin stehen bleiben und danach ausgekocht werden. Die Pfleger der Kranken dürfen im Krankenzimmer weder essen noch trinken und müssen ihre Hände öfters mit Seife und Bürste reinigen und mit Karbolwasser abwaschen. Da bei der Ruhr eine Ansteckung durch die

Luft nicht stattfindet, kann durch die genannten Maßregeln die G e -
f a h r e i n e r Ü b e r t r a g u n g d e r K r a n k h e i t s k e i m e v e r -
m i e d e n w e r d e n, wie die Erfahrung bei der Pflege Kranker hin-
länglich bewiesen hat. **Übertriebene Angst ist** deshalb **ganz und gar
unnötig.** Als Vorbeugungsmittel wird übrigens noch das Einnehmen
von 2 bis 3 Tropfen **Camphora Rubini-Tinktur,** einige Male täglich,
empfohlen.

22. Stuhlverstopfung und Hartleibigkeit

... *(Obstipatio habitualis)* ist ein sehr verbreitetes Übel, das durch
verkehrte Behandlung mit Abführmitteln immer hartnäckiger und zuweilen unheilbar wird. Ein gesunder Mensch muss mindestens einmal
in 24 Stunden Stuhlgang haben. Eine sitzende Lebensweise, verkehrte
Ernährung (schwerverdauliche Speisen, zu viel Fleisch und Eier, Weißbrot, Tee und Rotwein), unzweckmäßige Kleidung (zu enge und Gürtel), ungenügende Atmung, Nachlässigkeit oder Bequemlichkeit in der
Sorge für einen geregelten Stuhlgang sind die häufigsten Ursachen der
chronischen Stuhlverstopfung. Auch infolge von Lageveränderungen
der weiblichen Geschlechtsorgane, von Schwächezuständen des Darmkanales und bei Leber-, Gehirn- und Rückenmarkskrankheiten tritt
langwierige Verstopfung auf. Das unnatürlich lange Verbleiben der Exkremente im Darmkanal verursacht nervöse Symptome, eingenommenen Kopf, Herzklopfen, hypochondrische Gemütsstimmung und kann
zu Bildung von Hämorrhoiden oder sogar zu Blinddarmentzündung
Veranlassung geben.

Die richtige **Behandlung** hat in den meisten Fällen den gewünschten Erfolg. Der f o r t g e s e t z t e Gebrauch der verschiedensten Abführmittel ist stets nachteilig. Nur ausnahmsweise wird der homöopathische Arzt dergleichen Mittel gebrauchen. Auch Klistiere von lauwarmem Wasser, Seifenwasser, Glyzerin, Öl und drgl., obwohl im Anfang
nötig und nützlich, müssen nur als eine N o t h i l f e betrachtet werden,
welche bei fortschreitender Besserung überflüssig wird.

Homöopathische Mittel können zwar nicht sofort Stuhlgang bewirken, wohl aber in vielen Fällen die chronische Hartleibigkeit heilen,
wenn wenigstens neben deren Gebrauch eine vernünftige Lebensweise
und Diät eingehalten werden. Diese Mittel werden 1- bis 2mal täglich
einige Wochen lang eingenommen, worauf eine Pause eintritt und, je
nach den Umständen, dasselbe Mittel wiederholt oder ein anderes gewählt wird.

Alumina D 6 passt bei hartem, trockenem, schmerzhaftem Stuhlgang;

Bryonia D 3 bei Verstopfung nach Durchfall, bei trockenem, dunklem, wie verbrannt aussehendem Stuhl;

China D 3 bei Schwache des Darmkanales, wenn der Stuhlgang erst nach langem und anhaltendem Pressen erfolgt, besonders bei Frauen;

Graphites D 6 bei trockener Haut und dünnem, wurmförmigem Stuhl;

Lycopodium D 6 bei Ansammlung von Gasen und Abgang harten, kuglig oder schafmistartig geformten Kotes;

Natrium muriaticum D 6 bei Personen, welche an Ausschlag im Gesicht leiden;

Nux vomica D 4 oder **D 3**, *Hauptmittel* bei Personen mit sitzender Lebensweise und hypochondrischer Gemütsstimmung; wird am besten *abends* eingenommen;

Opium D 6 bei hartnäckiger Verstopfung, dunklem oder schwarzem Stuhl, Darmschwäche oder -lähmung;

Plumbum D 8 bei hartem Stuhlgang, mit Leibschmerzen und Kolik verbunden; kommt besonders bei Gehirn- und Rückenmarkskrankheiten in Betracht;

Sepia D 6 bei einem Gefühl von Schwere oder von einem Klumpen im After; der entleerte Kot ist mit Schleim umhüllt;

Silicea D 6 bei Verstopfung vor und nach der Menstruation;

Sulfur D 6 in veralteten Fällen; passt oft nach Nux vomica.

Was die **Diät** betrifft, so ist der Genuss von Mehlspeisen, Weißbrot, vielem Fleisch und Eiern, Heidelbeeren, Kakao, Milch, starkem Tee und Rotwein verboten. Alle anderen Speisen und Getränke sind erlaubt, jedoch muss das Hauptgewicht auf G e m ü s e , O b s t , roh und als Kompott, d u n k l e s B r o t u n d G r a h a m b r o t [16] g e l e g t werden. Bei jeder Mahlzeit esse man Obst; als Frühstück passen am besten Grahambrot mit Butter und Bienenhonig und ein Schüsselchen Zwetschenkompott. Morgens und abends trinke man ein Glas frisches Wasser.

---

16 **Grahambrot,** nach seinem Erfinder G r a h a m benannt, ist ein S c h r o t b r o t , welches zwar bei der Verdauung nicht so voll ausgenutzt wird wie z. B. Weißbrot, aber wegen seines großen Gehalts an mineralischen Salzen trotzdem einen hohen Nährwert hat. Außerdem übt es durch seine gröbere Beschaffenheit einen gewissen mechanischen Reiz auf den Darm aus, welche Eigenschaft besonders für an Hartleibigkeit Leidende von großem Wert ist. Wichtig ist es, dieses Brot t ü c h t i g u n d l a n g e z u k a u e n , da es dann eine umso bessere Wirkung hat.

In h a r t n ä c k i g e n Fällen genieße man einige Tage lang ü b e r - h a u p t k e i n F l e i s c h , sondern reichlich Gemüse, Brot und But- ter, wodurch in kurzem der Stuhlgang geregelt wird. Allmählich kann man dann wieder zu der gewöhnlichen Nahrung zurückkehren. Die **Lebensweise** darf keine ausschließlich sitzende sein. V i e l K ö r p e r - b e w e g u n g ist nützlich: Spazierengehen, Heilgymnastik, Rudern, Kegeln, Lawn-Tennis spielen, Radfahren. Man gewöhne sich daran, je- den Tag zu einer b e s t i m m t e n Stunde zu Stuhl zu gehen. Jeden Morgen massiere man sich den Unterleib 5 Minuten lang, von rechts nach links mit kreisförmigen Reibe- und Knetbewegungen. Dreimal wöchentlich nehme man ein k a l t e s S i t z b a d , welches 2 bis 5 Mi- nuten dauern kann, von anfänglich 26° C, bis auf 18° C heruntergehend.

23. Hämorrhoiden

... sind oft die Folge langwieriger Verstopfung. Die harten Kotmassen erschweren die Blutzirkulation in den Blutgefäßen des Mastdarmes, wodurch knotenartige Venenerweiterungen entstehen, welche zu den bekannten Hämorrhoidalblutungen Anlass geben. Auch bei Herz-, Lungen- und Leberkranken und in der Schwangerschaft kommen Hämorrhoiden vor als Ausdruck der gestörten Blutzirkulation. Die **Symptome** sind: brennendes Gefühl und Jucken im After, Rücken- und Kreuzschmerzen, Drang zum Stuhlgang, welcher gewöhnlich schwierig und schmerzhaft ist, K n o t e n i m A f t e r , welche besonders bei Einklemmung durch den Afterschließmuskel anschwellen, äußerst schmerzhaft werden und das Sitzen und Gehen erschweren. Man spricht von b l i n d e n Hämorrhoiden, wenn nur die genannten Knoten ohne Blut- und Schleimabgang vorhanden sind, von f l i e ß e n d e n Hämorrhoiden, wenn Blutungen stattfinden, von Schleim-Hämorrhoiden, wenn beim Stuhlgang Schleim abgeht, von ä u ß e r e n Hämorrhoiden, wenn die Knoten sich außerhalb des Afters und von i n n e r e n Hämorrhoiden, wenn sie sich im Mastdarm oberhalb des Schließmuskels befinden.

Die **Behandlung** hat zum Zweck, die veranlassenden Ursachen zu beseitigen. Stehen die H. in Verbindung mit chronischer Hartleibigkeit und Unterleibsbeschwerden, dann können sie meistens durch eine pas- sende Lebensweise, Diät und Behandlung geheilt werden. Außer den Vorschriften, welche wir bei **Stuhlverstopfung und Hartleibigkeit** gegeben haben, sind besonders **kalte Waschungen des Unterleibs** und **Sitzbäder** von großem Nutzen. Gute Erfolge hat der abwechselnde Gebrauch von **Nux vom. D 4** und **Sulfur D 6**, von jedem Mittel täglich während 14 Tagen eine Gabe, darauf eine Pause von 14 Tagen und, wenn nötig, Wiederholung. Bei heftigen Blutungen passen **Hamamelis-Extrakt, Millefol D 2, Ferr. phosph. D 6**; bei Schleim-H. **Lycopod. D 6, Hep. sulf. D 6**; bei Entzündung der H. mit heftigen stechenden und brennenden Schmerzen **Belladonna D 3, Arsen. alb. D 5, Hamam. D 2**; bei H., welche von *Zeit zu Zeit* bluten, hilft der abwechselnde Gebrauch von **Belladonna D 3** und **Sulfur D 6**; bei hartnäckiger Verstopfung **Natr. muriat. D 6, Plumb. D 8, Collinson. D 3**; bei veralteten H. hilft zuweilen noch der längere Zeit fortgesetzte Gebrauch von **Calc. fluor. D 6**. Als äußerliche Mittel sind **Hamamelis-Salbe** und **Hamamelis-Stuhlzäpfchen** zu empfehlen. Vor dem Stuhlgang reibe man den After mit etwas Salbe ein und abends vor dem Schlafengehen führe man ein Stuhlzäpfchen in den After. In hartnäckigen Fällen hilft eine *10%ige Calomel-Vaselin-Salbe* oft sehr gut, besonders gegen das unerträgliche Jucken. Eingeklemmte Knoten versuche man mit dem Finger, welcher mit Salbe bestrichen ist, nach innen zu drücken; oft gelingt dieses jedoch erst, nachdem ein lauwarmes Sitzbad genommen worden ist. Bei Blutungen und Entzündungen sind Waschungen und Aufschläge mit verdünnter **Hamamelis-Tinktur** von großem Nutzen. Operationen sind bei der beschriebenen, *konsequent* durchgeführten Behandlung in den meisten Fällen unnötig.

24. Darmblutungen

... kommen, außer bei Hämorrhoiden und im Verlauf von Typhus oder Ruhr, auch als erstes Symptom von D a r m k r e b s vor und erfordern deshalb stets eine s o r g f ä l t i g e , ä r z t l i c h e U n t e r s u c h u n g . Der Gebrauch von **Hamamelis-Extrakt** kann empfohlen werden.

25. Entzündung des Mastdarmes

... ist zuweilen die Folge von Hämorrhoiden, zuweilen auch von Erkältungen (Sitzen auf einem zugigen Abort oder auf dem kalten Boden) oder von Würmern, und ist durch Schmerzen und h e f t i g e n S t u h l z w a n g mit Schleim-, Blut- oder Eiterabgang gekennzeichnet. Lauwarme Sitzbäder, flüssige Diät, **Belladonna D 3** und **Mercur. corros. D 5** helfen in den meisten Fällen. Sind Würmer die Ursache, dann müssen diese abgetrieben werden. Bei Abszessen in der Umgebung des Afters werden warme Brei- oder Leinsamenaufschläge und **Hep. sulf. D 4** angewendet.

26. Mastdarmvorfall

....(*Prolapsus ani*) kommt meistens bei Kindern, jedoch auch bei Erwachsenen infolge von Erschlaffung des Schließmuskels vor. Man drücke einen Schwamm mit kaltem Wasser gegen den vorgefallenen Darm und versuche ihn mit dem mit Öl bestrichenen Finger zurückzubringen. Ist dieses gelungen, dann lege mau eine Kaltwasserkompresse gegen den After und verbinde diese mit einer T-Binde. Bei Kindern können durch den abwechselnden Gebrauch von **Belladonna D 6** und **Calc. carb. D 6** Rückfälle oft verhütet werden. Bei Erwachsenen dagegen kann sich eine Operation als nötig erweisen, wenn kalte Sitzbäder, geeignete Verbände und der Gebrauch von **Nux vom. D 4** oder **Graphit. D 6** nicht helfen.

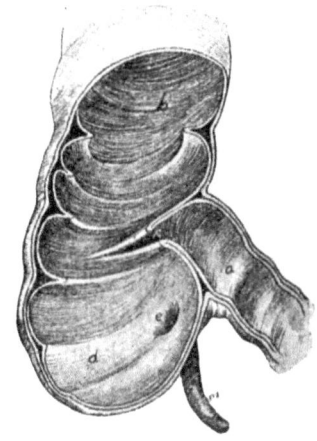

Abb. 33: Blinddarm.a. Dünndarm, b. Aufsteigender Dickdarm. c. Dickdarmklappe, d. Blinddarm, e. Eingang zu e[1] , dem Wurmfortsatz.

27. Blinddarmentzündung

... (*Typhlitis* oder *Appendicitis*) ist eine gefährliche Krankheit, welche ihren Sitz im sog. Blinddarm oder noch öfters in dessen Wurmfortsatz hat. Die *rechte Seite* des Unterleibes ist gespannt und schmerzhaft, der Schmerz ward durch Bewegung und Druck verschlimmert und strahlt in das rechte Bein oder in den Rücken aus; daneben bestehen Verstopfung, Fieber und zuweilen Erbrechen. Manchmal ist in der rechten Seite des Unterleibes eine Geschwulst zu fühlen; wenn sich darin Eiter bildet, kann eine lebensgefährliche Bauchfellentzündung die Folge sein. Es ist deshalb beim ersten Auftreten der genannten Erscheinungen ratsam, *sofort einen Arzt zu rufen*. Da diese Krankheit durch verhärtete Kotstoffe (sog. Kotsteine), ferner durch das Verschlucken kleiner, scharfer Gegenstände (Apfelsinenkerne, Knochensplitter, aus Kochgeschirren abgesprungene Emaille Stückchen) veranlasst werden kann, muss man sich vor diesen Gefahren in Acht nehmen. Bei Personen, welche einmal Blinddarmentzündung gehabt haben, kommen leicht Rückfälle vor. Dieselben tun deshalb gut, eine genau geregelte Diät, unter Vermeidung aller groben und reizenden Speisen, zu befolgen und stets für einen geregelten, weichen Stuhlgang zu sorgen.

Die **Behandlung** besteht in absoluter Bettruhe, Rückenlage, flüssiger Diät, lauwarmen Klistieren (diese nur dann, wenn keine Zeichen von Bauchfellentzündung vorhanden sind, siehe Seite 266), Nassen Umschlägen (keine Eisblase) oder warmen Leinsamenaufschlägen auf die schmerzhafte Stelle des Unterleibes und dem abwechselnden Gebrauch von **Belladonna D 3** und **Mercur. solub. D 4.** Sind die Schmerzen sehr heftig, dann hilft **Atrop. sulf. D 6, D 5** oder **D 4,** zuweilen auch **Colocynth. D 3** noch besser. Weitere Mittel, welche in Betracht kommen, sind: **Bryonia D 3** bei Gefahr vor Bauchfellentzündung; **Card. marian. D 3,** wenn die heftigsten Erscheinungen vorüber sind; **Arsen. alb. D 5** und **Echinacea D 2** bei langwierigem Fieber, Schwäche und Kräfteverfall; **Hep. sulf. D 6** bei Gefahr von Eiterbildung; **Sulfur D 6** und **Silicea D 6** in chronischen Fällen. Schließlich wollen wir nicht unerwähnt lassen, dass es Fälle gibt, wo eine Operation unbedingt notwendig ist.

28. Würmer

... (*Helminthiasis*) kommen sowohl bei Kindern als auch bei Erwachsenen ziemlich viel vor. Früher nahm man an, dass sich die Eingeweidewürmer im Darm des Menschen von selbst erzeugten; jetzt wissen wir, dass alle solche Parasiten sich nur aus von außen in den

Abb. 34: Spulwurm

Körper gebrachten Eiern oder Embryonen entwickeln können. Allerdings ist es richtig, dass eine gewisse Körperdisposition, zumal bei Kindern, einen besonders günstigen Boden für die Entwicklung dieser Parasiten abgibt. Von den verschiedenen Sorten Würmern, welche beim Menschen am meisten Vorkommen, nennen wir die *Spul-*

und *Madenwürmer*, welche am häufigsten bei Kindern, und die *Bandwürmer*, welche mehr bei Erwachsenen Vorkommen.

I. Spulwürmer *(Ascaris)* haben viel Ähnlichkeit mit Regenwürmern. Sie sind 25 bis 40 cm lang. Ihre Eier geraten beim Genuss unreinen Wassers oder von Nahrungsmitteln, besonders Obst, welche mit Erde verunreinigt sind, in den Magen. Sie kommen bei Kindern oft in großer Anzahl (bis zu 100 Stück) vor, leben im Dünndarm, von wo aus sie jedoch zuweilen in den Magen kriechen und dann erbrochen werden. Im Allgemeinen sind sie ungefährlich, verursachen jedoch Übelkeit, Erbrechen, Jucken in der Nase, Leibschmerzen, Schwindel und sogar Krämpfe, so dass ihre Abtreibung jedenfalls gerechtfertigt ist. Dieselbe geschieht am besten mit den in der Apotheke erhältlichen **Santoninplätzchen,** welche jedoch nicht mehr als 0,025 g *Santonin* enthalten dürfen. Bei kleinen Kindern muss man damit vorsichtig sein und lieber zuerst einen Arzt befragen. Mit der Abtreibung allein ist jedoch noch nicht genug geschehen, vielmehr ist es ratsam, die Kinder zur Verbesserung der Konstitution eine Zeitlang, je nach den Begleiterscheinungen, **Calc. carbon. D 6** oder **Sulfur D 6** einnehmen zu lassen. Dabei ist es sehr empfehlenswert, den Kindern nicht zu viel Brot, Kuchen, Mehlspeisen, Bonbons oder dgl. Süßigkeiten zu geben, sie nicht zu warm zu halten und viel Körperbewegung, besonders in der frischen Luft, machen zu lassen.

Abb. 35: Made (a. Natürliche Größe)

II. Madenwürmer *(Oxyuris)* sind kleine, weiße Würmchen von $^1/_2$ bis 1 cm Länge, welche sich besonders im Mastdarm aufhalten und zu gewissen Zeiten, besonders nachts, ein unerträgliches Jucken und Kribbeln im After verursachen. Bei Mädchen kriechen sie auch in die Scheide geben. Durch unreine Hände können die Eier der Würmer von einem Kind auf das andere übertragen werden. Zum Abtreiben dieser Parasiten sind Geduld und Ausdauer nötig. Innerlich gebe man 3 Tage lang die obengenannten **Santoninplätzchen** und verbinde damit eine *Klistierkur* mit einem *Absud von Knoblauch in Milch,* oder einer Mischung von 2 Esslöffeln *Essig* auf 1 Liter Wasser, oder von 15 Tropfen *Pyrethrum-Tinktur* in $^1/_{10}$ Liter warmer Milch. Diese Klistiere müssen alle 3 Tage gemacht und wochenlang fortgesetzt werden, bis die ganze Wurmbrut vernichtet ist und das Jucken aufhört. Geboten ist es ferner, den After jedes Mal nach dem Stuhlgang und auch abends vor dem Schlafengehen mit Wasser und Seife abzuwaschen und darauf mit einer *Salbe,* welche aus 3 Teilen *Hydrarg. oxyd. rubr. D 3* (in Pulverform) und 27 Teilen gelben Vaselins besteht, gehörig einzureiben. Dabei ist es nötig, den Kindern während der Nacht eine geschlossene Hose anzuziehen, um zu verhüten, dass sie sich durch Kratzen stets von neuem anstecken. Gegen das arge Jucken und die damit verbundene nächtliche Unruhe helfen mitunter einige Gaben **Ignat. D 6** oder **Aconit. D 6.** Dass trotz bester Behandlung das Leiden oft so hartnäckig ist, liegt an der Körperbeschaffenheit; deshalb leiden gerade skrofulöse und blutarme Kinder so oft an diesem Übel. In solchen Fällen müssen neben den obengenannten äußerlichen Anwendungen auch innerliche Mittel wie **Calc. carbon.** und **Sulfur** zur Verbesserung der Konstitution gegeben werden.

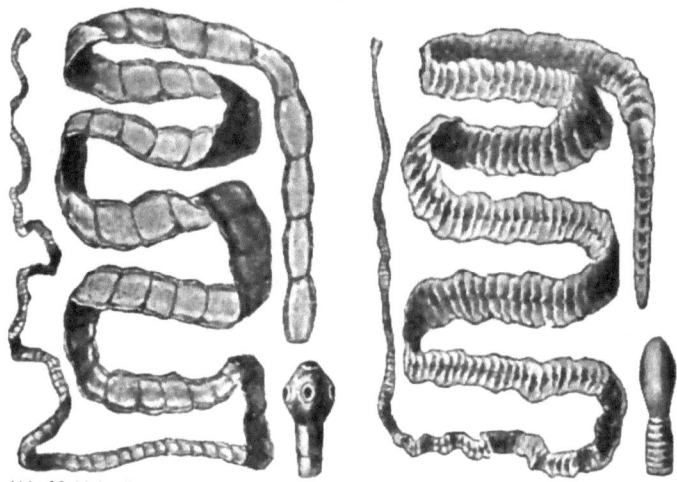

Abb. 36: Links: Bandwurm. Kopf.(Taenia saginata.) - Rechts: Bandwurm. Kopf.(Bothriocephalus latus.)

III. Bandwürmer (*Taenia*) kommen beim Menschen in verschiedenen Arten vor. Sie sind zuweilen kurz, meistens aber sehr lang (von 2 bis 8 Meter). Sie bestehen aus einem kleinen Kopf und einer großen Anzahl (zuweilen 1200 und mehr) Gliedern, welche wie eine Kette aneinander gereiht sind. Die untersten Glieder fallen ab, sobald sie reif sind, d. h. Eier enthalten, und werden dann mit dem Stuhlgang aus dem Körper entfernt. Dieser Abgang von Gliedern ist das einzig *sichere* Kennzeichen des Vorhandenseins eines Bandwurmes; alle anderen Erscheinungen, wie Verdauungsstörungen,

Appetitlosigkeit oder Heißhunger, Durchfall oder Verstopfung, Schwindel, Kopfschmerzen, Herzklopfen können auch durch andere Krankheiten verursacht werden. Es besteht einige Wahrscheinlichkeit für das Vorhandensein dieses Parasiten, wenn man nach dem Genuss von Speisen, welche dem Wurm nicht Zusagen, wie z. B. Zwiebeln, Knoblauch oder Hering, Kriech- und Saugempfindungen im Unterleib spürt, welche durch den Genuss von Brot und Milch alsbald wieder verschwinden. Nach dem Trinken eines Absudes von **Kürbiskernen** oder dem Essen von **Kokosnuss** gehen gewöhnlich Glieder des Wurmes mit dem Stuhlgang ab, wodurch man dann seiner Sache sicher ist. Die eigentliche **Abtreibungskur** muss *unter Aufsicht eines Arztes* geschehen, da bei der Wahl des wurmtötenden Mittels und der Dosis desselben dem Alter, dem Geschlecht und dem Kräftezustand des Patienten Rechnung getragen werden muss. Bei Kindern und alten Leuten ist besondere Vorsicht nötig. Während der Schwangerschaft, bei Schwindsüchtigen und geschwächten Kranken muss die Kur unterbleiben oder verschoben werden. Die besten wurmtötenden Mittel sind: **Aspidium Panna** (wovon in gewöhnlichen Fällen 3 Gaben von 1 bis 2 Gramm schnell hintereinander genommen werden müssen), **Filix mas, Granatwurzel, Kusso** und **Kamala**. Zu empfehlen ist. es, den Wurm vor der Kur zu schwächen, indem man 1 oder 2 Tage nur von Milch lebt; dadurch wird er umso sicherer mit dem Kopf abgetrieben. Das beste **Vorbeugungsmittel** gegen Bandwürmer ist das Vermeiden des Genusses von **rohem Fleisch.** Da Hunde öfters die Träger von Bandwurmeiern sind, müssen Kinder davor gewarnt werden, Hunde zu küssen oder sich von ihnen lecken zu lassen.

29. Brüche

... *(Hernia)* entstehen durch das Austreten eines Teiles der Gedärme oder Eingeweide aus ihrer normalen Lage. Bei Frauen kommen Schenkelbrüche, bei Männern Leistenbrüche, bei Kindern Nabelbrüche am meisten vor. Sie werden verursacht durch außergewöhnliche Kraftanstrengung, z. B. schweres Heben oder anhaltendes Husten. Sie können jedoch auch angeboren sein. Meistens sind sie frei und beweglich, so dass sie durch Druck zurückgebracht werden können; zuweilen ist dies jedoch durch Verwachsungen unmöglich gemacht und in ernsten Fällen entsteht ein **eingeklemmter Bruch,** welcher außer durch die Unmöglichkeit, zurückgebracht zu werden, durch heftige Schmerzen, Übelkeit und Erbrechen gekennzeichnet ist. In diesem Falle können die Beschwerden durch das *abwechselnde Einnehmen* von **Belladonna D**

3 und **Nux vom.** D 4 oder D 3 und *Heißwasserkompressen* auf die Bruchstelle so weit gelindert werden, dass man versuchen kann, den Bruch durch vorsichtigen Druck zurückzubringen. Gelingt dieses jedoch nicht bald, *dann rufe man unverzüglich einen Arzt,* welchem es zuweilen gelingt, den Bruch in der Narkose zu reponieren. Bleiben auch diese Versuche ohne Erfolg, dann darf mit einer Operation in diesem lebensgefährlichen Zustande nicht gezögert werden. Um dergleichen ernste Gefahren zu vermeiden, ist es für alle Bruchleidenden von der größten Wichtigkeit, *eine geregelte Lebensweise zu führen, stets für geregelten Stuhlgang zu sorgen, außergewöhnliche Kraftanstrengung zu vermeiden und* **ein gut passendes Bruchband zu tragen.**

30. Bauchfellentzündung

... *(Peritonitis)* ist eine ernste Krankheit, w e l c h e ä r z t l i c h e B e h a n d l u n g d r i n g e n d e r f o r d e r l i c h m a c h t. Sie wird durch Bauchverletzungen oder durch Übergreifen einer Entzündung der Eingeweide (Magen, Darm, Milz, weibliche Geschlechtsorgane) auf das Bauchfell verursacht. S e h r h e f t i g e S c h m e r z e n, welche sich manchmal über den ganzen Leib erstrecken und durch Druck oder Berührung verschlimmert werden, sind fast immer mit dieser Krankheit verbunden. Dabei ist der Leib gespannt, heftiger Durst, Übelkeit und Erbrechen sind vorhanden; der Puls ist schwach; die Kräfte nehmen schnell ab; die Gesichtszüge verfallen, Hände und Füße werden kalt; es besteht Verstopfung und in der Bauchhöhle bildet sich sehr oft eine wässerige oder eiterige Flüssigkeit, Exsudat genannt.

Die **Behandlung** muss dem A r z t ü b e r l a s s e n w e r d e n. Für diejenigen, welche durchaus keine ärztliche Hilfe bekommen können, erwähnen wir, dass im Anfang **Aconit.** D 3 und **Belladonna** D 3, im Wechsel genommen, zu empfehlen sind; gegen die Schmerzen helfen oft rasch wiederholte Gaben **Atrop. sulf.** D 6, D 5 oder D 4. Bildet sich ein Exsudat, dann sind besonders **Bryon.** D 3 und **Mercur. corros.** D 5 angezeigt, während bei heftigem Erbrechen **Ipecacuanha** D 3, bei kaltem Schweiß, kalten Händen und Füßen **Veratr.** D 3, bei schnellem Kräfteverfall **Arsen. alb.** D 6, D 5 oder D 4 in Betracht kommen. Absolute Bettruhe, kalte Aufschläge auf den Unterleib, bei hohem Fieber nasse Einwicklung der Beine, flüssige Nahrung, besonders Obstsaft, Milch und Haferschleim und kleine Schlucke eiskalten Wassers sind zu empfehlen. Abführmittel sind gefährlich, auch Klistiere müssen unterbleiben, bis die heftigsten Erscheinungen gewichen sind. Nach der Genesung muss der Patient noch längere Zeit sehr vorsichtig leben.

31. Bauchwassersucht

... *(Ascites)* ist eine Teilerscheinung der allgemeinen Wassersucht, welche im Verlaufe von Herz-, Lungen- und Nierenkrankheiten auftritt. Sie kann aber auch bei Leberkrankheiten für sich allein auftreten, und ferner, besonders bei Kindern, die Folge von langwierigen, tuberkulösen Prozessen in den Gedärmen sein. Der Unterleib ist sehr geschwollen und enthält eine große Menge Flüssigkeit (bis **zu 10** bis 20 Liter). Die Kranken klagen über Druck und volles Gefühl im Unterleib, Kurzatmigkeit und Mangel an Appetit. Die **Behandlung** fällt mit derjenigen der ursächlichen Krankheit zusammen. Es muss versucht werden, die Urinabsonderung zu vermehren und Schweiß hervorzurufen. Hierzu können vorsichtig angewandte **Bettdampfbäder** mitwirken. Ebenso eine große Anzahl **homöopathischer Mittel,** von denen wir nennen: **Apis** und **Apisinum, Apocynum cannabinum, Arsenicum album, Blatta orientalis, Chelidonium, Coccus cacti, Crataegus, Digitalis, Phosphorus, Strophantus,** worüber man nähere Einzelheiten unter **Wassersucht** und unter **Nierenentzündung** finden kann. Bei skrofulösen Kindern passen **Arsen. jodat. D 6, Calc. carb. D 6** und **Sulfur D 6.** Zuweilen ist es nötig, durch Abzapfen des Wassers dem Kranken Erleichterung der heftigsten Beschwerden zu verschaffen.

32. Gelbsucht

... *(Icterus)* ist keine Krankheit für sich, sondern eine Begleiterscheinung verschiedener Krankheiten. Nach Erkältungen, Diätfehlern, Gemütsbewegungen (besonders Ärgernis, bei langwierigen Magenleiden und bei den meisten Leberkrankheiten kann ein Verschluss der Gallenwege zustande kommen, wodurch die Galle verhindert wird, sich aus der Gallenblase in den Zwölffingerdarm zu ergießen; infolgedessen gehen die Gallenfarbstoffe in das Blut über und verursachen Gelbwerden der Haut und der Schleimhäute des ganzen Körpers. In anderen Fällen, wie z. B. bei ernsten Blutkrankheiten, Schwächezuständen, Blutvergiftung, Wechselfieber entsteht die Gelbsucht nicht durch eine Verstopfung der Gallenwege, sondern durch eine krankhafte Veränderung des Blutes selbst.

Die **charakteristischen Symptome** der Gelbsucht, deren *Ursache* stets durch eine *genaue ärztliche Untersuchung* festgestellt werden muss, bestehen im *Gelbwerden* der Haut, welches sich gewöhnlich zuerst in den Augen, darauf im Gesicht, an den Händen und endlich am ganzen Körper bemerkbar macht; ferner in der *dunkelgelben bis braunen Farbe des Urins* und der *schmutzig-weißen Farbe des Stuhles.* Dabei klagen die Kranken über Mangel an Appetit, Widerwillen gegen Fleisch, Übelkeit, Druck in der Magengegend, Verstopfung, heftiges Jucken, besonders nachts, Schwindel und Niedergeschlagenheit.

Die **Behandlung** richtet sich nach den Ursachen. Bei der gewöhnlichen katarrhalischen Gelbsucht ist meistens **Mercur. solub. D 4** das beste Mittel. Nach Aufregung passen **Bryonia D 3** oder **Ignat. D 4**, nach Missbrauch von Alkohol oder Abführmitteln **Nux vom. D 3** oder **D 4**. Die Diät muss aus saurer Milch, Buttermilch, leichten Suppen, gedämpften Gemüsen und Obstkompott bestehen. *Fette Speisen sind verboten.* Wichtig ist es, für *tägliche* Stuhlentleerung durch lauwarme Klistiere oder das Trinken von *Karlsbader Wasser* zu sorgen. Daneben leisten 3stündlich zu erneuernde nasse Umschläge um Magen- und Lebergegend gute Dienste. Gegen das lästige Jucken helfen warme Bäder unter Zusatz von etwas Soda oder Waschungen mit Essigwasser. Bei längerer Dauer der Krankheit kommen noch in Betracht: **Card. marian. D 3, Natr. cholein. D 3, Podophyll. D 2, Lycopod. D 6, China D 4, Myrica cerifera D 3** oder **D 2**.

33. Gallensteinkolik

... *(Colica hepatica)* ist ein sehr heftiger, schnell auftretender und oft sich steigernder Schmerz in der Lebergegend, welcher nach dem rechten Schulterblatt ausstrahlt, von großer Angst und Beklemmung begleitet ist und nach einiger Zeit (Stunden oder zuweilen auch Tage),

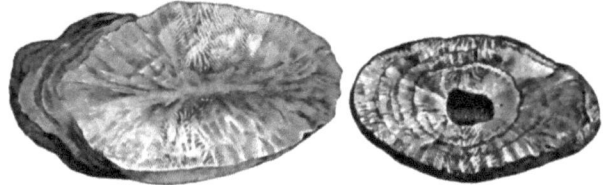

Abb. 37: Gallensteine

ebenso schnell verschwindet, wie er gekommen ist. Er wird durch Einklemmung von Gallensteinen in den Gallengängen verursacht und verschwindet, wenn die Steine in die Gallenblase zurückfallen oder in den Zwölffingerdarm gerutscht sind (siehe Abb. 37 und 38). Die Schmerzanfälle sind von Schüttelfrösten und Erbrechen begleitet, wenn die Leber geschwollen und bei Berührung schmerzhaft ist. Oft tritt auch Gelbsucht dabei auf. Manchmal werden nach einem Anfall die Gallensteine im Stuhl angetroffen. Ziehen sich die Anfälle lange hin, dann kann dieses Entzündung und Eiterung der Gallenblase zur Folge haben. *Man versäume deshalb nicht, rechtzeitig ärztliche Hilfe herbeizurufen.*

Die Ursachen der Gallensteinbildung (*Cholelithiasis*) liegen oft in Blutstockungen im Pfortaderkreislauf, wodurch der Gallenabfluss verlangsamt wird.

Dieses kann u. a. durch eine zu sitzende Lebensweise, übermäßigen Genuss von Fleisch und Alkohol und bei Frauen durch unvernünftig enge Bekleidung hervor gerufen werden. *Habituelle Hartleibigkeit* und *zu enge Kleidung* sind die Ursache, dass 5mal mehr Frauen als Männer an der Gallensteinkrankheit leiden.

Die **Behandlung** des Kolikanfalles besteht in H e i ß w a s s e r - k o m p r e s s e n oder h e i ß e n L e i n s a m e n a u f s c h l ä g e n auf die Lebergegend und wiederholtem Einnehmen von **Belladonna D 3** oder, wenn dieses nicht schnell genug hilft, von **Atrop. sulf. D 4,** alle 10 bis 15 Minuten 5 Tropfen. Von anderer Seite wird der *abwechselnde* Gebrauch von **Ricinus D 3** und **Belladonna D 3,** alle 10 Minuten 5 Tropfen, empfohlen. Auch vom Esslöffelweisen Einnehmen von *Olivenöl* sahen wir Erfolg. Die Wirkung des Öls ist teils mechanisch, teils beruht sie auf ihrem Gehalt an kleinen Mengen *Cholesterin,* ein Mittel, welches bei Gallensteinen homöopathisch wirkt. Die Gallenabsonderung kann durch **Natr. cholein. D 3** gefördert werden. Von der größten Wichtigkeit ist die **Verhütung** der Kolikanfälle. Hierzu kommt der abwechselnde Gebrauch von **Cholesterin D 6** und **Lycopod. D 6,** ferner **China D 3, Card. marian. D 2, Podophyll. D 2** oder **Berberis D 3** in Betracht. Die Sorge für einen **geregelten Stuhlgang** durch Körperbewegung, Diät und Klistiere ist dabei u n e n t b e h r l i c h . Die Diät muss leichtverdaulich und *größtenteils vegetarisch* sein. **Verboten sind:** *fette Speisen, alkoholische Getränke,* Käse, harte Eier, Fisch, Krebse und Austern. Dagegen sind Obst, dicke Milch, Buttermilch, Grahambrot, Bienenhonig, Salat und Spinat zu empfehlen.

Die Mineralwässer von Karlsbad, Vichy, Neuenahr haben einen guten Ruf bei dieser Krankheit. Auch gibt es Fälle, bei denen sich eine Operation nicht vermeiden lässt.

Schließlich erwähnen wir noch ein altes V o l k s m i t t e l , das gegenwärtig auch von Ärzten bei Gallensteinbildung empfohlen wird, nämlich den **ausgepressten Saft des Rettichs,** wovon 3mal täglich 1 bis 2 Esslöffel genommen werden sollen.

34. Leberschwellung und Leberentzündung

... (*Hepatitis*) kommen vor im Verlauf von chronischen Magen- und Herzkrankheiten, ferner bei Personen, welche zu wenig Körperbewegung haben und einen übermäßigen Gebrauch machen von scharfen Gewürzen, starkem Kaffee und besonders von **Alkohol.**

Die Erscheinungen sind im Anfang oft unbedeutend: die Kranken klagen nur über Druck und ein volles Gefühl in der Magen- und Lebergegend und über Mangel an Appetit. Meistens tritt jedoch bald hartnäckige Verstopfung auf, welche von Verdauungsstörungen und hypochondrischer Gemütsstimmung begleitet ist. Auch Gelbsucht und Schmerzen in der Lebergegend können hinzutreten. In langwierigen Fällen magern die Kranken ab, werden schwach und Bauchwassersucht kann schließlich die Folge der Leberentartung sein.

Die **Behandlung** der verschiedenen Leberkrankheiten kann nur die Aufgabe des Arztes sein. Von der größten Wichtigkeit ist eine genaue Regelung der Lebensweise und der Diät. **Alkohol muss gänzlich vermieden werden.** Fette und schwerverdauliche Speisen und Kaffee sind schädlich. Obst und Gemüse, dicke Milch, Buttermilch, mageres

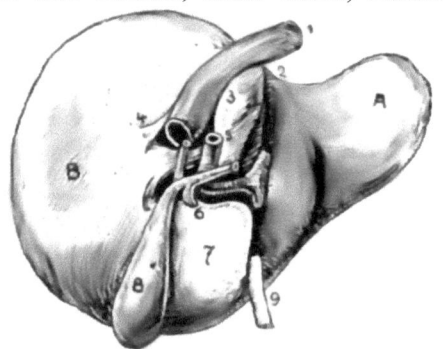

Abb. 38: Leber mit Gallenblase.A. Linker Leberlappen. B. Rechter Leberlappen. 1. Untere Hohlvene. 2. Hauptgrube.3. Schwanzlappen. 4. Band. 5. Pfortader. 6. Gallengänge. 7. Viereckiger Lappen. 8. Gallenblase. 9. Das dünne Band.

Fleisch und der **ausgiebige Genuss frischen Wassers** sind zu empfehlen. Die Sorge für g e r e g e l t e n S t u h l g a n g u n d d a s V e rm e i d e n v o n A u f r e g u n g e n sind zur Heilung notwendig. **Homöopathische Heilmittel,** welche besonders im Anfang gute Dienste leisten, sind: **Bryonia, Ignatia,** wenn Gemütsbewegung, **Nux vomica,** wenn Alkoholmissbrauch die Ursache ist; **Mercur. solub., Myrica cerifera, Lycopodium** bei Gelbsucht und Verstopfung; **Natr. cholein., Podophyllum** zur Beförderung der Gallenabsonderung und **Carduus marianus** und **Sulfur** zur Anregung der Blutzirkulation im Unterleibe; **Digitalis** bei Herzkrankheiten; **Aurum, Berberis, Chelidonium,**

Phosphorus, Silicea bei tieferliegenden Leberleiden; **Acidum aceticum, Apocynum cannabinum, Arsen. album, Carduus marianus, Urea nitrica** bei Bauchwassersucht. Zuweilen helfen höhere Verdünnungen, in den meisten Fällen sind jedoch die niedrigeren vorzuziehen.

35. Leberabszess

… *(Hepatitis suppurativa)* kommt besonders in t r o p i s c h e n G e g e n d e n vor und wird durch Alkoholmissbrauch und grobe Diätfehler verursacht. Hohes Fieber, Schüttelfröste, Gelbsucht, heftige Schmerzen und Geschwulst in der Lebergegend sind die Hauptkennzeichen. Die **Behandlung** besteht zuerst in kalten, später in heißen Aufschlägen, Klistieren, strenger Diät, **Hepar sulf. D 4,** später **Silicea D 6.** Zuweilen ist es nötig, den Eiter auf operativem Wege zu entfernen, und in chronischen Fällen kann man vom Klimawechsel guten Erfolg erwarten.

36. Milzschwellung

… kommt hauptsächlich beim Wechselfieber, zuweilen auch beim Typhus und bei der Influenza vor. Die Milz ist geschwollen und vergrößert (bis zu 20 Pfund), die Kranken leiden an Kurzatmigkeit, Druck im Unterleib und Nasenbluten. Die **Behandlung** fällt mit derjenigen der ursprünglichen Krankheit zusammen. Beim Wechselfieber ist Veränderung der Wohnung und des Klimas oft von großem Vorteil. Von **homöopathischen Mitteln,** welche auf die Milz wirken, nennen wir: **Ceanothus americanus, China, Grindelia robusta.**

Durch heftige Körperanstrengung, schnelles Laufen, besonders nach der Mahlzeit, kann eine Blutüberfüllung oder K o n g e s t i o n d e r M i l z entstehen, wodurch Schmerzen in der linken Seite, das sog. „M i l z s t e c h e n" verursacht wird. Dieser ungefährliche Zustand kann durch das Einnehmen von **Ceanoth. amer. D 2** und nötigenfalls durch einige Nasse Umschläge schnell beseitigt werden.

3.6   Krankheiten des Nervensystems

Zum Nervensystem gehören das Gehirn, das Rückenmark und die Nerven (siehe Abb. 39 und 40, S. 210). Diese Organe oder Gewebe können jedes für sich oder zusammen erkranken. Die Erscheinungen, welche dabei auftreten, sind mannigfach, z. B. Kopfschmerzen, Nervenschmerzen, Taubheitsgefühl, Lähmung, Krämpfe usw. Wichtig ist es, die Ursache dieser Erscheinungen genau zu ermitteln. Dieses kann bei den meisten Nervenkrankheiten nur durch den Arzt geschehen, da dieser den Bau und die Verrichtungen des menschlichen Körpers zu einem genauen Studium gemacht hat. Wenn z. B. jemand Schmerzen hat, weiß er, dass etwas in seinem Körper nicht in Ordnung ist, aber w o - d u r c h dieser Schmerz verursacht wird und wo der Sitz des Leidens ist, welches den Schmerz hervorruft, ist oft eine schwierig zu beantwortende Frage.

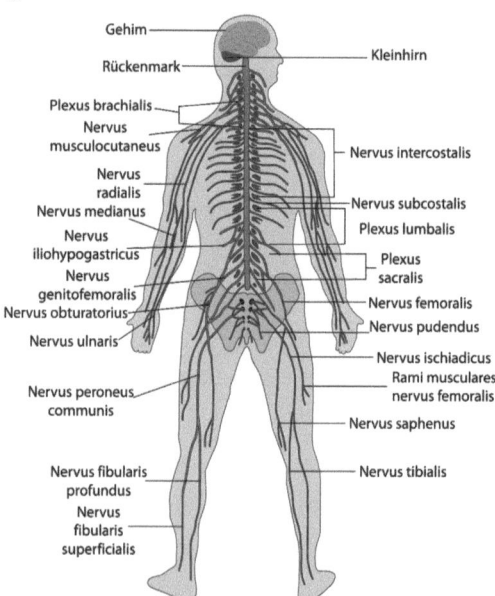

Abb. 39: Das Nervensystem - Von Eigenes Werk, CC BY 3.0, https://commons.wikimedia.org/w/index.php?curid=10187147

Man denke nicht, dass die Krankheit stets in dem Körperteil sein müsse, wo der Schmerz gefühlt wird; nicht selten ist z. B. heftiger Schmerz im linken Arm ein Symptom einer Herzkrankheit, bei Hüftgelenkentzündung werden oft nur im Knie Schmerzen verspürt und bei

Rückenmarkskrankheiten treten die Schmerzen gewöhnlich in den Beinen auf, während der Rücken oft schmerzfrei ist. Wir sehen also, dass es oft sehr schwierig ist, die Ursache bestimmter Schmerzen zu entdecken. Genauso verhält es sich mit den anderen Symptomen, welche bei Krankheiten des Nervensystems auftreten. *In allen Fällen langwieriger oder ernster Art ist es deshalb geboten, einen Arzt zu Rate zu ziehen*, umso mehr, da viele Krankheiten des Nervensystems in ihrem Anfang durch eine sachverständige Behandlung geheilt werden können, während v e r n a c h l ä s s i g t e   u n d   c h r o n i s c h e Nervenleiden oft u n h e i l b a r sind.

Für alle Nervenkranke ist eine *hygienische Lebensweise* von der größten Wichtigkeit. Viel Ruhe, gute Nahrung, viel Aufenthalt in frischer Luft, Vermeiden reizender Genussmittel und Aufregungen sind für die Wiederherstellung der geschwächten Nervenkraft unbedingt notwendig. Massage, Elektrizität, Wasserbehandlung können bei verschiedenen Krankheiten des Nervensystems mit gutem Erfolg angewendet werden, aber vor *übertriebenen* Kuren müssen wir warnen, da hierdurch *nicht wieder gutzumachender Schaden* für die Gesundheit entstehen kann.

1. Schwindel

... (*Vertigo*) kommt bei verschiedenen Krankheitszuständen, u. a. bei Blutleere des Gehirns, Blutandrang nach dem Kopf, Verdauungsstörungen, Überanstrengung der Augen, langwierigen Ohrenkrankheiten und Nikotinvergiftung vor. Auch bei akuten fieberhaften Krankheiten tritt im Anfang manchmal Schwindel auf.

Die **Behandlung** fällt in allen diesen Fällen mit derjenigen der eigentlichen Krankheit zusammen. Bei Schwindelanfällen, von Übelkeit und Angstgefühlen begleitet, wie solche bei Nervenkranken oft Vorkommen, schließe man die Augen, mache die Kleider an Hals und Brust los und trinke einige Schlucke kalten Wassers.

Kommen solche Anfälle öfters vor, dann wähle man von folgenden homöopathischen Mitteln: **Cocculus D 4,** wenn der Schwindel durch Schütteln beim Fahren im Zuge verschlimmert wird, **Tabacum D 6** bei schwankendem Gang, kaltem Schweiß und Übelkeit, **Arnica D 3** bei Schwindel nach dem Essen oder dem Aufrichten aus einer liegenden Stellung, **Nux vomica D 4** bei Schwindel nach Überanstrengung des Kopfes, Nachtwachen und Alkoholmissbrauch, **China D 2** im Wechsel mit **Arnica D** 3 bei Schwindel und Ohrensausen, welche bei Ohrenleiden *(Menièresche Ohrenkrankheit)* auf- treten, und endlich **Calc. carbon. D 6** in hartnäckigen Fällen. Für alle übrigen Fälle vergleiche man die Bemerkungen über **Kopfschmerzen,** da die Behandlung meistens dieselbe ist.

2. Kopfschmerzen

... *(Cephalea)* sind ein häufig vorkommendes Übel, jedoch keine Krankheit für sich, sondern stets das Symptom einer Krankheit. Die meisten fieberhaften Krankheiten, wie Influenza, Lungenentzündung usw. gehen mit Kopfschmerzen einher. Die **Behandlung** ist dann dieselbe wie die der betreffenden Krankheit. Kalte Aufschläge auf die Stirn, auf den Kopf oder eine Blase mit kaltem Wasser unter dem Hinterkopf können Erleichterung verschaffen. Auch bei vielen chronischen Krankheiten kommen Kopfschmerzen als Begleiterscheinungen vor. Weiter treten bei Verdauungsstörungen, verdorbenem Magen, Stuhlverstopfung oder nach übermäßigem Genuss alkoholischer Getränke Kopfschmerzen auf. In diesen Fällen hilft oft **Nux vomica D 3,** ein großartiges homöopathisches Heilmittel. Rheumatische Kopfschmerzen sind oft die Folge von Erkältungen; sie haben ihren Sitz gewöhnlich in der Kopfhaut und verschlimmern sich durch Hin und Her bewegen, sogar durch einfaches Berühren des Kopfes. Hier sind Ruhe und Wärme angezeigt, neben **Aconit. D 3, Rhus Tox. D 3, Causticum D 3** oder **Mercur. solub. D 4.** (Man vergleiche betreffs dieser und vieler anderen, in den folgenden Seiten genannter Mittel stets die **Charakteristik ihrer Wirkung** im Kapitel 2.7.) Bei Syphilis sind die Kopfschmerzen nachts am schlimmsten, bei Tuberkulose der Hirnhaut sind die Schmerzen anhaltend, während Stirnkopfschmerzen oft durch Entzündungen und Eiterungen der Nasen oder Stirnhöhle verursacht werden. Alle diese Fälle können nur vom Arzt nach genauer Untersuchung richtig behandelt werden. Bei schlecht plombierten Zähnen kann die Wirkung des Quecksilberamalgams zuweilen rasende Kopfschmerzen verursachen, welche verschwinden, wenn der Zahn entfernt wird.

Im Allgemeinen unterscheiden wir Kopfschmerzen, die durch *Blutandrang nach dem Kopfe,* Kopfschmerzen, die durch *Blutarmut* verursacht werden und *nervöse* Kopfschmerzen. Kopfschmerzen, welche **durch Blutandrang verursacht** werden, sind kenntlich an der hochroten Farbe und Aufgedunsenheit des Gesichtes und dem Klopfen der Kopf- und Halsadern. Diese Schmerzen werden verschlimmert durch Bücken und sind oft von Schwindel, Flimmern vor den Augen und Ohrensausen begleitet. Das beste Mittel ist in diesen Fällen **Belladonna D**

3 oder auch **Glonoin. D 6** oder **D 5,** wenn große Empfindlichkeit gegen Licht und Geräusch mit einem Gefühl, als ob der Kopf „vergrößert" wäre, vorhanden ist. Hilfsmittel sind das Entfernen aller engschließenden Kleider, Kragen, Korsetts und Gürtel, die Anwendung kalter Aufschläge auf den Kopf und heiße Fußbäder. Für diejenigen, welche an *chronischem* Blutandrang nach dem Kopfe leiden, wie dieses besonders bei Personen, welche eine sitzende Lebensweise führen und an Verstopfung und Hämorrhoiden leiden, der Fall ist, müssen Veränderung der Lebensweise, ausgiebige Körperbewegung, Sorge für warme Füße durch *Wechselfußbäder* (siehe Seite 161) und eine Diät, welche reich an Obst und Gemüsen und arm an Reizmitteln ist, als unumgänglich notwendig für die Heilung bezeichnet werden.

Kopfschmerzen, welche **durch Blutarmut verursacht** sind, äußern sich ganz anders. Das Gesicht ist blass, der Puls schwach, Hände und Füße sind kalt. Die Schmerzen werden besser in horizontaler Lage. Wir treffen diese Kopfschmerzen bei Personen mit blassen Lippen und blassem Zahnfleisch, mit dünner, durchsichtiger Haut, besonders bei blutarmen, bleichsüchtigen Mädchen und Frauen, bei jungen Leuten, Beamten, Gelehrten, welche sich schlecht ernähren und den Kopf viel anstrengen müssen. Bei letzteren besteht ein Gefühl von Druck in der Stirn, welches durch Lesen und Studieren verschlimmert, durch Aufenthalt in der frischen Luft gebessert wird. Solche Kopfschmerzen finden ihr Heilmittel in **China D 3, Ferr. phosph. D 6** oder **Anacard. D 6** (die Schmerzen werden schlimmer durch Bewegung, verschwinden während des Essens und kehren dann wieder zurück, passt besonders bei jungen Leuten, welche viel studieren müssen), wobei jedoch zu gleicher Zeit die Verbesserung des Blutes durch leichtverdauliche, blutbildende Nahrung, Ruhe und Aufenthalt in frischer Luft ins Auge gefasst werden muss.

Nervöse Kopfschmerzen, auch Nervenkopfschmerzen oder **Migräne** *(Hemicranie)* genannt, kommen beim weiblichen Geschlecht am meisten, jedoch auch bei neurasthenischen Männern vor. Diese Schmerzen treten periodisch, manchmal alle 14 Tage auf und dauern gewöhnlich 6 bis 24 Stunden. Dem Anfall geht zuweilen ein unbehagliches Gefühl, Ohrensausen und Schwindel vorher. Die Schmerzen sind drückend, bohrend, gewöhnlich auf die eine Kopfhälfte beschränkt und von Übelkeit, Erbrechen und großer Empfindlichkeit gegen Licht und Geräusch begleitet. Die Ursachen dieses Übels, welches das Leben mancher Frau verbittert, sind hauptsächlich Verdauungsstörungen, Verstopfung, Unterleibsleiden und zu reichlicher Genuss von Fleisch und

Eiern. Erblichkeit spricht jedoch auch oft mit. Während des Anfalls ist der Aufenthalt in einem ruhigen, verdunkelten Raum, verbunden mit horizontaler Lage, von großem Nutzen. Wer viel an solchen Kopfschmerzanfällen leidet, trinke regelmäßig jeden Morgen nüchtern ein Glas w a r m e s W a s s e r unter fortwährendem Hin und Her gehen ganz langsam aus. Bei der **Behandlung** wird viel Missbrauch getrieben mit *Aspirin* und *Migränin,* Mittel, welche zwar sofortige Erleichterung verschaffen und deshalb in besonderen Fällen wohl einmal nötig sein können, aber bei fortgesetztem Gebrauch die Krankheit nur umso hartnäckiger machen und das Nervensystem angreifen. Ein Hausmittel, welches zuweilen gut hilft, ist eine Tasse starken Bohnenkaffees mit Zitronensaft. **Homöopathische Mittel,** welche bei den Anfällen versucht werden können, sind: **Belladonna D 4, Nux vom. D 4, Arsen. alb. D 6, Gelsem. D 6, Ignat. D 3, Spigelia D 6.** Um die Wiederkehr der Anfälle zu verhüten, ist es nötig, die Lebensweise zu regeln, eine geeignete Diät zu befolgen, wobei besonders *Bohnenkaffee* und *Tee* gänzlich vermieden und der Genuss von *Fleisch* und *Eiern* beschränkt werden muss, während zugleich für geregelten Stuhlgang gesorgt und Gemütserregung so viel als möglich vermieden werden muss. Richtig gewählte homöopathische Heilmittel bewirken oft Wunder. Bei manchen Frauen hilft der abwechselnde Gebrauch von **Calc. carb. D 6** und **Sepia D 6,** morgens früh eine Messerspitze voll zu nehmen. **Sanguin. D** 3, **D** 4 oder **D** 6 passt oft bei jungen Frauen mit zu reichlicher Menstruation, bei denen ein Migräneanfall derselben voraufgeht und nachfolgt. **Nux vom. D** 3 oder **D** 4 ist bei solchen angezeigt, welche an Verstopfung und Hämorrhoiden leiden; die Kopfschmerzen fangen morgens früh im Bett, manchmal schon in der Nacht an. **Iris versic. D** 6 ist durch Galleerbrechen und zusammenziehende Schmerzen im ganzen Kopf, **Platin. muriat. D** 6 durch Störungen im Sexualbereich, **Melilotus D** 6 durch Nasenbluten, welches die Kopfschmerzen bessert, gekennzeichnet. Durch diese kombinierte Behandlung gelingt es zwar nicht immer, die Migräne gänzlich zu heilen, meistens können jedoch die Anfälle verringert und eine bedeutende Besserung erzielt werden.

3. Nervenschwäche

... große Ermüdung, verbunden mit Schmerzen in den Gliedern, kommt bei fieberhaften und nervösen Zuständen, bei Blutarmut, anhaltender Schlaflosigkeit, Überanstrengung des Körpers und des Geistes, Sorgen und Gemütsbewegungen vor. Dieses Schwächegefühl kann durch eine tatsächliche Schwächung des Körpers, z. B. durch schlechte Ernährung des Blutes verursacht werden, es kann aber auch die Äußerung von Funktionsstörungen des Gehirns oder der Nerven sein. Im ersteren Falle fällt die Behandlung mit derjenigen der **Blutarmut,** im letzteren Falle mit derjenigen der **Neurasthenie** zusammen. In vielen Fällen leistet ein einfaches Hausmittel gute Dienste; dieses besteht in Abreibungen des Rückens mit einem Schwamm mit h e i ß e m W a s - s e r u n d E s s i g , 5 Minuten lang, jeden Abend vor dem Schlafengehen zu wiederholen.

4. Sinnestäuschungen

... oder H a l l u z i n a t i o n e n sind falsche Sinnesempfindungen. Der Kranke sieht feurige Linien, Funken, Gestalten von Personen, welche nicht anwesend sind, er hört Töne oder Worte, welche nicht gesprochen sind, er fühlt Ameisenkriechen oder glaubt Gift in der Nahrung zu schmecken. Dies ist nicht nur „Einbildung", sondern der Kranke nimmt diese Erscheinungen, obwohl tatsächlich nicht anwesend, doch ebenso deutlich wahr, wie der Gesunde die Wirklichkeit. Kommen solche Halluzinationen immer wieder von neuem vor, dann sind sie meistens die Vorboten von Geistesstörung. Sie führen dann zu sog. „fixen Ideen" und Irrsinnigkeit. — Auch bei Gesunden können Sinnestäuschungen Vorkommen, besonders wenn sie nervös und aufgeregt sind. Furchtsame Personen sehen Gespenster, hören Stimmen usw. Die bekannte „Fata morgana" beruht auf Sinnestäuschung. Das Gedicht: „Der Erlkönig" von Goethe gibt eine poetische Beschreibung einer Sinnestäuschung.

5. Delirien

... oder P h a n t a s i e r e n sind Zustände von Verworrenheit, welche bei hohem Fieber in verschiedenen Krankheiten, u. a. beim Typhus, oft Vorkommen. Der Kranke murmelt unverständliche Worte, kennt seine Umgebung nicht, macht allerlei Bewegungen, welche auf verkehrte Vorstellungen zurückzuführen sind; bei heftigem Fieberdelirium gestikuliert und schreit der Kranke und will aus dem Bett springen. Derartige Zustände erfordern stets ärztliche Behandlung. Mit kalten Aufschlägen auf den Kopf und durch Darreichen von **Belladonna D 3** wird manchmal Beruhigung erreicht.

Eine besondere Art Delirium ist das **Delirium tremens** oder der S ä u f e r w a h n s i n n , welcher bei chronischen Alkoholikern vorkommt. Der Kranke ist entsetzlich aufgeregt, von Angst erfüllt, zittert am ganzen Körper, schreit, tobt, glaubt Mäuse, Schlangen, Spinnen zu sehen. Dieser Zustand kann nach einigen Tagen durch einen tiefen, ruhigen Schlaf in Genesung übergehen; bei Wiederholung zieht die Krankheit durch Schlaganfall, Lungenentzündung oder Lungenlähmung oft den Tod nach sich. Derartige Kranke müssen sobald als möglich in einem Krankenhause untergebracht werden. Man wendet am besten keine Gewalt an, weil hierdurch die Aufregung des Kranken noch größer wird. Heiße Bäder und nasse Einwicklungen des ganzen Körpers sind zu empfehlen. Von **homöopathischen Mitteln,** welche zuweilen guten Erfolg gehabt haben, nennen wir: **Arsen. alb. D 5, Belladonna D 4, Cannab. ind. D 3, Hyoscyam. D 4, Stramon. D 4.**

6. Schlafsucht

... *(Somnolentia, Sopor)* kommt bei verschiedenen Gehirnkrankheiten, Schädelverletzungen und bei Blutvergiftung vor. Dieser Zustand, welcher durch allzu langen und unnatürlichen Schlaf gekennzeichnet ist, unterscheidet sich von O h n m a c h t u n d S c h e i n t o d durch die ungestörte, deutlich wahrzunehmende Herz- und Lungentätigkeit und von G e h i r n s c h l a g durch das Fehlen von Muskellähmungen. Alte Leute leiden häufig an Schlafsucht, welche in diesem Falle durch d i e a n f a n g e n d e V e r k a l k u n g d e r G e h i r n b l u t g e f ä ß e hervorgerufen wird. Durch das T r i n k e n v o n B u t t e r m i l c h, welche die Kalksalze im Blut in Auflösung erhält, kann das Eintreten der Arterienverkalkung einigermaßen verzögert werden. Das nach dem Simile-Prinzip bei Schlafsucht angezeigte Heilmittel ist **Opium D 3** oder höhere Potenzen, welches in den zuerst genannten Krankheiten oft gute Dienste leistet.

In tropischen Gegenden, besonders in Mittel-Afrika, kommt die sog. **Schlafkrankheit** *(Trypanosomiosis)* häufig vor, es ist dies eine Infektionskrankheit, welche durch den Stich einer Stechfliege verursacht wird, wodurch ein Parasit, *Trypanosoma* genannt, in das Blut des Menschen gerät. Hierdurch entstehen Fieber, Milzschwellung, wassersüchtige Schwellungen an den Füßen und S c h l a f s u c h t, welcher die Krankheit ihren Namen verdankt. Die Behandlung ist im Allgemeinen wenig erfolgreich, am meisten ist vorläufig noch zu erwarten von der Anwendung von h e i ß e n B ä d e r n und dem innerlichen Gebrauch von *Arsenicum.*

7. Schlaflosigkeit

... *(Agrypnia, Asomnia)* wird durch einen fortwährenden Erregungszustand des Gehirns veranlasst, wodurch dasselbe nicht zur Ruhe kommen kann. Dieser Zustand kommt bei vielen fieberhaften Krankheiten vor, bei Blutandrang nach dem Kopf, bei Blutarmut und Neurasthenie. Oft ist Überladung des Magens, besonders des Abends, oder der übermäßige Genuss von Kaffee, Tee und Tabak die Ursache. Überanstrengung des Geistes, spätes Aufbleiben, Sorgen, Gemütsbewegungen, ausschweifendes Leben verursachen gleichfalls Schlaflosigkeit. Wird das Übel chronisch, dann leiden sowohl Körper als Geist unter den Folgen, die Kranken magern ab und können infolge nervöser Erschöpfung keinerlei Anstrengung mehr ertragen.

Bei der **Behandlung** ist es von der größten Wichtigkeit, die Ursache der Schlaflosigkeit zu ergründen, weil dann in vielen Fällen die Heilung leicht ist. Die Lebensweise muss geregelt und alle schädlichen Einflüsse müssen, wenn möglich, beseitigt werden. Man gehe nie mit kalten Füßen oder vollem Magen zu Bett. Man vermeide schwerverdauliche Speisen, Bohnenkaffee, Tee und Wein vor dem Schlafengehen; dagegen ist ein Glas Bier oder Zuckerwasser zu empfehlen. Anstrengende Körperbewegung, wie z. B. gymnastische Übungen, sind ebenso wie kalte Waschungen oder Bäder abends zu vermeiden, dagegen hat ein *Zimmerluftbad*, ein *heißes Fußbad*, ein *warmes Vollbad* oder ein *nasser Umschlag um den Magen und den Unterleib* oft gute Wirkung. Man gewöhne sich daran, *stets zur selben Zeit* zu Bett zu gehen, da die Gewohnheit einen großen Einfluss hat. Starke allopathische Schlafmittel nehme man so wenig als möglich, da diese nur auf kurze Zeit helfen und bei fortgesetztem Gebrauch das Übel verschlimmern. **Homöopathische Mittel** sind oft sehr wirksam. Ist die Schlaflosigkeit die Folge von Magenüberladung, dann hilft **Pulsatilla D 3,** wobei durch ein Klistier für Stuhlgang gesorgt werden muss. Bei Schlaflosigkeit, durch übermäßigen Genuss von Kaffee oder Tabak verursacht, sind **Nux vom. D 4** oder **China D 3** angezeigt; bei Schlaflosigkeit nach Gemütsbewegungen: **Aconit. D 6, Ignatia D 3** oder **Coffea D 4** oder **D 6;** nach einem Schrecken: **Opium D 6;** bei großem Angstgefühl: **Arsen. alb. D 6;** nach Überanstrengung des Kopfes: **Coffea D 4** oder **D 6, Cocculus D 6, Avena sativa-Tinktur,** 3mal täglich 10 Tropfen in Wasser; bei Kindern: **Chamom. D 6, Coffea D 6, Cypripedium D 3;** bei alten Leuten: **Opium D 6, Conium D 3;** während der Schwangerschaft: **Hyoscyam. D 4, Pulsat. D 4, Coffea D 4.** Sehr gute Resultate haben wir bei *nervöser* Schlaflosigkeit von dem Einnehmen einer guten Messerspitze von **Zinc. valer. D 3** in etwas Zuckerwasser vor dem Schlafengehen gesehen, welches, wenn nötig, in der Nacht noch 1- bis 2mal wiederholt werden kann.

8. Alpdrücken

... ist eine Art beängstigender Traum, wobei man das Gefühl hat, als ob eine schwere Last sich auf den Körper lege, wodurch Erstickung droht. Der unbeweglich daliegende Schlafende macht Willensanstrengungen, um die Last zu entfernen, ist aber dazu nicht imstande. Nach einiger Zeit erwacht er unter Herzklopfen und Schweißausbruch mit einem Gefühl, als ob er aus einer großen Gefahr gerettet sei. Wer an diesem Übel leidet, überfülle den Magen nicht vor dem Schlafengehen, sorge immer für regelmäßigen Stuhlgang, vermeide es, beim Einschlafen auf dem Rücken zu liegen und nehme von **Carb. veget. D 6, Lycopod. D 6** oder **Sulfur D 6** vor dem Schlafengehen eine Messerspitze trocken ein.

9. Schlafwandeln

... oder S o m n a m b u l i s m u s ist ein Zustand, in welchem jemand schlafend mit geschlossenen oder offenen Augen, ohne sich nach dem Erwachen daran zu erinnern, Dinge tut, die er sonst nur bei vollem Bewusstsein zu tun vermag. Dieser Zustand kommt bei nervösen Kindern und jungen Leuten nicht selten vor und tritt zuweilen periodisch und besonders dann gern ein, wenn das Mondlicht den Schlafenden trifft. Nachtwandler dürfen in gefährlichen Positionen nicht gewaltsam geweckt oder erschreckt werden. Die **Behandlung** fällt mit derjenigen der **Neurasthenie** zusammen.

10. Gehirnerschütterung

... (*Commotio cerebri*) entsteht durch einen Sturz oder durch einen Schlag oder Stoß auf den Kopf, und ist durch plötzlich eintretenden Verlust des Bewusstseins, Totenblässe und Erbrechen gekennzeichnet. Kehrt das Bewusstsein zurück, dann beklagt sich der Kranke gewöhnlich noch längere Zeit über Schwindel, Ohrensausen und Kopfschmerzen. Zuweilen tritt eine Entzündung hinzu; in Fällen, wo Bluterguss in das Gehirn stattgefunden hat, ist die Aussicht auf Wiederherstellung gering. Die **Behandlung** bestehe bis zur Ankunft des Arztes, welcher möglichst bald gerufen werden muss, in ruhiger Lagerung, kalten Aufschlägen von Wasser, mit **Arnica-Tinktur** (1 Teelöffel auf $1/2$ Liter) vermischt, auf den Kopf, und dem Einnehmen von **Arnica D 2**, anfänglich $1/4$ stündlich, später 2stündlich 5 Tropfen in etwas Wasser. Bei etwa später eintretender Unruhe, heißem Gesicht und Fieber können noch **Aconit D 3** und **Belladonna D 3** nötig werden. Ist die Gefahr beseitigt, dann muss der Patient noch längere Zeit vor jeder geistigen und körperlichen Anstrengung bewahrt werden und eine milde Diät, unter Ausschluss von Reizmitteln und alkoholischen Getränken, befolgen.

11. Schlagfluss

... (*Gehirnschlag, Schlaganfall* oder *Apoplexie*). Wenn jemand plötzlich, ohne vorhergegangene Krankheit, stirbt oder plötzlich das Bewusstsein und die Kraft, die eine Hälfte seines Körpers zu bewegen, verliert, dann pflegt man zu sagen, dass ihn „der Schlag gerührt" habe. Die **Ursache** dieser Krankheit ist eine Zerreißung von kleineren oder größeren Blutgefäßen im Gehirn, wodurch ein Austritt von Blut in die Gehirnmasse stattfindet. Bei Personen, welche an Aderverkalkung leiden, bei alten Leuten, bei solchen, welche schnell korpulent wurden, bei Herz- und Nierenkranken kann durch eine außergewöhnliche Kraftanstrengung, eine heftige Gemütsbewegung oder durch starken Blutandrang nach dem Kopfe ein Schlaganfall verursacht werden. Als **Vorboten** zeigen sich zuweilen Schwindel, Ohrensausen, schwankender Gang, Vergesslichkeit und Gleichgültigkeit; der **eigentliche Anfall** tritt unerwartet und plötzlich auf. Der Kranke verliert das Bewusstsein, fällt zu Boden, die Atmung ist erschwert und röchelnd, das Gesicht ist blaurot, die Augen sind stier, die Pupillen erweitert, der Puls ist verlangsamt; der Mund ist schief, verzerrt, Arm und Bein der einen Seite hängen schlaff herab, Urin und Stuhl werden unwillkürlich entleert. Dauert die Bewusstlosigkeit länger als zwei Tage und bleiben die Pupillen unverändert, dann ist der Zustand höchst bedenklich. Der Anfang der Besserung kündigt sich durch die Wiederkehr des Bewusstseins an. Der Kranke wird allmählich wieder besser und bekommt die Herrschaft über seine Glieder und die Sprache zurück. Oft bleiben jedoch auch traurige Folgen des Schlaganfalls zurück, indem die Sprache mangelhaft und eine Lähmung eines Armes oder Beines bestehen bleibt. Stets bleibt die Gefahr einer Wiederholung des Gehirnschlages bestehen.

Die **erste Hilfe,** welche man bis zur Ankunft des Arztes leisten kann, besteht im Aufrichten und Zubettbringen des Kranken, dann entferne man alle engschließenden Kleidungsstücke von dem Kranken, bringe ihn in die Rückenlage, wobei der Kopf hochgelagert werden muss, und gebe ihm alle $^1/_4$ Stunde 5 Tropfen **Arnica D 2,** wenn nötig, d. h. wenn das Gesicht rot und aufgedunsen ist, im Wechsel mit **Belladonna D 3.** Auf den Kopf lege man eine Eisblase, mit kaltem Wasser gefüllt und an die Füße einen Krug mit heißem Wasser, der mit einem nassen Tuch umwickelt ist. Hiermit hat man alles getan, was man als

Laie in einem solch schwierigen Fall tun kann. Der Arzt wird zuweilen noch Klistiere, das Setzen von Blutegeln hinter die Ohren oder andere Mittel verordnen und, wenn Besserung eintritt, nach einigen Wochen gegen die Lähmung den elektrischen Strom anwenden.

Für diejenigen, welche ärztliche Hilfe durchaus nicht erlangen kön-

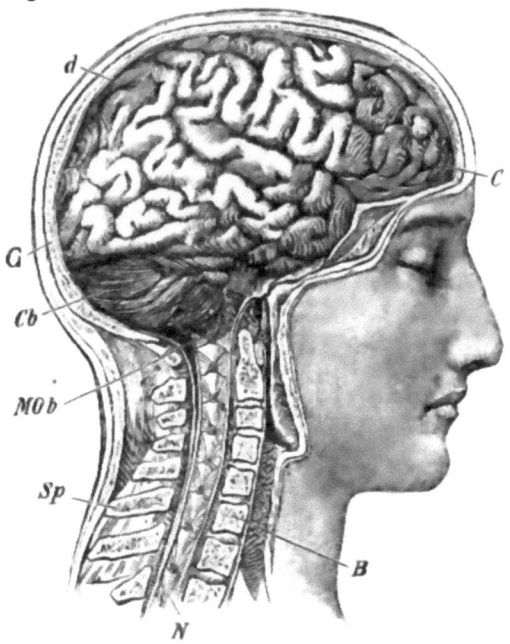

Abb. 40: Das Gehirn.C. Windungen des Großhirns, d. Hirnhäute. G. Knöcherne Schädeldecke. Cb. Kleinhirn. Mob. Verlängertes Mark. Sp. Dornfortsätze der Halswirbel. B. Wirbelkörper. .N. Nervenstränge.

nen, nennen wir noch folgende Mittel: **Opium D 3** oder **D 6,** bei Schlafsucht und röchelndem Atem; **Baryum carb. D 6** bei alten Leuten; **Nux vom. D 3** bei Personen, welche eine sitzende Lebensweise geführt und Alkoholgenuss übertrieben haben; **Phosph. D 6** bei an Lungenerweiterung Leidenden; **Zinc. cyanat. D 4** bei Krämpfen; **Kaffee** oder Wein bei Herzschwäche und schwachem Puls; gegen die Lähmungen **Rhus Tox. D 4, Causticum D 6, Plumbum D 8,** Einreibungen mit verdünnter **Rhus-Tinktur,** Massage, Heilgymnastik und Elektrizität.

Von der größten Wichtigkeit sind die Maßregeln, welche der Kranke treffen muss, **um die Wiederholung eines Schlaganfalles zu verhüten.** Diese sind auch wichtig für alle, welche zu Schlaganfall geneigt sind, besonders also für alte Leute mit harten Blutgefäßen und für Personen im Alter von 40 bis 60 Jahren, welche schnell korpulent geworden sind. Solche müssen alles vermeiden, was Blutandrang nach dem Kopf verursacht, besonders enge Halsbekleidung, anhaltendes Sitzen, Lesen oder Studieren, anstrengendes Bücken, schnelles Laufen, langes Schlafen nach dem Essen und zu Tiefliegen mit dem Kopfe. Sie müssen für geregelten Stuhlgang sorgen, eine Diät, frei von Kaffee und *Alkohol* und reich an Gemüse und Obst, befolgen, viel *Buttermilch* trinken, täglich einen Spaziergang machen und stets für warme Füße sorgen. Treten obengenannte *Vorboten* auf, dann ist es ratsam, einen Arzt zu konsultieren.

12. Gehirnhautentzündung

... (*Meningitis*), gewöhnlich „Gehirnentzündung" genannt, ist eine äußerst gefährliche Krankheit, welche in einer eitrigen oder tuberkulösen Entzündung der Gehirnhäute besteht. Sie kann durch eine Gehirnerschütterung, durch Sonnenstich, Erkältung und Nass werden des ganzen Körpers, oder durch vernachlässigte Mittelohrentzündung veranlasst werden. Die tuberkulöse Form kommt vor im Anschluss an Tuberkulose der Lungen oder der Knochen und ist besonders bei Kindern gefürchtet.

In den letzten Jahren ist eine epidemische Form, Genickstarre *(Meningitis cerebrospinalis)* genannt, vielfach aufgetreten, welche besonders unter Kindern und jugendlichen Personen viele Opfer gefordert hat; sie ist besonders durch *große Schmerzhaftigkeit* und *Steifheit des Nackens,* verbunden mit den übrigen Erscheinungen der Gehirnhautentzündung, gekennzeichnet.

Diese **Erscheinungen** sind anfänglich hohes Fieber, sehr heftige Kopfschmerzen, rascher Puls, große Empfindlichkeit gegen Licht, Geräusche und Berührung, Pupillenverengerung, Erbrechen, Unruhe, Schlaflosigkeit, Rückwärtsbiegen des Kopfes, Beben und Krämpfe. Dieser Zustand, welcher eine Äußerung von Gehirnreiz ist, geht nach einigen Tagen in Bewusstlosigkeit, Schlafsucht und Lähmung einzelner Muskeln über. Der Puls wird langsamer, die Pupillen erweitern sich. Erbrechen und Verstopfung bestehen gewöhnlich bis zum Ende fort. Der Tod tritt meistens in der 2. oder 3. Woche ein. Ungünstige Vorzeichen sind: Ungleichheit der Pupillen und röchelnde Atmung. Günstige Zeichen, welche auf beginnende Heilung hinweisen, sind: Ausbruch warmen Schweißes, erquickender Schlaf, Wiederkehr des Bewusstseins. Oft bleiben nach der Genesung Gedächtnisschwäche,

Taubheit oder Lähmungen zurück; es gibt jedoch auch Fälle, in denen die Gesundheit gänzlich wiederhergestellt wird.

Die **Behandlung** *muss natürlich dem Arzt überlassen bleiben.* Ist dieser nicht bald, oder gar nicht zu haben, dann sorge man für absolute Ruhe in der Umgebung des Kranken, verdunkle das Zimmer, halte Fieberdiät ein und wende das *Bettdampfbad* (siehe Seite 163) an. Kalte Aufschläge auf den Kopf oder eine Eisblase mit kaltem Wasser unter den Hinterkopf sind zu empfehlen. Einige Gaben **Aconit. D 3** sind gut für den Anfang; sobald sich jedoch Erscheinungen von Gehirnreizung zeigen, ist der abwechselnde Gebrauch von **Belladonna D 3** und **Apis D 3,** stündlich 5 Tropfen in Wasser, am Platze. Zuweilen ist es möglich, durch diese Behandlung die Krankheit zu brechen, so dass das Lähmungsstadium nicht eintritt. Ist letzteres dennoch der Fall, dann gebe man 2stündlich eine Messerspitze **Zinc. cyanat. D 4,** womit längere Zeit fortgefahren werden muss. Für regelmäßigen Stuhlgang muss durch lauwarme Klistiere Sorge getragen werden. Die Ernährung muss in diesem Stadium kräftiger sein: Eiweiß, Fleischbrühe mit Ei, viel Milch. Ist die Aufnahme der Nahrung durch Schlundlähmung oder heftiges Erbrechen durch den Mund nicht möglich, dann suche man durch *Nährklistiere* (siehe Seite 148) die Kräfte so lange wie möglich zu erhalten. Als Zwischenmittel kommen noch in Betracht: **Bryonia D 3** bei Darmlähmung; **Hyoscyam. D 6, Stramon. D 6** bei Delirien; **Opium D 6** bei seufzender Atmung; **Pulsatilla D 3,** wenn die Krankheit mit Ohrenleiden in Verbindung steht.

Bei der **Genickstarre** sind dieselben Mittel angezeigt, besonders **Belladonna** in niedrigen Verdünnungen, und ferner **Argent. nitr. D 3** oder **D 4** in vernachlässigten Fällen und **Natr. nitr. D 2** in Fällen, welche im Anschluss an eine Influenza-Epidemie auftreten. Die neueste Behandlung besteht im Abzapfen der Rückenmarksflüssigkeit in der Lendengegend. Gute Erfolge werden ferner erwähnt von einer konsequent durchgeführten Kur mit *heißen Vollbädern* von 37° bis 39° C steigend, wobei die Bäder 10 Minuten dauern und bis zu 2mal täglich wiederholt werden sollen. Dadurch soll der Blutdruck im Gehirn herabgesetzt werden, was Linderung der Kopfschmerzen und Wiederkehr des Bewusstseins zur Folge hat. Rekonvaleszenten müssen vor allem gehütet werden, was das Gehirn anstrengen könnte, man spreche deshalb so wenig wie möglich mit ihnen und sorge für Ruhe in der Umgebung.

13. Gehirnerweichung

... *(Encephalitis)* kann die Folge von wiederholten, in das Gehirn stattgehabten Blutergüssen, von Verstopfung der Gehirngefäße oder von Gehirngeschwülsten sein. Diese Krankheit, welche leider unheilbar ist und einen Verlauf von 3 bis 6 Jahren hat, kommt besonders bei Männern im mittleren Lebensalter vor und hat Lähmungen, Sprachstörungen, Gedächtnisschwund und Geistesschwäche zur Folge. Zur Verhütung sind die bei **Gehirnschlag** genannten Vo r b e u g u n g s m a ß - r e g e l n zu beachten. Durch den Gebrauch homöopathischer Mittel wie z. B. **Arnica, Belladonna, Phosphorus, Zincum phosphoricum** und die Anwendung des galvanischen Reizstromes können die Beschwerden des Kranken sehr erleichtert werden.

14. Gehirngeschwülste

... *(Tumor cerebri)* entstehen auf langsame und schleichende Weise. Sie kommen bei Syphilis, Tuberkulose und Krebs vor und gehen zuweilen in Abszesse über. Die Symptome, welche sie verursachen, sind: heftige, anhaltende Kopfschmerzen, Schwindel, Übelkeit und Erbrechen, schwankender Gang. Wächst die Geschwulst nicht, so kann der Kranke noch jahrelang leben. Zuweilen hilft eine Operation. **Arnica D 3, Phosph. D 6, Kal. jodat. D 1** können versucht werden.

15. Gemütsbewegungen

... haben oft nachteilige Folgen für die Gesundheit, besonders wenn sie heftig sind und lange dauern. Anhaltende Sorge und Kummer untergraben die kräftigste Konstitution. Heftiger Schrecken und unerwartete große Freude können sogar den Tod verursachen, besonders bei Herzleidenden. Ist man von einer heftigen Gemütsbewegung ergriffen, dann ist ein Spaziergang in die frische Luft oder ein warmes Bad geeignet, die aufgeregten Nerven zu beruhigen. Die nachteiligen Folgen von heftigem Schrecken können durch einige Gaben **Opium D 4** oder **D 6,** von Aufregung und Unruhe durch **Aconit. D 4,** von Zorn und Ärger durch **Bryon. D 3** und **Chamom. D 3,** von anhaltender Angst durch **Arsen. alb. D 6,** von Kummer und Sorge durch **Ignat. D 6** oft beseitigt werden.

16. Gemütsleiden und Geistesstörungen

... kommen in unserer Zeit außerordentlich viel vor. Man hat berechnet, dass in den Kulturländern auf je 500 Bewohner 1 Irrsinniger kommt. Die Ursachen dieser traurigen Krankheit sind mannigfach. Anhaltende Gemütsbewegungen, Erschöpfungszustände des Nervensystems, Überanstrengung des Körpers und des Geistes im erschwerten Kampf ums Dasein, Ausschweifungen aller Art sind ebenso viele Veranlassungen von Geistesstörungen. Auch die Erblichkeit spielt eine Rolle. Heiraten unter Verwandten oder unter Personen exklusiver aristokratischer Kreise bringen eine Nachkommenschaft hervor, welche Geisteskrankheiten besonders ausgesetzt ist.

Die am meisten vorkommenden Formen von Geistesstörungen sind *Melancholie,* durch eine schwermütige, niedergeschlagene Gemütsstimmung gekennzeichnet; *Wahnsinn,* wobei der Kranke an abnormal erhöhter Einbildungskraft und Selbstüberhebung leidet; *Monomanie* oder *fixe Idee,* z. B. Verfolgungswahnsinn; *Manie,* welche sich in gewalttätigen Handlungen äußert und *Idiotie* oder *angeborener Schwachsinn,* wobei der Verstand in der Entwicklung zurückgeblieben ist.

Das Erkennen einer Geistesstörung ist oft sehr schwierig und erfordert große Kenntnis und Erfahrung, es ist deshalb hier nicht am Platze, darauf weiter einzugehen. Werden die Anfänge früh genug beachtet, dann gelingt es nicht selten, den Ausbruch der Krankheit durch eine passende Behandlung zu *verhüten*. Diese Anfänge äußern sich oft in Schwermut, Unfreundlichkeit, Hang zur Einsamkeit. Dabei ist der eine Kranke ruhig und geduldig, der andere aufgeregt und kann für sich selbst und seine Umgebung gefährlich werden. Ist die Krankheit zum Ausbruch gekommen, dann muss der Patient in einer Anstalt untergebracht werden, da eine gänzliche Entfernung aus der gewohnten Umgebung oft allein schon einen günstigen Einfluss auf das *Gemüt* des Kranken hat. Bekanntlich war Hahnemann einer der ersten, welcher, unter heftigem Widerspruch seiner Zeitgenossen, eine *milde* Behandlung der Irrsinnigen befürwortete und die Anwendung von Gewalt verwarf. Gegenwärtig ist diese Ansicht allgemein geworden. Starke Betäubungsmittel werden jedoch noch immer viel in Anwendung gebracht. Dass es vielfach auch ohne diese geht, beweisen die guten Erfolge der *ausschließlich homöopathischen* Behandlung in mehreren Anstalten der Vereinigten Staaten Nordamerikas. Die größte Besserung, ja zuweilen gänzliche Heilung wird in nicht zu veralteten Fällen mit den folgenden Mitteln, deren charakteristische Kennzeichen wir kurz angeben, erzielt.

Aconitum, große Unruhe; der Kranke wirft sich hin und her, ist von Todesfurcht erfüllt, sagt die Stunde seines Todes voraus.

Arsenicum album, große Angst und Verzweiflung, Selbstmordgedanken, will nicht allein sein, sieht Gestalten und schreckliche Erscheinungen.

Aurum, Melancholie mit Hang zum Weinen, religiöser Wahnsinn, Selbstmordgedanken, Widerspruch erregt, Gedächtnisschwäche, zaghafter Charakter.

Baryum carbonicum, misstraut jedem, schont niemand, hat fixe Ideen.

Belladonna, große Aufregung, schreit, rast, springt aus dem Bett, schlägt und beißt, bekommt Krämpfe, hat dunkelrote Gesichtsfarbe und klopfende Adern.

Calcium carbonicum, Geistesschwäche und Idiotie.

Cantharis, unnatürlich vermehrter Geschlechtstrieb, Satyriasis.

Coffea, unnatürliche Heiterkeit, erregte Phantasie, lebhafte Träume.

Helleborus, tiefe Schwermut mit Angst und Verzweiflung, spricht gar nicht, scheint blind und taub und ganz gefühllos zu sein.

Hyoscyamus, phantasiert, hat Visionen, denkt, dass er verfolgt wird, spricht und schwätzt fortwährend, dabei von einem Gegenstand auf den anderen überspringend.

Ignatia, Gleichgültigkeit, Stumpfsinn, meistens besteht guter Appetit, passt besonders nach vorangegangenen Sorgen und Kummer.

Kalium phosphoricum, Erschöpfung des Nervensystems, große Schwäche.

Opium, Halluzinationen, sieht feurige Linien und Gestalten, hört sonderbare Töne, alles scheint ihm größer zu sein, Schlafsucht.

Platina, Sinnlichkeit, Monomanie, Größenwahn, Stolz, Heiterkeit, passt besonders für Frauen.

Pulsatilla, Furchtsamkeit, Weinen, sanftes, nachgiebiges Gemüt, Frauenmittel.

Sepia, Gefühllosigkeit, Gedankenlosigkeit, Bosheit, will nicht allein sein, hat jedoch Widerwillen gegen ihre nächste Umgebung, passt oft bei Frauen.

Stramonium, heftiges Phantasieren, schreckliche Halluzinationen, Visionen, sieht Geister und Teufel, lacht, singt und betet laut.

Sulfur, verrückte Ideen, Ruhelosigkeit, Gleichgültigkeit, skrofulöse Erscheinungen.

Veratrum, Wut, schreit, flucht, rennt hin und her, zerreißt seine Kleider, kalter Schweiß auf der Stirn.

Zincum phosphoricum, Melancholie, Gedächtnis- und Geistesschwäche, Gefühllosigkeit, Schläfrigkeit, langwieriges Gehirnleiden.

17. Rückenschmerzen

... kommen oft bei den verschiedensten Krankheiten vor. *Erstens* gehen viele akute Krankheiten, wie z. B. Influenza mit heftigen Rückenschmerzen einher; die Behandlung deckt sich dann mit derjenigen der eigentlichen Krankheit. *Zweitens* kommen Rückenschmerzen beim weiblichen Geschlecht vielfach vor, entweder infolge von Schwäche der Rückenmuskeln, welche durch verkehrte Kleidung (zu enge Korsetts) und Lebensweise (zu vieles Sitzen) begünstigt wird, oder infolge von verkehrter Lage der innerlichen Geschlechtsorgane. Die Behandlung besteht in diesen Fällen einesteils in Kräftigung der Rückenmuskeln durch kalte Waschungen, Einreibungen mit Franzbranntwein und **Pinus-Tinktur** (zu gleichen Teilen), vernünftiger Kleidung und Körperbewegung, andernteils in örtlicher Behandlung der genannten Leiden. *Drittens* können Rückenschmerzen durch rheumatische Affektionen, Hartleibigkeit, Hämorrhoiden, ausschweifendes Leben oder Selbstbefleckung verursacht werden, und schließlich treten sie als Begleiterscheinungen von Rippenfell-, Nieren- und Rückenmarkskrankheiten auf. Bei *rheumatischen* Rückenschmerzen sind Einreibungen mit **Rhus-Tinktur** und Baumöl (1 auf 4 Teile), Massage, Elektrizität und das Einnehmen von **Bryon. D 3, Ledum pal. D 3** oder **Rhus Tox. D 3** von Nutzen. Bei an Hämorrhoiden Leidenden hilft der abwechselnde Gebrauch von **Nux vom. D 3** und **Sulfur D 6,** nebst Regelung der Diät und des Stuhlgangs. Bei Rückenschmerzen, welche mit den Geschlechtsorganen in Verbindung stehen, sind *kurze, kalte Sitzbäder,* morgens früh angewandt, von Nutzen. Bei a n h a l t e n d e n Rückenschmerzen, welche sich durch obengenannte Mittel nicht *bald* bessern, unterlasse man es nicht, eine ärztliche Untersuchung herbeizuführen, um die Ursache des Übels, welche zuweilen tiefer liegt, als man denkt, festzustellen.

18. Rückenmarkskrankheiten

... kommen im Allgemeinen nicht so sehr viel vor. Die Erscheinungen sind verschiedenartig: Störungen in der Muskeltätigkeit, Lähmungen, Kältegefühl, Schmerzen, Störungen der Verdauungsorgane, der Blase, der Geschlechtsorgane, der Lungen und des Herzens, was unschwer einzusehen ist, wenn man bedenkt, dass die Rückenmarksnerven sich nach allen diesen Organen verzweigen. Die letzten 30 Jahre haben große Fortschritte in dem Erkennen der verschiedenen Rückenmarkskrankheiten gebracht, und auch die Behandlung ist in vielen Fällen nicht mehr so aussichtslos, wie sie früher oft war; besonders durch

Heilgymnastik, Bewegungstherapie, Wasserbehandlung und Elektrizität können bei chronischen Rückenmarkskrankheiten verhältnismäßig günstige Resultate erzielt werden. Stets bleibt jedoch eine Anzahl Fälle unheilbar, denn wenn das Rückenmark entartet ist, kann keine Heilmethode Wiederherstellung bewirken. Treten bei einem Kranken Erscheinungen auf, welche auf eine Affektion des Rückenmarks hinweisen, dann ist es ratsam, *so bald wie möglich einen Arzt zu konsultieren,* da nur ein Sachverständiger imstande ist, auf diesem schwierigen Gebiete die richtige Diagnose, wovon für die Behandlung so viel abhängt, zu stellen.

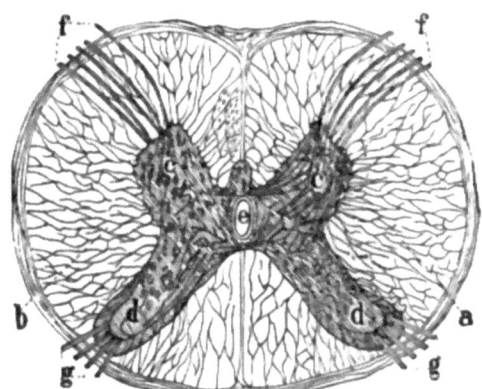

Abb. 41: Rückenmark (Querschnitt).a und b. Weiße Rücken-marksubstanz, c. Vorderhörner und d. Hinterhörner der grauen Rücken-marksubstanz. e. Rückenmarkkanal, f. Bewegungs-nerven, g. Empfindungsnerven.

Bei Rückenmarksverletzungen durch Fall oder Stoß lege man den Verletzten auf den Leib, mache Kaltwasserkompresse auf den Rücken, welche alle 10 Minuten erneuert werden müssen und verabreiche innerlich stündlich 5 Tropfen **Arnica D 2.**

Bei **Rückenmarkserschütterungen** *(Commotio spinalis),* welche u. a. bei Bahnbeamten öfters Vorkommen und durch Rückenschmerzen, Taubheitsgefühl in Fingern und Zehen, baldiges Ermüden und schleppenden Gang gekennzeichnet sind, hilft oft der abwechselnde Gebrauch von **Arnica D 2** und **Hyperic. D 3**, nebst Einreibungen des Rückens mit verdünnter **Arnica-Tinktur** Bei **Rückenmarksreizung** oder S p i n a l i r r i t a t i o n , welche bei nervösen Personen, welche ein ungeregeltes Leben führen, anstrengende Kopfarbeit verrichten und an Unterleibsbeschwerden leiden (diese Kranken klagen dann über Schmerzen in der Wirbelsäule, Schwächegefühl beim Gehen und Taubheitsgefühl in Händen und Füßen), nicht selten verkommt, helfen **Arnica D 3** und **Rhus Tox. D 6** nebst kalten Waschungen des Rückens und elektrische Behandlung, wobei selbstredend die Lebensweise genau geregelt werden muss.

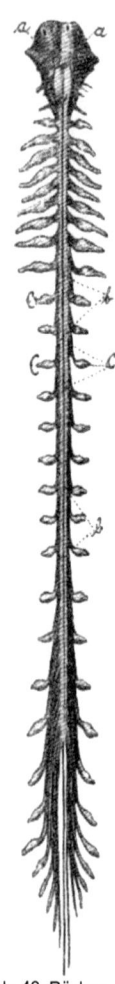

Bei **Rückenmarksentzündung** *(Myelitis),* welche mit oder ohne Fieber verläuft und von Schmerzen, Über- oder Unempfindlichkeit der Haut, Lähmungen bestimmter Muskelgruppen und Funktionsstörungen verschiedener Organe begleitet ist, muss der Kranke strikte Bettruhe einhalten, leichtverdauliche Nahrung zu sich nehmen und, wenn nötig, mit milden Wasseranwendungen, schwachen elektrischen Strömen oder Heilgymnastik behandelt werden. **Homöopathische Heilmittel,** welche in Betracht kommen, sind: Bei Fieber und Schmerzen im Anfang der Krank-heit **Aconit. D 3** und **Belladonna D 3**; bei Lähmungen **Rhus Tox. D 3, Causticum D 3, Argentum nitricum D 4.** In chronischen Fällen ist es angebracht, von Zeit zu Zeit eine Dosis **Sulfur** in höherer Potenz zu geben.

Rückenmarksschwindsucht *(Tabes dorsalis)* endlich ist wohl die am meisten vorkommende Krankheit des Rückenmarks und kommt meistens bei Männern zwischen dem 30. und 50. Lebensjahr vor.

Mit Tuberkulose hat diese Krankheit nichts gemein, wie der Name denken lassen könnte, sondern sie besteht in allmählichlich fortschreitender Entartung des Rückenmarks. Ihre Ursachen sind: Syphilis, ausschweifendes Leben, übermäßige körperliche Anstrengung, z. B. bei Eilmärschen, und heftige Erkältung. Die Krankheit fängt meistens mit starken Schmerzen in den Beinen an, dieselben werden gewöhnlich zuerst für rheumatisch gehalten. Danach zeigt sich ein Gefühl, als ob ein Band um den Unterleib gebunden wäre, das Urinieren macht Beschwerden und männliches Unvermögen tritt auf.

Abb. 42: Rückenmark (vonvorn), a. Verlängertes Mark.b. Röhrenmark. c. Rücken-marksnerven.

Das auffallendste Symptom, welches auch den Laien an eine schwere Rückenmarkskrankheit denken lässt, ist die Unsicherheit beim Gehen; der Gang wird wankend, die Beine schleudern. Dazu gesellen sich heftige Magenschmerzen, Lähmungen, Abnahme des Sehvermögens und das Ende ist ein trauriges Bild der Hilflosigkeit. Nicht alle Fälle nehmen jedoch diesen Verlauf, da es nicht selten durch eine zweckmäßige Behandlung gelingt, die Krankheit aufzuhalten oder wenigstens merklich zu bessern. Nach heftiger Erkältung kommen in Betracht: **Aconit. D 3, Rhus Tox. D 4, Nux vom. D 3**; nach körperlicher Überanstrengung: **Arnica D 2** und **China D 2**; nach Unterdrückung von Fußschweiß: **Silicea D 6**. In vielen Fällen ist **Alumin. met. D 6** nützlich, was sich besonders bei lang anhaltendem Gebrauch dieses Mittels zeigt. Ferner können **Argent. nitr. D 4, Acid. picrinic. D 6, Phosph. D 6, Secal. corn. D 3** versucht werden. An dieser Krankheit Leidende müssen viel ruhen, sich warm kleiden und jegliche Aufregung und Anstrengung meiden. Ein längerer Aufenthalt in Badeorten, wie Gastein und Bad-Nauheim, hat oft merkliche Besserung zur Folge. Ferner werden kalte Waschungen, warme Bäder, von kühlen Übergießungen gefolgt, galvanische Elektrizität und heilgymnastische Bewegungen zuweilen mit gutem Erfolg angewendet.

19. Neuralgie

… (*Neuralgia*) nennt man Nervenschmerzen, welche sich im Verlaufe eines Nervs bemerkbar machen, ohne dass sichtbare Krankheitserscheinungen oder Entzündung vorhanden sind. Während gewöhnliche rheumatische Nervenschmerzen mit mehr oder weniger Geduld ertragen werden, kann eine langanhaltende oder oft wiederkehrende Neuralgie den geduldigsten Menschen rasend machen.

Die Ursachen von Neuralgien sind Erkältung, Verletzungen, verkehrte Lebensweise oder Überanstrengung des Körpers und des Geistes; ferner kommen Neuralgien oft im Verlaufe akuter und chronischer Krankheiten, wie z. B. Influenza, Wechselfieber, Rheumatismus, Typhus oder Zuckerkrankheit vor. Die Schmerzen sind schießend, brennend, stechend, sie treten plötzlich auf und verschwinden zuweilen ebenso schnell, in anderen Fällen kommen sie zu bestimmter Zeit zurück und wiederum in anderen Fällen halten sie ohne Unterbrechung an. Sie erstrecken sich über den ganzen angegriffenen Nerv und kommen sowohl an Kopf, Brust, Armen und Beinen, wie an den innerlichen Organen, z. B. dem Magen und den weiblichen Geschlechtsorganen, vor.

Die **Behandlung** hat die Ursache zu berücksichtigen. Bei den meisten Neuralgien tut Wärme gut, zuweilen sind auch nasse Umschläge von Nutzen. Der galvanische Reizstrom hat ebenso wie die Massage, mit Vibration verbunden, besonders in langwierigen Fällen, gute Erfolge aufzuweisen. Der Schweizer Arzt Dr. Nägeli hat eine Anzahl Handgriffe erfunden, wodurch heftige Nervenschmerzen, zuweilen auf überraschende Weise, augenblicklich gestillt werden können. **Homöopathische Heilmittel** sind von großem Nutzen und oft imstande, eine Neuralgie schnell und dauernd zu heilen. Höhere Potenzen sind oft niedrigeren vorzuziehen. **Aconitum** und **Rhus Tox.** passen nach Erkältung; **Arnica** nach Verletzungen; **Arsenicum** und **Chininum arsenicosum** bei periodischen Schmerzen, besonders wenn sie nachts auftreten; **Belladonna** bei klopfenden Schmerzen, welche sich durch Druck und Reiben verschlimmern; **Bryonia** bei stechenden Schmerzen, welche sich in der Ruhe bessern und durch Bewegung schlimmer werden; **Cannabis** und **Cantharis** bei Neuralgie der Harnwege; **Conium** bei Nervenschmerzen in den weiblichen Brüsten; **Magnesium phosphoricum,** wenn die Schmerzen sich durch Wärme und Druck bessern; **Mezereum** bei Schmerzen in den Rippen; **Pulsatilla** bei Frauen und Kindern, wenn die Schmerzen abends schlimmer sind; **Rhus Tox.** bei Schmerzen, welche sich durch anfängliche Bewegung verschlimmern, durch fortgesetzte Bewegung jedoch bessern; **Stannum** bei Schmerzen, welche allmählich zunehmen, bis sie ihren Höhepunkt erreicht haben und dann wieder allmählich abnehmen; **Silicea** und **Sulfur** in veralteten Fällen.

20. Gesichtsschmerzen

... *(Tic douloureux, Prosopalgia).* Dieselben muss man nicht mit Migräne verwechseln, indem sie eine Neuralgie des dreigeteilten Antlitznervs darstellen, welche durch örtliche Entzündung, durch Erkältungen oder Rheumatismus, aber auch durch Überanstrengung der Augen hervorgerufen werden oder im Verlaufe von Unterleibskrankheiten auftreten können. In allen hartnäckigen Fällen ist deshalb eine genaue Untersuchung notwendig, um die Ursache zu entdecken. Die Schmerzen sind gewöhnlich einseitig, manchmal sehr heftig und reißend und erstrecken sich über die verschiedenen Äste des genannten Nervs, welche sich nach den Augen, den Backen, der Nase und den Lippen verzweigen. Durch einen Druck mit dem Finger findet man gewöhnlich die Stelle, wo der Nerv am schmerzhaftesten ist. Zuweilen sind die Schmerzen von Zuckungen und Krämpfen der Kaumuskeln begleitet. Die Schmerzen verschlimmern sich durch Sprechen und Kauen und werden gewöhnlich durch Wärme gebessert.

Bei der **Behandlung** muss, wenn möglich, die Ursache (z. B. ein hohler Zahn) beseitigt, die Diät geregelt und müssen Kaffee, Tee und geistige Getränke vermieden werden. Folgende homöopathische Mittel sind unserer Erfahrung nach am wirksamsten: **Arsen. alb. D6** oder höhere Potenzen und **Chinin. arsen. D 6** bei brennenden Schmerzen, welche zu einer bestimmten Zeit wiederkehren, *abends* und im Bett schlimmer werden und von allgemeiner Unruhe und Angst begleitet sind; **Nux vom. D 4** oder höhere Potenzen bei Schmerzen, welche schon morgens früh im Bett anfangen und im Laufe des Tages aufhören; **Spigelia D 3** oder höhere Potenzen bei Schmerzen auf der *linken* Gesichtshälfte, besonders dann, wenn sie das Auge angreifen; **Aconit D 4** nach Erkältungen; **Belladonna D4** bei Röte und Aufgedunsensein des Gesichts, Tränen der Augen und Schmerzen, welche sich mehr auf die rechte Gesichtshälfte beschränken; **Magnes. phosph. D 6,** wenn die Schmerzen sich durch Druck und Wärme bessern; **Stannum D 6,** wenn die Schmerzen allmählich zunehmen und ebenso wiederabnehmen. Dr. G a l l a v e r d i n empfiehlt den abwechselnden Gebrauch von **China** und **Thuja, wo**mit er angeblich Hunderte von Fällen geheilt hat. In veralteten Fällen können **Thuja, Silicea** und **Sulfur** in höheren Potenzen versucht werden. Wir haben in derartigen Fällen von der Anwendung schwacher elektrischer Ströme zuweilen überraschend günstige Resultate gesehen. Allen an derartigen Schmerzen Leidenden geben wir den Rat, stets für w a r m e F ü ß e zu sorgen und ab und zu ein W e c h s e l f u ß b a d zu nehmen.

21. Ischias

... auch *Hüftweh* genannt, ist eine Neuralgie des Hüftnerven, welche sich meistens über das ganze Bein erstreckt. In ernsten Fällen gesellt sich meistens noch eine Entzündung der Nerven hinzu, wodurch das Übel sehr langwierig wird. Die hauptsächlichsten Ursachen dieser Krankheit sind Erkältung infolge von Sitzen auf kaltem oder feuchtem Boden, Überanstrengung, z. B. bei ausgedehnten Fußtouren, chronische Hartleibigkeit und Druck auf den Nerven durch innerliche Geschwülste. Bei der **Behandlung** haben uns folgende Mittel die besten Dienste geleistet: **Colocynth. D 4** oder **D 3,** bei heftigen Schmerzen abends und in der Nacht, wobei es empfehlenswert ist, das Mittel tagsüber 2stündlich und abends während einer Stunde alle **10** Minuten einzunehmen; **Aconit. D 3** und **Rhus Tox. D 6** nach Erkältung und Durchnässung; **Arsen. alb. D 6** bei brennenden Schmerzen, welche zu einer bestimmten Zeit wiederkehren; **Arnica D 3** nach Überanstrengung; **Hepar sulf. D 6,** wenn die Schmerzen durch Entblößen des Beines besser werden; **Pulsatilla D 6,** wenn die Schmerzen von Frostschauern begleitet sind; **Magnes. phosph. D 6,** wenn die Schmerzen durch Wärme besser werden. Bei heftigen Schmerzen und im Anfang der Krankheit ist es empfehlenswert, den Kranken einige Tage im Bett zu halten und Nasse Umschläge um das kranke Bein zu machen. In chronischen Fällen ist oft noch **Sulfur** in höheren Potenzen von Nutzen; auch von Anwendung der Elektrizität, des galvanischen Reizstromes, haben wir gute Erfolge gesehen. Ferner wird noch empfohlen das Bewickeln des kranken Beines mit einer Flanellbinde, deren Innenseite beim Wickeln mit Schwefelpulver bestreut wird.

Heftige **Schmerzen in den Fußsohlen** können durch P l a t t f ü ß e oder durch N e u r a l g i e d e r F u ß n e r v e n verursacht werden. In ersterem Falle sind *Plattfußeinlagen* in die Schuhe angezeigt, während im letzteren Falle außer den obengenannten homöopathischen Mitteln *Umschläge* um den kranken Fuß mit Wasser, dem auf $^{1}/_{2}$ Liter zwei Teelöffel Terpentinöl und $^{1}/_{8}$ Liter Branntwein zuzusetzen sind, empfohlen werden können.

22. Gefühllosigkeit

... der Nerven (*Anaesthesie*) ist keine selbständige Krankheit, kommt jedoch als Begleiterscheinung verschiedener Gehirn-, Rückenmarks- und Nervenkrankheiten vor. Taubheitsgefühl, Kribbeln, Einschlafen der Hände und Füße belästigen den Kranken mehr oder weniger. Ist die Empfindung total aufgehoben, dann werden Nadelstiche und Verbrennungen der Haut nicht mehr gefühlt. In leichteren Fällen sind Massage, Einreibungen mit Kampferspiritus, Branntwein oder verdünnter **Rhus-Tinktur** und Anwendung des galvanischen Reizstroms von Nutzen.

23. Krämpfe

... (*Spasmus*) sind unwillkürliche heftige Zusammenziehungen der Muskeln, welche der Kranke nicht verhindern kann. Die ungefährlichste Krampfform ist das Zittern, welches bei Greisen und Alkoholikern vorkommt. Die Krämpfe können örtlich oder allgemein auftreten, d. h. sie beschränken sich auf einzelne Muskeln oder erstrecken sich auf den ganzen Körper. In letzterem Falle verliert der Kranke gewöhnlich das Bewusstsein. Die **Ursachen** der Krämpfe, welche u. a. in Gehirn- oder Rückenmarkskrankheiten, schlechter Zusammensetzung des Blutes, Nervenüberreizung und Gemütsbewegung, z. B. Angst und Schrecken bei nervösen und schwangeren Frauen, liegen können, sind nicht immer leicht aufzufinden, so dass es bei allen ernstlichen Krampfanfällen stets ratsam ist, sofort einen Arzt kommen zu lassen. Bis zu dessen Ankunft besteht die **Behandlung** in ruhiger Lagerung des Kranken, Entfernung aller engschließenden Kleidungsstücke, Sorge für frische Luft im Zimmer, Bespritzen des Gesichts mit kaltem Wasser. Bei Kindern sind besonders w a r m e Bäder empfehlenswert. Kann der Kranke schlucken, dann reiche man ihm alle 5 Minuten 5 Tropfen **Belladonna D 3** in einem Teelöffel Wasser; bei hysterischen Frauen ist **Ignatia D 3** angezeigt. Ferner kommen noch **Cuprum, Hyoscyamus, Opium, Stramonium, Zincum** in besonderen Fällen in Betracht (siehe für die Charakteristik dieser Mittel Kapitel 2.7).

24. Gesichtskrampf

... *(Tic convulsif)* besteht in einem Zucken der Gesichtsmuskeln, wodurch der Kranke gezwungen wird, Gesichter zu schneiden; im Schlaf hört dieser Krampf meistens auf, während er durch Lachen, Sprechen, Gemütsbewegungen hervorgerufen wird. Eine besondere Form ist der L i d k r a m p f , welcher bei verschiedenen Augenleiden auftritt. Die Behandlung, welche oft sehr langwierig ist, besteht in der Anwendung von **Belladonna, Cuprum, Hyoscyamus, Zincum,** in hohen und niederen Potenzen, Dampfbädern und Elektrizität.

25. Schreibkrampf

... *(Graphospasmus)* ist ein lästiges Übel, welches durch zu angestrengtes Schreiben verursacht wird, besonders wenn beim Schreiben die Hand verkehrt gehalten wird und zu harte Federn oder zu raues Papier verwandt werden. Dadurch wird die Hand ermüdet und zieht sich krampfhaft zusammen, wodurch das Weiterschreiben erschwert und schließlich unmöglich gemacht wird. Ähnliche Krämpfe kommen auch bei Klavierspielern, Telegraphisten, Näherinnen usw. vor. Sobald man die ersten Erscheinungen wahrnimmt, schreibe man nur noch mit weichen Federn und benutze einen dicken Federhalter, bewege beim Schreiben nicht die ganze Hand oder sogar den Arm, sondern nur die Finger, massiere die Hand mit **Arnica-Öl** und nehme 2mal täglich 5 Tropfen **Causticum D 4** oder **Argent. nitr. D 4** ein. In langwierigen Fällen helfen Massage, Elektrizität, das Schlagen der Hand mit Brennnesseln, zuweilen auch das Einnehmen von **Magnes. phosph. D 6** oder **Zincum valer. D 3**.

26. Wadenkrämpfe

... *(Crampus)* kommen nach Überanstrengung der Beine durch langes Marschieren, Tanzen oder Turnen, bei alten Leuten auch ohne diese Veranlassungen öfters nachts im Bett vor. Einreibungen mit **Kampferspiritus, Arnica-Öl** oder verdünnter **Rhus-Tinktur** schaffen gewöhnlich bald Erleichterung. Da kalte Betttücher den Krampf hervorrufen, ist es für solche, welche an diesen Krämpfen leicht leiden, ratsam, das Bett vor dem Schlafengehen etwas zu erwärmen. Sobald der Krampf anfängt, biege man den Fuß nach oben, als ob die Zehen das Schienbein berühren sollten, worauf der Krampf bald nachlässt.

27. Lähmungen

... (*Paralysis*) kommen öfters an den Gliedern vor, welche bei längerer Dauer der Krankheit abmagern und ganz kraftlos werden. Die Ursachen sind chronischer Rheumatismus, Gehirnschlag, Gehirn- und Rückenmarkskrankheiten. Bei der Behandlung kommen Massage, der galvanische Reizstrom, elektrische Bäder, Einreibungen mit **Arnica-, Ledum-** und **Rhus-Tinktur** in Betracht. In chronischen Fällen ist vollständige Heilung meistens ausgeschlossen. Je frischer der Fall ist, umso eher haben folgende **homöopathische Mittel** Aussicht auf Erfolg: **Arnica D 2** nach Verwundungen, Verstauchungen und Gehirnschlag; **Aconit. D 3** nach Erkältung bei scharfem, trockenem Wind; **Dulcam. D 3** nach Erkältung bei feuchter Witterung; **Rhus Tox. D 3** bei rheumatischen Affektionen, infolge von Durchnässung; **Baryum carb. D 6** bei alten Leuten; **Plumb. jod. D 3, Zincum D 6, Argent. nitr. D 4** oder **D 6** bei Gehirn- und Rückenmarkskrankheiten; **Silicea D 6** nach unterdrücktem Fußschweiß; Sulfur D 6 oder höhere Potenzen nach unterdrücktem Hautausschlag. Ferner können bei Lähmungen der Gesichtsmuskeln **Arnica, Belladonna, Causticum;** der Augenlider dieselben nebst **Spigelia;** der Zunge dieselben Mittel nebst **Cuprum;** der Blase **Dulcamara, Hepar sulfuris, Nux vomica** versucht werden.

28. Fallsucht

... oder *Epilepsie* ist eine ziemlich häufig vorkommende Krankheit, welche angeboren oder in der Jugend oder im späteren Alter erworben sein kann. Unter den Ursachen dieses Leidens spielt Erblichkeit eine große Rolle. Kinder epileptischer, geisteskranker oder dem Trunk ergebener Eltern leiden oft an Fallsucht. Ferner hat die Statistik ergeben, dass $1/3$ aller chronischen Alkoholiker fallsüchtig wird. Veranlassende Ursachen sind: Schrecken, Gemütsbewegungen, die Entwicklungsjahre bei Mädchen, doch nur bei solchen, welche eine gewisse Disposition für eine solche Krankheit haben. Ein vollkommen Gesunder bekommt vor Schrecken keine Fallsucht. Auch infolge von Kopfverletzungen kann Fallsucht sich entwickeln; in solchen Fällen kann zuweilen durch eine Operation Heilung erzielt werden. Die Krankheit kann in jedem Alter zum Ausbruch kommen, meistens ist dies jedoch zwischen dem 4. und 20. Lebensjahr der Fall, nicht selten sind schon Krämpfe bei kleinen Kindern epileptischer Art.

Ein epileptischer Anfall bietet für denjenigen, welcher ihn noch nie gesehen hat, einen schreckenerregenden Anblick. Der Kranke fällt plötzlich mit einem Schrei zu Boden. Der Körper wird steif, der Kopf biegt sich nach hinten, das Gesicht wird blaurot, die Augen rollen in ihren Höhlen, die Pupillen sind erweitert, der Mund ist mit Schaum bedeckt. Bald darauf treten Zuckungen und Krämpfe des ganzen Körpers ein, welche einige Minuten bis zu einer Viertelstunde anhalten, wonach Ruhe eintritt und der Kranke unter den Zeichen großer Erschöpfung einschläft; das Bewusstsein ist während des Anfalls gestört. Die Anfälle treten periodisch auf und wiederholen sich nach Monaten, Wochen oder oft schon nach Tagen. Zuweilen gehen dem Anfalle Vorboten voraus, wie Angst, Unruhe, Herzklopfen oder ein Gefühl eines den Körper entlang aufsteigenden Hauches. In einzelnen Fällen zeigt sich die Krankheit nur als ein kurzer Verlust des Bewusstseins, ohne dass es zum Krampfausbruch kommt. Bei seiner gewöhnlichen Arbeit blickt der Kranke eine Zeitlang wie geistesabwesend vor sich hin oder spricht einige unzusammenhängende Worte, um nachdem ruhig seine Tätigkeit fortzusetzen, ohne dass er sich von diesem Zustande Rechenschaft geben kann. Bei längerer Dauer der Krankheit leiden die geistigen Fähigkeiten mehr oder weniger, das Gedächtnis schwächt sich ab, der Charakter wird eigensinnig oder gewalttätig. Völlige Heilungen kommen nicht sehr oft vor. Je länger die Krankheit währt, umso geringer ist die Aussicht auf Heilung.

Die **Behandlung** des epileptischen Anfalles selbst besteht nur in dem Entfernen eng schließender Kleidungsstücke und dem Bespritzen des Gesichts mit kaltem Wasser. Nach dem Anfalle bringe man den Kranken zu Bett und lasse ihn ausschlafen. Die eigentliche Behandlung der Epilepsie hat den Zweck, die Wiederkehr der Anfälle zu verhüten. Man vermeide dabei alle Geheimmittel und Quacksalbereien, weil dadurch der richtige Moment für den Gebrauch der wirklichen Heilmittel versäumt wird. Für frische Fälle passt oft **Belladonna D 3** oder **D 4**, während **Opium D 6** angezeigt ist, wenn die Anfälle nach einem Schrecken auftreten und lange anhalten; **Ignatia D 3** oder höhere Potenzen nach Gemütsbewegungen bei ängstlichen, reizbaren Kranken; **Cocculus D 4** bei Anfällen, welche morgens früh auftreten und von

Übelkeit begleitet sind; **Calc. carb. D 6** bei skrofulösen Kranken; **Sulfur D 6** in veralteten Fällen oder wenn der Kranke an Hautausschlag gelitten hat; **Zinc. cyan. D 4** ist ein Mittel, welches in spezifischer Beziehung zu der Gehirnrinde steht und deshalb bei Fallsucht besonders angezeigt ist. Es kann für sich oder im Wechsel mit einem der obengenannten Mittel ein- oder zweimal wöchentlich angewendet werden. Ferner werden noch **Oenanthe crocata, Cicuta virosa, Rana bufo** empfohlen. Das vielgebrauchte Bromkali ist im Allgemeinen zu entraten, besonders in frischen Fällen, da dieses Mittel meist nur so lange hilft, wie es eingenommen wird. In unheilbaren Fällen kann es jedoch als palliatives Mittel nicht immer entbehrt werden.

Von der größten Wichtigkeit bei Fallsucht ist die richtige **Lebensweise** des Kranken. Bereits Hippokrates hat ausgiebigen Aufenthalt in der frischen Luft mit Körperbewegung als Heilmittel bei der Epilepsie empfohlen. Anstrengungen des Kopfes, ausschweifendes Leben, Aufregungen, Gemütsbewegungen müssen vermieden werden. Der Genuss von *Bohnenkaffee, Tee, geistigen Getränken* und *Tabak* ist strengstens v e r b o t e n . Wenn möglich, lebe der Patient *ein* oder *mehrere Jahre* **vegetarisch,** wobei der Genuss von Milch und Eiern erlaubt ist, und vermeide zu reichliche Mahlzeiten und zu langes Schlafen. Sehr empfehlenswert sind *Luftbäder* und kalte Waschungen des ganzen Körpers, 3- bis 4mal wöchentlich. An Fallsucht leidende Kinder dürfen in der Schule nicht angestrengt werden; am besten ist es, sie eine Zeitlang auf das Land oder ans Meer zu schicken, wo sie ihren Körper durch ausgiebigen Aufenthalt in der frischen Luft entwickeln und abhärten können. Aus alledem geht hervor, dass die Behandlung dieser Krankheit stets viel Geduld und Energie, sowohl von Seiten des Patienten als des Arztes erfordert.

29. Glotzaugenkrankheit

... auch B a s e d o w s c h e K r a n k h e i t nach dem Arzt Basedow genannt, welcher sie zuerst im Jahre 1843 beschrieben hat, kommt in Familien, in welchen eine gewisse Disposition zu Nervenkrankheiten besteht, vorzugsweise bei blutarmen Mädchen und Frauen vor. **Herzklopfen,** leichtes Ermüden, Schwäche, das Auftreten einer **Kropfgeschwulst** und ein eigentümliches **glotzendes Hervortreten** der Augen aus dem Kopfe sind die charakteristischen Erscheinungen dieser Krankheit (s. Abb. 43).

Die Patienten magern ab und werden melancholisch. Der Verlauf der Krankheit ist chronisch, ihr Ende Herzerweiterung und Wassersucht. Heilungen sind jedoch im Anfang der Krankheit durchaus nicht selten. **Arsen. alb. D 4, Belladonna D 4** und **Ferr. phosph. D 2** oder **D 3,** beide letztere in Abwechslung genommen, haben öfters gute Erfolge bewirkt. Aufenthalt in ruhiger Umgebung und reichlicher Genuss frischer Luft sind nebst dem Vermeiden von Kaffee, Tee und Alkohol unumgänglich notwendig. Ferner sind noch milde Wasserbehandlung und Galvanisation des Halses zu empfehlen. Auch gibt es Fälle, die durch eine teilweise operative Behandlung der Schilddrüse rasch geheilt werden.

Abb. 43: Basedowsche Krankheit

30. Hypochondrie

... (*Hypochondria*) ist ein viel verbreitetes Übel, welches besonders bei Männern zwischen dem 20. und 50. Lebensjahr vorkommt. Es kann durch übermäßiges Studieren, anstrengende Kopfarbeit, anhaltende Gemütsbewegungen, Sorgen oder Kummer, oder ausschweifendes Leben, durch eine vorwiegend sitzende Lebensweise oder auch durch den Mangel einer nützlichen Beschäftigung, endlich auch durch den Umgang mit an derselben Krankheit Leidenden verursacht werden. Die hypochondrische Gemütsstimmung ist die beklagenswerte Folge eines allgemeinen Krankheitsgefühls, welches der Kranke nicht näher beschreiben kann, und wodurch er sich einbildet, bald an dieser, bald an jener Krankheit zu leiden. Heute untersucht er ganz peinlich seinen Puls, Herzschlag, Urin oder Stuhlgang und denkt, dass er die Schwindsucht oder eine Herzkrankheit habe, morgen befürchtet er einen Schlaganfall oder gar eine unheilbare Rückenmarkskrankheit zu bekommen. Solche Kranke sind sich selbst und anderen oft zur Last, versuchen alle Geheimmittel und Quacksalbereien und laufen von einem Arzt zum anderen.

Die **Behandlung** ist begreiflicherweise schwierig, da der Kranke nicht die nötige Energie und Willenskraft hat, bei einer angefangenen Kur auszuhalten. Am meisten Erfolg hat der Arzt, welcher es versteht, das verloren gegangene Selbstbewusstsein und das Ehrgefühl des Kranken aufzuwecken, so dass der Kranke zu einer nützlichen Tätigkeit und zu einer verständigen Lebensweise zurückkehrt. Abwechslung in der Umgebung, Körperbewegung in der frischen Luft, leichtverdauliche Speisen, welche besonders reich an Nährsalzen sein müssen, und die Sorge für geregelten Stuhlgang sind Hauptbedingungen für die Heilung. Wichtig sind auch L u f t b ä d e r , in der freien Luft oder im Zimmer genommen, da dieselben die Willenskraft anregen und die melancholische Gemütsstimmung verscheuchen helfen. Von den **homöopathischen Mitteln** nennen wir als besonders wirksam **Nux vomica** und **Sulfur** in hohen und niederen Potenzen abwechselnd einzunehmen, während **Arsenicum** und **Aurum** besonders bei großer Schwermut und Lebensüberdruss angezeigt sind.

31. Hysterie (dissoziative Störung)

… *(Hysteria)* ist ein Übel, welches das Leben mancher Frau samt ihrer Umgebung verbittert, indem das Nervensystem, besonders das Gemüt, eine *krankhafte Überempfindlichkeit* zeigt. Kummer und Sorgen, unglückliche Liebe, Mangel an einer nützlichen Beschäftigung, Störungen in den Funktionen der Geschlechtsorgane sind meistens die veranlassenden Ursachen. Der Anfang der Hysterie gibt sich meistens durch eine *reizbare* und *sehr veränderliche* Gemütsverfassung kund. „Himmelhoch jauchzend, zu Tode betrübt," leicht geneigt zum Weinen, schnell beleidigt und durch unbedeutende Vorfälle aus der Fassung gebracht, wird die Kranke nicht selten auch von *hysterischen Krämpfen* befallen, welche zwar mit Fallsucht Ähnlichkeit haben, aber sich davon unterscheiden, weil das Bewusstsein hierbei niemals ganz aufgehoben ist. Lach-, Wein- und Gähnkrämpfe, Ohnmachtsanfälle, Unempfindlichkeit der Haut, Störungen der Blutzirkulation, Atembeschwerden, Herzklopfen, heftige Nervenschmerzen, sogar Blutspucken und Lähmungen kommen bei dieser Krankheit in ernsten Fällen vor, so dass sogar ein Sachverständiger im Zweifel sein kann, ob nicht das eine oder andere Organ wirklich ernstlich angegriffen ist. Das Merkwürdige ist jedoch dabei, dass oft alle Krankheitserscheinungen nach kurzer Zeit plötzlich verschwunden sind. Eine häufige Klage der hysterischen Mädchen und Frauen ist das Gefühl, als ob eine Kugel im Halse säße und ein leeres Gefühl im Magen. Die Krankheit verschwindet oft von selbst nach dem 45. Lebensjahr.

Die **Behandlung** muss hauptsächlich eine p s y c h i s c h e sein. Da die Willenskraft der Kranken geschwächt ist, muss man versuchen, diese zu heben und der Kranken immer wieder von neuem Mut zusprechen. Dies ist freilich leichter gesagt als getan, besonders bei solchen

Hysterischen, denen es sozusagen ein Bedürfnis ist, fortwährend zu jammern und zu klagen, aber dennoch kann es dem Arzt durch energisches Auftreten gelingen, das Vertrauen der Patienten zu gewinnen und die Genesung zu fördern. Selbstverständlich muss zuvor durch eine genaue Untersuchung festgestellt werden, ob nicht das eine oder andere Organ, worüber geklagt wird, wirklich angegriffen ist. Ist dieses der Fall, dann ist die Behandlung dieselbe wie diejenige der veranlassenden Krankheit. In allen Fällen von Hysterie ist es deshalb ratsam, die Kranke von einem erfahrenen Arzt untersuchen zu lassen, da nur ein solcher imstande ist, die wahre Ursache zu entdecken. Von großer Wichtigkeit für alle hysterischen Patienten ist eine regelmäßige, genügende Tätigkeit im Haushalt, während das Lesen von Romanen, das viele Handarbeiten, das späte Aufbleiben, das Trinken von starkem Kaffee am besten ganz vermieden werden. Dagegen ist es nötig, sowohl für Kräftigung des Körpers als auch für Ableitung des Geistes durch Körperbewegung, Aufenthalt in frischer Luft, Spazierengehen, gymnastische Übungen, angenehmen Verkehr, Musizieren usw. Sorge zu tragen. Von großem Nutzen ist zuweilen eine gänzliche Änderung der Umgebung, ein Aufenthalt in den Bergen, am Meer oder in einer Naturheilanstalt. Auch von H y p n o s e u n d S u g g e s t i o n ist Erfolg zu erwarten, wenn diese von einem auf diesem Gebiete erfahrenen Arzt angewandt werden. Von den **homöopathischen Arzneien,** welche in Betracht kommen, nennen wir als die hauptsächlichsten: **Asa foet. D 3** und **Ignat. D 3** im Wechsel genommen; **Sepia D 6** bei einem Gefühl, als ob eine Kugel im Hals stecke; **Ignat. D 3, Moschus D 5, Zinc. valer. D 3** bei Lach- und Weinkrämpfen; **Carbo veget. D 6, Lycopod. D 6, Nux vom. D 4,** bei Magen- und Darmsymptomen; **Valer. D 3, Zinc. valer. D 3** bei allgemeiner Nervosität und großer Unruhe; **Plat. muriat. D 6, Sepia D 6, Pulsatilla D 3** bei Störungen der Geschlechtsorgane; **Nux vom. D 4, Rhus Tox. D 4, Causticum D 4, Phosph. D 6** bei Lähmungen. Wichtig ist es, bevor man ein Mittel wählt, die Charakteristik seiner Wirkung, soweit diese im 7. Abschnitt des I. Teiles beschrieben ist, zu vergleichen.

32. Neurasthenie

... *(Neurasthenia)* ist an der Tagesordnung. Nervosität, Nervenschwäche, Energielosigkeit bilden den Boden, auf dem sich die oben besprochenen Hypochondrie und Hysterie entwickeln. Diese Äußerungen einer gestörten Funktion des Gehirns und der Nerven kommen sowohl bei Kindern als bei Erwachsenen in allen Gesellschaftsklassen vor und sind hauptsächlich durch *Reizbarkeit,* verringertes *Wider-*

standsvermögen und *krankhafte Furcht* vor allem möglichen Unglück gekennzeichnet. Die Krankheit ergreift das ganze Nervensystem oder einzelne Teile desselben. Ist das Gehirn der Sitz des Übels, dann klagt der Kranke u. a. über eingenommenen Kopf, Kopfschmerzen, Schmerzen in den Augen beim Lesen und Schreiben. Ist das Rückenmark besonders angegriffen, dann treten allerlei Krankheitserscheinungen auf, welche wir bereits früher bei Spinalirritation besprochen haben. Sind hauptsächlich die Magen- und Herznerven im Spiel, dann leidet der Patient an schlechter Verdauung, Blähungen, Verstopfung, Herzklopfen und Unruhe. Neurastheniker haben gewöhnlich schlaffe Muskeln und einen müden Ausdruck in den Augen und klagen über Abnahme des Gedächtnisses. Oft müssen sie mitten in der Arbeit einhalten, weil sie von einem Gefühl der Schwäche befallen werden. Oft können sie sich im nächsten Augenblick nicht mehr auf das besinnen, was sie kurz vorher gelesen oder getan haben. Dabei kommen häufig Angstanfälle vor; Angst beim Fahren in der Eisenbahn, beim Überschreiten eines freien Platzes, beim Aufenthalt in mit Menschen gefüllten Räumen.

Die **Ursachen** der Neurasthenie liegen bei der Jugend in verkehrter Erziehung, zu vielem Lernen, düsteren Wohnungen ohne Sonnenschein, ferner in Blutarmut, Skrofulöse oder auch in erblicher Veranlagung. In den Entwicklungsjahren kommen noch der Missbrauch von Tabak und Alkohol und geschlechtliche Verirrungen hinzu, während bei Erwachsenen der erschwerte Kampf ums Dasein, eine unhygienische Lebensweise, der übermäßige Genuss von Reizmitteln, anhaltende Kopfarbeit bei Beamten und Gelehrten und Aufregungen im Beruf bei Kaufleuten, Offizieren, Ärzten oft die Neurasthenie zum Ausbruch kommen lassen.

Was die **Behandlung** betrifft, warnen wir vor allen mit großer Reklame angepriesenen Geheimmitteln und Quacksalbereien, elektrischen Gürteln u. dgl., weil ja doch nur der Geldbeutel der Fabrikanten von derartigen Dingen Nutzen hat. Neurasthenie ist nicht durch ein Universalmittel zu heilen. Auch die vielgerühmten Kaltwasserkuren sind oft höchst schädlich; jedenfalls ist eine *zu* energische Anwendung derselben für ein bereits geschwächtes Nervensystem vom Übel. Die Hauptbedingungen für die Heilung der Neurasthenie sind eine g e n a u e   R e g e l u n g   d e r   L e b e n s w e i s e ,   v i e l   R u h e ,   s o w o h l   f ü r   d e n   K o p f   a l s   a u c h   f ü r   d a s   G e m ü t ,   a u s g i e b i g e r   A u f e n t h a l t   i n   d e r   f r i s c h e n   L u f t ,   L u f t b ä d e r   u n d   e i n e   z w e c k e n t s p r e c h e n d e   E r n ä h r u n g .   Was den letzten Punkt betrifft, muss das Hauptgewicht auf den reichlichen Genuss von Milch, Eiern, Gemüsen (schonend zubereitet), Salaten und

Obst gelegt werden, während Fleischspeisen nur mäßig genossen und Bohnenkaffee, Tee, Alkohol und Tabak gänzlich vermieden werden müssen. Von den Hilfsmitteln zur Heilung nennen wir folgende: *psychische Behandlung* durch einen Arzt, welcher das Vertrauen des Kranken genießt; *Autosuggestion* nach den Vorschriften des Arztes; *Mittagsschlaf* nach dem Essen, $^1/_2$ Stunde lang; *trockene Abreibungen* des Körpers mit einem Frottierhandtuch; *kühle Waschungen der Brust und des Rückens morgens früh im Bett, wonach man, ohne sich abzutrocknen, noch eine halbe Stunde im Bett bleibt-, leichte gymnastische Übungen*; *schwache Anwendung* des galvanischen Reiszstromes, *Luftveränderung,* der Aufenthalt am Meer oder in waldreichen Gegenden; systematisches, doch nicht zu anstrengendes *Bergsteigen*.

Bei der Behandlung mit **homöopathischen Mitteln** ist es gut, Neurastheniker nicht zu viele Mittel und jedenfalls nicht *fortwährend* einnehmen zu lassen. Die Hauptmittel sind: **Nux vomica** bei Kopfschmerzen, eingenommenem Kopf, Verdauungsstörungen und Verstopfung; **Acidum phosphoricum** und **Kalium phosphoricum** bei Erschöpfung des Nervensystems infolge von Säfteverlust oder von Überanstrengung; **Phosphorus** bei argem Angegriffensein des Kopfes und reizbarer Gemütsverfassung; **Platinum muriaticum** bei den eigentümlichen neurasthenischen Kopfschmerzen an der Nasenwurzel; **Acidum picrinicum** bei großer Ermüdung nach geringer Körperbewegung und besonders nach der geringsten Kopfarbeit, bei großer Neigung zum Liegen und Schlafen; **Zincum** bei Schmerzen im Rücken und Schwächegefühl in den Beinen; **Zincum valerianicum** bei nervöser Schlaflosigkeit; **Arsenicum album, Calcium phosphoricum, China** und **Ferrum phosphoricum** bei gleichzeitig vorhandener Blutarmut. Vor starken Betäubungsmitteln hüte man sich und befrage in allen Fällen langwieriger Art einen homöopathischen Arzt. *Man lasse den Mut nicht sinken-,* mit Geduld und Ausdauer ist meistens ein günstiges Resultat zu erzielen.

3.7 Augen-, Ohren-, Nasen- und Halskrankheiten

A. Augenkrankheiten

Das Auge ist das wichtigste aller Sinnesorgane und auch am häufigsten Krankheiten unterworfen. Von größter Wichtigkeit ist deshalb eine richtige **Augenhygiene**, da auch bei diesem zarten Organ Krankheiten *leichter zu verhüten als zu heilen sind.* Viele Kinder erblinden im zarten Lebensalter infolge einer bösen Augenkrankheit, welche durch eine geeignete Behandlung fast immer verhütet werden könnte. Die Augen kleiner Kinder sollen stets mit reinem, lauwarmem Wasser gewaschen und vor zu grellem Licht und zu schnellem Übergang vom Dunkel ins Helle geschützt werden. Während der Schuljahre sollte darauf geachtet werden, dass die Augen der Kinder nicht zu lange und zu anhaltend angestrengt werden. Die verkehrte Haltung (mit zu tief vornüber gebeugtem Oberkörper) beim Lesen und Schreiben, das Arbeiten bei ungenügender Beleuchtung verursachen nicht selten das Entstehen der Kurzsichtigkeit, einer Schulkrankheit im wahren Sinne des Wortes. Bei jungen Leuten trägt die liebe Eitelkeit durch das Tragen zu hoher und zu enger Kragen, wodurch die Blutzirkulation behindert wird, zur Schwächung der Augen bei. Bei der Wahl eines Berufs muss einer bereits vorhandenen Kurz- oder Weitsichtigkeit Rechnung getragen werden. Auch Erwachsene sollten ihre Augen nicht gleichgültig behandeln. *Abwechslung zwischen Arbeit und Ruhe* ist für die Augen von großer Wichtigkeit. Das Lesen, Schreiben oder Handarbeiten im grellen Sonnenlicht, in der Dämmerung oder bei ungenügender künstlicher Beleuchtung schwächt die Sehkraft. Hat man das Alter erreicht, dass das Sehen in der Nähe anfängt, Schwierigkeiten zu bereiten, was gewöhnlich nach dem 45. Lebensjahr der Fall ist, dann zögere man nicht, durch eine zweckmäßige, vom Augenarzt zu verordnende Brille den Augen ihre Arbeit zu erleichtern. Von großem Nachteil für die Augen ist der A l k o h o l - u n d T a b a k m i s s b r a u c h . Ebenso werden die Augen durch heftige Gemütsbewegungen, vieles Weinen und ausschweifendes Leben geschwächt. Will man sich deshalb ein gutes Sehvermögen erhalten, dann beachte man die genannten Punkte, während zur Kräftigung der Augen Übungen im F e r n s e h e n (womöglich auf grüne Wiesenflächen) und **Augenbäder** (Abb. 45) empfohlen werden können.

Bei **Augenkrankheiten** ist es stets nötig, die Augen vor Anstrengung, Zugluft, Staub, Rauch und grellem Licht zu schützen. Zur Reinigung der Augen von Schleim und Krusten benutze man lauwarmes Wasser unter Zusatz einiger Tropfen **Euphrasia-Tinktur,** auch für Umschläge bei leichter Entzündung ist dieses Augenwasser vorzüglich. Zu diesen Umschlägen benutze man keine Schwämmchen, sondern reine Verbandwatte oder Verbandmull. Sehr kalte oder gar Eis-Umschläge dürfen nur auf Verordnung des Arztes gemacht werden.

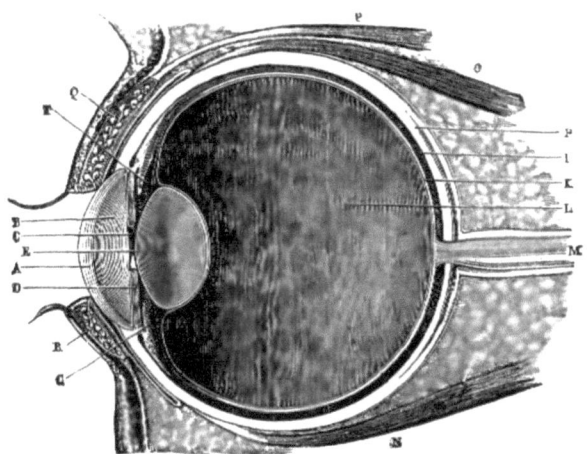

Abb. 44: Das Auge. A. Hornhaut. B. Vordere Augenkammer. C. Pupille. D. Regenbogenhaut. E. Kristallinse. E. Hintere Augenkammer. G. Linsenkanal. I. Aderhaut. K. Netzhaut. L. Glaskörper. M. Sehnerv. P. Harte oder weiße Augenhaut. Q. und R. Augenlider mit Talgdrüsen.

Zum Schutz entzündeter Augen gegen zu grelles Licht, Wind, Rauch und Staub sind *dunkle Brillen, Augenschirme* und *Verbände* gebräuchlich. Dunkle B r i l l e n dürfen nur zum Schutz gegen Sonnenlicht und Wind oder gegen zu grelles Kunstlicht, jedoch im Zimmer nicht beim Lesen, Schreiben oder Nähen verwandt werden. Zu V e r b ä n d e n nehme man reine Leinwand oder Verbandmull und bei feuchten Verbänden lege man über die feuchten Kompressen ein Stückchen Guttaperchapapier oder Billrothbattist, darüber noch etwas Verbandwatte und befestige das Ganze mit einer Mullbinde. Eitern die Augen stark, dann dürfen überhaupt keine Verbände angelegt werden, sondern der Eiter muss durch wiederholte Abspülungen entfernt werden. Man hüte sich vor allen Geheimmitteln und Quacksalbereien, wodurch unzählige Augen geschädigt werden und ziehe in allen ernsten Fällen einen erfahrenen Augenarzt zu Rate. Man kaufe nie auf gut Glück irgendeine Brille, womit man glaubt gut sehen zu können, sondern lasse stets vorher die Augen von einem Sachverständigen untersuchen. Die geringe Mühe und Kosten werden durch die Erhaltung eines guten Sehvermögens reichlich aufgewogen. Viele Augenkrankheiten müssen jedoch nicht nur örtlich mit äußerlichen Mitteln, sondern auch mit innerlichen Mitteln, welche auf die ganze Konstitution einwirken, behandelt werden. In dieser Hinsicht sind, wie die Erfahrung lehrt, besonders bei skrofulösen und rheumatischen Augenkrankheiten, die **homöopathischen Heilmittel** von großem Wert.

Abb. 45: Augenbad

1. Entzündung der Augenbindehaut

... oder *Bindehautkatarrh (Conjunctivitis)* kommt besonders in Städten viel vor und entsteht meistens durch Erkältung, Zugluft, scharfen Wind, Staub oder Rauch. In leichteren Fällen ist das Weiße im Auge gerötet, man hat ein Gefühl, als ob sich Sand in den Augen befände, die Augen tränen und jucken und sind gewöhnlich am Morgen verklebt, während in ernsteren Fällen die Bindehaut stark gerötet und geschwollen ist und brennende Schmerzen, Lichtscheu und Absonderung einer eiterigen Flüssigkeit aus den Augen vorhanden sind. Hierbei muss daran gedacht werden, dass ein chronischer Stockschnupfen zuweilen die verborgene Ursache des Augenleidens ist und demnach die Nase sorgfältig untersucht und behandelt werden muss.

Die **Behandlung** besteht in vollkommener Ruhe für die Augen, dem Vermeiden von Zugluft und grellem Licht, ferner in oft wiederholten kalten oder lauwarmen Aufschlägen mit einem Augenwasser, aus 200 Gramm d e s t i l l i e r t e m Wasser und 4 Gramm **Euphrasia-Tinktur** bestehend, und dem Einnehmen von **Aconit. D 3** im Anfang, von **Belladonna D 3** bei großer Lichtscheu oder von **Pulsatilla D 3** bei heftigem Tränenfluss und Schleimabsonderung aus den Augen. Falsch ist es, die Augen mit einem Tuch zuzubinden, bei heftigen Entzündungen ist jedoch das Tragen einer grauen oder blauen Brille zu empfehlen. Ferner kommen in Betracht: **Apis D 3** bei heftigen Stichen in den Augen und Schwellung der Augenlider; **Argent. nitr. D 4** bei eitriger Absonderung aus den Augen; **Arsen. album D 5** bei brennenden Schmerzen, welche nachts schlimmer sind, besonders bei Gichtleidenden; **Euphras. D 3** bei scharfem Tränenfluss, welcher die Augenlider und Backen wund beißt; **Mercur. solub. D 4** bei brennendem Tränenfluss und Schleimabsonderung, verbunden mit heftigen nächtlichen Schmerzen; **Rhus Tox. D 4** nach Erkältung infolge von nassen Füßen; **Sulfur D 6** bei heftigen Schmerzen im Augapfel, Unruhe und Fieber. In chronischen Fällen kann sich oft die Anwendung von **Augentropfen** notwendig erweisen, welche jedoch vom Arzt verordnet werden müssen.

2. Entzündung der Augenlider

... (*Blepharitis*). Dieselbe kann akut oder chronisch sein. In ersterem Falle passen **Aconit. D 3** bei großer Hitze und brennendem Gefühl in den Augen; **Apis D 3** bei Schwellung der Augenlider; **Arsen. alb. D 5** bei brennenden Schmerzen, Unruhe und Durst; **Hep. sulf. D 4** bei anfangender Eiterbildung; **Rhus Tox. D 4** bei Schwellung und Bläschenbildung; **Silicea D 6**, wenn sich bereits Eiter gebildet hat. Lauwarme Aufschläge mit obengenanntem Augenwasser können zur Unterstützung der innerlichen Behandlung empfohlen werden. Bei den sog. **Gerstenkörnern** sind Aufschläge mit warmem Kamillentee und das Einnehmen von **Hep. sulf. D 4** angezeigt, während bei skrofulösen Personen **Graphit D 6** und **Sulfur D 6** nebst der Anwendung warmer Bäder und einer reizlosen Diät oft von Nutzen sind.

In **chronischen** Fällen sind die Ränder der Augenlider gerötet, schmerzhaft und mit Krusten bedeckt, zuweilen fallen auch die Augenwimpern aus. Die Ursachen der langen Dauer dieses Übels sind oft Mangel an Reinlichkeit, fortgesetzter Aufenthalt in staubigen, mit Rauch gefüllten Räumen und Überanstrengung der Augen, besonders bei Weitsichtigen. Man wasche die Augen und das Gesicht mit warmem Wasser und einer milden Seife, entferne die Krusten vorsichtig und reibe jeden Abend die Augen mit **Hamamelis-Salbe** ein. Innerlich sind besonders **Alumina D 6, Calc. carb. D 6, Mercur. solub. D 4** und **Sulfur D 6** angezeigt. Wenn nötig, muss eine besondere Augensalbe oder eine geeignete Brille vom Augenarzt verordnet werden.

3. Augenentzündung nach Verletzungen.

Nicht selten geraten Fremdkörper, wie Staub, Sand, Ruß, Glas oder Metallsplitter, kleine Insekten oder scharfe Flüssigkeiten in die Augen, wodurch heftiges Tränen und Schmerzen entstehen. Das Reiben unterlasse man, weil dadurch die Entzündung noch verschlimmert wird. Befindet sich der Fremdkörper z w i s c h e n oder u n t e r den Augenlidern, dann kann man versuchen, ihn mit einem Pinsel oder einem Stückchen zusammengerollten Fließpapiers zu entfernen; zuweilen ist es dabei nötig, das o b e r e Augenlid u m z u d r e h e n , was man erreichen kann, indem man den Verletzten nach u n t e n sehen lässt, das Augenlid bei den Wimpern anfasst und es mit der anderen Hand mittels eines Bleistiftes oder Federhalters nach unten drückt. Gelingt es auf diese Weise n i c h t , den Fremdkörper zu entfernen oder befindet sich dieser *auf der Hornhaut oder gar noch tiefer im Auge,* dann muss sofort ein Arzt zu Rate gezogen werden, da sonst das Auge nicht wiederherzustellenden Schaden erleiden könnte.

Abb. 46: Fremdkörper unter dem unteren Augenlid.Um den Fremdkörper zu entfernen, ziehe man das Augenlid herab und lasse den Verletzten nach oben sehen.

Nach Entfernen des Fremdkörpers mache man kalte Aufschläge auf das Auge mit Wasser, dem man auf $^1/_2$ Liter 1 Teelöffel **Arnica-Tinktur** zusetzt. Stellt sich eine Entzündung ein, dann kommen als innerliche Mittel **Aconit. D 3, Arnica D** 3, **Belladonna D 3**, **Euphras. D** 3 in Betracht. Wenn Kalk in das Auge geraten ist, entferne man die Kalkpartikelchen so viel als möglich und tröpfle Olivenöl in das Auge. Bei Verletzungen der Augen durch einen Schlag oder Stoß wende man äußerlich das obengenannte **Arnica-Augenwasser,** und innerlich **Arnica D 3** an. Zuweilen entstehen durch Platzen eines Äderchens (z. B. infolge heftigen Hustens) Blutergüsse in das Weiße der Augen, welche sich sehr gefährlich ansehen, jedoch gewöhnlich innerhalb einiger Tage wieder verschwinden, wobei man nur nötig hat, Aufschläge mit **Arnica-Wasser** zu machen und abends etwas **Hamamelis-Salbe** in das Auge zu streichen. Ist nach einer Augenverletzung die Pupille erweitert oder hat die Sehkraft abgenommen, dann begebe man sich sofort in die Behandlung eines Augenarztes.

4. Hornhautentzündung

... (*Keratitis*), d. h. Entzündung der durchsichtigen, vor der Pupille gelegenen Haut des Auges, entsteht durch Erkältung und Verletzungen oder nach vorhergegangener Bindehautentzündung, öfters auch infolge von Skrofulöse, letzteres besonders bei Kindern. Die Kennzeichen sind: Tränen, heftige Schmerzen, große Lichtscheu, Krampf der Augenlider, so dass die Augen nur mit Mühe geöffnet werden können. Meistens tritt auch Schleim- und Eiterabsonderung auf und öfters bilden sich Geschwüre und Trübungen der Hornhaut, was durch Bildung von Flecken zur dauernden Beeinträchtigung des Sehvermögens führen kann.

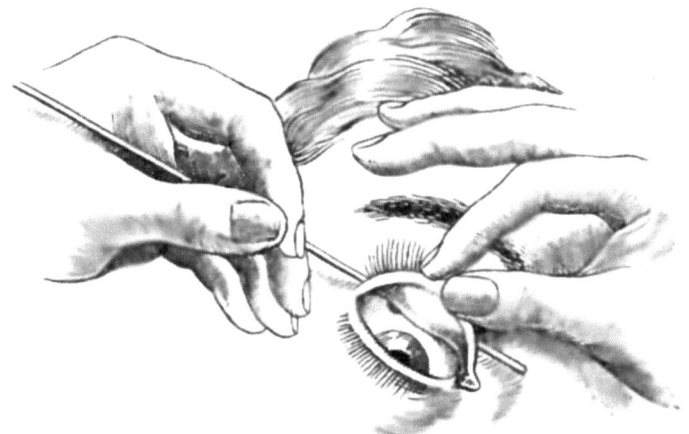

Abb. 47: Entfernung eines Fremdkörpers unter dem oberen Augenlid

Die **Behandlung** muss dem Arzt überlassen werden. Die Kranken ertragen kalte Aufschläge meistens schlecht, wohingegen warme Aufschläge mit einer Lösung von 4 Gramm **Borsäure** in 200 Gramm **destillierten** Wassers angenehm empfunden werden. Der Arzt wird öfters **Atropin** zum Einträufeln verordnen müssen. Als innerliche Mittel kommen in Betracht: **Aconit. D 3** und **Belladonna D 3** im Anfang bei brennender, trockener Hitze der Augen und Lichtscheu; **Apis D 3** bei zugleich vorhandener Schwellung der Augenlider; **Argent. nitr. D 4** bei eitriger Absonderung; **Arsen. alb. D 5** bei heftigen, brennenden, nächtlichen Schmerzen; **Aurum D 12** bei tiefen Hornhautgeschwüren; **Conium D 3** bei krampfhaftem Geschlossensein der Augenlider; **Graphit. D 6** bei skrofulöser Augenentzündung mit Ausschlag hinter den Ohren und leicht blutenden Augenlidern; **Hep. sulf. D 6** bei Geschwüren und Abszessen in der Hornhaut; **Kal. bichrom. D 6** bei langwierigen Geschwürprozessen, welche die Hornhaut durchdringen; **Mercur. solub. D 6** bei Horn- hautgeschwüren skrofulöser Personen; **Pulsatilla D 4** bei Absonderung nichtätzenden Schleimes, besonders bei Frauen; **Rhus Tox. D4** nach heftiger Erkältung und Durchnässung; **Silicea D 6** bei Eiterbildung in der Hornhaut; **Sulfur D 6** bei langwierigen Augenentzündungen, besonders bei skrofulöser Konstitution. Siehe ferner noch **skrofulöse Augenentzündung** weiter unten.

5. Rheumatische Augenentzündung

... kommt vor nach heftiger Erkältung oder Durchnässung, besonders bei Personen, welche rheumatisch veranlagt sind. Ist die Regenbogenhaut angegriffen (sog. *Iritis),* dann treten heftige Nervenschmerzen in den Augenhöhlen und in der Stirn, Tränenfluss und Lichtscheu in den Vordergrund. *In diesem Falle ziehe man unverzüglich einen Augenarzt zu Rate* und vermeide alle scharfen Augenwässer und Salben. Warmwasseraufschläge auf die Augen und heiße Fußbäder sind zur Linderung der Schmerzen empfehlenswert, während als innerliche Mittel **Bryonia D 3** bei stechenden Schmerzen, welche sich durch Bewegen der Augen verschlimmern, **Cedron D 6** und Chin. **D 3** bei periodisch auftretenden Schmerzen, **Mercur. solub. D 4** bei den verschiedenen Formen der Regenbogenhautentzündung und **Rhus Tox. D 4** besonders bei rheumatisch veranlagten Personen sich von großem Nutzen erweisen werden.

6. Trachoma oder Ägyptische Augenentzündung

... so genannt, weil sie in Ägypten besonders viel vorkommt, tritt zuweilen in Kasernen und Schulen e p i d e m i s c h auf. Die Sehkraft kann zuweilen in kurzer Zeit durch Vereiterung der Hornhaut zerstört werden. In chronischen Fällen bilden sich oft körnige Wucherungen auf der Bindehaut der Augenlider, welche ihrerseits wiederum zu Hornhautentzündung Veranlassung geben können.

Die Behandlung muss dem Augenarzt überlassen werden.

Von der größten Wichtigkeit ist das Reinhalten und Auswaschen der Augen mit einer **2%igen Borsäurelösung.** Zur Verhütung der Ansteckung vermeide man es, in direkte Berührung mit dem Kranken zu kommen oder das von ihm benutzte Waschwasser, Schwamm, Handtuch oder dgl. zu gebrauchen. Innerlich sind **Apis D 3, Hep. sulf. D 6** und **Mercur. solub. D 6** nebst verschiedenen, vom Augenarzt zu verordnenden, äußerlichen Mitteln angezeigt.

7. Mückensehen

... (auch *Mouches volantes* genannt) nennt man die Wahrnehmung von Flecken, Fäden, Mücken oder ähnlichen Gebilden, wie diese besonders beim Blicken auf eine helle Wand oder nach dem klaren Himmel gesehen werden. Diese Erscheinung wird durch kleine Gewebeteilchen, welche sich im Glaskörper befinden, verursacht, indem dieselben bei Bewegung der Augen ihr Schattenbild auf die Netzhaut werfen. Tritt das Mückensehen sehr stark auf, wie es besonders bei Kurzsichtigen oder bei Verdauungsstörungen der Fall ist, dann kann es beim Lesen und Schreiben oft sehr lästig werden. Diese übrigens ziemlich ungefährliche Erscheinung kann durch den innerlichen Gebrauch von **Agar. musc. D 3, Kal. jod. D 2, Pulsatilla D 3** oder **Phosph. D 6** in Verbindung mit **kurzen, kalten Augenbädern** günstig beeinflusst werden.

8. Grauer Star

... oder *Katarakt* ist eine angeborene oder im höheren Alter erworbene Trübung der Linse, wodurch die Sehkraft herabgesetzt wird. Der Kranke sieht alles wie durch einen Nebel, der immer dichter wird. Ist der Star reif geworden, dann kann durch eine Operation die getrübte Linse entfernt und das Sehvermögen wiederhergestellt werden. Wird der richtige Zeitpunkt hierbei versäumt, dann wird die Operation erschwert oder gar unmöglich gemacht und bietet jedenfalls weniger Aussicht auf einen guten Erfolg. *Wir geben deshalb allen Starkranken den Rat, nicht zu lange zu warten, sondern sich von Zeit zu Zeit von einem Augenarzt untersuchen zu lassen.* Inzwischen kann man homöopathische Mittel versuchen, bei denen zuweilen mehr oder weniger gute Erfolge erzielt werden. Empfohlen werden in dieser Hinsicht besonders **Conium, Sulfur, Silicea, Calcium carbonicum, Causticum** in hohen und niederen Potenzen.

In neuerer Zeit haben wir durch Einträufeln der 2. dezimalen wässerigen Verdünnung von **Kalium jodatum** (0,1 auf 10,0 g destilliertes Wasser) bei anfangendem Grauen Star vereinzelt befriedigende Resultate erhalten, so dass diese Methode bis zum Zeitpunkt einer ev. nötigen Operation immerhin versucht werden kann.

9. Grüner Star

... (*Glaucoma*) ist eine der gefährlichsten Augenkrankheiten, wodurch die Sehkraft in kurzer Zeit zerstört werden kann. Durch Steigerung des Druckes im Innern des Augapfels infolge einer krankhaften Vermehrung der Augenflüssigkeiten entstehen Sehstörungen, besonders Nebel- und Farbensehen, heftige Schmerzen im Augapfel, Tränen und Pupillenerweiterung, wobei das Auge einen grünlichen Schimmer erhält. Es ist das unsterbliche Verdienst des berühmten Augenarztes G r a e f e , eine Operation erfunden zu haben, wodurch in vielen Fällen dem Kranken die Sehkraft erhalten werden kann. In chronischen Fällen werden von amerikanischen Augenärzten u. a. **Phosphorus, Colchicum, Gelsemium** und gegen die Schmerzen **Belladonna, Colocynthis** und **Spigelia** empfohlen. Die Krankheit tritt meistens nach dem 50. Lebensjahr a u f ; unter den Ursachen spielen Erblichkeit, Gemütsbewegung und anhaltende Schlaflosigkeit eine große Rolle.

10. Schwarzer Star

... (*Amaurosis*) ist eine Krankheit der Netzhaut oder des Sehnerven, welche zu gänzlichem Verlust des Sehvermögens führen kann. Die Krankheit tritt entweder plötzlich (z. B. nach Schauen in die Sonne) oder allmählich auf und ist in letzterem Falle meist unheilbar. Ist sie durch Alkohol- oder Tabakmissbrauch entstanden, dann kann von **Nux vom. D 3** oder **D 4** Heilung erwartet werden. Bei Schwarzem Star sind **Kal. jod. D 2** und **Mercur. solub. D 4,** bei Gehirnkrankheiten **Phosph, D 6** und höhere Potenzen, bei Kopfkongestionen **Belladonna D 3** und **Gelsem. D 4** angezeigt. Die Kranken müssen stets eine dunkle Brille tragen und Lesen, Schreiben und den Genuss von Kaffee, Tabak und Alkohol vermeiden.

11. Schielen

... (*Strabismus)* ist entweder angeboren oder durch schlechte Angewohnheit, Lähmung der Augenmuskeln oder Gehirnkrankheit verursacht. Bei Schulkindern kann durch eine geeignete Brille zuweilen Heilung bewirkt werden oder man kann durch Zubinden des gesunden Auges das schielende Auge zwingen, die normale Richtung einzuhalten. Kommt das Schielen beim Zahnen oder bei Krämpfen der Kinder vor, dann sind in frischen Fällen **Belladonna D 3, Hyoscyam. D 4** und **Stramon. D 6** oft nützlich, während in chronischen Fällen **Calc. carb. D 6** und **Sulfur D 6** versucht werden können. Sehr oft ist jedoch eine Operation unumgänglich notwendig; dieselbe hat, wenn sie von einem geschickten Augenarzt ausgeführt wird, meistens den gewünschten Erfolg.

12. Kurzsichtigkeit

… (*Myopie*) ist meistens angeboren, kann jedoch auch durch anhaltende Überanstrengung der Augen beim Lesen, Schreiben, Handarbeiten, verbunden mit gebückter Haltung und schlechter Beleuchtung erworben oder verschlimmert werden. Geringere Grade von Kurzsichtigkeit erfordern keine Brillen, sondern nur **das Befolgen der auf Seite 232 genannten Regeln der Augenhygiene.** Bei den höheren Graden ist eine Brille mit **konkaven** Gläsern unbedingt notwendig, um in der Ferne sehen zu können. Die Nummer der Gläser darf nur vom Augenarzt oder Augenoptiker bestimmt werden.

13. Weitsichtigkeit

… kommt bei Kindern als sog. *Hypermetropie* infolge abnormalen Baues der Augen und bei Erwachsenen im Alter von über 45 Jahren als sog. *Presbyopie* infolge von Veränderungen in der Linse des Auges vor. In beiden Fällen sind Brillen mit konvexen Gläsern notwendig, um das deutliche Sehen in der Nähe zu ermöglichen. Zu schwache Gläser sind schädlich.

14. Augenschwäche

… (*Asthenopie*) kommt viel vor bei nervösen und neurasthenischen Personen, auch infolge von Überanstrengung der Augen, Gemütsbewegung, vielem Weinen, ausschweifendem Leben, Alkohol- und Tabakmissbrauch. Die Augen ermüden leicht, beim Lesen verschwimmen die Buchstaben und es entsteht ein Gefühl von Druck und Ermüdung in den Augen und der Stirn, wobei jedoch das Sehvermögen vollständig normal sein kann. Die Behandlung besteht in *Ruhe für die Augen,* dem Befolgen der Regeln der Augenhygiene (siehe Seite 232), kalten Augenbädern, *Waschungen der Augen, der Stirn und der Schläfen* mit verdünnter **Ruta-, Calendula-** oder **Euphrasia-Tinktur** und dem *innerlichen Gebrauch* folgender Mittel: **Nux vom. D 4, Gelsem. D 4, Asa foet. D 3** bei Neurasthenie und Alkohol- und Tabakmissbrauch; **Belladonna D 3** bei Kongestionen; **Ferr. phosph. D 6, Calc. phosph. D 6** bei Blutarmut; **Ignat. D 6, Pulsatilla D 6** bei Gemütsbewegungen; **Arsen. alb. D 6, China D 3, Prunus spin. D 3** bei Schmerzen und Neuralgie. Zuweilen gibt das Tragen einer Brille mit prismatischen Gläsern große Erleichterung.

15. Entzündung des Tränenkanals

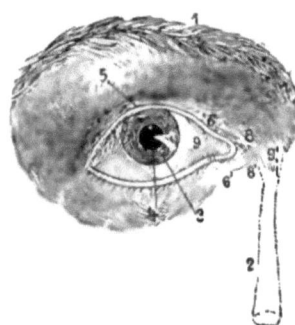

Abb. 48: Das äußere Auge mit Tränenkanal. 1. Augenbraue. 2. Tränennasengang. 3. Regenbogenhaut. 4. Pupille. 5. Rand des oberen Augenlides mit Wimpern. 6, 6'. Oberes und unteres Tränenröhrchen. 8—9. Tränensack.

... (*Dacryocystitis*), durch welche der Abfluss der Tränenflüssigkeit nach der Nase behindert wird, entsteht meistens infolge von Augenentzündung oder Nasenkatarrh. Durch Vereiterung des Tränensacks entstehen zuweilen langwierige und unbequeme Tränensackfisteln, welche eine Operation erforderlich machen. Im Anfang helfen **Aconit. D 3** im Wechsel mit **Belladonna D 3,** nebst warmen Aufschlägen mit einer **2%igen Borsäurelösung;** bei großer Schwellung passt **Apis D 3** und bei Eiterbildung haben wir von **Silicea D 6** wiederholt gute Erfolge gesehen.

B. Ohrenkrankheiten

Da das Gehörorgan im Felsenbein verborgen ist, ist es viel weniger schädlichen äußerlichen Einflüssen ausgesetzt, als das Sehorgan. Dennoch kommen Gehörschädigungen ziemlich häufig vor, sowohl infolge von Vernachlässigung der **Ohrenhygiene** als durch unrichtig behandelte oder nicht beachtete Ohrenkrankheiten. Wichtig ist es, zu wissen, dass K ä l t e in jeder Form der größte Feind des Gehörorgans ist; Ohrenkrankheiten und Taubheit werden denn auch mehr in kalten als in warmen Ländern angetroffen. Das Sitzen in der Zugluft, besonders bei schwitzendem Körper, das Haarschneiden bei scharfen Nord- und Ostwinden, das Sitzen mit nassen Füßen im Zimmer, das Bewohnen feuchter Räume sind oft die Veranlassung zu Ohrenkrankheiten. Man vermeide deshalb möglichst diese Schädlichkeiten. Ferner vermeide man allzu starke Geräusche oder, wenn dies nicht möglich ist, öffne man den Mund, weil dann die Gefahr des Platzens des Trommelfells verringert wird. Diejenigen, welche durch ihren Beruf fortwährend starken Geräuschen ausgesetzt sind, wie Schmiede und Maschinisten, tun am besten, sich die Ohren mit Watte zu verstopfen. Überreizung des Gehörorgans durch anhaltendes, angestrengtes Lauschen, wie dies bei Telefonbeamten und Klavierstimmern der Fall ist, schwächt auf die Dauer das Gehör, wohingegen eine m ä ß i g e A u s ü b u n g d e r M u -

sik das beste Mittel ist, um das Gehör zu schärfen. Das unvorsichtige oder zu häufige Reinigen des äußeren Gehörgangs mit scharfen Instrumenten kann zu gefährlichen Entzündungen führen. Verhärtetes Ohrenschmalz wird am besten durch Ausspülungen mit einer lauwarmen *Sodalösung* ($^1/_2$ Teelöffel auf 1 Glas Wasser) entfernt. Man benutze dazu eine kleine Gummiballonspritze und ziehe während des Einspritzens, welches vorsichtig geschehen muss, die Ohrmuschel nach oben und nach hinten.

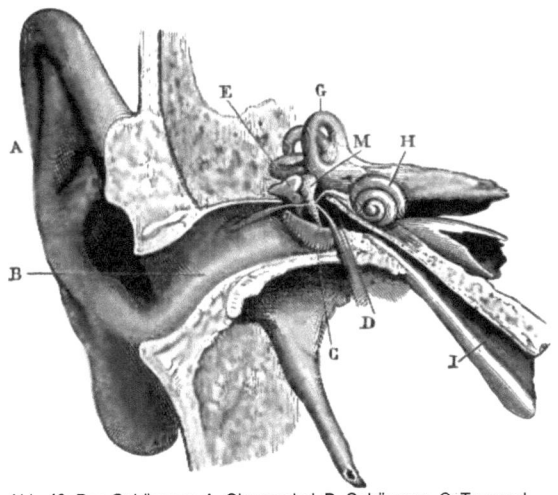

Abb. 49: Das Gehörorgan.A. Ohrmuschel. B. Gehörgang. C. Trommelfell. D. Steigbügel. E. Amboss. G. Die dreiBogengänge. H. Die Schnecke. I. Ohrtrompete. M. Hammer.

Bei **Ohrenkrankheiten** ist in den meisten Fällen eine sorgfältige ärztliche Untersuchung unerlässlich. Die innerliche Behandlung mit **homöopathischen Arzneien** gibt in Verbindung mit der Anwendung milder äußerlicher Mittel meistens befriedigende Resultate.

1. Ohrenschmerzen

... entstehen oft infolge von Entzündung des äußeren Gehörgangs *(Otitis externa)* oder von Mittelohrentzündung durch Bildung von Geschwürchen oder Furunkeln, infolge von Neuralgie oder im Verlaufe von akuten Krankheiten, wie Scharlach. In allen ernsten Fällen muss stets eine sorgfältige Untersuchung mit dem Ohrenspiegel stattfinden. Die **Behandlung** ist je nach der Ursache verschieden. Bei der gewöhnlichen Ohrenentzündung helfen wiederholte Gaben von **Pulsatilla D 3,** verbunden mit häufigen Eingießungen (nicht Ein -

243

spritzungen) von warmem Wasser, dem einige Tropfen **Plantago major-Tinktur** hinzugefügt werden. Bei Fieber und Gehirnreizungserscheinungen ist **Belladonna D 3** in Verbindung mit heißen Fußbädern und Anwendung des Bettdampfbades angezeigt. Bei Geschwür- und Eiterbildung im äußeren Gehörgang ist zuerst **Mercur. solub. D 4,** später **Hepar sulf.** D 4 angezeigt, nebst lauwarmen Ohrausspülungen, auch heiße, in das Ohr geleitete Kamillenteedämpfe leisten hierbei oft gute Dienste. Bei Kindern können ferner noch **Chamom.** D 3 nach Erkältung, **Belladonna D 3** bei Fieber, rotem Gesicht, Blutandrang nach dem Kopf und **Zincum D 6** bei Krämpfen empfohlen werden.

2. Entzündung des Trommelfells

... (*Myringitis*) entsteht meistens durch Erkältung und verursacht heftige Schmerzen im Ohr mit Ohrensausen und Schwerhörigkeit, worauf nach einigen Tagen gelblicher Eiter aus dem Ohr fließt. Bei Vernachlässigung oder verkehrter Behandlung kann diese Entzündung zur Durchbohrung des Trommelfells führen, wobei der Eiter sich in das innere Ohr ergießen kann, was zuweilen ernste Folgen nach sich zieht. Die Behandlung muss dem Arzt überlassen werden; im Anfang sind die unter **Ohrenschmerzen** genannten Mittel und Maßregeln zu empfehlen.

3. Verletzungen des Trommelfells

... entstehen durch einen Schlag oder Stoß gegen das Ohr, infolge von starken Geräuschen, z. B. Kanonenschüssen oder durch das Bohren mit scharfen Instrumenten im Ohr, zuweilen auch beim Baden, wenn der Körper beim KopfSprung schief auf die Wasserfläche schlug. Die Beschwerden bestehen in einem mehr oder weniger starken Knall im Ohr, Schmerzen, geringer Blutung, Schwindel und Schwerhörigkeit. Meistens heilen derartige Verletzungen ohne weitere nachteilige Folgen, wenn man das Ohr mit reiner Verbandwatte verstopft, Husten, Niesen und Schnäuzen so viel als möglich vermeidet und einige Gaben **Arnica D 3** einnimmt.

4. Mittelohrentzündung

... (*Otitis media),* auch *Mittelohrkatarrh* genannt, kann sowohl akut wie chronisch auftreten. Die **akute** Form entsteht durch Erkältung oder durch den Übergang von Nasen- und Rachenkatarrhen auf das Mittelohr; ferner tritt sie im Verlauf ansteckender Krankheiten, wie Masern und Scharlach, öfters auf. Die Beschwerden bestehen in heftigen Ohrenschmerzen, Ohrensausen und Schwerhörigkeit. Die besten Mittel sind **Pulsatilla D 3** und **Belladonna D 4** in Abwechslung, nebst wärmen E i n g i e ß u n g e n (nicht E i n s p r i t z u n g e n) von Kamillentee oder von verdünnter **Plantago major-Tinktur.** Auch das E i n t r ä u f e l n von warmem *Mandelöl* oder *Glyzerin* können wir empfehlen, ebenso sind heiße Fußbäder und Bettdampfbäder oft von Nutzen. Wollen die Schmerzen trotzdem nicht besser werden, dann hilft zuweilen noch das Einträufeln einer 5%*igen Lösung von Karbolsäure in Glyzerin* oder das Ansetzen eines *Blutegels* hinter dem angegriffenen Ohr, es kann aber auch eine Operation des Trommelfells nötig werden.

Nimmt der Patient sich nicht genug in Acht, oder wird keine richtige Behandlung eingeleitet, dann geht die akute Form in die **chronische** über, welche sehr hartnäckig ist und oft zur Durchbohrung des Trommelfells und Mittelohrvereiterung führt. Durch innerliche Verwachsungen nehmen dann das Ohrensausen und die Schwerhörigkeit zu, ja sogar vollständige Taubheit kann schließlich die Folge sein. Zuweilen kann auch durch Übergang des Eiterprozesses auf das Gehirn eine sehr gefährliche Hirnhautentzündung die Folge sein. *Es ist deshalb unbedingt notwendig, in allen heftig auftretenden oder langwierigen Fällen von Mittelohrentzündung einen Arzt zu Rate zu ziehen.* Dagegen vermeide man die Anwendung scharfer, ätzender Flüssigkeiten in den Ohren und benutze bei Eiterabsonderung an deren Stelle lieber lauwarme E i n g i e ß u n g e n (nicht E i n s p r i t z u n g e n) einer **2%igen Borsäurelösung** oder Einblasungen von **pulverisierter Borsäure,** wonach das Ohr mit Watte zugestopft wird. Hiermit sind, besonders bei Kindern, in vielen Fällen befriedigende Erfolge zu erzielen, und zwar umso sicherer, wenn damit eine innerliche Behandlung mit **homöopathischen Mitteln** Hand in Hand geht. In dieser Hinsicht sind die wichtigsten Mittel: **Calc. phosph. D 6** und **Calc. jod. D 4** bei skrofulösen Kindern; **Hydrast. canad. D 2** bei Schleimabsonderung und gleichzeitigem Angegriffensein der Nase und des Rachens; **Kal. bichrom. D 4** bei blutigeitriger Absonderung; **Mercur. solub. D 4** bei Geschwüren, Eiterung und Ohrenschmerzen, welche nachts am heftigsten sind; **Psorinum D 12, Silicea D 6** und **Sulfur D 6** in veralteten Fällen.

5. Ohrensausen

... (*Tinnitus*) ist ein lästiges Übel, welches durch die Luftbewegung im äußeren Gehörgang oder im Mittelohr entsteht, wenn letzteres durch Schwellung oder Verstopfung des Gehörgangs von der Außenluft abgeschlossen ist. Auch Glockenläuten, Pfeifen, Klopfen oder Summen kommen vor. Ist verhärtetes Ohrenschmalz die Ursache, dann kann das Übel durch lauwarme Einspritzungen beseitigt werden. Meistens ist jedoch das Ohrensausen ein Symptom von Mittelohrkatarrh oder von nervösen Ohrenkrankheiten. Die Behandlung ist schwierig und langwierig; **Belladonna, China, Chininum muriaticum, Graphites, Nux vomica, Petroleum** können versucht werden. Auch **Wechselfußbäder** sind zu empfehlen. Durch spezialärztliche Behandlung mittels Lufteinblasungen, Einführens des Ohrenkatheters und Elektrizität kann das Übel in manchen Fällen noch gebessert werden.

6. Menièresche Ohrenkrankheit

... ist eine Affektion des *Labyrinths,* eines Teiles des inneren Gehörorgans, ist gekennzeichnet durch folgende 3 Symptome: S c h w e r h ö r i g k e i t , O h r e n s a u s e n   u n d   S c h w i n d e l. Letzterer tritt gewöhnlich anfallsweise und zuweilen so stark auf, dass die Kranken sich fest- halten müssen, um nicht umzufallen. Innerliche Mittel, die zuweilen Erfolg haben, sind **China D 2** und **Arnica D 3**. Übrigens kommt dieselbe spezialistische Behandlung wie bei S c h w e r h ö r i g k e i t in Betracht.

7. Schwerhörigkeit

... ist die Folge der bereits genannten Ohrenkrankheiten, sie kann aber auch erblich oder angeboren, oder durch Gehirnkrankheit verursacht sein. In den letztgenannten Fällen ist sie meistens unheilbar. Nervöse Schwerhörigkeit oder Taubheit entsteht durch heftige Erschütterung des Gehörorgans infolge eines Schlages oder Falles, durch plötzliche heftige Geräusche, durch Gemütsbewegungen, im Verlaufe verschiedener Nervenkrankheiten und nach Chininmissbrauch. Die bei **Ohrensausen** und **Mittelohrentzündung** genannten Mittel können versucht werden. Zuweilen ist die Anwendung des galvanischen Stromes von Nutzen. Auch Massage und Vibration des Trommelfells werden von Ohrenspezialisten mit gutem Erfolg angewendet.

8. Ohrenausschlag

... ist öfters mit Ausschlag im Gesicht und am Kopf verbunden, besonders bei Kindern. Man vermeide vieles Waschen und nasse Umschläge und pudere die kranken Stellen mit **Kartoffelmehl, Bohnenmehl** oder **Dermatol** ein. Krusten erweiche man mit **Mandelöl** oder **Hamamelis-Salbe.** Innerlich sind **Arsen. alb. D 5** und **Mercur. solub. D 6** bei nässendem Ausschlag, **Hep. sulf. D 6** bei eitrigen Krusten,

Graphit. D 6, Calc. carb. D 6, Sulfur D 6 bei skrofulösen Kindern und in langwierigen Fällen angezeigt; man vergleiche hierüber die Charakteristik dieser Mittel im Kapitel 2.7. Die Diät muss reizlos sein und hauptsächlich aus Obst und Gemüsen bestehen. Siehe auch E k - z e m .

9. Ohrspeicheldrüsenentzündung

... (*Parotitis*), auch *Mumps*, *Ziegenpeter* oder *Bauerwetzel* genannt, tritt öfters e p i d e m i s c h auf, besonders bei Kindern und jungen Leu-

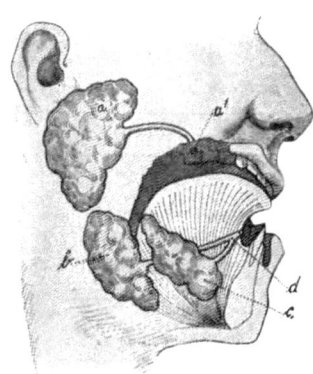

Abb. 50: Speicheldrüsen.a. Ohrspeicheldrüse, a 1. Ausführungsgang derselben, b. Unterkieferdrüse, c. Unterzungendrüse. d. Gemeinsamer Ausführungsgang der beiden letzteren.

ten. Unter Fiebererscheinungen schwillt die Gegend v o r , u n t e r u n d h i n t e r dem Ohr auf, wodurch das Öffnen des Mundes, das Kauen und Schlucken erschwert wird. Zuweilen tritt auch eine Anschwellung der Hoden oder der Schamlippen auf. Die Krankheit ist meistens gutartig, zuweilen jedoch, besonders wenn sie im Verlauf von Scharlach auftritt, geht die Schwellung der Drüse in Eiterung über oder es bleiben Verhärtungen zurück. Die **Behandlung** bestehe in Bettruhe, Anwendung von warmen Kamillenaufschlägen und dem Einnehmen von **Phytolacca D 3**, 2stündlich 5 Tropfen. Tritt die Krankheit im Verlauf von Scharlach auf, dann passen **Belladonna D 3, Mercur. solub. D 4** oder **Rhus Tox. D 3.**

C. Nasenkrankheiten

Die Nase ist nicht nur der Sitz des Riechorgans, sondern auch ein wichtiger Teil der Atmungsorgane, da sie die eingeatmete Luft e r - w ä r m t u n d r e i n i g t , ehe dieselbe in die Lunge kommt. Ist die Nase fortwährend verstopft, dann entstehen daraus große Nachteile für Hals, Lunge und Gehörorgan. Es ist deshalb wichtig, so viel als möglich Nasenkatarrhe zu verhüten. Dazu ist es nötig, den Körper gegen Kälte und Witterungswechsel abzuhärten, was am besten durch eine richtige Hautpflege (kalte Waschungen, Zimmerluftbäder, hygienische

Unterkleidung) und durch die Sorge für warme Füße und frische Luft in Wohn- und Schlafräumen erreicht werden kann.

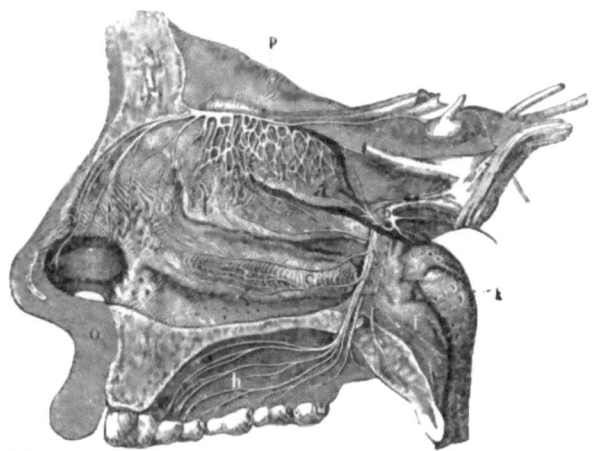

Abb. 51: Durchschnitt der Nase.a, b, c. Nasenmuscheln mit einer Schleimhaut bedeckt, h. Harter Gaumen, t. Weicher Gaumen. f. Oberer Teil des Schlundes, wobei k. die Stelle andeutet, wo die Ohrtrompete ihren Anfang nimmt, o. Oberlippe.

1. Schnupfen

... oder *akuter Nasenkatarrh (Rhinitis acuta)* ist wohl die am meisten vorkommende Nasenkrankheit, deren Bekanntschaft wir alle gewiss schon gemacht haben. An sich ungefährlich, kann er bei kleinen Kindern und geschwächten Personen durch Ausdehnung des Katarrhs auf die Luftröhre und Lunge gefährlich werden. Die B e s c h w e r d e n, welche jedem bekannt sind, sind hauptsächlich Niesen, Tränen der Augen, Verlust des Geruchs, Stirnkopfschmerz und Absonderung einer wässerigen Flüssigkeit aus der Nase, welche nach einigen Tagen schleimig-eitrig wird. Zuweilen dehnt sich der Katarrh auf die nächstliegenden Schleimhäute aus und verursacht Hals- oder Luftröhrenentzündung, Mittelohr- oder Bindehautkatarrh. Die U r s a c h e n sind Erkältung, das Einatmen verdorbener Luft oder scharfer Gase und Ansteckung, z. B. durch Benutzung eines Taschentuchs einer erkälteten Person.

Behandlung. Für gewöhnlich sind frische Luft und Körperbewegung die besten Mittel gegen den Schnupfen. *Kleine Kinder, sehr empfindliche und geschwächte Personen* tun jedoch besser, wenigstens in der r a u e n Jahreszeit zu H a u s e und bei F i e b e r im B e t t zu bleiben. Eine der Methoden, einen Schnupfen rasch zu heilen, ist ein heißes Fußbad nebst innerlichem Gebrauch von **Aconit. D 3** bei Fieber und Frösteln oder von **Nux vom. D 3** bei großer Trockenheit in Nase und Hals angezeigt.

Gelingt es dadurch ausnahmsweise nicht, den Schnupfen zum Stillstand zu bringen, dann verliere man keine Zeit mit diesen Mitteln, sondern gehe über zu **Pulsatilla D 3,** wenn die Absonderung aus der Nase schleimig wird; zu **Arsen. alb. D 5** bei wässeriger, ätzender Nasenabsonderung; zu **Sabadilla D 3** bei anhaltendem Niesen; zu **Mercur. solub. D 4,** wenn der Schnupfen durch Ansteckung verursacht ist. Bei Ausdehnung des Katarrhs auf die Augen passt **Euphras. D 3;** auf die Ohren **Pulsatilla D 3;** auf die Kehle **Belladonna D 3;** auf die Lungen **Ipecacuanha D 4, Bryonia D 3** oder **Phosph. D 5.**

Vorbeugungsmaßregeln sind: Möglichstes Wachen gegen Ansteckung; wiederholtes Einnehmen von 2 bis 3 Tropfen **Camphora Rubini** auf Zucker; Aufschnaufen von Kampferspiritus; die Sorge für warme Füße und die bereits mehrfach besprochenen Abhärtungsmaßregeln.

Bei Neigung zu öfterer Wiederholung des Schnupfens nehme man eine Zeitlang **Tubercul. D 12** und sorge für warme Füße und hygienische Unterkleidung.

2. Stockschnupfen

… (*Rhinitis chronica*) oder *chronischer Nasenkatarrh* ist die Folge von wiederholtem Schnupfen. Die Nase ist fast immer verstopft und sondert bald dünnen, bald dicken, eitrigen, mit Blut vermischten, zuweilen auch schlecht riechenden Schleim ab. Der Geruch ist beeinträchtigt oder gänzlich verloren gegangen, der Kopf ist eingenommen; zuweilen ist die Nasenschleimhaut stark geschwollen, und es bilden sich im Laufe der Zeit Nasenpolypen; in anderen Fällen jedoch schrumpft die Nasenschleimhaut und es bilden sich auf derselben übelriechende Krusten, was zur sog. *Stinknase* Veranlassung gibt. Sogar asthmatische Anfälle, chronische Anschwellung der Mandeln und Wucherung der Rachenmandel, welch letztere besonders bei Kindern vorkommen, können die Folge von langwierigem und vernachlässigtem Stockschnupfen sein.

Die **Behandlung** muss sowohl örtlich wie allgemein sein. Was die Kleidung und Abhärtung betrifft, befolge man die bereits oben genannten Vorschriften, welche zur Heilung unerlässlich sind. Vor allen Dingen genieße man weder Alkohol noch scharf gewürzte oder gesalzene Speisen, dagegen nehme man reichlich Milch, Zucker, Gemüse und Obst zu sich, ferner meide man den Aufenthalt in mit Tabaksqualm gefüllten Räumen, sorge stets für warme Füße und härte sich ab durch Luft- und Sonnenbäder.

Empfehlenswerte **homöopathische Heilmittel** sind folgende: **Pulsatilla D 3** bei gelblicher Schleimabsonderung und Verlust des Geruchs; **Hep. sulf. D 6** bei eitriger Absonderung und Ausschlag an der Nase; **Kal. bichrom. D 4, Acid. nitr. D 4** bei übelriechender Absonderung und blutigen Krusten in der Nase; **Sulfur D 6,** wenn der Schleim hinten in der Nase sitzt und ein Hinabziehen des Schleimes nach dem Munde stattfindet; **Aurum jodat. D 4** bei Geschwürbildung in der Nasenschleimhaut; **Calc. carb. D 6, Calc. jod. D 4, Silicea D 6, Sulfur D 6** bei skrofulösen und tuberkulösen Personen; günstig wirkt in solchen Fällen auch die K a l k t h e r a p i e (siehe Seite 152). Neben dieser a l l g e m e i n e n Behandlung mit innerlichen Mitteln muss eine ö r t l i c h e besonders dann einhergehen, wenn der Stockschnupfen von reichlicher Absonderung von Schleim oder von übelriechenden Stoffen begleitet ist. Letztere Behandlung besteht in N a s e n s p ü l u n g e n mittels einer schwachen **Kochsalzlösung** oder einer **2%igen Borsäurelösung** und zuweilen in der Anwendung von **Wattetampons,** welche mit einem Gemisch von 50 Gramm Glyzerin und 50 Gramm Wasser, dem 20 bis 30 Tropfen **Sanguinaria-** oder **Hydrastis canadensis-Tinktur** zugesetzt sind, befeuchtet werden. Mit dieser Tamponbehandlung, welche während einiger Wochen vom A r z t täglich ausgeführt werden muss, können sogar in langwierigen Fällen öfters noch günstige Resultate erzielt werden, so dass Operationen meistens überflüssig werden.

3. Stinknase

... (*Ozaena*) kommt besonders bei jungen Mädchen infolge von langwierigem Stockschnupfen vor und geht mit der Bildung von übelriechenden Krusten und Geschwüren einher. Das Übel ist weder gefährlich noch schmerzhaft, aber lästig und peinlich, sowohl für den Kranken selbst als für seine Umgebung. Außer den bereits bei **Stockschnupfen** genannten Mitteln sind besonders t ä g l i c h e N a s e n s p ü l u n g e n mit einer schwachen Lösung von **übermangansaurem Kalium** oder einem **Absud von Eichenrinde** zu empfehlen, wobei zu gleicher Zeit für tägliche, ausgiebige Körperbewegung im Freien gesorgt werden muss. Siehe auch **Übler Mundgeruch.**

4. Nasenpolypen

... sind allmählich größer werdende Geschwülste der Nasenschleimhaut, welche die Nase verstopfen, so dass der Patient durch den Mund atmen muss und die Sprache einen Nasenlaut erhält. Zuweilen tritt auch Nasenbluten als Begleiterscheinung auf. Die Beschwerden sind bei feuchtem Wetter schlimmer, weil dann die Polypen anschwellen. Bei der **Behandlung** sind die wichtigsten Mittel: **Calc. carb. D 6, Silicea D 6, Sulfur D 6, Sanguin. D 3, Thuja D 6** nebst den bereits bei **Stockschnupfen** genannten Maßregeln. Gute Dienste leistet zuweilen das Aufschnaufen von **Pyrogallussäure-** oder **Marum verum-Pulver.** Oft ist jedoch eine Operation nicht zu umgehen.

5. Nieskrampf

... (*Sternutatio convulsiva*) kommt häufig beim H e u s c h n u p f e n (siehe unten), jedoch auch als selbständige nervöse Affektion vor. Durch festes Drücken mit dem Daumen gegen den harten Gaumen oder durch Aufschnaufen einiger Tropfen *Menthol- Spiritus* oder auch durch mehrmaliges Einnehmen von 5 Tropfen **Sabad. D 3** gelingt es zuweilen, den Krampf rasch zu beenden.

6. Heufieber (Pollenallergie)

... (*Catarrhus aestivus*) oder *Heuschnupfen* ist eine eigentümliche Affektion der Nasenschleimhaut, welche bei dafür empfindlichen Personen zur Blütezeit auftritt und wahrscheinlich durch das Einatmen des Blütenstaubes gewisser blühender Gräser oder Blüten verursacht wird. Die Krankheit dauert gewöhnlich einige Wochen; die Beschwerden bestehen in heftigem Niesen, Katarrh der Nase und der Augen, Kopfschmerzen, Hustenreiz und zuweilen Fieber und Atembeschwerden. Bei der **Behandlung** werden **Arsen. alb. D 6, Gelsem. D 3, Pulsatilla D 3** und **Silicea D 6** empfohlen. Bei anhaltendem, heftigem Niesen ist **Sabadilla D 3** angezeigt, sowohl innerlich als äußerlich in Form von Aufschnaufungen. Ferner erweist sich ein längerer Gebrauch von **Kalkwasser** oder von **Kalziumtabletten** als nützlich. In neuerer Zeit werden auch Einspritzungen mit sog. *Pollen-Vakzine* empfohlen. Am wirksamsten ist eine Luftveränderung.

7. Nasenbluten

... (*Epistaxis*) entsteht durch Zerreißen kleiner Blutgefäße in der Nasenschleimhaut und kommt besonders bei jugendlichen Personen in den Entwicklungsjahren, jedoch auch bei an Lungenerweiterung, Herz-, Leber- und Nierenkrankheiten Leidenden vor. Gefährliches, oft kaum zu stillendes Nasenbluten kommt bei sog. „Blutern" vor, deren Blut bei der Berührung mit der Luft nur sehr langsam gerinnt. Veranlassende Ursachen des Nasenblutens sind Verletzungen der Nase, Blutandrang nach dem Kopf, übermäßige Körperanstrengungen, Gemütsbewegungen, zu enge Kragen, zu reichlicher Genuss von Kaffee, Bier oder Wein; schließlich kommt Nasenbluten beim Besteigen hoher Berge infolge der Luftverdünnung vor.

Behandlung. Bei nicht zu heftigem Nasenbluten bei jungen Leuten braucht man nichts weiter zu tun als etwas kaltes Wasser und Essig aufschnaufen zu lassen. Die Blutung steht dann gewöhnlich von selbst. Bei heftigem Nasenbluten lasse man den Kranken sich r u h i g h i n - s e t z e n , entferne alle den Hals beengenden Kleidungsstücke, biege den Kopf r ü c k w ä r t s u n d s e i t l i c h und drücke die Nase mit 2 Fingern einige Minuten lang kräftig zusammen. Hierdurch steht die Blutung in vielen Fällen sofort. Sollte es nicht der Fall sein, dann mache man von Verbandswatte einen dicken, länglichen Stopfen und schiebe denselben in das blutende Nasenloch in h o r i z o n t a l e r R i c h t u n g nach hinten. Zugleich mache man kalte Aufschläge auf den Nacken und ein heißes Fußbad. Helfen auch diese Maßregeln nicht, dann rufe man unverzüglich einen Arzt, welcher die Nase nach den Regeln der Kunst tamponieren wird.

Bei langwierigem oder öfters wiederkehrendem Nasenbluten sind folgende innerliche Mittel angezeigt: **Arnica D 3** nach Verletzungen; **Belladonna D 3** bei Blutandrang nach dem Kopf; **Nux vom. D 3,** wenn Alkohol- oder Kaffeemissbrauch die Ursache ist; **Ammon. carb. D 3,** wenn die Blutungen besonders morgens beim Waschen auftreten; **Pulsatilla D 3** bei Menstruationsstörungen; **Sepia D 6** beim Nasenbluten der Frauen in den Wechseljahren; **Hamamelis-Extrakt** und **Crocus D 3** bei Blutungen mit schwarzen, geronnenen Stücken; **Phosph. D 6** bei Lungenerweiterung; **Digitalis D 4** bei Herzkrankheiten; **China D 3** und **Arsen. alb. D 6** bei Blutarmut und Bleichsucht; **Natr. nitr. D 2** bei Blutern und jugendlichen Personen. Von letztgenanntem Mittel haben wir wiederholt die besten Erfolge gesehen.

D. Halskrankheiten

Der Hals ist ein Teil sowohl der Verdauungs- als der Atmungsorgane. In engem Raum liegen hier neben-, vor- und hintereinander der weiche Gaumen mit dem Zäpfchen, die Mandeln, der Rachen und der Kehlkopf. Ein Krankheitsprozess kann sich deshalb sehr leicht von dem einen Teil auf den anderen ausdehnen. So kann z. B. eine anfänglich ungefährlich erscheinende Mandelentzündung durch Ausdehnung der Krankheit auf den Kehlkopf zu den bekannten, gefährlichen Krupperscheinungen Anlass geben. Besonders bei Kindern kommen diese Krankheiten viel vor. Um **Halskrankheiten** zu **verhüten,** ist es notwendig, die Haut durch kalte Waschungen und Luftbäder abzuhärten, zu warme und zu enge Halsbekleidung zu vermeiden und stets für warme Füße zu sorgen. Tabak- und Alkoholmissbrauch, der Genuss zu heißer Speisen und Getränke, das Einatmen staubiger Luft und scharfer Gase müssen vermieden werden. Bei **Halskrankheiten** ist es nötig, die Stimme vor Anstrengung zu bewahren, für reine, gleichmäßig warme, nicht zu trockene L u f t in den Aufenthaltsräumen zu sorgen und scharfe und reizende Speisen und Getränke zu vermeiden. Sind die Stimmbänder ermüdet und mehr oder weniger erschlafft durch übermäßige Anstrengung beim Sprechen oder Singen, dann ist S c h w e i g e n das Haupttheilmittel.

1. Halsentzündung

… *(Pharyngitis acuta)* kommt besonders in Städten viel vor. Meistens wird sie durch Erkältung, Durchnässung oder das Sitzen mit nassen Füßen im Zimmer oder das Einatmen verdorbener Luft verursacht. Die Beschwerden sind: Halsschmerz, Kopfschmerz, Fieber, trockenes Gefühl im Hals mit Räuspern und Schleimabsonderung. Ist der Kehlkopf besonders angegriffen, dann zeigt sich ein trockener Reizhusten mit Heiserkeit und bei Kindern erschwertes Atmen. Sind die **Mandeln** und der **weiche Gaumen** besonders angegriffen, dann ist das Schlucken erschwert, die Mandeln sind geschwollen und mit Belag bedeckt.

Die **Behandlung** bestehe in Bettruhe, nassen Umschlägen um den Hals, Anwendung des Bettdampfbades und dem abwechselnden Gebrauch von **Aconit. D 3** und **Belladonna D 3** im Anfang, während später **Mercur. solub. D 4** oder **Mercur. corros. D 5** angezeigt ist, besonders dann, wenn die Mandeln mit angegriffen sind. Gurgeln mit verdünntem Zitronensaft oder Rotwein und das Trinken von Bienenhonigwasser sind zu empfehlen. Zuweilen bildet sich ein **Mandelgeschwür** oder **Abszess,** welches mit erschwertem Schlucken, heftigen Schmerzen und Fieber verbunden ist. In diesem Falle sind heißes Gurgeln mit Kamillentee und der 3stündliche Gebrauch von **Hep. sulf. D 4** angezeigt. Zuweilen ist es nötig, durch einen Einschnitt die heftigsten Beschwerden zu erleichtern. Um die Wiederkehr derartiger, äußerst schmerzhafter Mandelgeschwüre zu verhüten, sind regelmäßiges Gurgeln mit einer kalten Kochsalzlösung und der innerliche Gebrauch von

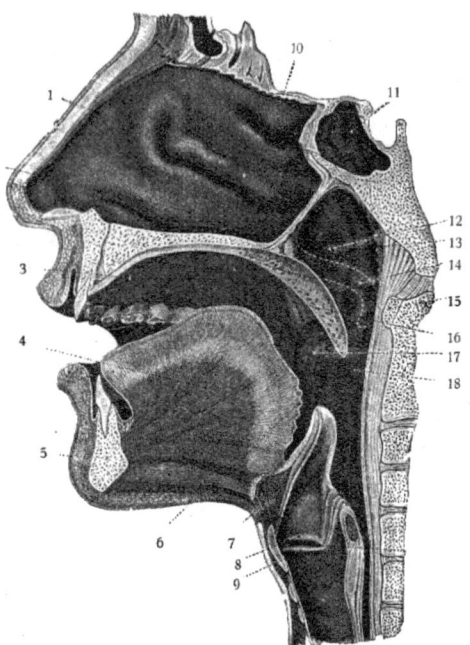

Abb. 52: Lage des weichen Gaumens beim Sprechen. I. Mittlere Nasenmuschel. 2. Untere Nasenmuschel. 3. Harter Gaumen. 4. Zunge. 5. Unterkiefer. 6. Unterzungendrüse. 7. Kehldeckel. 8. Rechtes falsches Stimmband. 9. Rechtes wahres Stimmband. 10. Obere Nasenmuschel. 11. Keilbeinhöhle. 12. Mündung der Ohrtrompete. 13. Rachenmandel. 14. Lage des weichen Gaumens beim Sprechen. 15. Halswirbel. 16. Weicher Gaumen. 17. Rechte Mandel. 18. Rachen.

Calc. jod. D 4 oder **Sulfur D 6** von Nutzen. Ist der Kehlkopf der Sitz der Entzündung, dann sind **Belladonna D 3** und **Ammon. bromat. D 2,** im späteren Verlauf noch **Hep. sulf. D 6** in Verbindung mit Einatmungen einer schwachen Kochsalzlösung mittels eines Inhalationsapparates angezeigt.

2. Chronischer Rachenkatarrh

... *(Pharyngitis chronica)* ist die Folge von oft wiederholten Halsentzündungen, anhaltendem, lautem Sprechen, wie es bei Lehrern, Offizieren und Predigern der Fall ist, oder von Überreizung der Schleimhäute durch Tabak- und Alkoholmissbrauch. Der Kranke beklagt sich über Reiz, brennendes Gefühl und Trockenheit im Halse und hat morgens und auch am Tage etwas schleimigen Auswurf, welcher jedoch erst nach langem Räuspern herausbefördert wird. Zuweilen gesellen sich Husten und Heiserkeit hinzu. Die hintere Rachenwand ist rot und entzündet, die Schleimhaut ist entweder verdickt oder geschrumpft und trocken. Bei längerer Dauer der Krankheit wird der Patient oft hypochondrisch und glaubt die Halsschwindsucht zu haben. Eine sorgfältige ärztliche Untersuchung ist deshalb nötig, um ihn in diesem Punkte zu beruhigen.

Bei der **Behandlung** müssen Tabak- und Alkoholgenuss, anhaltendes, anstrengendes Sprechen und lautes Singen vermieden werden. Der Kranke muss stets durch die Nase atmen und den plötzlichen Übergang aus der warmen in die kalte, raue Luft, besonders nach Anstrengung der Stimme, vermeiden. Gurgeln mit lauwarmem oder kaltem Wasser, dem etwas Glyzerin und Salz zugesetzt ist, sind sehr zu empfehlen. Für warme Füße und Abhärtung der Haut muss gesorgt werden. Der Gebrauch von **Natr. jod. D 4, Alumina D 6, Sulfur D 6, Calc. jod. D 6** leistet oft gute Dienste. Verdickungen und Wucherungen der Rachenschleimhaut können zuweilen vom Arzt mittels **Elektrolyse** (siehe Seite 188) beseitigt werden. Bei einer akuten Verschlimmerung des Leidens sind die Mittel, welche wir bei **Halsentzündung** genannt haben, angezeigt. Ist der Kehlkopf besonders angegriffen, dann kommen die Mittel, welche wir bei **Heiserkeit** nennen werden, in Betracht.

3. Halsgeschwür

... (*Retropharyngealabszess*) ist eine eitrige Entzündung des Bindegewebes, das zwischen der hinteren Rachenhöhlenwand und den Halswirbeln liegt, in deren Verlauf sich hinten im Halse eine Geschwulst bildet, welche Eiter enthält und das Schlucken und Atmen derartig erschwert, dass bei Kindern sogar Erstickungserscheinungen auftreten können. Im Anfang können Gurgeln mit warmem Kamillentee und wiederholtes Einnehmen von **Hep. sulf. D 4** versucht werden. In den meisten Fällen ist jedoch eine kleine Operation zur Entfernung des Eiters notwendig.

4. Heiserkeit

... wird verursacht durch Entzündung des Kehlkopfes *(Laryngitis)*, Lähmung der Stimmbänder, syphilitische oder tuberkulöse Geschwüre und Polypen, und tritt bei Kindern im Verlaufe des Krupphustens und der Diphtherie auf. In allen ernsten und langwierigen Fällen ist eine sorgfältige ärztliche Untersuchung mit dem Kehlkopfspiegel unbedingt notwendig.

In **akuten** Fällen raten wir zu nassen Umschlägen um den Hals, Gurgeln mit **Honigwasser** und dem innerlichen Gebrauch folgender **homöopathischer Mittel: Aconit. D 3** nach Erkältung; **Arnica D 3** und **Arum. triph. D 3** nach zu großer Anstrengung der Stimme; **Ammon. brom. D 2** bei Diphtherie; **Chamom. D 3** bei Heiserkeit und Husten bei *Rindern*; **Mercur. solub. D 4** bei Heiserkeit, welche durch kalte Luft verschlimmert wird, und gleichzeitig vorhandener *Neigung zum Schwitzen*; **Nux vom. D 3** bei Heiserkeit mit *trockenem* Husten und Reiz im Kehlkopf; **Pulsatilla D 3,** wenn die Stimme ganz fort und gelblicher Auswurf vorhanden ist; **Spongia D 2** bei Krupphusten.

In **chronischen** Fällen sind folgende Mittel angezeigt: **Ammon. jod. D 3, Jodum D 3, Spongia D 3** in noch nicht zu sehr veralteten Fällen, besonders nach Influenza; **Phosph. D 5** bei Heiserkeit nach Masern und Krupp; **Arnica D 2** und **Hamamelis-Extrakt** nach Überanstrengung der Stimme bei Sängern und Rednern (auch als *Vorbeugungsmittel* von Nutzen); **Causticum D 4** bei fortwährender Neigung zu Heiserkeit, besonders bei Sängern; **Carb. veget. D 6** bei Heiserkeit, welche abends schlimmer ist und von Stechen im Halse und in der Brust begleitet ist; **Mangan. acet. D 6** bei Schleimabsonderung und Stechen im Halse beim Schlucken; **Mercur. solub. D 4** und **Kal. jod. D 2** bei Syphilis; **Hep. sulf. D 6** und **Sulfur D 6** in langwierigen und veralteten Fällen mit blutigem oder eitrigem Auswurf. Ferner sind **Einatmungen** von **Benzoe-Tinktur** (10 Tropfen auf ein Glas kochend heißes Wasser) oft nützlich. Auch ist es wichtig, dass die Lebensweise nach den oben besprochenen Regeln eingerichtet wird, weil sonst das Übel immer wieder von neuem auftritt. Sehr zu empfehlen ist es schließlich, jeden Morgen den Hals mit kaltem Wasser zu waschen und danach einige Minuten lang mit der Hand zu massieren.

5. Stimmbandlähmung

... kann nur durch eine örtliche Untersuchung mit dem Kehlkopfspiegel mit Sicherheit festgestellt werden, obwohl dieselbe in allen langwierigen Fällen von Heiserkeit oder von Verlust der Stimme ohne sonstige Beschwerden, wie Husten und Auswurf, vermutet werden kann.

Diese Lähmung kommt vor bei Hysterie, Bleichsucht, Neurasthenie (in diesen Fällen sind **Ignat. D 3, Nux vom. D 3, Causticum D 3, Zinc. valer. D 3** oft von Nutzen); nach Diphtherie (hier hilft **Gelsemium D 3);** nach Überanstrengung der Stimme (hier helfen **Arnica D 3** und **Hamamelis-Extrakt)** und schließlich bei Krankheiten der Halsnerven und des Gehirns. Letztere Fälle sind meistens unheilbar, immerhin können **Causticum D 4, Zinc. D 6**, elektrische Behandlung und kalte und warme Duschen auf den Hals versucht werden.

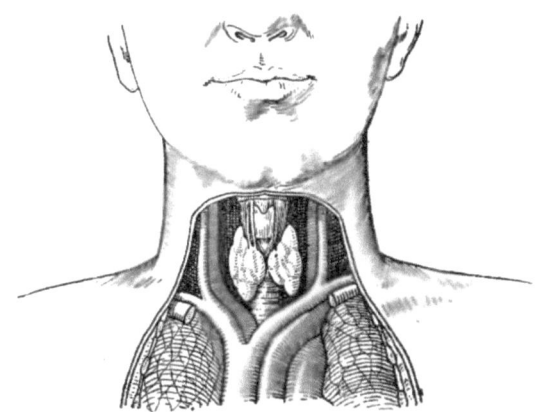

Abb. 53: Lage der Schilddrüse zu beiden Seiten des Kehlkopfes.

6. Kehlkopfschwindsucht

… *(Tuberculosis Laryngis)* kommt selten als selbständige Krankheit vor, sondern ist meistens eine Begleiterscheinung der Lungenschwindsucht, wobei durch Übergreifen des tuberkulösen Prozesses auf den Kehlkopf Heiserkeit und Schmerzen beim Sprechen und Schlucken entstehen. Die **Behandlung** fällt mit derjenigen der Lungenschwindsucht zusammen. Im Anfang sind besonders **Arsen. jod. D 4, Ammon, jod. D 4** und **Phosph. D 5** oder **D 6,** nebst Einatmungen von Dämpfen von **Benzoe-Tinktur** und **Emser Wasser** angezeigt.

7. Kropf

… *(Struma)* ist eine Anschwellung der Schilddrüse, welche besonders bei Mädchen und Frauen öfters vorkommt. Zuweilen ist die Geschwulst weich und gallertartig, in anderen Fällen hart und zäh oder mit geschwollenen Adern bedeckt. In bestimmten Gegenden, z. B. in der Schweiz und in Norwegen, kommt diese Krankheit viel vor. Das Trinken kalkhaltigen Wassers, das Tragen schwerer Lasten, anhaltendes Gebücktsitzen z. B. bei Schulkindern begünstigt die Bildung dieser entstellenden und zuweilen auch gefährlichen Geschwülste. Bei der **Behandlung** kommt es darauf an, solche Arzneien, welche auf den ganzen Körper wirken, auszuwählen. Bei skrofulösen Personen sind demnach **Jodum, Calcium carbonicum, Arsenicum jodatum** angezeigt. Kropfgeschwülste, welche bei Frauen, besonders nach einem Wochenbett, entstehen und nach der Menstruation größer werden, finden öfters Heilung durch Anwendung von **Belladonna, Hamamelis** und **Sulfur.** In Fällen unsicheren Ursprungs hilft zuweilen **Conium.** Ferner werden noch **Spongia, Calcium jodatum, Bromum** und das sog. **Kropfpulver,** welches aus 1 Teil pulverisierter Eierschale, 1 Teil gebranntem Röstschwamm und 2 Teilen weißem Zucker besteht, empfohlen. Die genannten Mittel werden während 14 Tagen 1- bis 2mal täglich eingenommen, worauf eine Pause von 14 Tagen eintritt und dann wieder mit dem Einnehmen fortgefahren wird. Die Behandlung muss einige Monate lang fortgesetzt werden und es ist zweckmäßig, abwechselnd hohe und niedrige Verdünnungen anzuwenden. In letzter Zeit werden aus der Schweiz vorzügliche Erfolge gemeldet von dem monatelangen Gebrauch von **Natr. jodat. D 2,** 2mal wöchentlich eine Gabe. Mehr als 1000 Kinder wurden auf diese Weise von ihrem Kropf geheilt und bei den meisten konnte man eine günstige Wirkung auf die körperliche und geistige Entwicklung feststellen.

Äußerlich kann während der Nacht das Anlegen eines nassen Umschlages, welcher mit einem **Absud** von **Eichenrinde** getränkt wird, empfohlen werden. Treten große Kurzatmigkeit oder Erstickungserscheinungen auf, dann ist eine Operation nicht zu umgehen. Harte, zähe Kröpfe sind meistens nicht durch innerliche Mittel zu heilen, dieselben verursachen jedoch in der Mehrzahl der Fälle keine derartig heftigen Beschwerden, dass eine Operation unbedingt notwendig erscheinen muss.

3.8 Hautkrankheiten

Die Haut ist ein Organ, welches für die Regulierung der Körperwärme, die Entfernung verbrauchter Stoffe und die Atmung von großer Wichtigkeit ist. Infolge ihrer äußeren Einflüssen ausgesetzten Lage, ihres Baues und der Beziehungen, welche sie zu verschiedenen anderen Organen hat, ist die Haut mancherlei Krankheiten unterworfen. Von der größten Wichtigkeit ist deshalb die **Hautpflege,** wodurch die Haut gesund und kräftig bleibt und bei ernsten Krankheiten des ganzen Organismus umso eher zur Wiederherstellung der Gesundheit mitwirken kann. Wir haben über diesen wichtigen Gegenstand im 1., 5. und 6. Abschnitt des II. Teiles das Nötige gesagt. Demnach sind die Hauptbedingungen für eine gute Hautpflege: R e i n l i c h k e i t u n d A b h ä r t u n g d e r H a u t durch *Bäder, Waschungen,* **Luftbäder** und *poröse Unterkleidung.* Was den Gebrauch von *Seife* betrifft, so sind die Seifen, welche freie Säuren oder Alkalien enthalten, schädlich, weil sie die Haut zu viel angreifen. *Neutrale Seifen sind deshalb vorzuziehen·,* man kann diese daran erkennen, dass sie bei Berührung mit der Zunge kein brennendes und stechendes Gefühl hervorrufen.

Hautausschlag entsteht aus verschiedenen Ursachen. Bei vielen fieberhaften Krankheiten, wie Masern, Scharlach usw. ist die Haut mit angegriffen und die Behandlung fällt dann mit derjenigen der ursprünglichen Krankheit zusammen. Die *eigentlichen* **Hautkrank**heiten treten zuweilen *mit,* meistens jedoch *ohne* Fieber auf; sie sind örtlich oder allgemein, d. h. sie hängen mit dem Gesundheitszustand des ganzen Körpers zusammen. Da Hautkrankheiten öfters die Äußerungen eines abnormalen Stoffwechsels oder chronischer Krankheitszustände sind, liegt es auf der Hand, dass eine *ausschließlich äußerliche* Behandlung mit scharfen Salben und Flüssigkeiten nicht nur auf die Dauer *unwirksam ist,* sondern sogar *großen Schaden* verursachen kann. Dagegen ist es bei den meisten Hautkrankheiten von der größten Wichtigkeit, die *Lebensweise zu regeln,* eine *Diät,* welche *keine scharf gesalzenen, gewürzten* und *zu fetten Speisen,* aber *reichlich Gemüse* und *Obst* enthält, zu befolgen und das *übermäßige Trinken* und den *Alkoholmissbrauch* zu unterlassen. In gewissen Fällen ist sogar eine *rein vegetarische* Ernährung empfehlenswert. In *allen langwierigen Fällen* ist eine *ärztliche Untersuchung* am Platze, damit die Ursache der Krankheit, welche zuweilen eine ganz andere ist, als vermutet wird, fest gestellt werden kann.

Homöopathische Arzneimittel sind von großem Nutzen, die Wahl des richtigen Mittels ist jedoch nicht immer leicht. Für den **äußerlichen Gebrauch** sind bei **nässendem** Ausschlag **Einpuderungen** mit Reismehl, Kartoffelmehl, Bohnenmehl oder mit einem Gemisch von

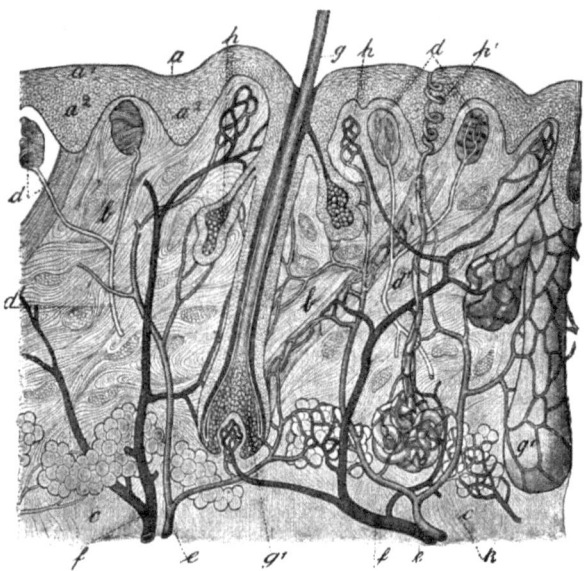

Abb. 54: Die Haut (stark vergrößert.)a. Oberhaut, al. Hornhautschicht. a2. Schleim Schicht, b. Lederhaut. c. Unterhautfettgewebe. d. Endkölbchen der Nerven d1. e. Arterie. f. Vene. g. Haarschaft, g1. Haarwurzel, h. Talgdrüsen. i. Muskel, k. Schweißdrüse. k1. schraubenzieherartiger Ausführungsgang derselben.

Magnesium carbonicum und einem dieser Mehle (3 auf 100 Teile) zu empfehlen, während **Hamamelis-Salbe** bei **Geschwüren** oft gute Dienste leistet und die Anwendung *überfetteter medizinischer* **Seifen** bei **trockenem** Hautausschlag nicht selten von Nutzen ist.

1. Rose

... (*Erysipelas*) oder *Rotlauf* ist eine fieberhafte Hautkrankheit, welche, außer durch eine eigentümliche Entzündung der Haut, auch noch durch Kopfschmerzen, Frösteln, Durst, Appetitlosigkeit und Zerschlagenheitsgefühl gekennzeichnet wird. Sie befällt am meisten das Gesicht und den Kopf, gelegentlich aber auch andere Körperteile. Die Haut wird *schmerzhaft, rot* und *heiß, schwillt an* und bedeckt sich zuweilen mit kleinen und großen Blasen. Dabei hat die Entzündung die Neigung, weiter um sich zu greifen. Die Krankheit wird durch bestimmte Spaltpilze (sog. *Streptokokken)* verursacht, welche in kleine Wunden, Geschwürchen oder Hautrisse eindringen. Außerdem sind manche Personen, besonders in der rauen Jahreszeit, für diese Krankheit besonders empfänglich.

Die **Behandlung** erfordert Aufenthalt im warmen Zimmer und bei Fieber im Bett. *In ernsten Fällen ziehe man einen Arzt hinzu.* Im Anfang ist **Belladonna D 3** das beste Mittel, von welchem **1-** bis 2stündlich 5 Tropfen verabreicht werden. Sind die Augenlider geschwollen, ist der Mund trocken und treten Gehirnreizungserscheinungen auf, dann gebe man **Apis D 3** im Wechsel mit **Belladonna D 3.** Bei der Blasenrose ist **Rhus Tox. D 4,** bei brennenden Schmerzen, welche nachts schlimmer sind, **Arsen. alb. D 4** oder **D 6,** bei der sog. „Wanderrose", welche bald diese, bald jene Körperstelle befällt, **Pulsatilla D 3,** bei Eiterbildung **Mercur. solub. D 4** angezeigt. Empfehlenswerte **äußerliche Mittel** sind: **Vaselin, Hamamelis-Salbe, Mandelöl,** womit die entzündeten Stellen eingeschmiert werden; darüber kommt reine Watte, welche durch einen geeigneten Verband zu befestigen ist. Ganz im Anfang der Krankheit gelingt es zuweilen, durch wiederholte **Alkoholaufschläge** (mit 50% Alkohol) die Ausdehnung der Rose zu verhindern. Gegen die zurückbleibenden Verhärtungen der Haut ist **Sulfur D 6** oder **Jodum D 4** von Nutzen. Diejenigen, welche wiederholt von Rose befallen werden, müssen sich vor Erkältungen hüten, die Haut abzuhärten suchen, zum Waschen des Gesichts nur *milde* Seife gebrauchen und ab und zu **Sulfur** oder **Graphites** in höheren Potenzen einnehmen.

2. Gürtelrose

.... (*Herpes zoster)* besteht in einem bläschenförmigen Ausschlag, welcher sich unter heftigem Brennen und Jucken gürtelartig rings um die Hälfte des Brustkastens oder des Rumpfes ausdehnt. Die Bläschen stehen dicht aneinander, enthalten eine helle Flüssigkeit und vertrocknen nach einigen Tagen. Die Schmerzen dauern jedoch meistens noch länger und nicht selten erfolgt nach einiger Zeit ein erneuter Ausbruch der Bläschen. Die Ursache dieser Krankheit, welche bei geschwächten und alten Leuten oft lange dauert, liegt in Störungen der Nerven. Die besten Mittel dagegen sind: **Rhus Tox. D 6, Mezereum D 3, Ranunc. bulb. D 4** und in langwierigen Fällen **Graphit. D 6.** Aufenthalt im warmen Zimmer ist bis zur Heilung erforderlich; als äußerliche Anwendung ist Bepuderung mit **Kartoffelmehl** und Bedeckung mit Verbandwatte zu empfehlen.

3. Nesselsucht

... (*Urticaria*) oder *Nesselfriesel* tritt bei manchen Leuten nach dem Genuss von Erdbeeren, Austern, Krebsen, oder infolge Einnehmens zu starker Arzneien, wie *Kopaiva* und ferner als Begleiterscheinung von Störungen der Verdauungsorgane oder der weiblichen Geschlechtsorgane auf. Der Ausschlag, welcher mit oder ohne Fiebererscheinungen plötzlich hervorbricht, besteht in roten oder weißen Quaddeln (wie solche durch Brennnesseln verursacht werden), welche heftig jucken und brennen. Die **Behandlung** bestehe in Einreibungen mit Essigwasser, verdünntem Glyzerin oder Eau de Cologne, wodurch das Jucken aufhört und der Ausschlag innerhalb weniger Stunden verschwindet. Ist Fieber vorhanden, dann muss der Kranke zu Bett bleiben und das eine oder andere der weiter unten genannten Mittel einnehmen. Um Wiederholung der Nesselsucht zu verhindern, müssen die veranlassenden Ursachen so viel als möglich vermieden und etwaige Krankheitszustände ärztlich behandelt werden. Folgende Mittel kommen bei Nesselsucht in Betracht: **Aconit. D 3** und **Belladonna D 3** bei Fieber; **Apis D 3** bei Bildung sehr großer, runder, juckender Quaddeln; **Rhus Tox. D 4** bei Bläschenbildung; **Bryon. D 3** bei Verstopfung und Rheumatismus; **Pulsatilla D 3** bei Verdauungsstörungen, besonders nach dem Genuss fetter Speisen; **Dulcamara D 3** nach Erkältung und wenn gleichzeitig Durchfall vorhanden ist; **Causticum D 4** bei Verschlimmerung in der Kälte; **Sulfur D 6, Graphit. D 6** und **Lycopodium D 6** in langwierigen Fällen. Bei Kindern, welche wiederholt an diesem Ausschlag litten, haben wir durch strenge Befolgung einer v e g e t a r i s c h e n D i ä t mitunter sehr gute Erfolge erzielt.

4. Blutschwären

... entstehen durch Entzündung der Schweiß- oder Talgdrüsen, wodurch harte, rote und schmerzhafte Pusteln gebildet werden, welche nach einigen Tagen aufbrechen und Eiter entleeren. Vernachlässigung der Hautpflege und der Genuss von scharfen und verdorbenen Speisen oder schlechtem Trinkwasser sind die häufigsten Ursachen dieses Übels, welches bei manchen Leuten häufig wiederkehrt (sog. *Furunkulose).* Der Eiter dieser Schwären enthält nämlich Bakterien (sog. *Eiterkokken),* welche in kleine Risse der Haut eindringen und daselbst neue Pusteln hervorrufen. Dies ist nur durch peinlich saubere Behandlung zu verhüten. Personen, welche mit Skrofulöse und Zuckerkrankheit behaftet sind, leiden häufig an Furunkulose. in der frischen Luft, der innerliche, abwechselnde Gebrauch von **Arnica D 3** und **Hep. sulf. D 6** während einiger Wochen dringend zu empfehlen.

5. Karbunkel

... (*Carbunculus*) nennt man eine sehr schmerzhafte, harte Schwellung des Unterhautzellgewebes, welche nach einiger Zeit an verschiedenen Stellen aufbricht, so dass die Haut siebartig durchlöchert erscheint. Diese Beulen kommen besonders bei älteren Personen am Nacken und auf dem Rücken vor und können bei längerer Dauer das Leben des Kranken gefährden. Die **Behandlung** bestehe in dem Einnehmen von **Arnica D 3** und dem Auflegen eines **Salizylseifenpflasters**, welches 2mal täglich erneuert werden muss. Auch nasse Umschläge und warme Leinsamenaufschläge sind zu empfehlen. Ist der Karbunkel nicht zu groß, dann kann er auf diese Weise meistens ohne Operation geheilt werden. Zur Förderung der Eiterbildung ist **Hep. sulf. D 3** und nach Durchbruch des Eiters **Silicea D 6** angezeigt, während bei heftigen Schmerzen und Brandigwerden **Arsen. alb. D 5** und **Lachesis D 12**, in bösartigen Fällen außerdem noch **Echinacea D 2** in Betracht kommen. Ist der Karbunkel aufgebrochen, dann muss für ständige Reinigung der Wunde mit abgekochtem Wasser, dem etwas **Calendula-Tinktur** zugesetzt ist, gesorgt werden.

6. Abszess

... ist eine örtliche Entzündung, welche mit Schmerzen, Röte und Schwellung, zuweilen auch mit Fieber und Frösteln einhergeht und zur Eiterbildung Veranlassung gibt. Ist der Abszess „reif", dann wird der Arzt in den meisten Fällen eine kleine Operation ausführen, um den Eiter zu entfernen. Nebst nassen Umschlägen, welche den vielfach noch empfohlenen Eisanwendungen vorzuziehen sind, sind im Anfang **Aconit. D 3** und **Belladonna D 3** angezeigt; vermutet man Eiterbildung, dann ist **Mercur. solub. D 4,** nach einiger Zeit aber **Hep. sulf. D 4** und nach Durchbrechen des Abszesses **Silicea D 6** am Platze.

7. Geschwüre

... (*Ulcus*) sind oft als eine Äußerung einer krankhaften Konstitution zu betrachten, wie es bei an Skrofulöse, Syphilis und Gicht Leidenden der Fall ist. Sie können jedoch auch infolge äußerer Reizungen und vernachlässigter Wunden entstehen. Das Charakteristische eines Geschwürs ist, dass die Haut durch die anhaltende Eiterung zerstört ist. Dehnt sich ein Geschwür in die Tiefe aus, dann kann das Bindegewebe, ja sogar das Knochengewebe angegriffen werden. Manche Geschwüre greifen weiter um sich, andere bleiben beschränkt; bald sondern sie Eiter oder Blut ab, bald sind sie mit übelriechenden Krusten bedeckt und zuweilen

Behandlung. Man wasche die Pusteln mit verdünntem Alkohol, welchem *2% Salizylsäure* zugesetzt ist, lege ein **Arnica-Pflaster** oder **Salizylseifenpflaster** darauf, und nehme **Hep. sulf. D 4** 4mal täglich ein, wodurch das Aufbrechen der Schwären beschleunigt wird. Zur Verbesserung des Blutes und Verhütung der Wiederkehr des Übels ist nebst guter Hautpflege durch Bäder und Waschungen **mit Salizylseife,** einer milden Diät und ausgiebiger Körperbewegung sind die Ränder hart und verdickt. Sehr hartnäckig sind die Fisteln, welche enge Kanäle bilden und die **Unterschenkelgeschwüre,** welche wir bereits ab Seite 139f besprochen haben.

Die **Behandlung** ist teils chirurgisch und örtlich, teils allgemein mit **homöopathischen Mitteln,** welche die Konstitution verbessern und zugleich auf die Geschwüre wirken; ferner sind B ä d e r, W a s c h u n - g e n und eine bestimmte D i ä t von großem Nutzen. In den meisten Fällen ist große Geduld nötig und in allen sich lange hinziehenden Fällen befrage man einen Arzt. Äußerlich sind U m s c h l ä g e u n d W a - s c h u n g e n mit verdünnter **Calendula-Tinktur,** ferner Anwendung von **Hamamelis-** und **Calendula-Salbe** und Bepuderungen mit **Borsäure** zu empfehlen. Innerlich leisten **Arsen. jod. D 4** oder **D 6, Calc. carb. D 6, Carbo veget. D 6, Mercur. solub. D 6, Silicea D 6, Sulfur D 6** in verschiedenen Fällen gute Dienste. Bei Fisteln hat das Einnehmen von **Silicea D 6** und das Einspritzen verdünnter **Aqua silicata** zuweilen guten Erfolg.

8. Fingergeschwür

... (*Panaritium*), auch *böser Finger* oder *Fingerwurm* genannt, ist eine äußerst schmerzhafte, in die Tiefe bis zur Knochenhaut und zum Knochen dringende Entzündung in der Gegend der Fingerspitze, welche fast immer in Eiterung übergeht. Diese Entzündung, welche in vernachlässigten Fällen zur Zerstörung der Sehne und Verunstaltung des Fingers führen kann, hat gewöhnlich ihre Ursache in dem Eindringen von Eiterbakterien in kleine Wunden der Fingerspitzen, wie solche durch Ausreißen eines Niednagels, Nadelstich oder Einstechen eines Splitters entstehen. Zur Verhütung derartiger Entzündungen ist es deshalb empfehlenswert, die Hände nach jeder Verletzung mit warmem Wasser und Seife zu waschen und die Wunde mit Heftpflaster zu bedecken. Bemerkt man dennoch einen Anfang der Entzündung, dann kann durch mehrmaliges Bepinseln der schmerzhaften Stelle mit einer starken *Salpetersäurelösung* oder durch Eintauchen des Fingers in 60%igen Alkohol (mehrmals täglich $1/2$ Stunde lang) das Fortschreiten der Entzündung meistens gehemmt werden. Ist es hierfür zu spät, dann helfen **warme Breiaufschläge** und das Einnehmen von **Hep. sulf. D 4** in leichteren Fällen. Dehnt sich die Entzündung jedoch in die Tiefe aus und werden die Schmerzen immer heftiger, dann ist **Silicea D 6** angezeigt; auch ist es in solchen Fällen manchmal am besten, vom Arzt einen Einschnitt machen zu lassen, da hierdurch die Heilung beschleunigt wird. Denjenigen, welche zu derartigen Fingergeschwüren neigen, raten wir, die obengenannten Vorbeugungsmaßregeln besonders zu beachten und eine Zeitlang regelmäßig **Calc. fluor. D 6** oder, wenn sie eine feuchte Wohnung innehaben, **Natr. sulf. D 6** einzunehmen.

9. Eiternde Wunden

... (*Vulnus*) entstehen durch Infektion frischer Wunden mit Eiterbakterien. Von der größten Wichtigkeit ist deshalb eine aseptische Wundbehandlung. Bei veralteten, eiternden Wunden ist die größtmögliche Reinlichkeit zu beobachten. Die Wunde muss mit abgekochtem Wasser gereinigt, danach mit Verbandgaze, welche mit verdünnter **Calendula-Tinktur** getränkt ist, bedeckt und mit reiner Verbandwatte verbunden werden, wobei stets dafür zu sorgen ist, dass die Wundsekrete einen guten Abfluss haben. Wir können jedoch hierauf nicht weiter eingehen, da die meisten größeren, eiternden Wunden nur von einem Arzt richtig behandelt werden können. In allen langwierigen Fällen sind zur Verbesserung der Konstitution die unter **Geschwüre** genannten **homöopathischen Heilmittel** anzuwenden.

10. Hautwassersucht

... ist eine ohne Schmerzen oder Röte auftretende Hautanschwellung, welche meistens bei a l l g e m e i n e r Wassersucht, zuweilen jedoch auch ö r t l i c h infolge von Druck auf die Blutgefäße (z. B. durch zu langes Stehen oder zu enge Strumpfbänder) oder infolge von zu dünnem Blut vorkommt. Das Vermeiden der Ursache, Massage und Bewicklung der Beine mit Trikotschlauchbinden sind in diesen Fällen angezeigt. Siehe auch **Wassersucht** auf Seite 135.

11. Hautjucken

... (*Pruritus*) kommt bei vielen Hautkrankheiten, jedoch auch bei anderen Krankheiten, u. a. Zuckerkrankheit, Leber- und Nierenkrankheiten vor. Es befällt den ganzen Körper oder nur einzelne Körperteile und ist nachts im Bett gewöhnlich am schlimmsten. Heftiges Hautjucken ist ein schlimmes Übel, welches fast noch schwerer zu ertragen ist als Schmerzen und durch Kratzen nur für kurze Zeit erleichtert wird. Die **Behandlung** muss innerlich und äußerlich sein und hat sich nach der *Ursache* zu richten. Verursachen Parasiten das Jucken, dann müssen diese vernichtet werden (siehe **Krätze** weiter unten). Bei alten Leuten sind t r o c k e n e   A b r e i b u n g e n des ganzen Körpers mit einem Frottierhandtuch zu empfehlen. In den meisten Fällen leisten Waschungen mit Wasser und Essig oder mit **Menthol-** oder **Schwefelseife,** Einreibungen mit Lanolin, verdünntem Zitronensaft, Kokosnussöl, **Perubalsamsalbe** (1 Teil Perubalsam auf 6 Teile Vaselin) und lauwarme Bäder, denen Soda zugesetzt ist, gute Dienste. Innerlich sind angezeigt: **Sulfur** in hoher Potenz; **Thuja D 6** und **Phosph. D 12** bei alten Leuten; **Arsen. alb. D 6** bei periodischem Hautjucken mit heftigem Brennen; ferner noch **Apis, Rhus Tox., Urtica urens** und andere Mittel. Die Diät muss reizlos sein und darf keine scharfen Gewürze und alkoholischen Getränke enthalten.

12. Krätze

... (*Scabies*) ist eine parasitäre Hautkrankheit, welche durch die Krätzmilbe verursacht wird. Diese bohrt sich in die Haut ein und legt daselbst ihre Eier, wodurch das Übel weiter verbreitet und die Veran-

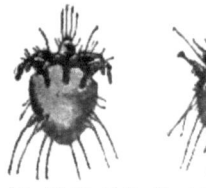

lassung der Ansteckung bei anderen wird. Der Hauptsitz der Milben ist besonders in der zarten Haut zwischen den Fingern und der Beugeseite des Vorderarmes, sowie in der Nähe der Geschlechtsteile zu suchen, während das Gesicht immer verschont bleibt. Besonders in der Bettwärme tritt unerträgliches Hautjucken auf und durch

Abb. 55: Die Krätzmilbe (stark vergrößert), Bauch- und Rückenseite

das unvermeidliche Kratzen entstehen eine Menge Pustelchen, Eiterbläschen und Krusten.

Die Behandlung, welche vom Arzt beaufsichtigt werden muss, hat die Tötung der Milben zum Zweck. Dies geschieht am besten durch ein heißes Bad, in welchem man sich mit **Schmierseife** tüchtig wäscht; nach dem Abtrocknen reibe man sich mit einer Salbe, aus 20 Teilen Pe-

rubalsam und 80 Teilen Fett, oder aus 10 Teilen **Lysol** (bei Kindern 5 Teilen) und 90 Teilen Olivenöl bestehend, überall tüchtig ein, ausgenommen am Kopf; diese Einreibungen werden an 3 Abenden wiederholt und danach wird die Kur mit einem zweiten, heißen Bad und dem Anziehen reiner Unterkleidung beendigt. Gegen das zuweilen noch zurückbleibende Jucken sind **Sulfur D 6** und Einreibungen mit Essigwasser und Lanolin von Nutzen.

13. Grindausschlag (Ekzem)

... in der Wissenschaft *Ekzem* genannt, ist eine der am häufigsten vorkommenden Hautkrankheiten und ist bei Kindern unter dem Namen *Milchschorf* und *Kopfgrind,* allgemein bekannt. Man könnte diese Ausschlagsform füglich einen „Katarrh" der Haut nennen, indem die Oberhaut unter heftigem Jucken und Rotwerden anschwillt und eine wässerige Flüssigkeit absondert, welche zu gelben Krusten (sog. Grind) vertrocknet. Ebenso wie der Katarrh zeigt auch das Ekzem die Neigung, sich auszudehnen, kommt in verschiedenen Formen vor und tritt sowohl akut als chronisch auf. Die Lieblingssitze dieses Ausschlages sind das Gesicht, der behaarte Kopf, die Hände und die Füße, die Beugeflächen der Gelenke und die äußeren Geschlechtsteile. Die **Ursachen** sind sowohl innerlich als äußerlich. Ä u ß e r l i c h e   U r s a c h e n sind: Kalte, raue Witterung, große Hitze, zu heiße Bäder, Berührung mit bestimmten chemischen Stoffen, wie es z. B. bei Anstreichern der Fall ist, Aufenthalt in staubiger Umgebung, z. B. bei Müllern, Bäckern und Maurern, heftiges Kratzen infolge Hautjuckens, welches durch Parasiten verursacht wird, z. B. bei Krätze. I n n e r l i c h e   U r s a c h e n sind: Blutarmut, Skrofulöse, chronische Magen- und Nierenkrankheiten, Zuckerkrankheit, Krampfadern an den Beinen und Menstruationsstörungen.

Die **Behandlung** ist je nach der Ursache verschieden. So müssen Parasiten, welche das Ekzem verursachen, z. B. Krätzmilben (siehe K r ä t z e) und Läuse (diese am besten durch Einreibungen mit *Petroleum* und *Olivenöl* zu gleichen Teilen) getötet werden, während Personen, welche in ihrem Beruf fortwährend mit schädlichen Stoffen in Berührung kommen, für peinliche Reinigung, besonders der Hände, Sorge tragen müssen. Das **akute** Ekzem, welches gewöhnlich 2 bis 4 Wochen dauert und sich über den ganzen Körper ausdehnen kann, soll man lieber nicht mit Bädern oder Waschungen behandeln, dagegen sind Einpuderungen mit **Bohnenmehl** oder **Talkum** und das Einnehmen von **Mercur. solub. D 4** zu empfehlen. Bei Bläschenbildung passt zuweilen **Rhus Tox. D 4** oder **Ranunc. bulb. D 4** noch besser. Ist der

267

Ausschlag unter dieser Behandlung *trocken* geworden, dann ist **Arsen. alb. D 4** nebst Einreibungen mit **Olivenöl** oder **Hamamelis-Salbe** angezeigt, während bei Bildung dicker, gelber Krusten und Borken **Hep. sulf. D 6** mehr am Platze ist. Wichtig ist es hierbei, eine reizlose Diät einzuhalten, besonders Alkohol, zu scharf gewürzte und zu fette Speisen zu vermeiden und möglichst wenig zu trinken. In **chronischen** Fällen, welche oft sehr hartnäckig sind und manchmal irrtümlich für Flechten gehalten werden, sind **Sulfur, Graphites** und **Arsenicum** die Hauptmittel; ferner kommen noch **Sulfur jodatum, Mezereum, Sepia** und andere Mittel in Betracht. Als äußerliche Mittel sind Waschungen mit **Teerseife, Teerschwefelseife** oder **Resorcin-Salizyl-Schwefelseife** in manchen Fällen empfehlenswert. Stets muss jedoch auch die Konstitution oder die dem Ausschlag zugrunde liegende Krankheit in Betracht gezogen werden, weshalb es in solchen Fällen immer am besten ist, einen erfahrenen Arzt zu Rate zu ziehen. In letzter Zeit werden auch Bestrahlungen mit der „k ü n s t l i c h e n   H ö h e n s o n n e" zur Heilung des chronischen Ekzems herangezogen.

14. Schuppenflechte

... *(Psoriasis)* ist eine chronische Hautkrankheit, welche durch blendend weiße, übereinander getürmte Schüppchen gekennzeichnet ist. Kratzt man die Schüppchen ab, so findet man darunter eine gerötete, leicht blutende Hautstelle. Die Krankheit ist erblich oder durch Syphilis verursacht. Bei der **Behandlung,** die meistens sehr langwierig ist, kommen **Arsen. alb. D 4, Thuja D 6, Sulfur D 6,** Einreibungen mit **Lebertran, Teerpräparaten** oder **Chrysobarin-Salbe** und **medizinische Bäder** in Betracht.

15. Fressender Wolf

... auch *Fressflechte* oder *Lupus* genannt, ist eine tuberkulöse Hautkrankheit, welche im Gesicht, an den Händen und überall, wo sie auftritt, die schlimmsten Zerstörungen anrichtet. Die bedauernswerten Kranken bekommen allmählich ein abscheuerregendes Äußere **und** können doch alt dabei werden, da das Allgemeinbefinden bei dieser Krankheit selten leidet. Ätzungen und Operationen sind meistens nicht von dauerndem Erfolg, dagegen findet die Behandlung mit **elektrischem Bogenlicht** nach P r o f .   F i n s e n viele Anhänger, da die Resultate, welche dadurch erzielt werden, ermutigend sind. Auch von Anwendung der **Elektrolyse** und dem innerlichen Gebrauch von **Arsen.**

jod. D 4, Tuberculinum D 6, Conium D 4 und **Thuja D 6** werden gute Erfolge berichtet, was wir in einigen Fällen bestätigen konnten.

16. Verschiedene kleine Hautübel

Wundsein *(Intertrigo)* kommt an eng aneinander liegenden Hautflächen, z. B. zwischen den Schenkeln, am Halse und in den Achselhöhlen vielfach vor und ist meistens die Folge von Mangel an Reinlichkeit. Man wasche die wunden Stellen mit reinem, kaltem Wasser, dem etwas **Arnica-Tinktur** beigefügt ist und pudere sie hierauf mit **Bohnenmehl, Talkum** oder **Salizylstreupulver** ein. Innerlich verabreiche man, besonders bei Kindern, **Chamom. D 3** oder **Mercur. solub. D 6.**

Mitesser *(Comedones)* und **Gesichtsfinnen** *(Acne vulgaris)* werden mit Waschungen mit *warmem* Wasser und **Resorcin-Salizyl-Schwefelseife,** denen man eine *kalte* Waschung und Abreibung mit einem Frottierhandtuch folgen lässt, behandelt; ferner sind reizlose Diät, ausgiebige Körperbewegung, Luftbäder und der innerliche Gebrauch von **Arsen. alb. D 5, Natr. muriat. D 6** oder **Sulfur D 6** angezeigt.

Zur Erzielung einer **gesunden, frischen Gesichtshaut** sind k ü h l e B ä d e r des Gesichts mit R e g e n w a s s e r, E i n r e i b u n g e n m i t **Hamamelis-Salbe** u n d G e s i c h t s - W e c h s e l b ä d e r (erst warm, dann gleich darauf kalt) zu empfehlen.

Bei **fettiger Gesichtshaut** (sog. *Seborrhoe)* wasche man das Gesicht öfters mit w a r m e m Wasser und **Salizylseife** und reibe die Haut nachher mit einem mit **Seifenspiritus** befeuchteten Lappen gut ab.

Aufgesprungene Haut und **Hautschrunden** behandle man innerlich mit **Petroleum D 6, Graphit. D 6, Thuja D 6** und äußerlich mit **Vaselin** oder **Glyzerin.** Am besten hilft manchmal eine 1%ige **Argentum nitricum-Lösung.**

Sommersprossen und **Leberflecken** betupfe man mit Zitronensaft und wasche dieselben wiederholt mit **Sommersprossenseife.**

Muttermal *(Naevus)* bestreiche man mit **Bellis perennis-Tinktur,** wodurch dieselben zuweilen verblassen.

Bei **zu roter Gesichtshaut** bestreiche man die Haut häufig mit **Zitronensaft** oder **Benzoe-Tinktur** (20 Tropfen auf einen Esslöffel Wasser) und vermeide alles, was Blutandrang nach dem Kopf verursacht, wie zu enge Kragen, zu langes Gebücktsitzen, starken Bohnenkaffee und alkoholische Getränke.

Warzen *(Verrucae)* können zuweilen durch **Thuja** geheilt werden. Befinden sich viele Warzen an einer Stelle, dann ist die Anwendung eines **Salizylseifenpflasters** von Nutzen. Einzelstehende Warzen werden am einfachsten durch wiederholtes, vorsichtiges Betupfen mit **rauchender Salpetersäure** entfernt.

Hühneraugen *(Clavi)* entstehen durch zu enge Schuhe. Man sorge für geeignete Fußbekleidung, wende heiße Fußbäder an und bestreiche die Quälgeister mit **Salizylcollodium.**

Eingewachsener Nagel *(Onychia)* entsteht, wenn der Nagel zu kurz geschnitten wird und die Haut infolge zu enger Fußbekleidung über den Nagelrand gedrückt wird. Zuweilen muss zur Beseitigung dieses schmerzhaften Übels eine kleine Operation stattfinden. Vorher kann man jedoch folgendes Verfahren versuchen: Man schabe den Nagel in der Mitte möglichst dünn, beschneide ihn nach der Mitte hin halbmondförmig und schiebe zwischen den Nagel und die entzündete Haut etwas Verbandwatte, welche durch Heftpflaster befestigt wird. Dabei trage man weiche, weite Schuhe. Bildet sich Eiter, dann mache man heiße Fußbäder mit **Eichenrindenabsud** und nehme **Silicea D 6** ein.

Frostbeulen *(Perniones)* treten bei manchen Leuten auf, sobald die kalte Jahreszeit beginnt. Die Finger oder Zehen jucken, schwellen oder entzünden sich. Die **Behandlung** bestehe in Waschungen mit **Ergotinseife** und Einreibungen mit **Pelroleumäther, Perubalsamsalbe, Unguentum oxygenatum** oder **Traumaticin.** Auch das Auflegen einer Zwiebelscheibe während der Nacht wird als Hausmittel empfohlen. Bilden sich **Geschwüre,** dann wasche man dieselben mit **Salizylseife** und warmem Wasser und verbinde sie hierauf mit **Borsalbe,** während innerlich **Arsen. alb. D 4** und **Calc. carb. D 6** von Nutzen sind. Als **Vorbeugungsmittel** mache man während der warmen Jahreszeit Einreibungen mit **Kampferspiritus** oder **Petroleumäther** und wende kalte Hand- und Fußbäder an. Plötzlicher Temperaturwechsel muss vermieden werden. Es ist deshalb schädlich, die Hände und Füße am Ofen zu wärmen, wenn man aus der kalten Luft ins Zimmer kommt.

Schweißhände werden mit Einreibungen mit **Seifenspiritus** oder **5%igem Salizylspiritus** behandelt; während der Nacht trage man mit **Talkum** bepuderte Handschuhe.

Schweißfüße sind zuweilen ein Zeichen allgemeiner Gesundheitsstörungen (in diesem Falle dürfen sie nicht gewaltsam vertrieben werden), meistens jedoch die Folge einer örtlichen Schwäche der Haut.

Wiederholte **lauwarme Fußbäder** und **Wechselfußbäder,** Waschungen mit **Ichthyolseife,** das öftere Wechseln der Strümpfe und das Streuen von **Salizylstreupulver** in die Strümpfe sind zu empfehlen. Entstehen nach gewaltsamem Unterdrücken des Fußschweißes infolge zu starker äußerlicher Mittel Beschwerden verschiedener Art, dann nehme man **Silicea D 6** ein und wende **heiße Fußbäder** an.

Schweiß in den Achselhöhlen wird mit **spirituösen** Waschungen und dem Einlegen von **Salizylwatte** in die Achselhöhlen behandelt.

17. Haarkrankheiten

Übermäßige Schuppenbildung kommt vielfach infolge von Hautkrankheiten oder Mängel an Reinlichkeit vor. Meistens ist auch Haarausfall damit verbunden. Man reize die Kopfhaut nicht durch Kratzen oder zu häufige Benutzung von Staubkämmen, sondern sorge für peinliche Reinigung der Kopfhaut durch lauwarme Waschungen mit **Salol-Seife** oder einer **1%igen Sodalösung,** wonach das Haar gehörig getrocknet und die Kopfhaut mit einer Mischung von gleichen Teilen **China-Tinktur, Rum** und **Olivenöl** oder auch mit **Arnica-Haaröl** eingerieben wird. Diese Prozedur muss 2mal wöchentlich vorgenommen werden. Auch Einreibungen mit einer Haartinktur aus **5** Gramm **Kampfer** und 100 Gramm **Alkohol** sind zu empfehlen.

Haarausfall (*Calvities*) kommt nach schwächenden Krankheiten, z. B. Typhus, infolge zu festen Bindens der Haare, nach Gemütsbewegungen oder Sorgen, bei Blutarmut oder infolge einer ausschweifenden Lebensweise vor. In manchen Familien ist der vorzeitige Haarausfall und das Grauwerden der Haare erblich. Zuweilen entstehen infolge Wucherung von parasitären Spaltpilzen kreisförmige, kahle Flecken auf der behaarten Kopfhaut, welche allmählich größer werden. Letztere Haarkrankheit, **kreisfleckige Kahlheit** (*Alopecia areata*) genannt, ist ansteckend und kann durch ungenügend gereinigte Kämme und Haarbürsten übertragen werden. In diesem Falle sind parasitentötende, äußerliche Mittel, wie **Schmierseife, Lysolöl, Perubalsamsalbe, Schwefelsalbe** angezeigt. In den übrigen Fällen kommen als innerliche Mittel **China D 3, Ferr. phosph. D 6, Acid. phosph. D 4** und andere Konstitutionsmittel in Betracht, daneben sind Einreibungen mit **China-Tinktur, Rum** oder **Arnica-Haaröl** von Nutzen.

Bartflechte oder *Bartfinne (Acne mentagra* oder *Sycosis)* wird verursacht durch Haarparasiten, welche durch unsaubere Kämme, Haarbürsten oder Rasiermesser übertragen werden können. Die Haut ist mit zahlreichen Pusteln bedeckt, welche in ihrer Mitte von einem Haar durchbohrt sind, was zur Ausstoßung der Haare führt. Die **Behandlung** dieser hartnäckigen Krankheit besteht im Rasieren und Entfernen der Krusten und kranken Haare, in Waschungen mit **Schmierseife,** Einreibungen mit **Schwefelsalbe, Karbolöl** oder **Phosphorsalbe** (1 Teil **Phosph. D 3** auf 9 Teile **Mandelöl**) und dem Einnehmen von **Sulfur D 6** oder **Arsen. jod. D 6.** In einigen hartnäckigen Fällen haben wir durch wiederholte Anwendung der Elektrolyse, in letzter Zeit auch mit **Höhensonne-Bestrahlung** guten Erfolg erzielt.

Das Entfernen von Haaren von Stellen, wo Haarwuchs unerwünscht ist, z. B. auf den Lippen, dem Kinn oder den Backen bei Mädchen und Frauen, kann geschehen durch Rasieren, Ausziehen der Haare mit einer Pinzette, Abreiben mit Bimsstein oder durch Wegbrennen mit chemischen Präparaten, am sichersten aber durch Anwendung der **Elektrolyse.** Nach den erstgenannten Behandlungsweisen wächst das Haar stets von neuem nach, während es durch die beiden letztgenannten Methoden r a d i k a l beseitigt wird.

3.9 Nieren- und Blasenkrankheiten

Die Nieren haben die Aufgabe, verbrauchte und überschüssige Stoffe aus dem Körper zu entfernen. Sie tragen dadurch zur Reinigung des Blutes bei und sind so von großer Bedeutung für unser ganzes Wohlbefinden. *Um Nieren- und Blasenkrankheiten zu verhüten,* ist eine geregelte Lebensweise unter Vermeidung von Unmäßigkeit und Ausschweifung eine Hauptbedingung. Zu reichliches Essen und Trinken und besonders der übermäßige Genuss von Fleisch und Alkohol reizt die Nieren und kann zu *chronischen* Blasen- und Nierenkrankheiten Veranlassung geben. Starke Erkältung und Durchnässung, das Sitzen auf kaltem Boden, das Bewohnen feuchter Räume, zu dünne Kleidung im Früh- und Spätjahr sind oft die Ursachen *akuter* Nieren- und Blasenkrankheiten.

Sehr nachteilig ist ferner das gewaltsame Unterdrücken des natürlichen Harndranges. Man vermeide deshalb diese Schädlichkeiten und härte den Körper durch kalte Waschungen, Luftbäder und Körperbewegung im Freien ab.

Bei **akuten Nieren- und Blasenkrankheiten** ist Bettruhe die erste Bedingung zur Heilung. Warme Bäder haben eine gute Wirkung, weil die Haut beim Schwitzen einen Teil der Arbeit der Nieren übernimmt. Die Diät muss reizlos sein. Diesem Zwecke entsprechen *Milch, Obstsäfte, Haferschleim, Reisbrei, geschlagene, rohe Eier, leichte Milch- und Mehlspeisen* am besten. **Streng verboten** sind: *Kaffee, Tee, Alkohol, Fleischbrühe, Fleisch, scharf gewürzte und gesalzene Speisen.*

Bei chronischen Nierenkrankheiten braucht diese Diät nicht so streng eingehalten zu werden. Jedoch ist es auch in diesen Fällen zu empfehlen, *Alkohol, starken Kaffee* und *Tee, scharfe Gewürze* wie Pfeffer, Essig und Senf ganz zu meiden und *Fleisch* nur *mäßig* zu genießen; am besten sind in dieser Hinsicht Kalbfleisch, junge Hähne, Tauben und Fisch. Milch ist ein Hauptnahrungsmittel für alle Nierenkranken. Zuweilen ist es empfehlenswert, eine Zeitlang ganz *vegetarisch* zu leben. Die Kranken müssen sich vor großer, körperlicher Anstrengung, u. a. Radfahren, und vor Erkältungen hüten und sich warm kleiden. Der Aufenthalt in einem warmen Klima hat sehr oft einen günstigen Einfluss auf derartige Kranke.

Bei chronischen Blasenkrankheiten sind schleimige Getränke, wie *Hafer- oder Gerstenschleim,* auch *Leinsamenabkochung* oder *Mandelmilch* vielfach von Nutzen. Der normale Urin ist klar und von gelblicher Farbe, riecht nicht unangenehm und darf keinen Schleim, Blut, Eiweiß oder Zucker enthalten; die Menge des in 24 Stunden gelassenen Urins darf bei mäßiger Lebensweise nicht unter 1 Liter und nicht über 2 Liter betragen. Ist der Urin gelblich-rot, braun oder dunkelrot, schaumig oder trübe oder bildet er beim Stehenlassen einen Satz, dann enthält er zu viel Harnsalze, Harnsäure oder auch Gallenfarbstoffe. Um festzustellen, ob der Urin eiweißhaltig ist, kocht man ihn unter Zusatz einiger Tropfen Essigsäure; entsteht eine flockige Trübung, dann ist Eiweiß vorhanden. In solchen Fällen kommen außerdem aus den Nieren stammende Epithelzellen oder sog. Harncylinder im Urin vor, die für die Art und den Verlauf der Krankheit bestimmend sind. Es ist daher in allen Fällen von Nieren- und Blasenleiden, auch in den weniger ernst scheinenden, unbedingt erforderlich, eine c h e m i - s c h e   u n d   m i k r o s k o p i s c h e   U n t e r s u c h u n g des Urins vorzunehmen.

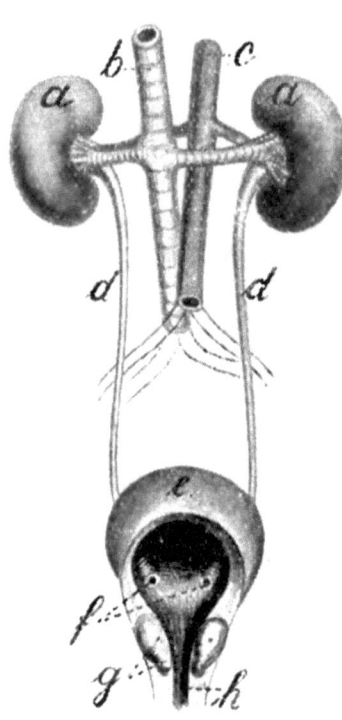

Abb. 56: Nieren und Harnblase. a. Nieren, b. Absteigende Körperschlagader, c. Aufsteigende Vene. d. Harnleiter, e. Blase (unten aufgeschnitten), f. Mündungsstellen der Harnleiter, g. Vorsteherdrüse, h. Harnröhre.

1. Akute Nierenentzündung

... *(Nephritis acuta)* kommt öfters vor im Verlaufe des Scharlachs und der Diphtherie, ferner nach heftiger Erkältung und dem Gebrauch zu starker Arzneien, z. B. Terpentinöl oder Salizylsäure. Die Krankheit fängt an mit Schüttelfrost, Fieber, Rückenschmerzen, zuweilen Erbrechen, erhöhtem Harndrang und spärlichem Abgang trüben, schmutzig-roten, zuweilen blutigen Urins, welcher große Mengen Eiweiß enthält. Das Gesicht ist bleich und aufgedunsen, nach einiger Zeit schwellen auch die Füße und Hände an, und es entwickelt sich eine allgemeine Hautwassersucht. Nimmt die Krankheit einen günstigen Verlauf, dann wird der Harnabgang wieder häufiger und die Wassersucht bildet sich zurück. In ernsten Fällen kann es infolge zurückgehaltener Harnstoffe zu einer Art Blutvergiftung kommen, welche durch Verlust des Bewusstseins, Krämpfe und Lungenlähmung gekennzeichnet ist.

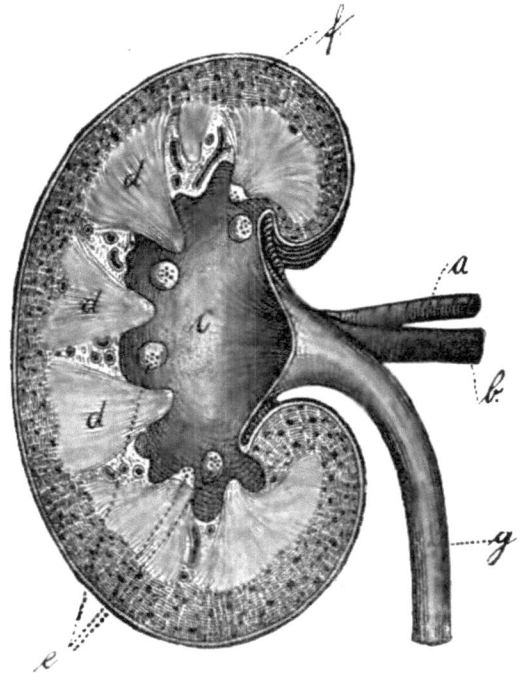

Abb. 57: Niere (Durchschnitt).a. Nierenarterie, b. Nierenvene. c. Nierenbecken, d. Nierenpyramiden. e. Nierenwärzchen. f. Rindensubstanz, g. Harnleiter.

Die **Behandlung** dieser gefährlichen Krankheit muss natürlich dem Arzt überlassen werden. Für diejenigen, welche ärztliche Hilfe nicht erlangen können, bemerken wir, dass es durch wiederholte Gaben von **Aconit. D 3** nach Erkältungen, von **Arnica D 3** nach Verletzungen, von **Belladonna D 3** bei Scharlach, von **Canthar. D 6** bei heftigen Schmerzen beim Wasserlassen und von **Apis D 3** bei Schwellung der Augenlider unter gleichzeitiger Benutzung des auf Seite 163 genannten **Bettdampfbades** gelingen kann, die Krankheit im Anfang abzuschneiden. Im weiteren Verlaufe sind dann noch **Arsen. alb. D 5, Hep. sulf. D 4, Acid. nitr. D 4** oder **Phosph. D 5** und Bäder von 35° C mit nachfolgender Einwicklung in einer wollenen Decke angezeigt. Über die einzuhaltende Diät haben wir auf Seite 349 das Nötige gesagt. Solange

275

der Urin Eiweiß enthält, kann der Kranke noch nicht als geheilt betrachtet werden und muss sich deshalb sehr in Acht nehmen.

2. Chronische Nierenentzündung

... ist entweder die Folge einer vernachlässigten oder falsch behandelten akuten Nierenkrankheit oder durch die auf Seite 273 genannten Schädlichkeiten verursacht. Die Krankheit kommt mehr bei Männern als bei Frauen vor und wird oft mit Magenkatarrh oder Blutarmut verwechselt, bis die Füße anfangen zu schwellen und der Nachweis von Eiweiß im Urin die Diagnose sicherstellt. Wir sehen daraus, von welch großer Wichtigkeit eine f r ü h z e i t i g e U n t e r s u c h u n g d e s U r i n s in allen derartigen Fällen ist. Die Krankheit ist großem Wechsel unterworfen und kann oft jahrelang dauern. Bei einer vernünftigen Lebensweise und geeigneten Behandlung kommen Heilungen oder wenigstens große Besserungen nicht selten vor. Ungünstige Kennzeichen sind anhaltender Schwindel, Kopfschmerz und wassersüchtige Anschwellungen, Abnahme des Sehvermögens und Erscheinungen von Herzschwäche.

Die **Behandlung** besteht zum größten Teil aus den oben bereits genannten Heilfaktoren: Diät, Ruhe und warmen Bädern; ferner sind lauwarme Waschungen und nasse Umschläge um den Unterleib von Nutzen. Eine trockene und sonnige Wohnung ist für Nierenleidende eine Lebensfrage. **Homöopathische Arzneimittel** haben uns wiederholt vorzügliche Dienste geleistet. Wir nennen u. a. **Arsen. alb. D 5, Phosph. D 5, Terebinth. D 6, Canthar. D 6, Coccus cacti D2** und **Salidago D6** (beide letzteren nach R a d e m a c h e r die besten Nierenmittel). In hartnäckigen Fällen ist der mehrwöchentliche Gebrauch von **Nitr. D 2** zu versuchen. Das Trinken des *Wildunger Wassers* ist zuweilen von Nutzen; bei wassersüchtigen Anschwellungen empfiehlt Prof. W i n t e r n i t z das Trinken eines *Absuds von Birkenblättern*. Für geregelten Stuhlgang muss durch den Genuss von Obstkompott, Honigwasser, nötigenfalls durch lauwarme Klistiere gesorgt werden.

Die ausschließliche M i l c h d i ä t, welche im Anfang der Krankheit oft sehr günstig wirkt, wird auf die Dauer nicht vertragen, da die geschwächten Verdauungsorgane die Milch nicht genügend verarbeiten, um ins Blut aufgenommen werden zu können, so dass schneller Kräfteverfall eintreten kann. Vorsicht ist deshalb in diesen Fällen nötig. Bei Blutarmut infolge eines Nierenleidens sind **Calc. phosph. D6, Ferr. phosph. D2** oder **D3** und **China D3** angezeigt.

3. Nierenkolik

... (*Colica renalis*) nennt man außergewöhnlich heftige, plötzlich sich einstellende Schmerzen, welche sich von den Nieren nach der Blase ausdehnen und von dem Rücken nach den Beinen ausstrahlen und oft von Schüttelfrost, Erbrechen und sogar Ohnmachtsanfällen begleitet sind. Es besteht heftiger Harndrang, ohne dass es dem Kranken möglich ist, das Wasser zu lassen. Die Ursache dieser Kolikschmerzen liegt in der Einklemmung von Nierensteinen in den Harnausführungswegen (*Nephrolithiasis*). Durch **heiße Bäder** von 37 bis 39° C und das Trinken von warmem Selterswasser und den abwechselnden Gebrauch von **Atrop. sulf. D 4** und **Arsen. alb. D 4,** zuweilen von **Canthar. D 6** oder **Colocynth. D4** gelingt es öfters, die Schmerzen zu lindern. Von anderer Seite wird **Pareira brava D 2** oder **D l** und **Cannabis indica** (1 bis 2 Tropfen der Tinktur öfters wiederholt) bei Nierenkolik warm empfohlen, zuweilen ist es jedoch der unerträglichen Schmerzen wegen nötig, zu einer Morphiumeinspritzung zu greifen. Ist der akute Anfall vorüber, dann ist es von der größten Wichtigkeit, die Bildung von Nierengrieß und Nierensteinen und damit die Wiederkehr der Kolikanfälle zu verhüten. Dies kann, wenn die Krankheit noch nicht zu veraltet ist, hauptsächlich durch **Regelung der Diät** erreicht werden. Der Genuss von F l e i s c h u n d E i e r n muss *beschränkt* oder noch besser eine Zeitlang *ganz vermieden,* werden. Reichlicher Obstgenuss, besonders eine T r a u b e n k u r ist zu empfehlen. Geistige Getränke sind strengstens verboten. Das Trinken frischen Wassers, Körperbewegung im Freien und Trinkkuren mit bestimmten Mineralwässern (*Wildungen, Neuenahr, Vichy*) leisten gute Dienste. Dabei sind zur Verbesserung der Konstitution **homöopathische Mittel,** u. a. **Lycopod. D 6** und **Sulfur D 6** vielfach von Nutzen. Sind große Blasensteine vorhanden, dann ist eine Operation nicht zu umgehen.

4. Nierenbeckenentzündung

... (*Pyelitis*) wird durch eine fortschreitende Infektion bei Blasenkatarrh oder durch Blasensteine verursacht; der. Harn ist trübe, enthält Schleim, Eiter, Eiweiß und Bakterien, zuweilen auch Blut, meistens sind Kreuzschmerzen dabei vorhanden. Die **Behandlung** ist dieselbe wie bei **chronischer Nierenentzündung,** bei heftigen Schmerzen wie bei **Nierenkolik.**

5. Nierentuberkulose

... *(Nephrophthisis)* kommt als Begleiterscheinung der Tuberkulose an anderen Organen, z. B. den Lungen, oder auch als selbständige Nierenaffektion vor. Sie geht einher mit Abmagerung des ganzen Körpers und zuweilen mit Verhärtung der Hoden; der Urin enthält Eiweiß, Eiter und Tuberkelbazillen. Die **Behandlung** ist wie bei **chronischer Nierenentzündung;** von homöopathischen Mitteln kommen besonders **Arsen. jod.** und **Calc. arsen.** in Betracht. Zuweilen ist die operative Entfernung der kranken Niere angezeigt.

6. Wanderniere

... *(Ren mobilis)* kommt meistens bei blutarmen, schwächlichen Frauen zwischen dem 25. und 40. Lebensjahr vor. Die Ursache der abnormen Beweglichkeit der Niere liegt in der Erschlaffung der Bänder und des Gewebes, womit dieses Organ befestigt ist. Die Beschwerden bestehen in ziehenden Schmerzen im Rücken und Unterleib, nervösen Erscheinungen und Auftreten einer Geschwulst im Unterleib, welche ihre Lage öfters wechselt. Wiederherstellung der Kräfte durch leichtverdauliche Nahrung und Ruhe, Massage und Heilgymnastik, das Tragen einer geeigneten Leibbinde, ferner der innerliche Gebrauch von **Aurum D 12** oder **Sepia D 6** haben befriedigende Erfolge aufzuweisen.

7. Blasenkatarrh

... *(Cystitis)* entsteht durch Beimischung von scharfen Substanzen zum Urin, wie dies nach dem Genuss von jungem, unvergorenem Bier, saurem Wein oder dem Missbrauch gewisser Arzneien, wie *Kopaivabalsam* oder *Terpentinöl* der Fall ist; ferner nach Erkältung oder Durchnässung der Füße; schließlich ist dieses Leiden oft eine Begleiterscheinung von Krankheiten der Geschlechtsorgane, besonders des Trippers. Die Beschwerden bestehen in dumpfen, drückenden Schmerzen im Unterleib, oft wiederholtem Harndrang und Schmerz beim Wasserlassen; zuweilen ist auch Fieber vorhanden. Die Krankheit kann bei geeigneter Behandlung meistens in kurzer Zeit geheilt werden, geht jedoch nicht selten infolge unzweckmäßiger Behandlung oder verkehrter Lebensweise in die chronische Form über, welche besonders bei älteren Leuten oft jahrelang anhalten kann. Der Urin ist in solchen Fällen trübe und enthält Schleim oder Eiter, zuweilen auch Blut.

Bei der **Behandlung** ist in **akuten** Fällen Bettruhe und strenge Diät (siehe Seite 273) unerlässlich. Empfehlenswert sind warme Aufschläge auf den Unterleib, heiße Sitzbäder von 36° C. Das Hauptmittel für den Anfang ist **Belladonna D 3,** welches 1- bis 2stündlich eingenommen werden muss; **Nux vomica D 3** ist angezeigt, wenn der Katarrh durch das Trinken kalten oder jungen, unvergorenen Biers oder sauren Weins verursacht ist; **Canthar. D 6** bei heftigen brennenden Schmerzen beim Wasserlassen. In **chronischen** Fällen braucht nicht eine solch strenge Diät eingehalten zu werden; geboten ist es jedoch, **Alkohol** in jeder Form, *scharfe Gewürze*, *Essig* und *Pökelfleisch* zu vermeiden. Wichtig ist es, *den Unterleib warm zu halten* (am besten durch eine wollene Leibbinde), für geregelten Stuhlgang zu sorgen und den Drang zum Wasserlassen *nicht zu unterdrücken*. Tritt H a r n v e r h a l t u n g , welche länger als 12 Stunden dauert, ein, dann muss der angesammelte Urin mittels eines eingeführten Katheters entfernt werden. Von den **homöopathischen Mitteln** bei chronischem Blasenkatarrh nennen wir: **Lycopod. D 6** bei sandigem Bodensatz im Urin; **Hep. sulf. D6,** wenn der Urin Schleim und Eiter enthält; **Canthar. D 6** bei heftigen Schmerzen beim Wasserlassen; **Terebinth. D4** und **Uva ursi D2** bei brennendem und blutigem Urin; **Acid. benz. D 6** bei stinkendem Urin. In veralteten Fällen ist zuweilen **Pareira brava D 2,** 3mal täglich 5 Tropfen in warmem Wasser, von Nutzen. Es können sich jedoch auch Blasenausspülungen mit desinfizierenden Flüssigkeiten, welche vom Arzt ausgeführt werden müssen, nötig erweisen.

8. Blasenkrampf

… (*Cystospasmus*) ist ein heftiger, zusammenschnürender Schmerz in der Blasengegend, welcher infolge von Diätfehlern oder heftiger Erkältung und bei nervösen Personen öfters vorkommt. In den meisten Fällen hilft der abwechselnde Gebrauch von **Belladonna D 3** und **Canthar. D 6,** deren Wirkung man durch heiße Sitzbäder unterstützen kann. Weitere Mittel sind: **Aconit. D 3** nach Erkältung; **Arnica D 3** nach Verletzungen; **Camphora D 3,** wenn die Blasenschmerzen nach dem Anlegen einer spanischen Fliege entstanden sind.

9. Blasenneurose

… (*Hyperaesthesie vesicae urinariae)* macht sich durch häufigen Drang zum Urinieren bemerkbar, wobei jedoch nur wenig Urin entleert wird. Schmerzen sind nicht vorhanden. Dieses Leiden beruht auf Überempfindlichkeit der Nerven, wobei das Organ selbst jedoch ganz gesund sein kann. Die beste **Behandlung** ist die psychische: Kräftigung des Willens, den Urindrang zu unterdrücken; ferner ist Beschränkung der Flüssigkeitszufuhr und Vermeiden scharf gewürzter Speisen und alkoholischer Getränke geboten. Ein gutes Mittel für diesen Zustand ist **Nux vomica D 4.**

10. Blutharnen

... kann seine Quelle in den Nieren, der Blase und in der Harnröhre haben, in letzterem Falle ist das Blut hellrot und ergießt sich n a c h dem Abgang des Urins, während es in den anderen Fällen mit dem Urin vermischt und dunkelrot ist. Bei Nieren- und Blasenkrebs treten zuweilen kolossale Blutungen auf. In a l l e n d i e s e n F ä l l e n i s t ä r z t l i c h e B e h a n d l u n g u n b e d i n g t n o t w e n d i g. Bis zur Ankunft des Arztes halte man den Kranken ruhig im Bett, lasse ihn einen Teelöffel **Hamamelis- Extrakt** in einem Glase Wasser in kleinen Zügen trinken und mache kalte Aufschläge auf den Unterleib. Weitere Mittel bei Blutharnen sind: **Arnica D 3, Hydrast. canad. D 2** und **Ipecac. D 4.**

11. Störungen im Harnausfluss

... können sich ferner noch folgendermaßen äußern:

Harnstrenge oder *Harnzwang (Strangurie)* besteht in einem heftigen, schmerzhaften Drang zum Urinieren, wobei der Harn nur sehr spärlich unter heftigen Schmerzen abgelassen werden kann. Die Ursachen und Behandlung sind dieselben wie die von **Blasenkrampf.**

Schwerharnen wird außer durch Blasenkatarrh und Blasenkrampf öfters durch Verengung der Harnröhre verursacht. Der Urin kann nur in Absätzen, in schwachem Strahl oder tropfenweise gelassen werden. Die Behandlung ist dieselbe wie die bei **Blasenkatarrh** und **Blasenkrampf** beschriebene. Zuweilen ist es nötig, die verengten Stellen der Harnröhre durch öfters eingeführte Bougies allmählich zu erweitern.

Harnverhaltung (*Ischurie*) kommt vor infolge von Erkältungen, Blasenkrampf, Blasensteinen und Nierenentzündung, bei alten Männern infolge krankhafter Vergrößerung der Vorsteherdrüse *(Prostatahypertrophie)* und bei Frauen während der Schwangerschaft infolge von Druck der Gebärmutter auf den Blasenhals.

Die **Behandlung** ist je nach der Ursache verschieden und muss stets dem Arzt überlassen werden, welcher die bei länger andauernder Harnverhaltung stets drohende Lebensgefahr durch Anwendung des

Katheters abwenden kann. In leichteren Fällen hat der abwechselnde Gebrauch von **Belladonna D 3** und **Canthar. D 6** in Verbindung mit heißen Sitzbädern, dem Sitzen über heißem Wasserdampf oder heißen Aufschlägen auf den Unterleib gute Erfolge aufzuweisen. Weitere Mittel sind: **Aconit. D 3** nach Erkältung; **Opium D 6** nach einem Schrecken; **Arsen. alb. D 5** und **Phosphorus D 5** (in Verbindung mit dem Bettdampfbad) bei Nierenkrankheiten; bei alten Leuten **Thuja D 6, Pareira brava D 2, Sabal serral. D 2.**

Harnfluss oder *Unvermögen, den Harn zu halten (Incontinentia urinae)* entsteht meistens durch nervöse Einflüsse und durch Blasenschwäche oder Blasenlähmung. Nicht selten wird dieses Übel durch die schädliche Angewohnheit, den Urin aus Bequemlichkeit oder falscher Scham zurückzuhalten, verursacht. Bei Kindern kommt der unwillkürliche Abgang des Harns in der Nacht während des Schlafes häufig vor. Die **Behandlung** besteht in Kräftigung des Nervensystems, Abhärtung der Unterleibsorgane durch kalte Waschungen und Sitzbäder und in dem innerlichen Gebrauch von **Arnica D3, Arsen. alb. D5, Causticum D4, Kal. phosph. D6, Nux vomica D4.**

Blasenlähmung *(Paralysis vesicae urinariae)* ist zuweilen die Folge langwieriger Blasenkatarrhe bei alten Leuten, meistens ist sie jedoch eine Begleiterscheinung einer Gehirn- oder Rückenmarkskrankheit und ist dann unheilbar. Der Harn geht meistens tropfenweise ab, ohne dass der Kranke es verhindern kann. In diesem Falle muss der Kranke ein *Urinal* tragen, d. h. einen flaschenförmigen Apparat aus Kautschuk, welcher mittels Riemen befestigt wird. In heilbaren Fällen leisten **Belladonna D3, Caust. D 4, Gelsem. D 4, Nux vom. D 4, Zincum D 6** und die bei **Blasenkatarrh** genannten Mittel gute Dienste.

3.10 Verschiedene andere Krankheiten

1. Altersschwäche

… oder M a r a s m u s nennt man einen schnell zunehmenden Kräfteverfall, welcher im hohen Alter oft ohne bestimmte Veranlassung eintritt und meistens ein Zeichen ist, dass das Leben nicht mehr lange währen wird. Große körperliche und geistige Ruhe und leicht verdauliche Nahrung sind in diesem Zustande zu empfehlen. Tritt allgemeine Schwäche und Abmagerung ein trotz vorhandenem guten Appetit, dann ist **Abrotanum D 3** angezeigt; dieses Mittel ist besonders empfehlenswert bei M a r a s m u s d e r K i n d e r, wenn dieser im Verlauf einer langen Krankheit hinzu tritt.

Die **Beschwerden des Greisenalters** können durch homöopathische Mittel öfters wesentlich erleichtert werden. **Conium D 4** hilft oft bei den verschiedenartigsten, lästigen Beschwerden; **Phosph. D 5** bei Kurzatmigkeit und Husten; **Carbo veget. D 6** bei Aufstoßen und Blähungen; **Caustic. D 4** bei Zittrigkeit; **Coccul. D 4** und **Rhus Tox. D 4** bei Schwindel; **Mezer. D 3** bei Hautjucken; **Petrol. D 6** bei Schwerhörigkeit; **Sulfur D 6** und **Opium D 6** bei hartnäckiger Stuhlverstopfung.

2. Beriberi

… ist die Bezeichnung für eine in den Tropen, besonders in Ostindien häufig vorkommende Krankheit, welche sich durch Fieber, Kräfteverfall, Kältegefühl, Steifwerden und Lähmung der Glieder kundgibt. Die besten Erfolge hat der fortgesetzte Gebrauch von **Chinin. arsen. D 4** aufzuweisen; außerdem muss die Nahrung reich an V i t a m i n e n sein, also besonders frisches Gemüse und Obst enthalten; ferner werden Bettdampfbäder, nasse Einpackungen des ganzen Körpers und im späteren Verlauf Massage empfohlen.

3. Bleichsucht

… (*Chlorose*) kommt bekanntlich meistens nur beim weiblichen Geschlecht vor. Blasse Backen und Lippen, eine gelblich-grünliche Gesichtsfarbe, schnelles Ermüden, Herzklopfen und Kurzatmigkeit bei geringer körperlicher Anstrengung sind die Hauptsymptome dieser Krankheit. Oft haben die Kranken absonderliche Gelüste, z. B. nach Kaffeebohnen oder Kreide; meistens haben sie viel Durst und Lust nach sauren Speisen. Die weibliche Regel ist zuweilen nur spärlich, oft jedoch auch zu reichlich. Das Blut hat eine b l a s s r o t e Farbe, indem der Hämoglobingehalt der roten Blutkörperchen sehr herabgesetzt ist, wodurch eine g e r i n g e r e S a u e r s t o f f a u f n a h m e und somit eine S c h w ä c h u n g s ä m t l i c h e r O r g a n e verursacht wird. In ernsten Fällen können sogar die Beine und das Gesicht anschwellen, und auch das Herz und besonders die L u n g e n können angegriffen werden; es ist deshalb ratsam, sich durch eine genaue ä r z t l i c h e Untersuchung hierüber f r ü h z e i t i g Gewissheit zu verschaffen, umso mehr, als das zuweilen noch gute Aussehen der Kranken zu Täuschungen Anlass geben kann.

Die **Ursachen** der Bleichsucht sind verschieden. Zuweilen tritt die Krankheit im Anschluss an einen großen Blutverlust bei der Periode auf oder sie ist auf Störungen der Geschlechtsorgane zurückzuführen; ferner können Mangel an Körperbewegung und Hemmungen des Blutkreislaufs durch zu enge Korsetts oder Gürtel, ungenügende und verkehrte Nahrung, Missbrauch von Kaffee, und schließlich l a n g a n - h a l t e n d e G e m ü t s b e w e g u n g e n zum Ausbruch der Krankheit beitragen.

Die **Behandlung** bestehe in Regelung der Diät nach den Grundsätzen, welche wir bei der Besprechung der **Blutarmut** erwähnen werden, in dem Vermeiden von Kaffee und geistigen Getränken und von mit Essig zubereiteten Speisen, ferner in großer körperlicher und geistiger Ruhe und vielem Aufenthalt im Freien. Übertriebene Kaltwasserprozeduren sind ebenso schädlich wie häufige warme Bäder, dagegen sind kühle Abwaschungen und besonders Z i m m e r l u f t b ä d e r, mit systematischem T i e f a t m e n verbunden, sehr empfehlenswert. **Homöopathische Arzneimittel** haben in den meisten Fällen guten Erfolg. Ist der Magen nicht in Ordnung (Magenkrampf, Magensäure, Übelkeit), dann ist es am besten, diesen zuerst in die Kur zu nehmen, und zwar hauptsächlich mit **Nux vomica, Ignatia, Ipecacuanha, Pulsatilla** oder **Arsenicum** einen Versuch zu machen, wobei auf strenge B e t t - r u h e, nasse Umschläge um den Magen und eine Diät von Milch, Eiern und Weißbrot, welcher bei zunehmender Besserung mageres Fleisch, zartes Gemüse und Obstkompott hinzugefügt werden können, zu halten ist. Sind die Verdauungsorgane auf diese Weise gekräftigt, dann sind **Calc. carbon. D 6** und **Calc. phosph. D 6** und die **Ferrum-Präparate,** zuweilen in Verbindung mit **Pulsatilla D 3** oder **D 4** am meisten zu empfehlen. Man hat nicht nötig, die üblichen g r o ß e n Dosen Eisen zu geben; die 3. oder 2. Dezimalverreibung von **Ferrum phosphoricum** oder **Ferrum lacticum,** von welchen 2- bis 3mal täglich eine Messerspitze ($^1/_4$ Gramm) genommen werden soll, genügt in den meisten Fällen. Auch ein ameisensaures Eisenpräparat bzw, **Tonicum,** kann bei Kranken mit kräftigen Verdauungsorganen empfohlen werden, während es von solchen mit schwachem Magen schlecht vertragen wird. In Fällen, die für **Ferrum** geeignet sind, aber trotzdem durch Verabreichung von Eisen keine Besserung erfahren sollten, sind **Cuprum D 6, Cupr. acet. D 4, Arsen. alb. D 4** und **China D 3** angezeigt.

4. Blutandrang

... oder K o n g e s t i o n wird durch Störungen des Blutkreislaufs verursacht. Langes Gebücktsitzen, zu enge Korsetts und Gürtel, hartnäckige Stuhlverstopfung, Hämorrhoiden und kalte Füße verursachen Blutandrang n a c h   d e m   K o p f e. Die **Behandlung** bestehe hauptsächlich, außer möglichster Beseitigung der veranlassenden Ursache, in **Wechselfußbädern** und dem Einnehmen von **Belladonna D 4,** von diesem Mittel nehme man anfänglich $^1/_4$stündlich 5 Tropfen, bis Besserung eintritt, dann weniger oft; bei Blutandrang nach dem Kopf, von Nasenbluten begleitet, ist **Arnica D 2** angezeigt. Über **Blutandrang nach der Brust** siehe Seite 149.

5. Blutarmut

... kommt in jedem Lebensalter vor. Bei k l e i n e n Kindern ist sie meistens die Folge verkehrter Ernährung. Bei S c h u l k i n d e r n u n d j u n g e n L e u t e n trägt Überbürdung mit häuslichen Schularbeiten und Privatstunden und schlechte Lüftung der Schullokale zum Entstehen der Blutarmut bei. Bei E r w a c h s e n e n wird Blutarmut öfters durch übermäßige körperliche oder geistige Anstrengung besonders dann leicht hervorgerufen, wenn nebenbei die Ernährung ungenügend ist und ein Missbrauch von geistigen Getränken vorliegt. Das Wesen der Blutarmut besteht in einer Verminderung der Zahl der roten Blutkörperchen mit gleichzeitig erhöhtem Wassergehalt des Blutes (sog. Blutverwässerung).

Die **eigentlichen Ursachen** der Blutarmut sind zweierlei. **Erstens kann ein zu großer Verbrauch von Blut stattfinden.** Dies ist u. a. der Fall bei großen Blutverlusten infolge von Verletzungen, Nasen-, Lungen- und Magenblutungen, zu reichlicher Menstruation, ferner bei Säfteverlusten infolge von langanhaltendem Durchfall, Eiterungen, zu langem Stillen, schließlich bei Schlaflosigkeit und anhaltenden Schmerzen, bei zu schnellem Wachstum junger Leute und bei übertriebenen

Kaltwasserprozeduren. **Zweitens kann ein Mangel an normaler Blutbildung vorhanden sein.** Dies ist u. a. der Fall bei ungenügender Ernährung infolge von Armut oder Entbehrungen, bei verkehrter Ernährung, bei Krankheiten der Verdauungs- und Atmungsorgane, ferner bei Mangel an Luft, Licht und Bewegung, und schließlich bei Missbrauch starker Arzneien, z. B. des Quecksilbers.

Abb. 58: Blutkörperchen des Menschen

Die **Krankheitserscheinungen** sind die allgemein bekannten: Müdigkeit und Kraftlosigkeit, Kopfschmerzen und Schwindel, besonders morgens f r ü h nach dem Aufstehen, Rückenschmerzen und Mangel an Appetit. Die Haut ist erschlafft, blass und trocken, die Muskeln sind kraftlos, das Fettgewebe hat abgenommen, obwohl es auch blutarme Patienten gibt, die noch ziemlich gut aussehen. Meistens klagen die Kranken über kalte Hände und Füße. Bei der b ö s a r t i g e n Form der Blutarmut *(Anaemia perniciosa)* treten alle Symptome heftiger auf, die Kranken werden bettlägerig und gehen schließlich an Entkräftung zugrunde.

Die **Behandlung** hat einerseits die Aufgabe, den zu g r o ß e n V e r b r a u c h   v o n   B l u t   z u   v e r h ü t e n   o d e r   z u   b e s c h r ä n k e n , was durch möglichstes Vermeiden der veranlassenden Ursachen und richtige Behandlung der etwaigen veranlassenden Krankheitszustände erreicht werden kann. Anderseits aber muss sie dafür sorgen, dass g e s u n d e s ,   n o r m a l e s   B l u t m a t e r i a l   s t e t s   v o n   n e u e m gebildet wird. Hierzu sind zwei Dinge unerlässlich: erstens **Sauerstoff,** zweitens **geeignete Nahrung.** Durch den S a u e r s t o f f werden die Blutschlacken bei der Atmung in den Lungen verbrannt und das Blut neu gekräftigt und belebt, deshalb hat systematisches Tiefatmen in reiner Luft eine so günstige, belebende Wirkung auf blutarme Kranke. Nicht weniger wichtig ist aber auch die g e e i g n e t e N a h r u n g .   Ü b e r ernährung muss ebenso vermieden werden wie U n t e r e r n ä h r u n g . Leicht verdauliche Nahrung, reich an Nährsalzen, Vermeiden von zu vielem Kochsalzgenuss und zu vielem Trinken sind Hauptbedingungen zur Verbesserung der Blutbeschaffenheit.

Von **homöopathischen Mitteln** sind außer den bereits früher bei der Besprechung anderer Krankheiten genannten angezeigt: **Calcium phosphoricum** 3. bis 6. Dezimalverreibung bei blutarmen Mädchen mit zu früh eintretender, zu starker und zu lange anhaltender Menstruation, **China D 3** nach Blut- oder Säfteverlust, **Avena sativa D l** in der Rekonvaleszenz nach akuten Krankheiten, **Ferrum phosph.** 2. oder 3. Dezimalverreibung bei starker Verminderung der Zahl der roten Blutkörperchen, wenn keine Verdauungsstörungen vorhanden sind, **Arsen. alb. D 4** oder **D 5** und **Chinin. arsen. D 4** in hartnäckigen Fällen mit großer Erschöpfung einherziehend *(Anaemia perniciosa),* ferner unter Umständen noch **Phosph. D 5, Cupr. acet. D 4, Sulfur D 6.** Auch die bei **Bleichsucht** erwähnten Präparate wie *Liquor ferro-mangani-saccharati* können in geeigneten Fällen gute Dienste leisten. Zum Schluss erwähnen wir noch die B l u t t r a n s f u s i o n, d. h. das Einführen einer gewissen Menge Blutes einer gesunden Person in die Blutbahn des Kranken, welches neuerdings in schweren Fällen von Blutarmut mit großem Erfolge angewandt wird.

6. Blutfleckenkrankheit

... *(Purpura haemorrhagica)* kommt hauptsächlich bei Kindern, Frauen und schwächlichen Personen vor, besonders wenn diese in ärmlichen Verhältnissen leben und feuchte Räume bewohnen. Unter Fiebererscheinungen treten überall auf der Haut Flecken von 1 bis $1^{1}/_{2}$ Zentimeter Durchmesser auf, welche zuerst blutrot sind und allmählich bläulich, gelb und grün werden. Zuweilen kommt heftiges Nasenbluten oder Blutspucken vor, und meistens beklagen sich die Kranken über rheumatische Schmerzen; in ernsten Fällen können sie sogar an Entkräftung und Herzschwäche zugrunde gehen. Die **Behandlung** bestehe in Bettruhe, leicht verdaulicher Nahrung (kein Tee, Kaffee, Wein oder Bier, dagegen viel Milch, Eier, Obstkompott und Obstsäfte) und kühlen Essigwasserabwaschungen. Als Heilmittel kommen **Hamamelis-Extrakt, Natr. nitr. D 2** und die bei **Blutarmut** genannten Mittel in Betracht.

7. Brand

... oder G a n g r ä n e kann durch heftige Entzündung, Erfrieren oder zu festes Schnüren eines Körperteils entstehen. Das Leiden kommt bei alten Leuten, besonders an den Zehen, vor und wird durch Bildung eines Blutpfropfens in den Adern, wodurch der Blutkreislauf gestört wird und die Gewebe absterben, hervorgerufen. Unter heftigen

Schmerzen wird der angegriffene Körperteil blaurot oder schwarz, es bilden sich Blasen und Geschwüre, und nach einiger Zeit fällt das Glied **ab**. Die **Behandlung** ist hauptsächlich eine chirurgische; innerlich können **Arsen. alb. D 4, Carbo veget. D 6** und bei alten Leuten besonders **Secale cornut. D 3** versucht werden.

8. Degeneration

… nennt man eine Entartung der Zellen, Gewebe und Organe des Körpers. Bald vermehren sich die Formelemente eines Organs auf abnormale Weise, wodurch **Wucherungen** und **Geschwülste** entstehen, bald n e h m e n sie an Zahl und Größe ab, und die Folgen sind **Schrumpfung** und **Abmagerung**. Auf diese Weise entstehen z. B. Herz- und Lungenerweiterung einerseits und Nierenschrumpfung und Muskelschwund anderseits. Zuweilen tritt auch infolge von übermäßiger Entwicklung des Fettgewebes **fettige Entartung** ein, wie es z. B. bei Herzverfettung und Fettsucht der Fall ist. Das Entgegengesetzte von D e g e n e r a t i o n ist **Regeneration,** wodurch gewisse Gewebe, wie die Hornhaut des Auges, die Haut oder das Fettgewebe zu normalen Verhältnissen zurückgebracht werden können. Sind dagegen die Organe v ö l l i g e n t a r t e t, dann ist eine Wiederherstellung nicht mehr möglich.

9. Fettsucht

… (*Adipositas*) ist ein krankhafter Zustand, wobei sich das Fettgewebe auf Kosten der Muskeln und der Körperkräfte abnorm vermehrt. Solange das „Dickwerden", welches vom 40. bis 50. Lebensjahre häufig in die Erscheinung tritt, die Grenzen nicht überschreitet (d. h. wenn das Körpergewicht beim Manne nicht mehr als 90 Kilogramm und bei der Frau nicht mehr als 75 Kilogramm beträgt), braucht man nichts dagegen zu tun, es sei denn, dass bestimmte Beschwerden sich bemerkbar machen sollten. Derartige Beschwerden sind: Kurzatmigkeit, Herzklopfen, Schwindelanfälle, große Neigung zum Schwitzen und körperliche Schwäche. In schlimmeren Fällen kann auch das H e r z mit angegriffen werden; alle diejenigen Personen, welche schnell dick geworden sind und Herzbeschwerden haben, werden deshalb gut tun, die **Vorbeugungsmaßregeln gegen anfangende Herzverfettung,** die wir auf Seite 137 besprochen haben, g e n a u zu befolgen.

Die **Ursachen** der Fettsucht liegen, außer in einer gewissen Veranlagung, hauptsächlich in Mangel an Körperbewegung und körperlicher Arbeit mit gleichzeitigem, übermäßigem Genuss von fett-, zucker- und mehlhaltigen Nahrungsmitteln, und besonders von Bier. Da bei der vielfach üblichen sitzenden Lebensweise die Atmung zu schwach ist, wird das Blut nicht genügend mit Sauerstoff versehen, und das Fett dementsprechend nicht genügend verarbeitet, so dass es in den Geweben liegen bleibt. Eine weitere Folge ist, dass die Zahl der roten Blutkörperchen abnimmt, womit die Blutarmut zu dicker Leute hinreichend erklärt ist.

Zur **Behandlung** der Fettsucht sind mehrere Entfettungsmethoden vorgeschlagen worden, welche sämtlich nur u n t e r ä r z t l i c h e r A u f s i c h t durchgeführt werden dürfen. Die *Banting-Kur,* bei welcher fast ausschließlich Fleisch, Fisch und Eier genossen werden sollen, ist zuweilen sehr erfolgreich, aber meistens mit zu großen Beschwerden und Gefahren verbunden, um l a n g e fortgesetzt zu werden. Bei der *Ebstein-Kur* ist außer dem Fleisch auch noch Fett erlaubt. Die b e s t e n Erfolge hat die **Oertel-Schweninger-Kur** aufzuweisen. Die Grundzüge dieser Kur sind folgende: 1. M ä ß i g k e i t i m E s - s e n ; 2. B e s c h r ä n k e n d e r F l ü s s i g k e i t s z u f u h r (1 Liter pro Tag); 3. n i c h t t r i n k e n b e i m E s s e n ; 4. m ö g - l i c h s t e s V e r m e i d e n von Zucker, Kartoffeln, Mehlspeisen, Brot, Erbsen, Linsen, Bohnen, Reis, süßen Speisen, Kuchen und Bier; 5. a l l e a n d e r e n S p e i s e n s i n d i n m ä ß i g e n M e n g e n e r - l a u b t, besonders Blattgemüse, wie Spinat und Kohl, ferner Salat und saures Obst, wie Äpfel und Erdbeeren; 6. als G e t r ä n k i s t M o - s e l w e i n z u e m p f e h l e n ; 7. t ä g l i c h e K ö r p e r b e w e - g u n g i s t e r f o r d e r l i c h, am besten Spaziergehen auf steigenden Wegen, ferner Radfahren, Schlittschuhlaufen, körperliche Arbeit wie Holzhacken usw.; 8. v o n Z e i t z u Z e i t i s t e i n D a m p f - b a d z u n e h m e n ; 9. B e s c h r ä n k e n d e s S c h l a f e s auf 7 S t u n d e n u n d V e r m e i d e n d e s M i t t a g s s c h l a f e s .

Bestimmte Arzneien brauchen beim Befolgen dieser Kur nicht genommen zu werden; wir wollen jedoch nicht unerwähnt lassen, dass von verschiedenen Seiten der innerliche Gebrauch von **Fucus vesiculosus-Tinktur** (3mal täglich 10 Tropfen in Wasser) bei Fettsucht gerühmt wird.

10. Fisteln

... (*Fistula*) sind enge, gewundene Gänge, welche nach langwierigen Eiterungen in den Geweben zurückbleiben und von Zeit zu Zeit etwas Eiter absondern. Meistens können sie nur durch eine Operation dauernd geheilt werden. Vergleiche auch die auf Seite 263 unter **Geschwüren** angegebenen Mittel.

11. Gähnen

... entsteht durch einen Reiz des im verlängerten Rückenmark gelegenen Atmungszentrums, welcher durch Anhäufung von Ermüdungsstoffen im Blut infolge von körperlicher oder geistiger Ermüdung (Langeweile) verursacht wird. Anhaltendes Gähnen ist demnach ein Zeichen, dass das Blut nicht genügend mit Sauerstoff versehen ist, und zugleich als ein Hilfsmittel der Natur zu betrachten, welches diesem Übelstand abhelfen soll.

12. Gelenkentzündung

... (*Arthritis*), deren häufigste Ursachen Rheumatismus und Gicht, ferner Verletzungen und tuberkulöse Prozesse sind, gibt sich durch Schwellung und Röte des Gelenksund besonders durch Schmerzen, welche durch Bewegung schlimmer werden, kund; öfters ist auch hohes Fieber vorhanden. Im Gelenk bildet sich meistens eine wässerige oder eitrige Flüssigkeit, welche in günstigen Fällen wieder aufgesaugt wird, in ungünstig verlaufenden dagegen zur Zerstörung der Knochen führen kann (siehe **Knochenfraß**). Von allen Gelenken werden das Knie- und Hüftgelenk am häufigsten von dieser Krankheit befallen.

Die **Behandlung** besteht in frischen Fällen in absoluter Ruhe, vorsichtiger Anwendung Nasser Umschläge, welche mit Guttaperchapapier bedeckt werden, und dem Gebrauch von **Aconit D 4, Belladonna D 4** oder **Apis D 3,** und in chronischen Fällen in der Anwendung von warmen Umschlägen oder von heißen Sandkissen, orthopädischen Apparaten und den unter **Gicht** und **chronischem Rheumatismus** genannten Mitteln; zuweilen ist auch ein Gipsverband von Nutzen.

Bei **Gelenkwassersucht** *(Synovitis serosa),* welche am Kniegelenk öfters vorkommt, sind nasse Umschläge, Massage und feste Einwicklungen mit Trikotschlauchbinden, nebst dem innerlichen Gebrauch von **Jodum D 3, Kal. jodat. D 2** oder **Apisin. D 5** zu empfehlen.

Hat sich **Eiter** gebildet, dann ist eine Operation unvermeidlich; im günstigsten Falle bleibt das Gelenk danach steif. Über **tuberkulöse** Gelenkkrankheiten lese man unter **Skrofulose, Hüftgelenkentzündung, Krankheiten der Wirbel und Knochen** und **Knochenfraß** nach.

13. Geschwülste

... (*Tumores*) haben ihr Entstehen einer krankhaften Wucherung der Gewebselemente zu verdanken; ihr Wachstum ist das eine Mal langsam, das andere Mal schnell; manche Geschwülste, wie z. B. Sehnen- und Fettgeschwülste, sind g u t a r t i g , andere wiederum, wie z. B. Krebsgeschwülste, b ö s a r t i g. Sie können überall im Körper, sowohl im Auge und im Gehirn als an den Nerven und Knochen auftreten. Besonders umfangreich sind gewöhnlich Gebärmutter- und Eierstocksgeschwülste.

Die **Behandlung** mit homöopathischen Mitteln, in Verbindung mit einer geeigneten Diät und physikalischen Maßnahmen, hat zuweilen überraschende Erfolge aufzuweisen, jedoch ziehe man stets einen zuverlässigen Arzt zu Rate, da es für den Laien meistens unmöglich ist, zu beurteilen, ob und w a n n eine Operation angezeigt ist.

14. Gicht

... *(Arthritis urica)* tritt sowohl akut als chronisch auf. In den allermeisten Fällen fängt der a k u t e Gichtanfall in der großen Zehe an (daher der Name *Podagra).* Unter Fiebererscheinungen und heftigen Schmerzen, welche meistens nachts einsetzen, schwillt das von der Krankheit befallene Gelenk an, wird rot und heiß; gegen Morgen nehmen die Schmerzen ab und fängt der Kranke an zu schwitzen. Tagsüber fühlt er sich ziemlich wohl, aber in der darauffolgenden Nacht wiederholen sich dieselben Erscheinungen, wobei auch andere Gelenke wie das Knie- oder Schultergelenk angegriffen werden können. Der Verlauf der Krankheit ist sehr langwierig und wechselnd. Zuweilen folgen die Gichtanfälle einander sehr schnell, manchmal bleibt jedoch auch der Kranke jahrelang von ihnen verschont. Die c h r o n i s c h e Gicht ist durch geschwollene Gelenke und G i c h t k n o t e n *(Tophi),* welche besonders beim Witterungswechsel schmerzhaft sind, ferner durch Verdauungsstörungen und saures Aufstoßen, Nieren- und Blasensteinbildung, und schließlich durch Aderverkalkung, welche zum Schlaganfall führen kann, gekennzeichnet.

Die **Ursache** der Gicht ist in der Überladung des Blutes mit H a r n - s ä u r e zu suchen; diese wird in Form kleiner Kristalle zuerst in die Gelenke, später in die verschiedenen Organe abgesetzt und ruft daselbst eine Entzündung hervor. Während die Harnsäure im Blute des Gesunden nur in geringen Mengen vorkommt, ist sie bei Gichtkranken außerordentlich vermehrt, was auf ungenügende Verbrennung der Eiweißstoffe zurückzuführen ist. Je mehr stickstoffhaltige Stoffe mit der Nahrung in den Körper gebracht werden, umso größer wird bei Gichtkranken der Harnsäuregehalt des Blutes, bis durch die eine oder andere veranlassende Ursache, z. B. eine Erkältung oder einen Magenkatarrh, die Harnsäure aus dem Blut ausgeschieden und in die Gelenke abgesetzt wird. Worauf dieser abnormale Stoffwechsel bei Gichtkranken eigentlich beruht, ist noch nicht genügend aufgeklärt; Erblichkeit scheint dabei eine gewisse Rolle zu spielen; auch ist es sicher, dass der **fortgesetzte übermäßige Genuss von Fleisch und Alkohol,** ebenso wie die **fast ausschließliche Ernährung mit Brot und Hülsenfrüchten** für Gicht empfänglich macht, während Leute, welche sich an gemischter Nahrung mit Bevorzugung von Gemüse, Salat und Obst halten, dabei mäßig leben, Alkohol meiden und genügende Körperbewegung haben, **selten oder nie von Gicht befallen werden.**

Aus dem Gesagten ergibt sich von selbst, welche Diät bei der **Behandlung** der Gicht zu befolgen ist. Zu r e i c h l i c h e Mahlzeiten sollten auf alle Fälle vermieden und der Genuss von Fleisch (besonders von gesalzenem Fleisch und Fisch), Eiern, Käse, Hülsenfrüchten und besonders von Wein und schwerem Bier beschränkt oder am besten eine Zeitlang ganz vermieden werden, während das an Nährsalzen reiche Gemüse, ferner Salat und Obst in jeder Form, und ebenso Milch und Buttermilch den ersten Platz bei der Ernährung einnehmen sollten. Besonders ist der reichliche Genuss von A p f e l s i n e n u n d Z i - t r o n e n s a f t zu empfehlen. Ferner ist für geregelten Stuhlgang durch Körperbewegung oder nötigenfalls durch Klistiere zu sorgen. Von großem Nutzen ist körperliche Arbeit, z. B. Holz sägen, graben, wenn sie bis zum Schweißausbruch fortgesetzt wird. Die Abhärtung der Haut gegen Witterungseinflüsse ist durch Luft- und Sonnenbäder zu erstreben. An G i c h t L e i d e n d e s o l l t e n s i c h m ö g l i c h s t v i e l v o n d e r S o n n e b e s t r a h l e n l a s s e n. Kaltes Baden und Waschen wird dagegen meistens nicht gut vertragen. Von Nutzen ist eine Trinkkur mit Vichy-, Karlsbader-, Gasteiner- oder Neuenahrer-Wasser. Der einige Wochen lang fortgesetzte Gebrauch von **Urtica urens-Tinktur,** 3mal täglich 10 Tropfen in warmem Wasser, kann ebenfalls empfohlen werden; hierdurch wird öfters eine Ausscheidung der harnsauren Salze mit dem Urin bewirkt; eine noch kräftigere, ausscheidende Wirkung hat das Trinken eines Liters heißen Wassers abends vor dem Schlafengehen, wobei mit dem Urinlassen bis zum nächsten Morgen gewartet werden muss. Auch der a u s g e p r e s s t e S a f t r o h e r K a r t o f f e l n, sowohl innerlich als äußerlich zu Umschlägen, ist als Volksmittel bei Gicht und chronischem Rheumatismus beachtenswert.

Ferner sind angezeigt: **Ammon. benzoicum D 2** bei Podagra, **Lycopod. D 6** bei trübem Urin, **Lithium carbon. D 3, Kal. jodat. D 1** (3mal täglich 10 Tropfen) in langwierigen Fällen.

Beim a k u t e n Gichtanfall ist Bettruhe erforderlich; neben dem Gebrauch von **Aconit D 3** und **Colchic. D 3** (zuweilen auch von **Bryon. D 3, Pulsatilla D 3** oder **Rhus Tox. D 4**) empfehlen wir Einreibung des kranken Gelenks mit *Mentholsalbe, Chloroformöl* oder *Salicyl-Terpentinsalbe* mit nachheriger Einwicklung in *Schafwolle.*

Bei der **Knotengicht** (*Arthritis deformans),* welche meistens ältere Personen, die in ärmlichen Verhältnissen leben, befällt und sich durch Verdickungen und Verunstaltungen der Hände und Füße und schließlich durch Steifwerden fast aller Gelenke kundgibt (am häufigsten wird das Hüftgelenk *[Malum coxae]* angegriffen), ist meistens jede Behandlung fruchtlos. Am meisten ist noch **von Caustic. D 4, Kal. jodat. D 1** und **Thuja D 6** und von heißen **Bädern** zu erwarten.

15. Idiosynkrasie

... nennt man eine besonders große Empfänglichkeit einzelner Menschen für bestimmte äußere Einflüsse, wovon eigentümliche Erscheinungen die Folge sind. So haben z. B. gewisse sonst ganz gesunde Personen einen unerklärlichen Widerwillen gegen bestimmte Speisen, Getränke, Geräusche usw. Manche bekommen sogar eine windpockenähnlichen Ausschlag nach dem Genuss von Erdbeeren, Austern, Krebsen usw. Eine derartige Idiosynkrasie kann während des ganzen Lebens oder auch nur während einer gewissen Zeit, z. B. während der Schwangerschaft, bestehen. Zuweilen kann sie durch große Willensstärke überwunden werden; man sollte aber, besonders bei Kindern, nie mit Z w a n g dagegen vorgehen. Die Wahl eines **homöopathischen** Mittels kann oft durch das Bekanntsein einer derartigen Idiosynkrasie erleichtert werden; wenn z. B. in einem bestimmten Krankheitsfall mehrere homöopathische Mittel angezeigt zu sein scheinen, weist etwa vorhandener, deutlicher **Widerwillen** gegen **Kaffee** bestimmt auf **Nux vomica,** gegen **Milch** auf **Pulsatilla,** gegen **saure Speisen** auf **Nux vomica** und **Sulfur** hin, während besonders **Vorliebe** für **saure Speisen** auf **Phosphorus** und **Veratrum,** für **süße Speisen** auf **Ipecacuanha** und **Rhus Toxicodendron,** für **Milch** auf **Arsenicum** hinweist.

16. Heißhunger

... ist eine plötzlich eintretende, heftige Esslust, deren Nichtbefriedigung Übelkeit, Erbrechen und selbst Ohnmacht zur Folge hat. Er wird zuweilen durch das Vorhandensein eines Bandwurms erzeugt und kann dann durch Beseitigung der Ursache geheilt werden (siehe Seite 190ff). In den übrigen Fällen fällt die Behandlung mit derjenigen der **nervösen Magenschwäche** (siehe Seite 194) zusammen.

17. Kachexie

... nennt man die im Verlaufe vieler chronischen Krankheiten wie Krebs, Tuberkulose oder Blutarmut, eintretende H i n f ä l l i g k e i t, welche mit großer S c h w ä c h e, A b m a g e r u n g und blasser oder grau-gelblicher V e r f ä r b u n g der Haut einhergeht. Die **Behandlung** fällt mit derjenigen der ursächlichen Krankheit zusammen.

18. Kalte Füße

... sind ein Zeichen dafür, dass der Blutkreislauf nicht in Ordnung ist; das Blut wird nach den höher gelegenen Körperteilen, Kopf, Brust und Unterleib, gedrängt; dauert dies längere Zeit, dann kann es V e r a n l a s s u n g geben zu allerhand krankhaften Zuständen, besonders bei Frauen und Kindern. In anderen Fällen sind kalte Füße eine B e g l e i t e r s c h e i n u n g chronischer Krankheiten, und zuweilen sind sie auch die F o l g e von nervösen Störungen oder von Krankheiten der Blutgefäße. Gesunde Personen empfinden das Kaltsein der Füße als etwas sehr Unangenehmes, Kranke werden häufig abgestumpft dagegen; im Allgemeinen wird diesem Übel noch zu wenig Aufmerksamkeit geschenkt.

Bei der Behandlung ist es wichtig, in jedem Falle die Ursache zu erforschen; liegt dem Übel Mangel an Körperbewegung und Lebenswärme zugrunde, dann muss durch tägliche Spaziergänge, gymnastische Übungen (s. obige Abbildungen), Bergsteigen, Radfahren usw. für energische Förderung des Blutkreislaufs Sorge getragen werden. Dagegen muss bei vorhandener Blutarmut das Blut durch leicht verdauliche, kräftigende Nahrung und durch Zufuhr von Sauerstoff (mittels Atemübungen) verbessert werden, und sind Schweißfüße die Ursache, dann müssen die auf Seite 271 genannten Maßnahmen getroffen werden.

Wichtig ist auch das Tragen h y g i e n i s c h e r F u ß b e k l e i d u n g : wollene Strümpfe, welche im Winter bis über die Knie reichen müssen, warme Schuhe im Winter und Sandalen oder Halbschuhe im

Sommer sind unentbehrlich für alle, welche häufig an kalten Füßen leiden.

Weitere Hilfsmittel zur Bekämpfung dieses Übels sind heiße Fußbäder, Wechselfußbäder und Massage der Beine. Schließlich müssen bei chronischer Stuhlverstopfung, einem Hauptübel vieler Frauen und Mädchen, welches so oft von kalten Füßen begleitet ist, die auf Seite 185ff genannten Maßregeln befolgt werden.

19. Knochenerweichung

... (*Osteomalacia*) ist die Folge eines Mangels an den für den Aufbau des Knochensystems nötigen Kalksalzen in der Nahrung oder auch die Folge eines krankhaften Körperzustandes, welcher die Kalksalze der Nahrung nicht genügend verarbeiten und ins Blut überführen lässt. Ersteres ist zum Teil der Fall bei der E n g l i s c h e n K r a n k h e i t der Kinder, letzteres kommt zuweilen vor bei jungen, bleichsüchtigen Frauen w ä h r e n d d e r S c h w a n g e r s c h a f t u n d i m W o - c h e n b e t t. Bei Knochenerweichung ist am meisten von einer s o r g - f ä l t i g e n R e g e l u n g d e r D i ä t zu erwarten. Gemüse, Salat und Obst, Butter, süße und saure Milch sind besonders zu empfehlen, während Fleisch, starke Gewürze, stark gesalzene Speisen, Alkohol und überhaupt vieles Trinken vermieden werden müssen. Als Heilmittel sind besonders **Calc. phosph. D 6, Phosph. D 5** und **Silicea D 6** angezeigt.

20. Kollaps

... nennt man einen schnellen Kräfteverfall, mit schwachem Puls, kalter und blasser Haut und bläulichen Lippen einhergehend, wie dies bei plötzlichem Temperaturabfall unter die Norm (bis zu 36° C und darunter) in fieberhaften Krankheiten öfters vorkommt. Die **Behandlung** ist dieselbe wie bei **Herzschwäche** (siehe Seite 136) angegeben ist.

21. Krebs

... (*Carcinoma*) ist eine Wucherung des Zellgewebes, welche zur Bildung bösartiger Geschwülste führt. Diese Ges c h w ü l s t e (*Tumores*) kommen in den verschiedensten Organen vor, verursachen durch ihr Wachstum allerlei Beschwerden und führen, wenn sie nicht geheilt oder beseitigt werden können, früher oder später zu völligem Kräfteverfall.

294

Die **Entstehung** des Krebses ist noch nicht vollständig geklärt; Erblichkeit, verkehrte Lebensweise, Alkoholmissbrauch, zu reichliche Ernährung mit Fleisch, ungesunde Wohnungen, Mangel an Luft, Licht und Körperbewegung und auch der reine Zufall werden zu den veranlassenden Ursachen dieser die Kulturvölker in zunehmendem Maße heimsuchenden Krankheit gerechnet. Vielfach wird sie denn auch als eine E n t a r t u n g s e r s c h e i n u n g betrachtet, welche nach manchen Untersuchungen mit M a n g e l d e s O r g a n i s m u s a n K i e s e l - s ä u r e in Verbindung zu stehen scheint. Dieser Mangel soll die Folge sein von einseitiger Ernährung mit Nahrungsmitteln, welche wenig Kieselsäure enthalten wie z. B. Fleisch, Fisch und Eier; Millionen Menschen ernähren sich hauptsächlich mit diesen Lebensmitteln, es sind besonders die Reichen, welche dieselben vorziehen, und gerade unter den gutsituierten Klassen fordert die Krebskrankheit die meisten Opfer. Gemüse, Obst, Hafer, Gerste und Roggen dagegen sind reich an Kieselsäure; in Verbindung hiermit ist das seltene Auftreten des Krebses bei den streng vegetarisch lebenden Trappisten (ein religiöser Mönchsorden) und bei den hauptsächlich Pflanzenkost bevorzugenden Japanern lehrreich.

Die **Krankheitserscheinungen** des Krebses sind verschieden, je nachdem, welches Organ oder welcher Körperteil befallen ist. Von der größten Wichtigkeit ist in allen Fällen die f r ü h z e i t i g e E r k e n - n u n g der Krankheit, weil nur im Anfang derselben Aussicht auf Heilung besteht. Bei allen örtlichen oder allgemeinen Krankheitserscheinungen, welche, wie z. B. eine harte Geschwulst, Abmagerung, fahle Gesichtsfarbe, das Vermuten des Krebses nahelegen, ist daher eine sorgfältige ärztliche Untersuchung zu veranlassen.

Die **Behandlung** dieser bösartigen Krankheit ist nicht mehr so hoffnungslos wie in früheren Zeiten, obwohl es wahr ist, dass in vorgeschrittenen Fällen eine Heilung aussichtslos ist.

In erster Linie ist es für jeden, welcher an Krebs leidet, oder bei dem auch nur die Vermutung auf Krebs besteht, wichtig, j e d e n R e i z , welcher zur Bildung von Krebsgeschwüren Veranlassung geben könnte, zu vermeiden; so muss z. B. bei Lippen- und Zungenkrebs das Rauchen, beim Krebs des Schlundes, Magens oder Darmes der Genuss von Alkohol und Tabak, von heißen und scharf gewürzten Speisen und Getränken unterlassen werden.

An zweiter Stelle muss für eine r i c h t i g e E r n ä h r u n g zur Verbesserung des Blutes und zur Erhaltung der Körperkräfte Sorge getragen werden. In dieser Hinsicht müssen die kieselsäurehaltigen Nahrungsmittel wie Gemüse, Obst, besonders Äpfel mit der Schale, ferner Hafergrütze, unpolierter Reis bevorzugt werden; Fleisch und Eier dürfen in geringen Mengen genossen werden, jedoch nicht die Hauptnahrung bilden; übrigens haben viele Krebskranke instinktiv einen Widerwillen gegen Fleisch. Zur Erhöhung der Zufuhr an Kieselsäure empfiehlt Dr. Z e l l e r, der Nahrung geringe Mengen Kieselsäure hinzuzufügen, z. B. 3mal täglich 10 Tropfen einer l%igen Lösung von *Natrium silicicum*.

Drittens dürfen die h y g i e n i s c h e n M a ß n a h m e n nicht vernachlässigt werden, wie z. B. Sorge für regelmäßigen Stuhlgang, Übung der Muskeln durch systematische Bewegungen der Arme und Beine, kleine Spaziergänge, Aufenthalt in frischer Luft.

Die eigentliche ärztliche Behandlung umfasst die Anwendung spezifischer i n n e r l i c h e r u n d ä u ß e r l i c h e r H e i l m i t t e l (*homöopathischen Mittel können zusätzlich gegeben werden und erhöhen so die Heilungschancen*), die S t r a h l e n t h e r a p i e *(Röntgenstrahlen, Radium)* u n d d i e o p e r a t i v e n M a ß r e g e l n. Gegenwärtig ist der Standpunkt der Chirurgie dem Krebs gegenüber zurückhaltender geworden, d. h. man operiert nicht mehr so viel und so schnell wie früher, obwohl es von dieser Regel auch Ausnahmen gibt, z. B. bei Gebärmutterkrebs wird allgemein die frühzeitige Operation empfohlen. In bestimmten Fällen kann sogar eine Operation nötig werden, um die unmittelbare Lebensgefahr abzuwenden, wie dies z. B. bei Erstickungsgefahr infolge von Kehlkopfkrebs und bei Darmverschluss infolge von Darmkrebs der Fall ist. Bei o f f e n e n W u n d e n u n d e i t e r n d e n G e s c h w ü r e n muss peinlichste Reinlichkeit geübt werden; die verschiedenen Anwendungen der Hydrotherapie, wie feuchte Umschläge und Verbände, Dampfbäder usw., ferner der äußerliche Gebrauch desinfizierender Mittel wie z. B. der *Holzkohle* in Pulverform oder des *übermangansauren Kalis* in verdünnter Lösung müssen dazu beitragen, den Zustand des Kranken zu erleichtern und die Pflege für die Umgebung möglich zu machen.

22. Nasenröte

... *(Akne rosacea)*. Dieses Übel entsteht durch Erweiterung der Blutgefäße und Wucherung des Bindegewebes, womit meistens Pustelbildung verbunden ist. Die **Ursachen** dieses weniger schmerzhaften als unangenehmen und verunstaltenden Leidens sind Alkoholmissbrauch, sitzende Lebensweise, Krankheiten der weiblichen Geschlechtsorgane und schließlich Erfrieren der Nase. Man vermeide alles, was Blutandrang nach dem Kopfe hervorruft, wie Stuhlverstopfung, kalte Füße, zu enge Kragen, anhaltendes Gebücktsitzen, besonders aber A l k o h o l und starken Kaffee. Innerlich sind **Sulfur D 6** und **Sulf. jodat. D 6,** bei Frauen **Calc. carb.** D 6 und **Sepia D 6,** äußerlich **Hamamelis-Salbe, 2%ige Resorcin-Salbe** oder Waschungen mit **Ergotinseife** zu versuchen; in hartnäckigen Fällen kann durch Anwendung der E l e k - t r o l y s e eine gewisse Besserung erreicht werden. Tagsüber kann irgendein unschuldiger Deckpuder angewandt werden, um das Aussehen zu verbessern.

23. Niesen

... entsteht durch einen Reiz der Nasenschleimhaut und ist als ein H i l f s m i t t e l d e r N a t u r zu betrachten, wodurch in die Nase eingedrungene Fremdkörper oder angesammelter Nasenschleim auf gewaltsame Weise entfernt werden. Es kann aber auch auf indirekte Weise, z. B. durch das Sehen auf eine weiße, von der Sonne beschienene Mauerfläche, hervorgerufen werden. Siehe auch unter H e u s c h n u p - f e n , Seite 251.

24. Plattfüße

Ein Fuß, welcher mit der ganzen Sohle den Boden berührt, wird Plattfuß genannt. Wer an diesem Übel leidet, ermüdet leicht, kann nicht lange stehen oder weit gehen; öfters treten heftige Schmerzen an den Füßen auf. Plattfüße sind entweder angeboren oder entwickeln sich bei jungen Leuten, welche anhaltend stehen müssen, z. B. Kellner, oder stehend schwere Arbeit verrichten, wie z. B. Schmiede. Bei der Wahl eines Berufes muss daher einer etwaigen Veranlagung zu diesem Übel Rechnung getragen werden. Die Behandlung besteht in Anwendung von W e c h s e l f u ß b ä d e r n und dem Tragen von P l a t t f u ß s o h - l e n in den Schuhen.

25. Rheumatismus

... kann sowohl a k u t a l s c h r o n i s c h , sowohl in den G e - l e n k e n a l s i n d e n M u s k e l n auftreten. Die **Ursachen** dieses häufig vorkommenden Leidens sind folgende: heftige Erkältung, Durchnässung, besonders bei geschwitztem Körper, Verweilen in der Zugluft, Bewohnen feuchter oder neugebauter Häuser, zu üppige Lebensweise mit gleichzeitigem Mangel an Körperbewegung oder ärmliche Lebensweise mit übermäßiger Arbeit, besonders wenn diese in schlecht gelüfteten Räumen verrichtet werden muss. Neueren Untersuchungen zufolge soll der akute Gelenkrheumatismus sein Entstehen der Wirkung bestimmter Spaltpilze verdanken; es kann jedoch nicht geleugnet werden, dass, wenigstens bei der chronischen Form, die Überladung des Blutes mit H a r n s ä u r e ebenso wie bei der Gicht eine große Rolle spielt.

Beim **akuten Gelenkrheumatismus** *(Rheumatismus articulorum acutus, Polyarthritis rheumatica)* schwellen die Gelenke an unter heftigen Schmerzen, welche durch Bewegung schlimmer werden und nachts schlimmer sind als am Tage. Dabei besteht hohes Fieber mit raschem Puls und Verdauungsstörungen; der Urin ist dunkelrot und weist einen rötlichen Satz auf. Der Kranke hat viel Durst, und trotz vielem Schwitzen werden seine Beschwerden doch nicht gelindert, wie man es eigentlich erwarten sollte. Die Krankheit ist großem Wechsel unterworfen, so steigt zuweilen das Fieber unter Gehirnreizungserscheinungen auf gefahrdrohende Weise; am häufigsten wird jedoch das Herz mit seinen Klappen angegriffen, wodurch oft Herzklappenfehler zurückbleiben (siehe Seite 133). In vielen Fällen kommt es aber auch vor, dass bei geeigneter Behandlung alle Beschwerden innerhalb 2 bis 5 Wochen nach und nach völlig verschwinden, so dass der Kranke, abgesehen von einer geringen Steifigkeit und Schmerzhaftigkeit der Gelenke, als gänzlich geheilt betrachtet werden kann.

Die **Behandlung** ist eine s c h w i e r i g e A u f g a b e f ü r d e n A r z t, sowohl der stets vorhandenen Gefahr einer Herzerkrankung wegen als wegen des wechselnden Charakters der Krankheit und der Ungeduld der Kranken. Zur Heilung sind vollkommene Bettruhe, reichlicher Genuss von Obstsäften, besonders von Zitronensaft und Einwicklung der schmerzhaften Gelenke mit Wolle oder Flanell unbedingt nötig, während Kaltwasserprozeduren in den meisten Fällen nicht gut vertragen werden. Im Anfang sind **Aconit. D 3** und **Bryon. D 3** im Wechsel zu verabreichen; bei heftigen, nächtlichen Schmerzen passt **Colchic. D 3;** bei heftigem Schwitzen **Mercur. solub. D 4;** bei großer Unruhe **Rhus Tox. D 4;** bei Kopfschmerzen, rotem Gesicht und hohem Fieber **Belladonna D 3;** bei Herzbeschwerden **Aconit. D 3** und **Spigel. D 3.** Gute Erfolge haben wir wiederholt mit dem 2stündlichen Verabreichen von **Acid. benz. D 2** erzielt, welches Mittel besonders dann angezeigt ist, wenn der Urin sehr trübe und satzig ist; zur Linderung der Schmerzen haben uns Einreibungen mit *Terpentin-Salicyl-Salbe* (aus je 10 Gramm Salicylsäure, Terpentinöl und Lanolin und 70 Gramm Vaselin bestehend) oft gute Dienste geleistet. Nach der Heilung muss der

Patient sich warm kleiden und von Zeit zu Zeit eine Dosis **Sulfur D 6** -einnehmen.

Der **chronische Gelenkrheumatismus** (*Rheumatismus articulorum chronicus),* welcher sehr langwierig und hartnäckig ist, bleibt zuweilen nach dem akuten Rheumatismus zurück, entsteht aber in den meisten Fällen a l l m ä h l i c h , und zwar nur bei Personen, welche zu rheumatischen Erkrankungen besonders veranlagt sind. Im Verlauf dieses Leidens schwellen die Gelenke immer mehr an und werden schließlich steif oder gar völlig unbeweglich. Die **Behandlung** bestehe in ausgiebiger Körperbewegung im Freien und *der Bestrahlung des ganzen Körpers durch die wohltätigen Sonnenstrahlen.* Die Diät sollte mehr v e g e t a r i s c h sein, wenigstens ist gesalzenes Fleisch und überhaupt viel Fleisch schädlich, während säuerliches Obst (Apfelsinen, Zitronen) von großem Nutzen ist. Heiße Bäder, Dampfbäder, Sand- oder Schlammbäder, Massage (besonders Einreibungen mit **Rhus-Tinktur** oder **Ledum-Tinktur** und Olivenöl zu gleichen Teilen), Trink- und Badekuren in Wiesbaden, Bad-Nauheim, Salzschlirf und elektrische Behandlung haben gute Erfolge aufzuweisen. Regelmäßiger Gebrauch der **Urtica urens-Tinktur** ist ebenso wie bei der **Gicht** auch hier am Platze. Von den gebräuchlichsten **homöopathischen Mitteln** nennen wir: **Rhus Tox. D 3** oder **D 4** bei s p a n n e n d e n Schmerzen, welche sich bei fortgesetzter Bewegung bessern; **Bryon. D3** bei s t e c h e n d e n Schmerzen, welche durch Bewegung schlimmer werden; **Arsen. alb. D 4, D 5** oder **D 6** bei b r e n n e n d e n Schmerzen, welche nachts im Bett am schlimmsten sind; **Caustic. D 4** bei Schmerzen, welche im Bett und in der Wärme besser, durch Bewegung schlimmer werden; **Mercur. solub. D 4** bei Schwellung der Gelenke und Schmerzen, welche nachts am schlimmsten sind und durch Schwitzen nicht gebessert werden; **Caustic. D 4** im Wechsel mit **Thuja D 6**, bei großer Steifigkeit und teilweiser Lähmung; **Ledum D 3** beim Angegriffensein der kleinen Gelenke; **Pulsatilla D 3** bei Schmerzen, welche von einem Gelenk auf das andere überspringen; **Sulfur D 6**, **Lycopod. D 6** und **Kal. jodat. D 2** oder **D 1** in langwierigen und veralteten Fällen.

Muskelrheumatismus entsteht sehr oft nach Erkältung, besonders bei rheumatisch veranlagten Personen; die Muskeln werden steif und schmerzhaft, jede Bewegung verursacht heftige Schmerzen. Am bekanntesten sind in dieser Hinsicht der s t e i f e N a c k e n *(Torticollis rheumatica)* u n d d e r H e x e n s c h u s s *(Lumbago),* auch die Muskeln des Brustkastens sind oft mit angegriffen, wodurch infolge der heftigen Schmerzen beim Atmen eine Rippenfellentzündung vorgetäuscht werden kann.

Die **Behandlung** ist dieselbe wie die oben beschriebene. Bei Hexenschuss passen besonders **Nux vom. D 4** und **Tart. emet. D** 4; Einreibungen mit **Hamamelis-Extrakt, Arnica-Tinktur, Kampferspiritus, Chloroformöl** oder mit der oben erwähnten Salbe haben uns häufig die besten Dienste geleistet.

Die **Vorbeugungsmaßregeln** gegen alle Arten von Rheumatismus bestehen hauptsächlich in der Abhärtung des Körpers gegen Witterungseinflüsse durch tägliche Bewegung im Freien, kalte Waschungen, Luftbäder und poröse, warme Unterkleidung. Personen, welche leicht zu Rheumatismus neigen, sollten sich stets vor zu rascher Abkühlung des geschwitzten Körpers in acht nehmen, das Schlafen in feuchten Betten und Schlafzimmern und das Bewohnen feuchter Räume vermeiden, und die auf Seite 290f für Gichtkranke vorgeschriebene Diät befolgen.

26. Schluchzen

... oder **Schlucksen** *(Singultus)* kommt als Krankheitssymptom bei verschiedenen Krankheiten, besonders der Unterleibsorgane, vor; es ist ein sich wiederholender Krampf des Zwerchfelles und anderer Atmungsmuskeln, der reflektorisch (zurückstrahlend) auftritt und meistens bald weicht, wenn man einige Schlucke kaltes Wasser trinkt oder einige Minuten lang einen festen Druck auf die Magengegend ausübt. Bei hysterischen und nervösen Personen kann jedoch das Schlucksen stundenlang anhalten; hier versuche man die spezifisch wirkenden Krampfmittel **Nux vomica, Ignatia, Asa foetida, Valeriana.**

Zuweilen kommt im Anschluss an die Grippe (Influenza) das Schluchzen häufiger und anhaltender vor, so dass man an epidemische Einflüsse denken muss. Hier bewährt sich besonders **Belladonna.** Ist Rauchen die Ursache des Schluchzens, was besonders beim Rauchen von schwerem Tabak aus Pfeifen der Fall ist, dann muss dieses selbstverständlich unterlassen werden.

27. Schnarchen

... entsteht durch eine lebhafte Bewegung der Gaumensegel beim Aus- und Einatmen während des Schlafes, wenn der Mund offensteht und die Nasenatmung, z. B. durch geschwollene Mandeln, behindert ist. Derartige Krankheitszustände müssen deshalb ä r z t l i c h behandelt und die Kranken daran gewöhnt werden, sowohl am Tage als auch in der Nacht stets d u r c h   d i e   N a s e zu atmen.

28. Schwitzen im Bett

… kommt häufig vor nach Erkältung, bei Bronchialkatarrh, bei Influenza oder Grippe. Hierdurch werden schädliche Krankheitsprodukte aus dem Körper entfernt, was als eine Selbsthilfe des Organismus zu betrachten ist. Man soll daher nichts dagegen tun, wenn das Schwitzen nicht zu lange anhält oder zu viel schwächt. Ist letzteres der Fall, dann muss man dagegen ein- schreiten. Empfehlenswerte Maßregeln sind in diesem Falle: Abwaschungen mit Essigwasser, Abreibungen mit Franzbranntwein, Einnehmen von **Avena sativa-Tinktur,** 3mal täglich 10 Tropfen in einem Löffel Wasser.

Über Schwitzen bei Lungentuberkulose siehe Seite 157ff; Schwitzen an H ä n d e n   u n d   F ü ß e n, Schwitzen der A c h s e l h ö h l e siehe Seite 271.

29. Skorbut

… oder *Scharbock* ist eine Krankheit, welche durch ungünstige Lebensverhältnisse gefördert und daher in den niederen Volkskreisen am meisten zu finden ist. Sehr oft kommt sie auch bei längeren Schiffsreisen vor, wenn die Passagiere sich fast ausschließlich mit Schiffszwieback und Pökelfleisch begnügen müssen. Die Krankheit fängt an mit Mattigkeit, Verstimmung, Zahnfleischentzündung und -blutung, begleitet von Zahnausfall und hässlichem Geruch aus dem Munde, und weiterhin zeigen sich ungefähr dieselben Erscheinungen, wie wir sie bei der **Blutfleckenkrankheit** beschrieben haben. Zur V e r h ü t u n g müssen auf längere Seereisen genügend p f l a n z l i c h e Nahrungsmittel (eingemachtes Gemüse und Obst), und besonders frische Zitronen und Zitronensaft mitgenommen werden. Ist die Krankheit zum A u s - b r u c h   g e k o m m e n, dann muss gesalzenes Fleisch möglichst vermieden und hauptsächlich pflanzliche Nahrung genommen werden. Außerdem sind Gurgeln mit Essigwasser und der innerliche Gebrauch von **Mercur. corros. D 5** und **Hamamelis-Extrakt** zu empfehlen.

Kinderskorbut, auch **Barlowsche Krankheit** genannt nach dem Arzt, welcher dieselbe zuerst beschrieben hat, kommt bei Kindern nicht selten vor infolge ausschließlicher Ernährung mit künstlich bereiteten und zu lange sterilisierten Nahrungsmitteln. Die in der Nahrung enthaltenen sog. anti-skorbutischen V i t a m i n e, Stoffe, welche nach neueren Feststellungen für die Erhaltung des Lebens unentbehrlich sind, werden nämlich durch zu langes Erhitzen zerstört. Es hat sich herausgestellt, dass die Dauer der Erhitzung wichtiger ist als der Hitzegrad, welchem das Nahrungsmittel ausgesetzt wird. So büßt z. B. Milch, welche 30 Minuten lang bis 63° C erhitzt wird, mehr von ihrer anti-skorbutischen Kraft ein als wenn sie einige Minuten bis 100° C erhitzt wird. Hierdurch wird die Tatsache erklärt, dass die Barlowsche Krankheit häufiger vorkommt bei der Ernährung mit pasteurisierter Milch als bei der Ernährung mit gekochter Milch. Die Symptome der Krankheit sind: Schwellung und Blutung des Zahnfleisches, Schwellung der Gelenke und Auftreten von gelben oder blauen Flecken am ganzen Körper. Sobald frische Milch, nur eben gekocht, nebst Saft von frischem Obst und Fleischsaft dargereicht wird, verschwänden diese Erscheinungen in kurzer Zeit.

30. Zuckerkrankheit

... oder *Zuckerharnruhr (Diabetes mellitus)* ist eine chronische Krankheit, deren charakteristische Kennzeichen die A u s s c h e i d u n g v o n Z u c k e r i n d e m U r i n ist. Es können bis zu täglich 10 Liter Urin gelassen werden, und der tägliche Zuckerverlust kann bis zu 1 Kilo pro Tag steigen. Der Kranke hat stets Durst und große Esslust, aber trotz reichlichen Genusses von Speisen und Getränken magert er doch immer mehr ab und wird immer schwächer. Die Haut ist dabei trecken, rissig und öfters von Geschwüren oder Pusteln befallen; die Sehkraft nimmt oft ab, verschiedenartige Schmerzen und Affektionen der Geschlechtsorgane stellen sich ein. Die Dauer der Krankheit ist verschieden; durch eine geeignete Diät kann sogar Heilung oder wenigstens eine derartige Besserung erzielt werden, dass der Kranke ein hohes Alter erreichen kann. Die **richtige Diagnose** kann nur vom A r z t nach *genauer, chemischer Untersuchung des Urins und des Bluts* gestellt werden. Die **Ursache** der Zuckerharnruhr scheint in Funktionsstörungen der Leber und der Bauchspeicheldrüse zu liegen; immerhin spielen anhaltende, seelische Erregungen, zu üppiges Leben, Fettsucht und Erblichkeit beim Entstehen dieser Krankheit eine gewisse Rolle.

Bei der **Behandlung** ist eine **genaue Regelung der Diät** die Hauptsache. Wir bemerken jedoch von vornherein, dass die vielfach verordnete, ausschließliche F l e i s c h d i ä t meistens auf die Dauer schlecht vertragen wird. Besser ist es, eine g e m i s c h t e Nahrung, mit Ausschluss von Zucker, Mehlspeisen, Gewürzen und alkoholischen Getränken zu genießen. **Verboten** sind demnach: Zucker, Honig; Mehl, gewöhnliches Brot, Grießmehl, Hafergrütze; Kartoffeln, Erbsen, Bohnen, Möhren, Sellerie; Kuchen und Torten; süßes Obst; Tabak, Bier, Wein und Liköre. **Erlaubt** sind dagegen: Fleischbrühe, Flaschenbouillon, Suppe mit Ei und Suppengemüse; Fleischspeisen aller Art; Fisch in jeder Zubereitung; Eier, Milch, saure Milch, Buttermilch, Butter und Speck; Grahambrot und ein besonders für Zuckerkranke hergestelltes spezielles Brot, ferner dann und wann geröstetes Weißbrot, aber nicht mehr als 150 Gramm pro Tag; Spinat, Kohlarten, Salat, Radieschen und Rettich; Äpfel, Birnen, Nüsse, Heidelbeeren, Erdbeeren und Himbeeren; als Getränke sind erlaubt: Wasser, Mineralwasser, Tee ohne Zucker, Eichelkaffee, Apfelwein. Ferner sind häufiges Spazierengehen und kühle Abwaschungen des ganzen Körpers von großem Nutzen. Von den in Betracht kommenden **homöopathischen Mitteln,** welche manchmal Besserung bewirken, nennen wir in der Reihenfolge der Wirksamkeit: **Uran. muriat. D 3, Add. phosph. D 4, Sizyg. jamb. D 1, Arsen. alb. D 5, Kreosot. D 4, Natr. sulf. D 3**; auch Trinkkuren in Karlsbad, Neuenahr oder Vichy werden gerühmt.

In neuerer Zeit macht das sog. I n s u l i n viel von sich reden; es stellt ein Extrakt aus Bauchspeicheldrüsen von Rindern dar, welches den Kranken eingespritzt wird, und wodurch der Zuckergehalt des Urins und des Bluts zeitweise herabgesetzt wird. Jedoch kann auch bei Anwendung dieses Mittels auf genaues Einhalten der oben beschriebenen Diät nicht verzichtet werden.

4. Stichwortverzeichnis (Krankheiten, Mittel, Abkürzung., Symptome)

BUCHTIPPS

Abrupte Klimaschwankungen seit 2000 Jahren
Lokale und kosmische Ursachen eines Klimawandels. Herausgeber: Sedlacek, Klaus-Dieter (Hrsg.). Innerhalb der letzten zwei Jahrtausende sind verschiedene abrupte Klimaschwankungen nachweisbar. Der fortwährende Wandel des Klimas verzeichnete allein fünf große Klimaepochen und zahlreiche ...

Allgemeine moderne Psychologie
Allgemeine moderne Psychologie Systematische Einführung in die Wissenschaft psychischer Prozesse Autor: Messer, August Man hat mit Recht drei Hauptwurzeln der Psychologie unterschieden: die praktische Menschenkenntnis, den religiösen Seelenglauben und die biologische Lebenserklärung. Psychologie als ...

Anleitung zum Roman-Schreiben
Wie man anfängt, einen Plot entwickelt und eine gute Geschichte erzählt. Autor: Wilde, Oliver J. Sie wollen einen Roman schreiben? Das ist toll! Aber begnügen Sie sich nicht damit, nur einen Roman ...

Äquivalenz von Information und Energie
Die Grundbausteine der Welt – Neuausgabe – Autor: Sedlacek, Klaus-Dieter. „Es stellt sich letztendlich heraus, dass Information ein wesentlicher Grundbaustein der Welt ist", versicherte der durch sein Quantenteleportationsexperiment bekannte Prof. Zeilinger in ...

Besseres Gedächtnis
Wie man es stärkt, trainiert und einsetzt. Autor: Atkinson, Wilhelm Walker. Viele Menschen scheinen zu glauben, dass Erinnerungen einfach kommen und nicht gefördert werden können. Aber der Trugschluss einer solchen Vorstellung wird ...

Der erdgeschichtliche Klimawandel
Den wahren Ursachen von Klimaschwankungen auf der Spur. Autor: Wilhelm Bölsche , Klaus-Dieter Sedlacek (Hrsg.). Der Klimazustand während der letzten Jahrhunderttausende ist im Wesentlichen auf den Einfluss von Sonneneinstrahlung zurückzuführen, die ...

Der verborgene Mechanismus des Weltgeschehens
Der verborgene Mechanismus des Weltgeschehens Neue Erkenntnisse über die Gestalten biotechnischer Systeme der Welt Autoren: Sedlacek, Klaus-Dieter; Francé, Raoul H. Seit Jahrtausenden ist die Menschheit bestrebt, die Welt, in der sie lebt, erkennen ...

Die geheimnisvolle Kultur der alten Kelten
Von Druiden, Fürstensitzen und der Lebensart unserer frühgeschichtlichen Vorfahren. Autor: Grupp, Georg Die Kelten zeichneten sich aus durch hohes handwerkliches Können, Handelsbeziehungen bis in den Süden Europas und tollkühnem Mut, der den ...

Die Kultur der Azteken
Mit einem Anhang Große Landesausstellung Baden-Württemberg „Azteken" im Lindenmuseum. Autor: Prescott, William. „Von dem ganzen ausgedehnten Reich, das einst die Herrschaft Spaniens in der Neuen Welt anerkannte, ist kein Teil an Wichtigkeit ...

Die Lebenskraft
Wie Enzyme, Bewusstsein und quantenbiologische Effekte das Leben regulieren Autoren: Sedlacek, Klaus-Dieter; Wrobel, Norbert Der Begründer der Quantenmechanik und Nobelpreisträger Erwin Schrödinger beschäftigte sich unter anderem mit der Frage: „Was ist Leben?" ...

Die letzten Ursachen
Das Buch der Naturerkenntnis. Hrsg.: Sedlacek, Klaus-Dieter. Die klassischen physikalischen Theorien, zum Beispiel die klassische Mechanik oder die Elektrodynamik, haben eine klare Interpretation. Den Symbolen der Theorie wie Ort, Geschwindigkeit, Kraft beziehungsweise ...

Die verborgene Ordnung des Weltsystems
Neue Erkenntnisse über die schöpferischen Kräfte der Natur. Autor: Francé, Raoul Heinrich. Wie zeigt sich die verborgene Ordnung des Weltsystems? Woher kommt die Erfindungskraft, die den Wohlstand bei uns sichert? Ist sie ...

Durchblick Chemie
Praktische Grundlagen und Einführung in die anorganische, organische und Biochemie Klaus-Dieter Sedlacek, Lassar Cohn, Walther Löb Wollen Sie in unserer modernen Welt mitreden? Dann brauchen Sie den Durchblick! Dazu gehören auch Grundkenntnisse ...

Einfach logisch denken!
Oder die Gesetze des Denkens. Autor: Atkinson, Wilhelm Walker In diesem Buch werden die Methoden und Prinzipien der korrekten Anwendung des Denkvermögens aufgezeigt, und zwar auf eine einfache und klare Weise, ohne ...

Einsteins Relativitätstheorie ganz ohne Mathematik
Spezielle und allgemeine Relativitätstheorie Paul Kirchberger , Klaus-Dieter Sedlacek (Hrsg.) Man wird nicht selten gefragt, ob man eine Schrift wisse, die in die Einsteinsche Theorie für Laien so einführen könne, dass ...

Epigenetik-Experimente
Neuvererbung oder Beweise für die Vererbung erworbener Eigenschaften? Autor: Kammerer, Paul Der Biologe Paul Kammerer wurde durch seine Aufsehen erregenden Experimente zur Epigenetik berühmt. In einer seiner Versuchsserien verwendete er zwei Arten ...

Es begann mit Feuerskraft
Das Werden des Menschen und seiner Kultur. Autor: Neumann, Carl Wilhelm . Seit Anbeginn sei-

ner Tage war der Mensch keineswegs der stolze Beherrscher der Natur, als den er sich heute mit Recht ...

Exotische Reise durch Persien
Abenteuerlicher Bericht aus einer fremdartigen Welt des 19ten Jahrhunderts. Autor: Loti, Pierre. „Wer mit mir kommen und die Zeit der Rosenblüte in Ispahan sehen will, der mache sich gefasst auf die Gefahren ...

Freizeitvergnügen Sternenhimmel mit bloßem Auge
Wie man Sternbilder auffindet ohne Instrumente. Autor: Kirchberger, Paul. Der Anblick des gestirnten Himmels ist das Größte, das uns die Natur zu bieten vermag, und kein empfängliches Gemüt kann sich seinem Eindruck ...

Geld vernünftig ausgeben
Über die richtige Art von Sparsamkeit Autor: Marden, Orison Swett Im Inhalt behandelte Punkte: – Wirtschaft ist keine Schikane, sondern das planvolle Handeln zur Befriedigung von Bedürfnissen. – Kapital ist der kleine Unterschied zwischen ...

Gestalt-Psychologie
Einführung in die neue Psychologie vom Begründer der Gestaltpsychologie Kurt Koffka , Klaus-Dieter Sedlacek (Hrsg.) Kurt Koffka hat als forschender Psychologe für dieses Buch zur Einführung in die Psychologie einen besonderen ...

Homöopathie und Praxis
Naturheilkundliche alternative Medizin für den mündigen Patienten. Autor: Voorhoeve, Jacob. Der Zweck des Buches ist es, den Leser mit der homöopathischen Heilweise näher bekannt zu machen. Unter Wahrung des wissenschaftlichen Charakters gibt ...

Im dunkelsten Afrika
Die legendäre Emin-Pascha Expedition. Autor: Stanley, Henry M. Im Sudan, der ab 1821 unter die Herrschaft der osmanische Vizekönige von Ägypten gekommen war, brach 1881 der Mahdiaufstand aus. Nach dem Abzug der ...

Jenseits der Erscheinungen
Erkennbarkeit und Realität der Quantennatur. Autor: Schlick, Moritz. Es ist kein Zweifel, dass echte Erkenntnis des transzendenten Welt sehr wohl möglich ist. Die Wendung, zu der die Physik der letzten Jahre bzw. Jahrzehnte ...

Kleines Wörterbuch der Natur-Philosophie
1200 Begriffe, die man kennen sollte, kurz und prägnant. Herausgeber: Sedlacek, Klaus-Dieter. „Ein neues Wörterbuch der Natur-Philosophie? Wozu soll das gut sein? Schließlich gibt es doch ein riesiges, umfangreiches Internetlexikon in aller ...

Klimaänderungen und Klimaschwankungen
Ursachen, historische Fakten und kosmische Einflüsse, sowie ein Anhang „Mittelalterliche Warmzeit" Eduard Brückner, Julius Hann , Klaus-Dieter Sedlacek (Hrsg.) Größere Klimaänderung und Klimaschwankungen können nicht ohne einen tiefgehenden Einfluss auf das ...

Kultur erleben mit dem Wohnmobil in Frankreich
Vierzig kulturelle Highlights, Park- und Übernachtungsplätze sowie Navigations-Koordinaten Klaus-Dieter Sedlacek (Hrsg.) Dieser Wohnmobilführer ist anders. Er hilft uns, Kulturerlebnisse zu einem Genuss werden zu lassen. Er enthält die Beschreibung von vierzig kulturellen ...

Leben aus Quantenstaub
Leben aus Quantenstaub Elementare Information und reiner Zufall im Nichts als Bausteine einer 4-dimensionalen Quanten-Welt Autoren: Wrobel, Norbert; Sedlacek, Klaus-Dieter Obwohl bereits vor mehr als hundert Jahren die Quantenphysik Gestalt annahm, setzte sich ...

Leben in der Warmzeit der Erde
Aus den Urtagen vor dem heutigen Klimawandel Wilhelm Bölsche , Klaus-Dieter Sedlacek (Hrsg.) Der Weltklimarat schlägt Alarm. Die Lage spitzt sich zu: Die Erde erwärmt sich immer mehr. In diesem Buch geht ...

Leben nach dem Leben
Die Befreiung des Bewusstseins von den Fesseln der Zeit Klaus-Dieter Sedlacek Für uns Menschen hat die Frage nach dem zeitlichen Ende unserer Existenz eine hohe Bedeutung. Die Antwort, die der Glaube sucht, ...

Leonardo da Vinci
Seine naturwissenschaftlichen Studien und genialen Erfindungen Hermann Grothe , Klaus-Dieter Sedlacek (Hrsg.) Leonardo da Vinci versuchte, ein Phänomen zu verstehen, indem er es genau beobachtete und bis ins kleinste Detail beschrieb ...

Liebesbeziehungen und deren Störungen
Lebensführung nach den Grundsätzen der Individualpsychologie. Autor: Alfred Adler , Klaus-Dieter Sedlacek (Hrsg.). Um einen Menschen ganz kennenzulernen, ist es notwendig, ihn auch in seinen Liebesbeziehungen zu verstehen … Wir müssen …

Massenpsychologie am Beispiel Jan Bockelsons
Geschichte eines Massenwahns mit einer Einführung von Sigmund Freud Friedrich Reck-Malleczewen , Klaus-Dieter Sedlacek (Hrsg.) Der Begriff Massenhysterie oder auch Massenwahn bezeichnet eine starke emotionale Erregung in großen Menschenmengen. Auch massenhaft ...

Meine erste Weltumsegelung
Tagebuch einer epochalen Expedition James Cook , Klaus-Dieter Sedlacek (Hrsg.) James Cook unternahm seine erste Weltumsegelung im Rahmen einer wissenschaftlichen Expedition, um den Durchgang des Planeten Venus vor der Sonnenscheibe – …

Mit der Beagle um die Welt
Bericht meiner Forschungsreise zum Galapagos-Archipel Charles Darwin , Klaus-Dieter Sedlacek (Hrsg.) Auszug aus Darwins Reisebericht: Ich habe die Reise mit zu tief empfundenem Entzücken gemacht, als dass ich nicht jedem Naturforscher empfehlen ...

Naturphilosophie
Das Wesen von Naturgesetzen und die Erklärung des Lebens. Neubearbeitung. Autor: Schlick, Moritz. Die Naturphilosophie verhält sich zur Naturwissenschaft wie die Philosophie im Allgemeinen zur Wissenschaft überhaupt. So ist es die Aufgabe ...

Optische Täuschungen
… und Illusionen, sowie ihre Ursachen. Autor: Reuss, August von . Optische Täuschungen bzw. Illusionen können nahezu alle Aspekte des Sehens betreffen. Es gibt Illusionen aller Art, Lichtblitze, Farbreize, Tiefenillusionen, geometrische Illusionen, ...

Peking – Paris im Automobil
Die legendäre 16.000 km – Rallye 1907. Autor: Barzini, Luigi. „Gibt es jemanden, der diesen Sommer eine Fahrt per Automobil von Peking nach Paris unternehmen wird?", fragte die Pariser Zeitung Le Matin ...

Phänomen Naturgesetze
Phänomen Naturgesetze Das Geheimnis hinter den Erscheinungen der Welt Autor: Sedlacek, Klaus-Dieter Was uns an den beinahe mythischen Denkern der antiken Welt so fasziniert, ist die wundervolle, abgeschlossene Einheit ihres Weltbildes. Mit welcher ...

Psychologische Verkaufskunst
Denk- und Handlungsweisen, Vorgangsweise und Abschluss. Autor: Atkinson, Wilhelm Walker. In der Psychologie der Verkaufskunst gibt es zwei wichtige Elemente, nämlich (1) Die Psyche des Verkäufers; und (2) die Psyche des Käufers. Das zu verkaufende ...

Quantenbewusstsein
Quantenbewusstsein Natürliche Grundlagen einer Theorie des evolutiven Quantenbewusstseins Autoren: Wrobel, Norbert; Sedlacek, Klaus-Dieter Seltsam sind die physikalischen Gesetze, die unsere Welt wirklich beherrschen: Es sind die Gesetze einer makroskopischen Quantenwelt, in der alles ...

Supervereinigung
Wie aus nichts alles entsteht. Ansatz einer großen einheitlichen Feldtheorie. – Neuausgabe -. Autor: Sedlacek, Klaus-Dieter. Unter Physikern herrscht allgemein Übereinstimmung darin, dass die fundamentale Wirklichkeit unserer Welt aus Feldern besteht. Bei ...

The great god Pan / Der große Gott Pan – zweisprachig
Horror story English – German / Horror Geschichte Englisch – Deutsch. Autor: Machen, Arthur. The Great God Pan is a horror and fantasy novel by the Welsh writer Arthur Machen. Machen was ...

The nature of the physical world
The Gifford Lectures 1927 Sir Arthur Eddington , Klaus-Dieter Sedlacek (Hrsg.) In these lectures the author Eddington discusses some of the results of modern study of the physical world which give ...

The Philosophy of Physical Science
TARNER LECTURES 1938 – CAMBRIDGE Sir Arthur Eddington , Klaus-Dieter Sedlacek (Hrsg.) It is often said that there is no „philosophy of science", but only the philosophies of certain scientists. But ...

Treibhauseffekt und Klimawandel
Energiewende, ja bitte, aber nicht wegen CO2. Von Sedlacek, Klaus-Dieter (Hrsg.) Dieses Buch dokumentiert zum Thema Klimawandel und CO2 teils unbequeme wissenschaftliche Fakten bzw. Meldungen und die dazugehörigen Quellen. Sie sind eingeladen, ...

Unsterbliches Bewusstsein
Raumzeit-Phänomene, Beweise und Visionen – Taschenbuchausgabe Klaus-Dieter Sedlacek In diesem Buch geht es weder um Glauben noch um Esoterik, sondern um Beweise. Glaubwürdige, wissenschaftliche Beweise, die in eine Form gepackt sind, dass ...

Wege zur Physikalischen Erkenntnis
Meine wissenschaftliche Selbstbiographie, Reden und Vorträge Max Planck , Klaus-Dieter Sedlacek (Hrsg.) Diese erweiterte Neuauflage des Buchs „Wege zur physikalischen Erkenntnis" enthält neben der wissenschaftlichen Selbstbiographie folgende Vorträge: Die Einheit des physikalischen ...

Wie intelligent sind Pflanzen?
Sensationelle Einblicke in die geheime Seite des pflanzlichen Wesens Autoren: Wagner, Adolf; Sedlacek, Klaus-Dieter In diesem Buch behandeln die Autoren Fragen zum Thema Intelligenz und Bewusstsein bei Pflanzen und geben Antworten. Der ...

Wie man seinen Verstand benutzt
Und seine Willenskraft stärkt. Ein praktisches Handbuch der Psychologie. Autor: Atkinson, Wilhelm Walker. Der Mechanismus der psychischen Zustände – die geistige Maschinerie, mit deren Hilfe wir fühlen, denken und wollen – ...

Zeichnen für Einsteiger
Achtzehn Lektionen in naturalistischem Zeichnen. Autor: Furniss, Dorothy. Magst du die Malerei? Ist Zeichnen für dich interessant? Hast du einen Bleistift, eine Schachtel Kreide oder einen Malkasten? Denn wenn du auch nur ...